JN427430

Theory of Lifelong Education Program Development

Theory of Lifelong Education Program Development

평생교육프로그램 개발론

김동일 · 신선애 · 김예경 공저

평생교육 프로그램 개발론

THEORY OF LIFELONG EDUCATION PROGRAM DEVELOPMENT

김동일·신선애·김예경 공저

dm 동문사

PREFACE

머리말

평생교육프로그램은 평생학습을 실천하는 구체적인 수단이자 도구이다. 평생교육프로그램개발자는 적절하고 지속 가능한 성과를 위해 학습자의 요구와 사회적 변화에 맞추어 평생학습을 지원하고 촉진하여야 한다. 그러므로 프로그램개발자인 평생교육사는 매우 중요한 위치에 있다.

평생학습사회의 도래와 함께 평생교육은 학력보완교육, 성인 문해교육, 직업능력 향상교육, 성인 진로개발역량 향상교육, 인문교양교육, 문화예술교육, 시민참여교육 등의 영역으로 확대되어 운영되고 있다. 평생교육의 지역화가 활발하게 진행됨에 따라 평생학습에 참여하는 학습자층이 확대되고, 학습자의 요구 또한 보다 세분화되어 평생교육사에게 창조적이고 유연한 프로그램 개발 능력과 프로그램의 질 관리 능력이 요구되고 있다. 따라서 본 교재는 평생교육 프로그램 개발에 관련된 이론을 이해하고 이를 토대로 평생교육 프로그램개발의 절차와 프로그램 평가를 위한 기초 능력을 습득함으로써 평생교육사로서의 소양을 기르는 데에 목적을 두고 집필하였다.

본 교재 1장에서는 프로그램의 이해, 프로그램 개발의 이해, 프로그램의 유형 등 평생교육프로그램 개발에 앞서 갖추어야 할 간단한 기초적인 내용을 기술하였고, 2장은 프로그램 개발 이론 개요, 전통적 합리성 이론, 상호작용 이론, 체제 이론, 실천 이론, 프로그램 개발 이론의 특성 및 시사점에 대하여 살펴보았다. 3장은 프로그램 개발모형, 프로그램 개발접근방법, 프로그램 개발접근방법에 대하여 살펴보았으며, 4장에서는 프로그램 기획의 개념과 특성, 프로그램 개발의 필요성 및 추진 여부, 프로그램 개발팀과 자문위원회 구성에 대한 필요한 내용을 담았다. 5장은 기관 내부 · 외부 환경 분석에 대한 상황분석, 조직분석, SWOT분석, 학습자분석을 기술하였고 6장은 프로그램 요구분석의 이해와 필요성, 요구분석 유형, 요구분석 절차, 요구분석 진단도구, 요구 우선순위 결정하는 구체적인 방법을 다루었다. 7장은 프로그램 목표 설정을 위해 프로그램 설계의 구성, 프로그램 목표의 정의를 살펴보았다. 8장에서는 프로그램 내용 구성 및 선정, 교육내용의 설계, 프로그램 내용 개요 작성, 학습지도안 및 교재 등을 다루었고 9장에서는 교수·학습방법의 선정, 평생교육방법의 유형, 교수매체 선정 등을 기술하였다. 10장에서는 평생교육 자원 및 평생교육 인적자원, 프로그램 운영자와 교수자에 대한 내용을 정리하였다. 11장에서는 물적자원 및 재정자원, 그리고 정보자원 등을 기술하였고 12장은 평생교육프로그램 마케팅과 홍보에 대한 관계와 마케팅, 마케팅관리, 평생교육기관의 마케팅, 평생교육시장의 이해, 평생교육프로그램의 홍보 등을 살펴보았다. 마지막으로 평생교육프로그램 실행과 평가, 프로그램 평가모형을 기술하였다.

본 교재가 평생교육프로그램 개발에 있어 유용한 가이드가 되기를 바란다. 아울러 본 교재를 출판할 수 있게 도움 주신 분들에게도 감사를 드린다

2024년 3월

저자 김동일

CONTENTS

차 례

머리말 _ 4

Chapter 01 평생교육프로그램의 기초 ———— 11

01 ❙ 프로그램의 이해 ········ 13

02 ❙ 프로그램 개발의 이해 ········ 22

03 ❙ 프로그램의 유형 ········ 28

Chapter 02 평생교육프로그램 개발 이론 ———— 45

01 ❙ 프로그램 개발 이론 개요 ········ 47

02 ❙ 전통적 합리성 이론 ········ 49

03 ❙ 상호작용 이론 ········ 58

04 ❙ 체제 이론 ········ 64

05 ❙ 실천 이론 ········ 65

06 ❙ 프로그램 개발 이론의 특성 및 시사점 ········ 69

Chapter 03 평생교육프로그램 개발의 모형 및 접근방법 ———— 73

01 ❙ 프로그램 개발모형 ········ 75

02 ❙ 프로그램 개발 접근방법 ········ 84

03 ❙ 프로그램 개발 접근방법에 대한 재고찰 ········ 93

Chapter 04 **평생교육프로그램 기획** — 95

01 | 프로그램 기획의 개념과 특성 ······ 97
02 | 프로그램 개발의 필요성 및 추진 여부 ······ 111
03 | 프로그램 개발팀과 자문위원회 구성 ······ 114

Chapter 05 **기관 내부 · 외부 환경 분석** — 119

01 | 상황분석 ······ 121
02 | 조직분석 ······ 122
03 | SWOT분석 ······ 124
04 | 학습자분석 ······ 129

Chapter 06 **프로그램 요구분석** — 133

01 | 요구분석의 이해와 필요성 ······ 135
02 | 요구분석 유형 ······ 139
03 | 요구분석 절차 ······ 145
04 | 요구분석 진단도구 ······ 149
05 | 요구 우선순위 결정 ······ 164

Chapter 07 **평생교육프로그램 목표 설정** 169

01 ‖ 프로그램 설계의 구성 171

02 ‖ 프로그램 목표의 정의 173

Chapter 08 **평생교육프로그램의 내용 구성 및 교수설계** 189

01 ‖ 프로그램 내용 구성 및 선정 191

02 ‖ 교육내용의 설계 196

03 ‖ 프로그램 내용 개요 작성 199

04 ‖ 학습지도안 및 교재 202

Chapter 09 **평생교육프로그램의 교수 · 학습방법 및 교수매체** 217

01 ‖ 교수 · 학습방법의 선정 219

02 ‖ 평생교육방법의 유형 224

03 ‖ 교수매체 선정 231

Chapter 10 **평생교육 자원 및 평생교육 인적자원** 239

01 ‖ 평생교육 자원 241

02 ‖ 평생교육 인적자원 255

03 ‖ 프로그램 운영자와 교수자 259

Chapter 11 물적자원 및 재정자원, 그리고 정보자원 — 279
01 | 물적자원 ···· 281
02 | 재정자원 ···· 286
03 | 정보자원 ···· 299

Chapter 12 평생교육프로그램 마케팅과 홍보 — 303
01 | 관계와 마케팅 ···· 305
02 | 마케팅관리 ···· 307
03 | 평생교육기관의 마케팅 ···· 317
04 | 평생교육시장의 이해 ···· 325
05 | 평생교육프로그램의 홍보 ···· 329

Chapter 13 평생교육프로그램 실행과 평가 — 337
01 | 평생교육프로그램 실행 ···· 339
02 | 평생교육프로그램 평가 ···· 350
03 | 프로그램 평가모형 ···· 356

참고문헌 _ 367

평생교육프로그램 개발론

Chapter 1

평생교육프로그램의 기초

01 프로그램의 이해
02 프로그램 개발의 이해
03 프로그램의 유형

01 프로그램의 이해

1) 프로그램의 필요성

평생교육은 개인의 자아실현, 역량개발, 취미 등 생활문화의 향유를 목적으로 시대와 사회의 흐름에 따라 다양하게 확산되어 왔다. 평생교육은 국가 또는 개인만의 문제가 아니라 사회적 공적 과제로서 국가가 국민에 대한 책무로 부각되고 있다. 따라서 평생교육프로그램은 평생교육기관에서 학습자에게 제공하는 서비스나 상품 가치를 초월한 지역의 중요한 자산이며, 나아가 국가의 시대적 유산이라 할 수 있다.

프로그램은 의도한 변화를 주도하는 전체 과정과 그 세부 실천전략을 보여주는 설계도이다. 상황변화에 따라 각기 다른 설계도가 그려지고, 서로 다른 프로그램으로 개발된다. 다양한 프로그램은 성인교육에의 참여를 결정짓는 요인이 된다. 성인교육의 확대는 성인교육 활동을 조직, 개발, 관리하는 프로그램 개발의 필요성을 증가시켰을 뿐만 아니라 성인교육의 핵심 분야로 만들었다. 따라서 평생교육기관은 변화하는 사회에 대응하기 위해 현대인의 요구와 필요를 충족시킬 수 있는 평생교육프로그램을 제시하여야 하며, 새로운 변화를 창출할 수 있도록 지원하여야 한다.

평생교육기관의 정체성과 활성화 차원에서 평생교육프로그램은 전략적 요소로서 역할을 한다. 평생교육프로그램 개발은 학습시간과 비용, 학습자의 능력 등 다양한 여건을 고려하여 실현 타당성과 가능성을 바탕으로 해야 한다.

다양한 평생교육프로그램 확산은 평생교육 시대를 만드는 데 중요한 역할을 담당해 왔다. 평생교육프로그램은 학습자, 집단, 사회의 요구를 충족시켜 주며 변화를 이끌어냄으로 평생교육의 이상과 이념을 실천하는 교육적 수단이자 실체가 되었다. 특히 교육의 내용과 형식에서 다양성과 융통성을 지향하는 평생교육은 장소와 대상의 한계를 극복하며 교육의 일상화와 확대를 추구한다. 따라서 평생교육의 확산과 발전은 진정한 학습을 위한 질 좋은 평생교육프로그램 개발과 매우 밀접한 연관이 있다고 할 수 있다.

오늘날 사회의 변화 속도가 매우 빠르므로 새로운 지식과 정보를 습득할 수 있는 유연한 평생학습체제가 요구되고 있다. 특히 정보통신 기술의 발전으로 온라인 중심 또는 온-오프라인이 융합된 새로운 형태의 교육모형에 대한 필요성이 대두되고 교육 공급자와 수요자 간 경계가 사라지는 추세로 학습모임 등 새로운 형태의 평생교육프로그램이 필요하게 되었다.

2) 프로그램의 개념

프로그램(Program)이란 용어는 라틴어의 'pro'와 'graphein'이라는 합성어로 '미리(before)'와 '써 놓은 것(to write)'이라는 의미가 있다. 즉 앞으로 진행일 될 일이나 계획 및 순서 등을 체계적으로 정리한 목록을 말한다. 프로그램 용어는 17세기부터 문헌에 등장하였고, 주로 운동회의 순서나 음악회 연주곡목 순서 등을 미리 짜 놓은 것의 의미로 사용되었다. 1920년대에 라디오가 개발되면서 방송 시간표를 일컫는 말로 사용되었으며, 컴퓨터가 발달하면서 컴퓨터가 수행하는 순서에 따라 한 번에 하나씩 실행되는 명령어로 구성된 절차를 나타내는 의미로 사용되기도 하였다.

프로그램에 대한 사전적 정의는 목록, 순서, 예정, 계획 등으로 요약될 수 있다. 앞으로 진행될 일에 대한 예정이나 계획을 체계적으로 정리한 목록이며, 진행순서와 실천이 포함된 개념이라고 볼 수 있다. 계획은 추상적인 상태로 존재하는 일을 의미 있게 실행하기 위하여 절차와 방법, 규모 등을 미리 구체적으로 설계하는 것을 의미한다. 목록은 이를 위하여 필요한 인력, 예산, 활동내용, 방법 등을 실체화할 수 있는 지침으로 구체화한 것으로 볼 수 있다. 순서는 목록에 포함된 활동내용들이 어떤 순서대로 전개되고 운영되어야 하는지를 나타낸 것이다(신용주 외, 2016). 그러므로 평생교육프로그램을 광의로 해석할 때는 '조직적인 모든 교육활동'이라고 정의할 수 있다. 하지만 협의로 프로그램을 정의할 때는 그 말이 사용되는 맥락이나 상황, 목적에 따라 다르게 정의를 규정하고 있다.

| 표 1-1 | 프로그램에 대한 사전적 의미

구분	내용
계획	• 추상적인 상태로 존재하는 일을 의미 있게 실행하기 위하여 절차와 방법, 규모 등을 미리 구체적으로 설계하는 것
목록	• 계획을 위하여 필요한 인력, 예산, 활동내용, 방법 등을 실체화할 수 있는 지침으로 구체화한 것
순서	• 목록에 포함된 활동내용들이 어떤 순서대로 전개되고 운영되어야 하는지를 나타낸 것

프로그램의 개념은 학자에 따라 다양하게 정의된다. 요크(York, 1983)는 광범위하게 프로그램을 '목표를 달성하기 위한 일련의 상호 의존적 활동'이라 정의한 바 있다. 버너(Verner, 1964)는 프로그램을 '정해진 기간에 특정한 학습목적을 달성하도록 고안된 학습경험'이라고 하였다. 코왈스키(Kowalski, 1988)는 보다 구체적으로 '조직적 · 의도적 학습활동의 설계이며 환경 · 조직 · 프로그램 · 학습자 간의 상호작용'으로 정의하였다. 보일(Boyle, 1981)은 프로그램의 의미를 보다 세분화하여 '전문가와 학습자가 참여하는 프로그램 개발을 통해 도출된 결과물'로 정의하였다. 카파렐라(Caffarella, 2002)는 '교육자와 학습자 간의 상호작용, 활동, 행정적 기능이 서로 연결되어 이루어지는 의사결정의 연속적이고 역동적 과정'으로 정의하였다

기영화(2002)는 평생교육프로그램을 목적, 대상, 내용, 구성범위 등 그 기준에 따라 다양하게 정의되고 있으며 '개인, 조직, 사회의 변화요구를 충족시키는 매개체이자 실행수단으로써 학습자의 참여를 결정짓는 요인'으로서 다차원적인 개념으로 정의하였다. 슈뢰더(Schroeder, 1980)는 대체로 지역사회에서 이용할 수 있는 모든 교육적 활동 또는 조직 및 기관에서 제공하는 모든 교육적 노력, 득

정한 집단을 위해 설계된 교육적 활동, 그리고 이러한 활동들을 서로 연결하려는 사회적 활동 등의 의미가 포함된 것으로 프로그램 정의의 공통적 요소를 정리하였다. 여러 학자의 프로그램 정의에는 목표 달성, 교육과정, 학습경험, 상호작용 등의 용어가 공통으로 포함되어 있음을 알 수 있다.

| 표 1-2 | **학자별 프로그램의 정의**

구분	정의
York (1983)	• 목표를 달성하기 위한 일련의 상호 의존적 활동
Verner (1964)	• 정해진 기간에 특정한 학습목적을 달성하도록 고안된 학습경험
Kowalski (1988)	• 조직적 · 의도적 학습활동의 설계이며 환경 · 조직 · 프로그램 · 학습자 간의 상호작용
Boyle (1981)	• 전문가와 학습자가 참여하는 프로그램 개발을 통해 도출된 결과물
Caffarella (2002)	• 교육자와 학습자 간의 상호작용, 활동, 행정적 기능이 서로 연결되어 이루어지는 의사결정의 연속적, 역동적 과정
기영화 (2002)	• 개인, 조직, 사회의 변화요구를 충족시키는 매개체이자 실행수단으로써 학습자의 참여를 결정짓는 요인

출처: 신용주(2022). 평생교육프로그램 개발론. 서울: 학지사. 재구성.

따라서 프로그램이란 특정한 교육목표를 달성하기 위하여 사전에 구체적으로 짜 놓은 효율적인 교육활동계획이라고 볼 수 있다. 이러한 교육활동계획 속에는 교육목표, 교육내용, 교육방법, 교육활동, 교수자, 학습자, 교육시간, 장소, 교육매체, 교육평가 등이 포함되어 있다. 평생교육프로그램이란 용어는 앞서 살펴본 사전적인 개념에 덧붙여, 조직화한 지식의 모음, 학습경험, 의도적 계획, 학습결과라는 네 가지의 의미가 유기적으로 어우러져 함축적인 의미를 내포하고 있다(이성호, 2010).

첫째, 평생교육프로그램은 조직화한 지식의 모음을 의미한다. 프로그램을 교수자 입장에서 교육 내용적 측면으로 접근하면, 학습자들이 배워야 할 내용으로 조직화한 지식을 모아 놓은 교재, 교과 개요, 교수자 지침서를 의미하는 것으로 규정할 수 있다. 이러한 입장은 프로그램에 대한 가장 고전적인 정의로 보수적인 교육철학을 갖고 있는 사람들에게 보편적으로 받아들여져 왔다. 그러나 지식은 폭발적으로 늘어나고 지식의 새로운 분야가 나타나기 시작하면서 많은 혼란과 어려움을 느끼기 시작하였다. 또한 조직화한 지식의 모음은 학습자보다 전문가와 교수자의 입장을 지나치게 강조하여 규범적이고 폐쇄적인 특성을 나타내기도 한다.

둘째, 평생교육프로그램은 학습경험을 의미한다. 학습자 입장에서 교육 내용적 측면으로 접근하는 학자들은 교수자 입장에서만 프로그램을 바라보려고 하는 전통적인 사고를 비판하고 있다. 즉, 학습자의 입장에서의 경험이 프로그램의 실체적 내용이 되어야 한다고 주장한다. 프로그램은 우리가 살고 있는 삶을 개척하고자 하는 의도로 선택되어야 하고, 지역사회에서 주민들의 삶의 요구에 부합되도록 구성되어야 한다. 따라서 평생교육프로그램이란 교수자와 전문가에 의하여 사전에 학습내용이 학습자에게 일방적으로 주어지는 내용이 아니라 학습활동 속에서 학습자 개인이 갖는 교육적 경험과 체험의 의미를 지닌다고 보고 있다.

셋째, 평생교육프로그램은 의도적 계획을 의미한다. 프로그램을 단순히 내용적인 측면에서만 생각할 것이 아니라, 실제로 어떻게 운용하느냐에 관심을 두고 접근하는 것이다. 즉, 학습자가 배워야 할 학습내용이나 학습자의 체험에 초점을 두는 것이 아니라 교수자 입장에서 프로그램의 사전 계획성을 강조한 것이다. 평생교육프로그램이 학습을 위한 교수자들의 하나의 의도적인 활동계획으로 접근하면, 공식적인 문서로서의 의미를 지니게 된다. 다시 말하면, 평생교육프로그램은 공공적 활동계획서로서, 이는 그것을 개발하여 제공하는 쪽과 그것을 받아들여서 소비하고 사용하는 쪽 간의 검증된 약속으로서의 특징을 지닌다.

넷째, 평생교육프로그램은 학습결과를 의미한다. 프로그램을 학습자 입장에서 교육 운용적 측면으로 접근하면, 학습자의 행동변화나 학습결과를 의미하는 것으로 규정할 수 있다. 일정 기간 학습활동을 전개한 결과로써 학습자 개인의 행동변화나 조직과 지역사회의 변화 등 기대하는 결과를 의미한다.

이와 같이 평생교육프로그램을 네 가지 의미(조직화한 지식의 모음, 학습경험, 의도적 계획, 학습결과)를 포함하는 것으로 상정할 때, 평생교육프로그램이란 평생교육을 주도하는 기관이 체계적으로 개발하는 총체적인 학습내용의 사전계획과 기대하는 결과라고 정의할 수 있다.

3) 프로그램의 의미

21세기 지식정보화 사회에서는 프로그램의 제공 기관은 물론 프로그램의 특성도 시간과 장소의 제약을 점점 벗어남에 따라 프로그램의 유형과 제공 형태가 더욱 유연해지고 있다. 김진화(2008)는 프로그램의 개념을 일상적 의미, 교육적 의미 및 평생교육적 의미의 세 가지로 나누고 이를 각각 다음과 같이 설명하였다.

(1) 일상적 의미

일상적 의미의 프로그램은 단순히 앞으로 진행될 절차나 사건, 순서와 활동만을 강조한다. 방송이나 행사, 컴퓨터 프로그램 또는 연극이나 음악회 등 각종 공연장에서 공연 내용을 안내 또는 소개하기 위해 배포되는 팸플릿이나 작은 책자 등을 통해 앞으로 진행될 내용을 쉽게 짐작할 수 있다. 따라서 일상적 의미의 프로그램은 단순한 시간적 흐름에 따라 진행될 활동의 내용이 어떠할지를 알려주는 계획에 불과하다. 프로그램 참여자에 대한 인식과 고려는 없으며 시간 흐름에 따라 열거한 사전 계획표라 할 수 있다.

(2) 교육적 의미

교육적 의미의 프로그램이란 대개 학교교육에서 사용되는 커리큘럼과 동일한 의미로 사용된다. 단순하게 시간에 따라 진행되는 활동을 지칭하는 것이 아니라 학습자의 참여와 관련된 영역의 가치를 인식하고, 학습자의 행동변화를 모색하기 위해 체계화된 교육내용을 의미한다. 전통적 의미의 커리큘럼에서는 주로 학습자가 반드시 익혀야 할 내용을 외부의 교수자와 전문가들이 합리주의 전통에 기초해 사전에 준비한 지식과 정보, 기술 및 교과 등의 교육내용을 강조한다. 따라서 지금까지 규범적, 폐쇄적으로 인식되어 온 커리큘럼의 특성을 평생교육 현장에 그대로 적용하기는 적절치 않다. 평생교육프로그램은 구체적인 학습목표를 달성하기 위한 구조화된 학습 기회로 인식되므로, 커리큘럼에 비해 그 내용과 형식이 훨씬 유연하고 학습자의 자율성을 존중하는 것이 특징이다.

(3) 평생교육적 의미

평생교육에서 말하는 프로그램은 단위나 형식, 내용이 다양하며, 그 자체가 하나의 계획이고, 내용이며, 또 활동이기도 하다. 따라서 지금까지 커리큘럼이라는 용어를 사용하던 것에서 벗어나 평생교육 고유의 프로그램이라는 용어를 적용할 수 있다. 즉, 커리큘럼이 의미하는 바와 같은 순차적 활동계획이라는 개념에서 벗어나, 학습자의 체험을 강조하는 교육내용을 토대로 하는 프로그램이라는 용어를 사용하게 된 것이다. 그러므로 평생교육적 의미의 프로그램이란 일정한 기간 미리 계획했던 학습결과를 성취하기 위해 체계적으로 설계된 조직화한 일련의 학습내용, 학습방법, 학습활동의 통합된 교육적 실체를 말한다(Rothwell et al., 1997). 아울러, 프로그램은 놀즈(Knowles, 1970)의 안드라고지 원리에 기초하여 개인, 조직, 지역사회가 교육적 경험에 의해 변화를 일으킬 수 있도록 모든 요소가 유기적 네트워크를 형성하고 있는 하나의 체계로 인식된다.

4) 프로그램과 커리큘럼

일반적으로 프로그램과 유사하게 사용되는 용어로 커리큘럼(curriculum)이 있다. curriculum은 커리큘럼, 교육(교과)과정, 이수과정을 의미한다. 커리큘럼의 역사는 로마시대로 거슬러 올라간다. 로마시대에 전쟁이 없을 땐 군인들이 벌이는 전차(chariot) 경주는 당대의 인기 있는 관중 스포츠였는데, 이를 라틴어로 curriculum이라 불렀다. 커리큘럼이라는 말이 광범위하게 사용되면서 전차 경주는 물론 전차가 달리는 코스(course)까지도 curriculum이라고 했다. 그러나 로마제국의 몰락과 함께 curriculum은 사라졌다. 그러다가 르네상스(Renaissance, 14~16세기 유럽의 예술 부흥) 시대에 고전에 대한 관심이 높아지면서, 스코틀랜드 대학들의 학자들은 학생들이 공부해야 할 코스의 이름을 정하는 데에 로마제국 시대에 코스라는 뜻으로 쓰인 curriculum이란 단어를 발굴해냈다. 이게 오늘날과 같은 커리큘럼의 의미를 갖게 된 역사적 배경이다(다음백과, 2024).

커리큘럼은 교사나 전문가가 의해 사전에 계획되고 교육내용이 선정되어 학생들에게 일방적으로 제시되는 형태로 운영된다. 이러한 이유에서 지식이나 교과서, 교재라는 의미로 변했다(이복희 외, 2020). 커리큘럼은 보통 학교를 중심으로 한 제도적 공교육에서의 교육과정으로 인식된다. 따라서 주로 공교육 체제에서 특정한 교육목표를 수행하기 위해 구조화된 학습활동을 위한 계획이라는 의미로 이해되고 있다.

니에미와 나글(Niemi & Nagle)은 학교교육에서는 커리큘럼이, 평생교육에서는 프로그램이 적절한 용어로 적용될 수 있다고 하였다(Niemi et al., 1977). 내용에 초점을 맞추는 학교교육에서는 주요 관심사가 교과목인 데 반해 문제제시에 초점을 맞추는 평생교육에서는 개인의 요구 또는 문제에 집중되며, 학교교육이 학점 취득 중심인 데 반해 평생교육은 학점 위주가 아니라는 특징이 있기 때문이다. 학교교육의 설계자가 전문가와 자문가임에 비해 평생교육의 설계자는 학습자와 평생교육사라는 차이점을 갖는다. 또한 학교교육의 주제는 전문가가 제시하는 지식, 기술, 태도, 가치임에 반해 평생교육에서는 학습자의 요구나 문제해결 중심의 주제를 주로 다룬다는 점에서 차별화된다. 따라서 학교교육의 주요 개념으로 인식되는 커리큘럼은 뚜렷한 학습목표에 따른 학습 방향의 제시로 학습내용이 체계적으로 조직화하며 계열성을 갖는다는 유용성이 있다. 반면에 평생교육에서 주로 사용되는 개념인 프로그램에서는 학습자의 경험을 중시하여 활용하며 학습자의 요구에 민감하게 부응한다는 장점이 있다.

그러나 실제로 교육현장에서 커리큘럼과 프로그램의 차이점에 대해 명확히 구분하기가 쉽지 않다. 근래 평생교육기관에서 제공하는 다양한 프로그램의 이수 결과를 학력으로 인정해 주는 제도가 점차 확대되고 있기 때문이다. 또한 공교육 체제 내에서도 사회변화에 따른 교육 요구를 충족시키기 위해 정규 커리큘럼 외에 특별히 개발하여 운영하는 프로그램이 적지 않다. 최근 학문 간의 경계가 모호해지면서 융・복합 교육과정에 대한 인식이 높아지는 것과 같이 커리큘럼과 프로그램의 경계도 더욱 유연해질 것으로 보인다.

| 표 1-3 | **프로그램과 커리큘럼의 비교**

구분	커리큘럼	프로그램
주요관심	• 교과목 위주	• 개인적 요구와 문제
학점	• 학점화	• 비학점화
설계자	• 선정된 전문가와 자문가	• 학습자와 평생교육사
주제	• 전문가가 확인한 지식, 기술, 태도, 가치 등	• 학습자의 특정한 요구나 문제해결에 도움이 되는 것
초점	• 내용중심	• 문제 및 과제중심
장점	• 학습목표나 학습방향이 명백히 제시되며, 학습내용이 체계적이고 조직화한 계열성을 지님	• 학습자의 개인적 경험을 최대한 활용하며, 이를 통해 학습자의 요구에 즉각 부응

출처: Niemi, J. A., & Nagle, J. M. (1977).

02 프로그램 개발의 이해

1) 프로그램 개발 개념

평생교육프로그램을 '평생교육을 주도하는 기관이 그 기관의 비전에 따라 학습자의 성장과 발전을 돕기 위하여 체계적으로 개발하여 수립하는 지식과 경험을 포함한 모든 학습지원활동의 사전계획과 기대하는 결과'로 정의하였다. 결국 우리가 평생교육프로그램을 어떻게 체계적으로 개발하느냐의 문제라고 할 수 있다. 특히 개별 평생교육기관 차원에서 평생교육프로그램 개발은 중요한 의미를 가진다. 평생교육프로그램 개발은 외부환경 변화라는 사회현상에 대한 평생교육기관의 응답이자 평생교육기관에 몸담은 관련 전문가들이 지향하고자 하는 변화 의지의 산물이며 교육적 대응이기 때문이다. 따라서 평생교육기관에서는 어떠한 프로그램을 개발하느냐에 따라 그 기관의 지속적인 발전 여부가 판가름 난다고 해도 과언이 아니다. 따라서 프로그램 개발이란 어떠한 성격을 지니고 있으며, 그 절차가 무엇인가를 규명하는 것이 필요하다.

프로그램 개발(program development)은 학자에 따라 프로그래밍(programming), 프로그램 기획(program planning)으로 사용되기도 한다. 프로그래밍이 프로그램의 기획, 설계, 운영, 평가와 그 효과 측정에서 평생교육조직, 평생교육자, 그리고 학습자들의 개별적인 노력이나 집합적인 노력, 즉 과정 지향적이고 변화 지향적인 속성을 강조하는 개념인 데 반하여, 프로그램 개발은 이를 포함하여 절차적이고 협력적인 속성을 강조하는 개념이다(이현규, 2009). 프로그램 개발은 좁은 의미로 보면 프로그램 계획으로만 이해될 수도 있다. 그러나 넓은 의미로 살펴보면, 프로그램 계획(planning)과 시행(implementation)을 포함하고 있으며(Kowalski, 1988), 심지어 분(Boone)은 프로그램의 운영결과는 물론이고 전체 과정에 대한 평가까지도 포함한다.

코왈스키(Kowalski)는 프로그램 계획이 프로그램 개발을 구체적으로 기안하는 '기획' 부문과 프로그램을 통해서 발전해 나가도록 정리·배열해 놓은 목표나 내용의 실체와 그 조직을 의미하는 '설계' 부문을 포함한다. 반면, 프로그램 시행은 프로그램 자체가 그 기능을 수행하는 데 필요한 모든 과정을 의미한다. 이때 가장 기본이 되는 과정에는 기획, 실행과 운영, 평가의 세 가지가 포함된다. 기획은 다분히 이론적인 측면에 초점이 있으며, 시행은 프로그램의 편성과 운영이라는 실제적인 측면에 초점을 두고 있다.

프로그램 기획은 여러 가지 관련된 철학적·심리적·사회문화적 기초에 대한 면밀한 검토와 분석의 토대 위에서 목적과 목표, 내용, 학습활동, 그리고 평가 등을 고안하고 계획하며 선택하는 의사결정에 의해 이루어져야 한다. 반면, 프로그램 시행은 실제로 행동에 옮기는 데 따른 제반 절차와 과정에 대한 문제를 검토하는 것이다. 그러므로 프로그램 개발이라고 한다면 기본적으로 프로그램 계획과 시행이라는 양 측면을 모두 포함하여 통칭하는 용어이다. 따라서 프로그램 개발은 이론과 실제의 통합을 이루는 행위이다. 즉 프로그램 개발이 계획 단계에서 시작하여 실행과 평가로 끝난다는 것은 프로그램 개발이 제반 이론적인 문제들에 대한 검토에서 시작되어 실제적인 행동으로 종결된다는 것을 의미한다(이현규, 2009).

한편, 보일(Boyle, 1981)은 프로그램 개발을 사람들과 그들이 속해 있는 지역사회의 상태나 조건 또는 상황을 증진하는 데 기여할 프로그램을 설계하려는 노력으로 보았다. 그는 효과적인 프로그램 개발을 위해서는 상황의 개선에 필요한 변화가 무엇인지를 파악하고 알려야 한다고 하였다. 또한 이러한 상황을 변화시키기 위해 개발가에게는 전문적 지식과 태도 및 기술이 요구된다는 사실도 강조하였다. 더 나아가 프로그램 개발을 잠재적 프로그램의 영향을 받는 사람들의 대표자가 과제수행을 위해 프로그램 개발가와 함께 참여하는 일련의 계획적인 활동 및 결정으로 규정하였다(Boyle, 1981). 즉 프로그램 개발이란 '학습자와 프로그램 개발자가 공동으로 만들어 가는 일련의 활동과 결정'이라고 정의하였다. 프로그램 개발의 명료한 개념 정립을 위해서는 다음과 같은 사항들에 대해 고려와 실천이 필요하다(Boyle, 1981).

첫째, 변화 또는 개선되어야 할 문제 및 상황을 분석하고, 의사결정을 위한 조직 구조를 개발한다.

둘째, 학습자 및 지역사회에 대한 연구와 분석을 위하여 자원을 효율적으로 활용한다.

셋째, 실천 계획을 수립할 때 바람직한 변화가 필요한 영역의 문제와 상황에 대한 분석을 통해 우선순위를 선정한다.

넷째, 학습자와 지역사회가 함께하는 프로그램을 통해 달성해야 할 바람직한 결과를 제시한다.

다섯째, 수업계획을 설계할 때 학습자가 적절한 학습경험을 통해 적극적으로 참여할 수 있도록 한다.

여섯째, 효과적인 홍보와 프로그램의 효율적 진행을 위하여 동원 가능한 자원 및 지원체계를 파악한다.

일곱째, 회의 · 워크숍, 상담이나 라디오 및 TV 프로그램을 활용한 학습 기회를 제공하기 위한 실천 계획을 실행한다.

여덟째, 프로그램의 가치에 대한 효과적인 판단을 위해 타당성에 기초한 접근방법(accountability approach)을 개발한다.

아홉째, 재정적 의사결정자, 관심 있는 사람들 및 관련 단체와 함께 프로그램의 가치에 대한 의견을 교환한다.

평생교육에서 이와 같은 의미를 지니고 있는 프로그램 개발은 다음과 같은 기본적인 성격을 지니고 있다(이해주 외, 2015).

첫째, 평생교육프로그램 개발은 각 평생교육기관의 특성 있는 성취를 이룩해 나가는 과정이다.

둘째, 평생교육프로그램 개발은 프로그램의 계획, 시행, 평가에 관련되는 모든 제반 요소를 체계적으로 분석하고 통합 · 수렴하는 종합적인 과정이다.

셋째, 평생교육프로그램 개발은 현재 우리가 당면하고 있는 평생교육에 대한 부단한 물음들에 대한 해답을 추구하며, 미래의 더욱 나은 교육을 위한 점진적인 개혁과정이다.

넷째, 평생교육프로그램 개발은 과정에 참여하는 많은 사람 간의 협동적인 합의에 바탕을 둔 집단의사결정의 과정이다.

다섯째, 평생교육프로그램 개발은 스스로 참여하는 모든 사람의 부단한 자아혁신적인 개발 노력과 교육기관의 조직개발을 위한 노력으로 성취될 수 있는 참여적 발전과정이다. 평생교육프로그램 개발은 계획하고 시행하며 평가하는 것과 관련된 사람들 자신의 변화와 발전을 전제로 이루어진다.

2) 프로그램 개발의 기능

프로그램은 평생교육기관과 조직 속에서 존재하며 기능하게 된다. 조직이 수행하는 모든 교육 활동은 프로그램으로 실현된다. 프로그램은 프로그램 목표를 토대로 활동 목표와 내용, 운영을 포함하는 많은 요소로 구성되므로, 효과적으로 기능하기 위한 체제를 갖추는 것이 중요하다. 프로그램의 기능은 여러 차원에서 정의될 수 있으나, 그 기본 기능을 살펴보면 다음의 다섯 가지로 정리할 수 있다.

첫째, 프로그램 개발은 사회변화에 대한 평생교육기관의 적응기제이고, 변화창출 전략이다. 평생교육기관은 끊임없이 변화하는 사회변화와 학습자들의 요구에 적응해야 한다. 이러한 사회변화와 교육적 요구에 대하여 평생교육기관이 적응해 나가기 위한 필수 불가결한 절차이다. 평생교육기관은 사회변화와 교육적 요구에 수동적으로 대응하기보다는 적극적으로 새로운 변화를 창출하는 노력이 필요하다. 따라서 교육을 둘러싸고 있는 그 시대와 사회변화를 이끌고, 반영하며, 또 그 시대와 사회변화의 산물이라고 볼 수 있다. 프로그램 개발자는 언제나 당대는 물론이고 과거나 미래의 사회변화를 검토하고 예측하면서, 교육에 작용하는 많은 요소를 끊임없이 규명해 나가는 노력을 기울여야 한다.

둘째, 프로그램 개발은 개인학습자의 변화뿐만 아니라 조직이나 기관, 지역사회의 변화를 지향한다. 평생교육의 대상은 개인뿐만 아니라 조직이나 기관, 지역사회를 포함하고 있기 때문이다. 조직의 변화는 개인의 변화를 전제로 한다. 개인의 변화가 이루어질 때, 그로부터 자발적인 책무의식과 조직으로의 파급효과를 기대할 수 있다. 프로그램 개발은 좁게는 개인 학습자의 지식(Knowledge)과 기능(Skill), 태도(Attitude)를 변화시키며, 넓게는 집단과 지역사회 리더의 신념과 태도를 변화시켜서 개혁과 발전을 이끄는 데 초점을 두어야 한다. 따라서 프로그램 개발자는 개인학습자, 학습자집단, 지역사회의 세 가지 체제를 변화시키는 데 노력을 기울여야 한다.

셋째, 프로그램 개발은 여러 사람의 협동적인 의사결정과정이다. 몇몇 사람들의 아이디어와 탁상 결정으로 만들어지는 것이 아니다. 개발과정에 참여하는 많은 사람의 협동적인 노력과 참여로 이루어진다. 교수자뿐만 아니라 학습자, 프로그램을 지원하는 많은 사람의 참여와 복잡한 의사결정과정을 통해서 지역사회 환경과 학습자들의 요구수준에 맞는 프로그램이 만들어진다. 다양한 가능성 속에서 가장 합리적이고 실천 가능성이 높은 것을 선택하는 협동적인 의사결정 과정이라고 볼 수 있다.

넷째, 프로그램 개발은 학습에 필요한 모든 자원을 총체적으로 활용하여 계획하고 실시하며 평가하는 종합적인 과정이다. 단편적이고 부분적인 과정으로 이루어져서는 안 되며, 학습에 필요한 모든 인적자원과 물적 자원을 총체적으로 투입하여 개발되어야 한다. 투입된 자원은 통합적인 절차와 단계에 따라서 유기적으로 연계되고 최대의 효과를 기대할 수 있도록 개발되어야 한다.

다섯째, 프로그램 개발은 일시적인 과정이 아니라 끊임없이 계속되는 점진적 개혁과정이다. 최선과 최적, 최고를 향한 노력이다. 이러한 노력은 끊임없이 변하고 높아질 수밖에 없어서, 계속된 평가와 개선, 피드백이 요구된다. 프로그램 개발은 일시적으로 완성되는 과정이 아니라 부단히 계속되는 과정이다. 피드백을 통한 점진적 개혁은 학습자가 변화하고, 조직이 변화하며, 사회가 변화하는 토대를 형성한다.

3) 프로그램 개발의 특성

평생교육프로그램 개발은 학습자 개인뿐만 아니라 집단과 지역사회를 대상으로 바람직한 변화가 일어나도록 추구하는 것을 목적으로 한다. 분(Boone, 1985)은 프로그램 개발의 특성을 미래지향적인 활동, 적극적이고 능동적인 행위, 평생교육기관의 효율성 증대 기능 수행 그리고 관련 정보를 수집분석·요구확인·사정분석하는 연속적이며 단계적인 과정으로 설명하였다. 평생교육프로그램은 교육내용과 형식에 있어서 제도화된 틀에서 자유로우며 개방적이고 탄력적인 유연성을 지닌다. 따라서 프로그램 범위와 주제 및 내용은 상당히 융통성을 갖는다. 그러므로 정형화된 학교교육으로는 얻기 어려우며 급속한 사회변화에 부응하는 새로운 학습내용을 익히기에는 평생교육프로그램이 더 효과적이다. 그리고 앞으로 전개될 행동들을 예측하여 미래행동과정을 사전에 수립해가는 미래지향적인 특성이 있으며, 최종적으로 실현되거나 도달하려는 결과로 목표를 명확하게 제시하는 목표지향적인 특성도 가지고 있고, 구체적 목표의 효율적인 달성과 최적의 전략을 선정하여 합리적이며 구체적인 방안을 모색하거나 제시하는 수단적인 특성이 있다.

일반적으로 프로그램은 구체화한 목표를 효율적으로 성취하기 위한 최적의 전략보다 구체적이고 합리적인 방안을 의식적으로 모색하여 제시하는 수단적인 특성을 보인다. 프로그램 개발자는 평생교육프로그램의 목표를 구체적이고 효율적으로 달성하기 위한 최적의 전략을 선정하여야 한다. 그리고 합리적이고 구체적인 방안을 의식적으로 모색하여야 한다. 또한 프로그램 개발을 위해 제시하는 수단적인 특성이나 실제 행동을 전제로 하는 행동지향적인 특성 그리고 시간적 연속상태를 내용으로 하는 동태적 특성도 지닌다. 즉 학습자 개인이나 집단 및 체제의 계획적인 행동변화를 모색하는 포괄적이고 역동적이며 순환적인 특성을 기본적인 과정으로 보았다. 따라서 평생교육프로그램의 특성을 단순히 개인학습자에 한정하지 않고 집단과 지역사회도 그 대상으로 하면서 교육내용을 교과서나 학문 중심적인 것보다는 실생활과 밀접한 연관성이 있는 것으로 하였다.

03 프로그램의 유형

1) 프로그램 분류의 이해

평생교육학의 연구 중에서 분류학(taxonomies)에 관한 관심은 오랜 전통이었다(Bagnall, 1990; Rachal, 1988). 그것은 평생교육의 주 대상과 프로그램이 다양하고, 평생교육에 참여하는 관련 기관이 다원화되었으며, 그 숫자도 가늠하기 어려울 정도로 많기 때문이다. 그동안 평생교육학에서 분류학은 하위 학문영역의 분류, 평생교육기관의 분류, 평생교육 목적의 분류, 그리고 평생교육프로그램의 분류에 초점이 맞추어졌다(김두영, 2013). 이 중에서 평생교육프로그램 분류학은 이론적 측면에서나 실천 현장의 활용성 측면에서 상대적으로 그 중요성이 보다 강조되어 왔다(Long, 1983).

평생교육프로그램 분류란 평생교육, 평생학습, 평생교육사업과 관련된 자료를 유사성 또는 기능에 따라 이용하고 제공이 용이하도록 유(類)개념에서 종(種)개념으로 적용하여 프로그램을 일정한 유형들로 묶어서 정리하는 것을 말한다. 평생교육기관이 추구하는 목적에 적합한 프로그램의 주요 요소들을 고려하여 학습자를 위한 서비스 및 홍보에 활용하거나 기관의 경영 차원에서 평생교육프로그램을 구분하고 유형화하는 것이다. 즉, 체계적으로 조직화된 평생교육프로그램 분류표(lifelong education program classification scheme)에 따라 평생교육프로그램의 명칭, 목적, 대상, 내용, 제목, 주제, 형식, 장소 등이 일치하거나 유사한 것을 동일한 범주로 그룹화시켜 분류표에 명시된 분류번호를 찾아서 그 프로그램에 배정하는 행위로 이해할 수 있다(김진화 외, 2010). 평생교육프로그램의 명칭을 학습자에게 제공할 때 표면적으로 드러내는 프로그램의 제목이며, 대상자는 담당자가 설정한 목적을 통해 실현하려는 일이나 직접적인 수혜자를 말하고, 장소는 교육 프로그램이 이루어지는 교육기관이라고 하였다(한상훈 외, 2015). 형식은 프로그램의 외형적인 특징을 나타내는 것으로, 단일 프로그램들이 모여 하나의 사업적인 측면에서 이루어지는 복합 프로그램인지, 단일 프로그램인지를 구분하는 요소를 말한다(김진화 외, 2010).

평생교육프로그램 목록에는 다양한 속성과 프로그램 요소들을 포함하고 있다. 프로그램의 요소는 프로그램의 분류가 이루어지기 전에 평생교육기관에서 작성된 프로그램의 목록에 포함된 속성들을 의미한다. 평생교육프로그램 분류가 잘 이루어지기 위해서는 프로그램 목록과 프로그램 요소에 대한 이해가 선행되어야 한다.

2) 프로그램 분류의 원리

프로그램 분류의 원리는 평생교육사가 평생교육프로그램에 대한 전문성을 가지고 있는 분류를 수행하는 과정에서 적용되는 기본적인 규칙이나 원리를 말한다. 형식을 구성하는 명칭, 목적, 대상, 내용 등 프로그램 요소의 공통성과 유사성을 고려하여 일정한 프로그램군으로 묶어내는 전문적인 원리를 말한다.

평생교육프로그램을 분류하기 위해서는 분류기준이 있어야 한다. 무수히 많은 평생교육프로그램 속에서 공통성을 발견하고 그것을 유형화시키기 위해서는 평생교육프로그램 분류를 위한 프로그램 분류기준 및 요소를 살펴보는 것이 필요하다(Buskey, 1990).

일반적으로 평생교육프로그램 요소(program element)에는 ① 명칭, ② 개요, ③ 내용, ④ 목적, ⑤ 장소, ⑥ 대상, ⑦ 시간, ⑧ 수강료 등이 포함된다(이윤조 외,

2016). 이러한 프로그램 요소들에 의해 다양한 프로그램들의 공통성이 발견되고 이를 토대로 범주화될 수 있다.

첫째, 명칭이란 대외적으로 프로그램이 무엇인지를 공감할 수 있도록 목적성과 홍보성을 표면적으로 드러내는 강좌명 혹은 프로그램 제목을 의미한다.

둘째, 프로그램 개요는 프로그램을 통해 성취하고자 하는 의도 혹은 기대하는 성과와 직접 관련된 주요 내용을 포괄적으로 표현한 것을 의미한다.

셋째, 내용은 평생학습자가 의미 있게 경험하고 체험할 수 있도록 구성된 다양한 지식, 지혜, 정보, 기술, 활동 등으로 프로그램의 실질적인 콘텐츠를 의미한다.

넷째, 목적은 평생교육기관과 평생교육사가 프로그램에 참여한 학습자에게서 나타날 수 있는 직접적인 성과가 무엇이고 이것으로 인해서 나타나는 기대성과와 가치가 무엇인지를 체계적으로 진술해 놓은 것을 의미한다.

다섯째, 장소는 평생교육프로그램이 전개되는 평생교육기관 혹은 특정의 장소를 지칭한다.

여섯째, 대상은 평생교육프로그램에 참여하여 일정한 정도의 가치를 창출할 수 있는 직접적인 수혜자와 참여자를 의미한다.

일곱째, 시간은 프로그램이 실제로 운영되는 분기, 요일, 날짜를 고려하여 학습자가 참석할 수 있도록 명시한다.

여덟째, 수강료는 프로그램에 등록하게 될 학습자가 지불해야 할 비용을 명시한 것으로 특별한 경우에는 재료비 혹은 교재비를 별도로 나타내기도 한다.

| 표 1-4 | **프로그램 목록 형식**

구분	프로그램명	주제	대상	장소	강사	수강료
학력보완교육						
성인 문자해득교육						
직업능력 향상교육						
성인진로개발 역량향상교육						
인문교양교육						
문화예술교육						
시민참여교육						

이상에서 설명된 프로그램 요소는 평생교육프로그램 목록을 작성하고 분류하는데 중요한 기준이 되며, 잠재적 학습자에게 평생교육프로그램을 홍보하고 광고할 수 있는 카탈로그와 전단지의 제작에도 활용될 정도로 중요한 가치가 있다.

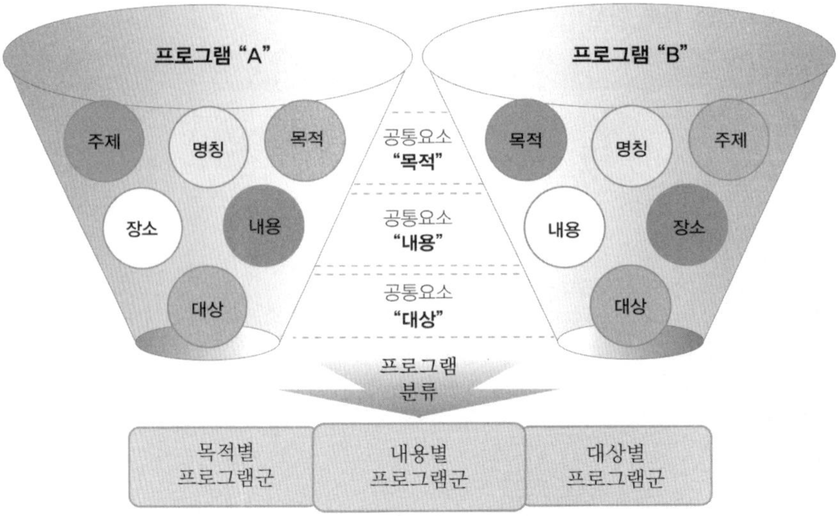

| 그림 1-1 | **프로그램 분류의 기본 원리 개념도**

출처: 이윤조 외(2016). 경기도 평생교육프로그램 6대 영역 분석 연구. 수원: 경기도평생교육진흥원.

3) 프로그램 분류

평생교육프로그램 유형은 학자들에 따라서 다양하게 분류되고 있다. 평생교육프로그램이 어떤 특정한 형태로 정의된다고 하더라도 다양한 대상의 요구와 필요에 따라 개발·운영되는 것이므로 어떤 일정한 기준에 따라 명확하게 분류하고 유형화하는 일은 매우 어렵다. 또한 어떠한 기준이나 준거일지라도 반드시 절대적이거나 배타적인 것이 아니라 상대적이기 때문에 분류하는 데 많이 제한적이다. 기준 여하에 따라서는 하나의 유형에 많은 프로그램이 포괄적으로 포함되기도 하고, 하나의 현상이나 사실이 여러 유형으로 분류되기도 하며, 어떤 프로그램은 어느 한쪽으로도 분류되지 못하고 애매한 상태로 남게 될 수 있다. 다음은 여러 학자가 다양한 기준에 따라 평생교육프로그램을 분류한 내용이다.

| 표 1-5 | 평생교육프로그램의 분류

구분	기준	분류 유형
Busky (1966)	목적, 상호작용 형태, 시간	• 지식의 획득 이해 • 특별한 상황에서 정보와 지식의 적용 • 상황의 분석과 탐색 • 성과 계획의 종합과 창조 • 개인 가치의 통합 프로그램
Farmer & Blaney (Niemi & Nagle, 1977)	개발 주체	• 내용중심: 특정 내용의 습득과 전달을 위해 조직에 의해 개발 • 학습자중심: 학습자 개별적 능력함양을 위해 개인이 직접 개발 • 문제중심: 특정 문제해결을 위해 조직과 개인이 협력하여 개발
Schroeder (1980)	프로그램 체제	• 기관중심 프로그램 • 학습자중심 프로그램 • 절충식 프로그램
Boyle (1980)	목적	• 개발형 프로그램: 개인, 집단, 지역사회의 문제해결 • 제도형 프로그램: 개인 능력, 기술, 지식의 성장 및 개선 • 정보형 프로그램: 정보교환
Grinffin (1987)	목적	• 시장지향 프로그램 • 프로그램
유네스코 (1998)	목적	• 문해 교육프로그램 • 삶의 질 향상 프로그램 • 개인적 욕구충족 프로그램 • 학력인정 프로그램 • 소득증대 프로그램 • 미래지향 프로그램
Long (1983)	활동수준	• 지역사회 수준 프로그램 • 기관 수준 프로그램 • 활동 프로그램
Knox & Savicevic (Knox, 1987)	내용	• 문해교육, 농업, 노동자들, 전문적, 기술적, 직업적, 중등교육, 건강, 가족, 개인적, 시민권
이현청 (1993)	내용	• 기술중심 프로그램 • 이해중심 프로그램 • 태도중심 프로그램
김한별 외 (2010)	내용	• 개인 개발형 프로그램(개인적 표현 및 관심) • 사회 적응형 프로그램(사회적 적응)
	효과	• 개인적 소비형 프로그램(개인이 습득하는 개인적 만족과 흥미) • 사회 참여형 프로그램(개인이 속한 조직 혹은 사회의 개혁과 변화에 긍정적 기여)
권인탁 외 (2015)	종류	• 국민생활에 필요한 기초교육과 교양교육 • 직업 기술 및 전문교육 • 가족생활교육 • 여가교육 • 국민독서교육 • 건강 및 보건교육 • 지역사회교육과 새마을 교육 • 국제이해교육 • 전통문화 이해교육 • 기타 평생교육프로그램

출처: 이윤조 외(2016). 경기도 평생교육프로그램 6대 영역 분석 연구. 수원: 경기도평생교육진흥원.

본 교재에서는 프로그램의 개발주체에 따른 분류, 개발목적에 따른 분류, 개발용도에 따른 분류, 구성범위에 따라 분류하고, 그 유형별 특징을 살펴보고자 한다.

(1) 개발주체에 따른 분류

평생교육은 실시 주체가 누구인가에 따라 그 내용이 상이한 것이 대부분이다. 즉 평생교육프로그램은 개발하는 주체가 누구냐에 따라 프로그램 접근방법이 달라지고 추구하는 학습목표나 성격, 내용, 그리고 대상과 범주 등이 확연히 달라진다. 프로그램 개발의 주체는 국가에서 개발되는 국가 프로그램과 개별 기관에서 개발되는 기관 프로그램, 학습자 개인을 상정할 수 있는 세 유형으로 구분된다.

① 국가 프로그램

정부가 일반 국민의 의식함양과 평생교육 활성화를 위하여 실행되는 것으로 현장의 평생교육기관이나 종사자들에게 다양한 프로그램을 보급하는 것을 주요목표로 하여 개발하는 정책적인 성격의 프로그램을 의미한다. 국가 프로그램은 기본적으로 개별 국민의 요구보다는 국가 사회의 전체적인 유지와 공동체 단결, 사회통합, 그리고 공민성 계발 등 집단의식화를 촉진하는 프로그램 위주로 개발된다고 볼 수 있다.

② 기관이나 조직 프로그램

평생교육기관이나 단체(시설) 등이 주체가 되어 기관의 이념이나 목적에 따라 수행하는 활동을 위해 독자적으로 개발하는 사업적인 성격을 가진 프로그램을 의미한다. 각 평생교육기관이 지향하는 목적과 목표를 달성하기 위한 기본 수단으로 활용되기 때문에 기관의 기본 이념을 잘 반영할 수 있는 독창적인 프로그램을 중심으로 개발된다. 따라서 각 기관의 고유한 설립목적과 특성에 따라 다양한 프로그램이 개발된다. 예를 들면, 공공기관이나, 직업훈련기관, 시민단체, 종교단체, 언론기관, 기업체 등에서 개발된 프로그램으로 대부분 내용 중심으로 구성되어 있다.

③ 학습자 중심 프로그램

학습자 위주의 문제해결 프로그램을 말한다. 퇴직 후 노후문제를 해결하기 위한 퇴직 준비교육이나 자녀 문제를 해결하기 위한 부모교육 프로그램 등 특정한 문제를 해결하기 위해서 개인과 기관이 협력하여 개발된 프로그램을 의미한다.

| 표 1-6 | 개발주체에 따른 분류

주체	학습목표	내용	대상
국가, 지자체	국민들의 의식함양과 평생교육 활성화	국가 사회 공동체의 단결, 사회통합, 공민성 계발, 집단의식화 촉진	국민
기관	기관의 이념이나 목적달성	공공기관, 직업훈련기관, 시민단체, 종교단체, 언론기관, 기업체 등의 특성을 반영한 내용	조직구성원, 기관이용자
개인	학습자 위주의 문제해결	퇴직 후 노후문제, 퇴직 준비, 자녀 문제, 부모교육 등	일반 학습자

출처: 이복희 외(2020). 평생교육프로그램개발론. 파주: 양성원.

(2) 개발목적에 따른 분류

평생교육의 목적은 개인의 성장과 발전을 통해 조직과 사회의 발전을 도모하고자 함이다. 따라서 평생교육프로그램의 목적도 개인적 성장과 발전, 조직의 발전, 그리고 사회적 통합과 발전으로 나누어 볼 수 있다. 평생교육프로그램이 어떠한 차원에서 개발되고 실시되든 간에 그것은 근본적으로는 각각의 차원에서 변화를 모색하는 데 있다. 말하자면 프로그램은 개인적·조직적·사회적 변화를 목적으로 실시한다. 평생교육프로그램이 지향하는 근본적인 목적에 따른 목표와 사례를 제시하면 다음과 같다.

| 표 1-7 | 평생교육프로그램의 목표 유형

구분	프로그램 목표	대상
개인적 차원	개인의 성장과 발달 촉진	교양강좌, 실용능력개발강좌
	실제적인 생활문제와 과제해결	퇴직 전 교육, 부모교육 등
조직적 차원	현재와 미래의 직업준비	신입사원교육, 연수교육
	환경변화에 따른 조직의 대응능력 강화	조직개발, 팀워크 구축
사회적 차원	사회문제와 사회적 과제해결 기회 제공	소비자 보호, 환경문제, 여성 교육 등

출처: Caffarella, R. S. (2002). *Planning programs for adult learners: a practical guide for educators, trainers, and staff developers* (2nd ed). San Francisco: Jossey-Bass.

프로그램 개발목적에 따른 분류로서는 보일(Boyle)이 대표적으로 세 가지로 구분하였다(Boyle, 1981). 프로그램의 개발목적에 따라 유형화하였는데 개발형 프로그램(Developmental Program), 기관형 프로그램(Institutional Program), 정보형 프로그램(Informational Program)의 세 가지로 분류하였다.

① 개발형 프로그램

개인(client)이나 지역사회(community) 또는 더 광범위한 사회(society)가 가지고 있는 중요한 문제가 무엇인가를 파악하고, 그것을 성공적으로 해결하거나 그에 적절하게 대처하는 데 필요한 도움을 주기 위하여 개발된 프로그램을 말한다. 따라서 문제해결 프로그램으로 불리기도 한다. 근래 급속한 사회변동에 따른 적응기제로서 개발 프로그램의 의의가 강조되고 있다. 개발형 프로그램은 그 목적이 개인이나 지역사회의 현안을 해결하기 위한 것이기 때문에, 특정 문제가 프로그램의 목표로 전환되고 프로그램 개발 전 과정에 학습자의 참여가 중요시된다. 개발 프로그램은 다음과 같은 네 가지의 특징을 지닌다(신용주, 2022).

첫째, 어떤 요구나 문제점을 가지고 있다는 막연한 인식을 하고 있지만, 구체적인 요구나 문제가 제대로 파악되지 않는 상태에서 프로그램이 개발된다. 개발 프로그램은 명확한 목표가 설정되지 않은 상황에서 시작하는 경우가 많다. 문제 및 문제해결 요구에 대한 막연한 인식에서 출발한다는 비판을 극복하기 위해서도 개발 프로그램의 설계자는 먼저 철저한 상황분석을 수행한 후 프로그램의 목표를 설정할 필요가 있다.

둘째, 특정한 문제를 해결하기 위한 수단으로서 지식과 정보를 활용한다는 점에서 도구적인 성격이 강하다.

셋째, 프로그램 개발가는 문제 파악과 요구 사정을 거쳐 평가에 이르는 전 교육 과정을 통해 촉진자 역할을 수행한다.

넷째, 개발된 프로그램에 대한 평가는 학습자의 요구 충족이나 문제해결과 관련된 목표 달성 여부에 의해 이루어진다.

② 기관형 프로그램

평생교육기관의 주체가 되어 제도적으로 만들어진 프로그램을 말한다. 학습자들의 교육참여를 제도화하는 데 목적이 있으며, 대부분 전일제로 운영되는 전문교육 프로그램으로 구성된다. 이 프로그램은 학습자들의 요구로부터 프로그램이 개발되는 것이 아니라 그 분야의 전문가나 그들의 집단 또는 기관을 통해서 제도적으로 개발되어 만들어지기 때문에 학습자들의 역할은 수동적이고 그 내용도 지식이나 기술 전달에 초점을 두고 있다.

③ 정보형 프로그램

정보가 필요한 사람들에게 특정한 정보를 제공하기 위해서 개발된 프로그램을 말한다. 정보형 프로그램은 새로운 지식이나 연구결과, 법과 제도 등에 대한 정보를 널리 파급시키기 위해서 개발된 프로그램으로, 정보 추구자와 정보 소유자 간의 정보교환을 목적으로 한다. 개발된 내용은 즉시 사용되는 것이 특징이며 단순한 정보 전달이 목적이기 때문에 평가나 피드백이 없이 운영되므로 목표 달성 여부를 평가하기가 어렵다. 따라서 정보를 추구하고자 하는 학습자의 접촉 시간이나 접촉한 학습자의 숫자 등 주로 양적인 평가에 의해 프로그램의 효과를 판단하게 된다.

| 표 1-8 | **프로그램의 개발목적에 따른 유형**

구분	개발형 프로그램	기관형 프로그램	정보형 프로그램
프로그램 목표	개인, 집단, 지역사회의 문제해결	개인능력, 기술, 지식, 역량의 개발	정보교환
학습목표 개발	학습자의 요구나 문제에 기초하여 개발	교육자나 전문적인 영역의 지식에 기초하여 개발	새로운 연구결과나 법령에 기초하여 개발
지식의 활용	문제해결의 수단으로 지식습득	학습내용 정복에 초점	즉시 사용할 수 있는 학습 내용으로 전환
학습자의 참여	프로그램 개발의 모든 과정에 참여	프로그램 실행(학습) 과정에만 참여	정보습득자로 참여
프로그램 개발자의 역할	요구조사, 평가, 홍보, 결과보고	교수과정을 통한 지식의 전달	정보제공
평가기준	개인, 집단, 지역사회의 문제해결의 질적 수준	학습자의 역량과 학습내용 정복	정보습득자의 수나 정보 확산의 정도

출처: Boyle, P. G. (1981). *Planning better programs*. New York: McGraw-Hill.

(3) 개발용도에 따른 분류

개발된 프로그램의 쓰임새와 교육내용을 중심으로 직업교육 프로그램, 여가·취미 프로그램, 지역사회개발 프로그램 등으로 구분할 수도 있다.

① 직업교육 프로그램

재직자를 대상으로 한 직업 전환교육이나 실직자를 대상으로 한 재취업교육 프로그램 등을 말한다. 프로그램을 이수한 후 직업전환이나 재취업을 목적으로 운영되기 때문에 실용적이고 실무중심 교육내용으로 개발되며, 자격증 과정으로 운영되는 경우가 많다. 대부분 고용보험이나 공공기관에서 지원받아서 운영된다.

② 여가·취미 프로그램

자격증 취득이나 취업을 목적으로 개발된 프로그램과는 달리 여가를 의미 있게 보내기 위해서 교육받는 자체에 목적을 두고 개발된 프로그램을 말한다. 주로 시간적이나 경제적으로 여유가 있는 학습자들을 대상으로 하고 있으며, 노인복지관의 노인대학 프로그램이나 가정주부들을 대상으로 한 문화센터 프로그램 등이 해당한다.

③ 지역사회개발 프로그램

농어촌지역이나 도시 저소득 지역의 소외계층을 대상으로 지역주민들의 삶의 질을 제고하기 위하여 개발된 프로그램을 말한다. 대도시 저소득 지역의 방과 후 교육프로그램이나 지역주민들의 건강·복지·보육프로그램 등으로 지방자치단체나 민간단체가 협력하여 공동으로 개발하고 운영하는 경우가 많다.

| 표 1-9 | **프로그램의 개발용도에 따른 분류**

구분	직업교육 프로그램	여가·취미 프로그램	지역사회개발 프로그램
프로그램 목표	직업전환이나 재취업	교육받는 자체	지역주민들의 삶의 질 제고
내용	실용적이고 실무중심 자격증 과정	노인대학 프로그램, 문화센터 프로그램	방과 후 교육 프로그램, 건강·복지·보육 프로그램

출처: 이복희 외(2020). 평생교육프로그램개발론. 파주: 양성원.

(4) 구성범위에 따른 분류

평생교육 활동을 전개하는 데 기준이 되는 가장 작고 기본적인 프로그램을 단위 프로그램이라고 한다. 단위 프로그램은 일반적으로 활동시간을 기준으로 일정한 편제에 따라 구성된 하나하나의 프로그램이 된다. 이러한 단위 프로그램을 기준으로 하여 평생교육프로그램을 구성범위에 따라 나누면 단일 프로그램, 연속 프로그램, 통합 프로그램, 그리고 종합 프로그램으로 나눌 수 있다.

① 단일 프로그램

하나의 특정 목적과 목표를 성취하기 위한 활동내용을 독자적으로 개발한 프로그램이다. 단일의 목적과 목표를 달성하기 위한 하나의 활동내용으로 구성된다. 목표를 달성하는 데 비교적 짧은 시간이 소요되며, 다른 프로그램과의 유기적인 연관성이 거의 없다. 주로 일회적인 용도로 활동이 구성된 프로그램이다. 봉사활동 프로그램, 견학 프로그램, 레크리에이션 등이 여기에 속한다.

② 연속 프로그램

큰 주제 하나를 여러 개의 내용으로 나누어서 일정한 순서에 따라 여러 번 연속적으로 운영하도록 개발된 프로그램이다. 각 프로그램이 앞뒤로 얽혀서 서로 동일하게 연관되어 있으며, 점차 심화하는 형태로 개발되어 있고 통일된 체계에 의해 조직되어 있다. 즉, 먼저 실행된 활동내용을 토대로 후속적인 활동이 이루어지도록 하는 선·후 활동내용 간의 종적인 체계를 이루면서 활동들의 넓이와 깊이가 점진적으로 확장되는 체제를 유지한다. 연속 프로그램은 주로 복잡한 기능 연마나 기술 습득을 목적으로 하는 활동 영역에서 많이 적용된다. 비교적 장기간에 걸쳐 지속적인 훈련을 해야 하는 프로그램이 운영되며 전문적인 내용일 경우 적절하다고 볼 수 있다.

③ 통합 프로그램

한 주제에서 세분화된 비슷한 성격의 여러 활동을 한 체계 속에 적절하게 연결하여 하나의 활동으로 구성한 프로그램이다. 각 활동의 독자적이고 기본적인 성격은 그대로 유지하면서 서로 관련된 내용만 연결·통합하는 융합적 접근방식을 취하고 있다. 통합 프로그램은 그것을 구성하는 여러 프로그램이 각기 독립적인 개별 프로그램으로 분리되면서도 서로 모순되지 않고 하나의 목적과 목표의 달성이라는 관점에서 효과적으로 결합하고 있다. 부분적인 활동내용들이 하나의 부분으로 존재하면서 전체적으로 조화있게 결합하여 하나의 의미 있는 체계를 이루고 있다. 다양한 활동 프로그램들이 횡적인 관계에서 서로 간에 보완하고 강화할 수 있도록 조직되어 있다. 통합 프로그램의 목표 달성을 위해서는 상호 밀접하게 연관하여 있는 여러 유형의 활동들이 참여자들의 경험 속에서 모두 함께 어우러짐으로써 의미 있게 상호 연결되어 종합적으로 강화되어야만 하는 활동 영역에서 많이 사용된다. 예를 들면, 중독과 관련 관련된 프로그램을 개발한 경우, 금연, 금주, 약물복용, 성, 도박 등 서로 비슷한 성격의 학습활동을 하나로 묶어서 프로그램을 개발하게 된다. 학습자들의 경험 속에서 비슷한 성격의 여러 활동이 함께 어우러져서 학습목표가 달성되도록 프로그램이 개발된다. 특히 가치관이나 태도 형성, 각종 사회문제 해결 등을 목적으로 하는 활동영역에서 많이 사용된다.

④ 종합 프로그램

성격이 다른 여러 유형의 학습활동을 한데 모아서 활동체계에 따라 분류하지 않고 그 구조 속에서 종합적으로 전개하는 프로그램을 말한다. 부분별 프로그램들이 각각 고유 목표와 성격을 그대로 유지하면서, 어떤 연결 원칙이나 공통된 문제, 상호 관심 영역하에 연계성을 합리적으로 조합한 총괄성을 가진 프로그램이다. 여러 유형의 단위가 한 구조 속에서 각 활동을 다양하게 전개하면서 하나의 종합적인 기능을 하는 구조적 통합의 형태를 취한다. 비교적 편성 규모가 큰 광역 프로그램으로서, 주로 특정한 기간에 이루어지는 일정한 주제 중심의 행사형 프로그램들이 대부분이다. 성격이 다른 여러 악기가 함께 어우러진 교향악단의 협연과 같이 다양한 학습활동을 통해서 전인적인 인격 형성이나 종합적인 기능발달을 목표로 한 프로그램을 개발할 때 적절하다고 볼 수 있다.

| 표 1-10 | 구성범위에 따른 분류

구분	특징
단일 프로그램	• 비교적 짧은 시간에 단순한 교육활동으로 구성 • 일회적인 용도로 개발 • 봉사활동 프로그램, 견학 프로그램, 레크리에이션
연속 프로그램	• 큰 주제 하나를 여러 개의 내용으로 나누어서 여러 번 연속적으로 운영 • 앞뒤의 프로그램이 서로 연관되어 있으며, 점차 심화하는 형태 • 비교적 장기간에 걸쳐서 운영
통합 프로그램	• 한 주제에서 세분화된 비슷한 성격의 여러 활동을 하나로 모은 프로그램 • 각 활동의 독자적인 성격은 유지하면서 관련된 내용만 통합하는 형태
종합 프로그램	• 성격이 다른 여러 영역의 학습활동을 한데 모은 종합적인 프로그램 • 전인적인 인격 형성, 종합적인 기능발달을 목표로 한 프로그램에 적절

출처: 이복희 외(2020). 평생교육프로그램개발론. 파주: 양성원.

4) 평생교육법 분류

평생교육프로그램의 분류를 국가 차원에서 객관적으로 분류하고 정리하는 유용한 준거로 활용 가능하며 계량적 통계화를 가능하게 한다. 또한 학습자가 평생교육프로그램을 선택하고 의사결정을 내리는 과정에서 체계성과 연계성을 갖춘 평생교육 상담서비스를 제공하는 데 유용하다(김진화 외, 2010). 평생교육법 제2조에 평생교육 영역을 '학력보완교육', '문자해득교육', '직업능력향상교육', '인문교양교육', '문화예술교육', '시민참여교육' 등을 제시하여 평생교육프로그램 분류의 근거가 되었다. 하지만 최근 성인기에 해당하는 연령대의 교육 패러다임이 요구되고 있다. 성인기의 생애 도약기를 지정하고 평생학습 정책을 집중적으로 지원할 수 있는 법적 근거를 마련하게 되었다.

최근 우리나라 국민의 80% 이상이 성인이므로 성인기의 역량 향상이 국가 성장동력의 핵심임을 시사하는 바가 크다. 하지만 오히려 성인기에 들어 역량이 급감하고 생산연령 인구감소까지 예측되어 특단의 대책이 필요하다. 우리나라 성인의 평균 학력은 세계 1위가 전망되므로 갈수록 평생학습에 관한 관심·

참여는 높아질 것으로 예상된다. 이에 평생교육 분류도 다시 정의되어야 할 시점에 새로이 "성인 진로개발역량 향상교육"이 추과되어 6대 영역이 아니라 7대 영역으로 분류되었다(평생교육법, 2023). 즉 평생교육의 정의에 '성인 진로개발역량 향상교육(성인 진로교육)'을 추가하고, 대학 · 평생교육기관 · 지역 진로교육센터에서 이를 실시할 수 있다는 근거를 담고 있다. 그간 배움의 때를 놓친 성인을 위한 문해교육이나 학력보완교육, 직업능력 향상교육이나 지역 교양교육에만 머물던 평생교육의 범위가 넓어지게 된 것이다. 성인 진로교육은 '자신에게 적합한 직업을 찾고, 진로를 인식, 탐색, 준비, 결정 및 관리할 수 있도록 하는 활동'으로 각종 진로교육, 심리검사, 취업지원 등이 해당 범주에 속한다.

| 표 1-11 | **평생교육프로그램 분류**

영역	특징
학력보완교육	초 · 중등교육법, 고등교육법, 평생교육법에 명시된 소정의 학력을 인정받기 위해 필요한 이수단위 및 학점과 관련된 학력인증 교육 프로그램
성인 문해교육	일상생활을 영위하는 데 필요한 문자해득(文字解得) 능력을 포함한 사회적 · 문화적으로 요청되는 기초생활능력 등을 갖출 수 있도록 하는 조직화된 교육프로그램
직업능력 향상교육	직업에 필요한 자격과 조건을 체계적으로 준비하고, 주어진 역할과 직무를 효과적으로 수행할 수 있도록 지원하는 교육프로그램
성인 진로개발역량 향상교육	성인이 자신에게 적합한 직업을 찾고 진로를 인식 · 탐색 · 준비 · 결정 및 관리할 수 있도록 진로수업 · 진로심리검사 · 진로상담 · 진로정보 · 진로체험 및 취업지원 등을 제공하는 교육프로그램
인문교양교육	특정 직업에 필요한 전문지식 및 기술 획득을 위한 학습보다는 교양을 갖춘 현대인으로서 전인적인 성품과 다양한 소양을 개발하고, 신체적 · 정신적 건강을 겸비할 수 있도록 지원하는 교육프로그램
문화예술교육	문화예술적 상상력과 창의력을 촉진하고 문화예술 행위와 기능을 숙련시키는 일련의 과정과 일상생활 속에서 문화예술을 향유하고 접목할 수 있는 능력을 개발하는 교육프로그램
시민참여교육	현대의 민주시민으로서 갖추어야 할 자질과 역량을 개발하고, 사회통합 및 공동체 형성과 관련하여 시민참여를 촉진하고 지원하는 교육프로그램

Chapter 2

평생교육프로그램 개발 이론

01 프로그램 개발 이론 개요
02 전통적 합리성 이론
03 상호작용 이론
04 체제 이론
05 실천 이론
06 프로그램 개발 이론의 특성 및 시사점

01 프로그램 개발 이론 개요

이론은 어떤 현상 또는 대상의 존재 방식에 대한 변화 원리를 함축적으로 설명해주는 논리체계이다. 즉, 일시적인 관찰을 넘어서 사실을 기술하고 설명하며 전체적인 통일성을 보여주기 때문에 사실에 대한 예측지표가 된다. 프로그램 개발에 영향력을 가장 크게 미치는 것은 그에 관한 체계화된 과학적 지식, 즉 관련된 이론이다. 평생교육프로그램 개발 이론은 평생교육프로그램 개발에 있어 기존 지식의 요약 및 체계화와 제시의 기능을 수행한다. 일관된 방법으로 여러 분리된 들을 요약하고 기술하며, 별도의 경험적인 결과에 대해 의미를 부여하는 것이다. 또한 관찰된 사건이나 관련성에 대해 설명력을 제공하며, 관련된 변인이 무엇이고, 그것들이 어떻게 관련되어 있는가를 보여준다. 따라서 프로그램 개발 이론은 기획, 실행, 평가 등의 개념 간의 관계를 설명해 줄 수 있다.

평생교육프로그램 개발 이론은 현상에 관한 기술뿐만 아니라 프로그램 개발자가 취해야 하는 절차들을 제시하고 규정하는데 한정되어 프로그램 개발에 참여하는 사람들에게 규범적 훈련과 절차로 구성된 선험적인 이론들이 주류를 이룬다.

1960년대 미국에서는 각 주립대학교와 지역의 확장교육센터를 중심으로 그 지역사회에서 실행되고 있는 교육프로그램 개발의 실천원리를 만드는 데 초점을 두었고, 1970년대는 평생교육프로그램의 이론이 형성되는 시기로 평생프로그램 개발 연구들은 주로 평생교육 현장의 문제를 해결하고 프로그램 개발원리에 대해 프로그램 개발자들이 어떻게 인지하고 있는가를 파악하는 데 초점을 두었다. 1980년대에는 평생교육 영역이 다양화되었다. 이에 따라 프로그램 개발에 관한 연구가 성인교육, 산업교육, 보건교육, 청소년, 장애인 등에서 본격적으로 이루어졌다. 1990년대에는 산만하게 이루어졌던 기존의 프로그램 개발

접근모형들을 종합적으로 파악하고 분석하여 일반화된 이론으로 발전되었다. 2000년대에는 프로그램 개발 원리의 일반화와 정교화를 통해 학문적으로 더욱 체계화되고 전문성을 인정받기 시작하였다. 우리나라 평생교육에서 프로그램 개발분야는 외국에 비해 이론적 체계화가 상대적으로 늦었지만, 1970년 후반부터 관련 학자들의 논문 및 전공 서적이 발표되면서 크게 발전하였다.

놀즈(Knowles, 1989)는 안드라고지(Andragogy: 성인교육학)의 독트린을 선언한 후 평생교육에서 프로그램을 어떻게 조직화하고 운영되어야 하는가를 이론적으로 체계화시켰다. 홀(Houle, 1996)은 평생교육프로그램이 계획되고 조직화되는 열한 가지의 기초 상황을 제시하고, 프로그램을 하나의 시스템으로 규정하였다. 페닝톤(Pennington, 1980)은 평생교육에서 공통으로 적용할 수 있는 일반화된 프로그램 개발모델을 제시하였고, 앱스(Apps, 1979)는 프로그램 개발접근방법을 전통적 합리성 접근, 자연주의적 접근, 비판적 접근 등으로 유형화시켜 프로그램 개발의 패러다임을 제시하였다.

보일(Boyle, 1981)은 프로그램 유형별로 프로그램 개발과 관련된 유용한 활동목록과 대안들을 제시함으로써 평생교육프로그램 개발영역에 큰 영향을 끼쳤다. 롱(Long, 1983)은 여러 학자들이 제시한 바 있는 프로그램 개발원리 및 구성요소들을 토대로 정규학교교육의 교육과정 이론을 프로그램 개발 이론에 접목시켜 평생교육에 적용 가능한 이론을 탐색하여 제시하였다.

분(Boone, 1985)은 프로그램 계획 형식(Program-planning formulations)에 대한 비교연구를 통하여 평생교육·사회교육 분야에서 일반화할 수 있는 개념적 프로그램 개발(Conceptual programming model)의 이론모형을 제시하고, 그 이론모형의 타당성을 검토하였다. 랑겐바흐(Langenbach, 1988)는 평생교육 목적에 따라 다양한 프로그램 개발모형을 개발하였고, 카파렐라(Caffarella, 2002)는 성인교육과 산업교육 담당자에게 유용한 프로그램 개발원리와 기법들을 제시하였다. 서베로와 윌슨(Cervero & Wilson, 1994)은 프로그램 개발 현상을 보다 다양한 시각에서 바라볼 수 있도록 새로운 지평을 열어주었다는 점에서 프로그램 개발이론 형성에 토대를 구축하는 데 크게 기여하였다. 평생교육프로그램 개발 이론은 기초가 되는 주요 이론 중 전통적 이론, 상호작용 이론, 체제 이론, 실천 이론 등 네 가지 이론을 중심으로 살펴보고자 한다.

Theory of Lifelong Education Program Development

02 전통적 합리성 이론

전통적 이론(classical theory)은 고전적 이론, 합리성 이론으로 불리기도 한다. 여러 이론 중에서 가장 먼저 소개된 이론으로 교육프로그램 개발을 하나의 기술적 과정으로 본다. 전통적 이론에서는 프로그램 개발을 순서에 따라 거치게 될 절차에 관한 기술적 지식을 제시하는 것을 중요시한다. 즉, 성인교육프로그램이 교육의 효과성 · 효율성 · 매력성을 향상하기 위해 학교 교육과정과는 달라야 하며 프로그램 개발의 절차에 따라 교육목적, 교육경험, 교수방법, 평가 등을 포함하여 구체적인 절차를 제시하여 기술적 지식을 제공하는 데 초점을 둔다. 모든 교육적 상황에 적용될 수 있는 프로그램 개발원칙을 제시하며 타일러(Tyler), 분(Boone), 보일(Boyle), 놀즈(Knowles) 등의 이론이 전통적 이론에 해당한다.

1) 타일러(Tyler)

20세기에 들어와서 교육과정은 여러 학문 중 하나의 학문연구로 나타나기 시작하였다. 전통주의자들은 이러한 흐름에서 1950년대까지 교육과정이론을 주도하였다. 보비트(Bobbitt, 1918)가 집필한 교육과정의 최초의 전문서인 「교육과정(The Curriculum)」이 출판된 이후, 교육과정은 교육학의 한 연구 분야로 등장하게 되었다(조기숙, 2020). 보비트의 교육목적은 '사회의 요구를 반영하여 성인생활을 준비시키는 것'이었다. 보비트는 교육과정의 기본적 구성 원리로 일반 기업의 경영원리를 받아들여 과학화를 시도하였다. 그리고 학교교육의 효과를 증대시키기 위해서는 무엇보다도 교육과정이 체계적으로 구성되고, 조직되어야 한다고 주장하였다(이성호, 1992).

보비트의 이러한 교육과정 원리는 타일러(Tyler)에 의해 구체적으로 실현되었다. 교육과정 개발에 있어서 가장 많이 알려지고 관심을 받은 모형이라 할 수 있는 타일러 모형은 타일러(1949)가 그의 저서 「교육과정과 수업의 기본원리」에서 주장한 교육과정 개발모형이다. 고전적 이론은 대부분 그가 제시한 목표중심 모형, 합리적 모형, 평가중심 모형을 기초로 삼고 있다. 이 모형은 명확한 교육목표를 설정하는 것이 가장 중요하고 우선되어져야 한다고 강조한다. 그리고 목표와 목적을 체계화시키고 활동과 내용을 목표에 일치하도록 계열화한다. 이러한 이론을 토대로 하여 교육목표, 교육경험의 선정과 조직 그리고 학습평가 등으로 이어진 절차적인 과정을 따르고 있어 타일리언 모델(Tylian model)이라고도 한다. 또한 학습자가 바라는 목표와 도달하기 위한 수단(학습경험), 그리고 이 수단이 목표를 성취했는지를 결정하는 과정(평가)을 기술하고 있어 처방적인 성격을 가진다고 해서 수단-결과모델(Means-Ends model)이라고도 한다(Tyler, 1949).

타일러는 교육과정 분야의 가장 중요한 질문이라 할 수 있는 '교육기관은 어떤 교육목표를 성취하고자 노력해야 하는가?'라는 질문을 하는 것이다. 그가 학교에서 가르쳐야 할 '내용'보다는 '목표'에 더 관심을 두고 있다는 사실은 그의 이론에서 교육목표가 가장 중요한 요소로 간주한다는 점에서 발견될 수 있다(조기숙, 2020). 그의 이론에 의하면 교육목표는 교육과정을 계획하는 데 있어서 가장 먼저 결정되어야 할 뿐만 아니라 그 이후의 절차를 밟는 데도 기준이 되는 것으로 고려되고 있다(소경희, 1996).

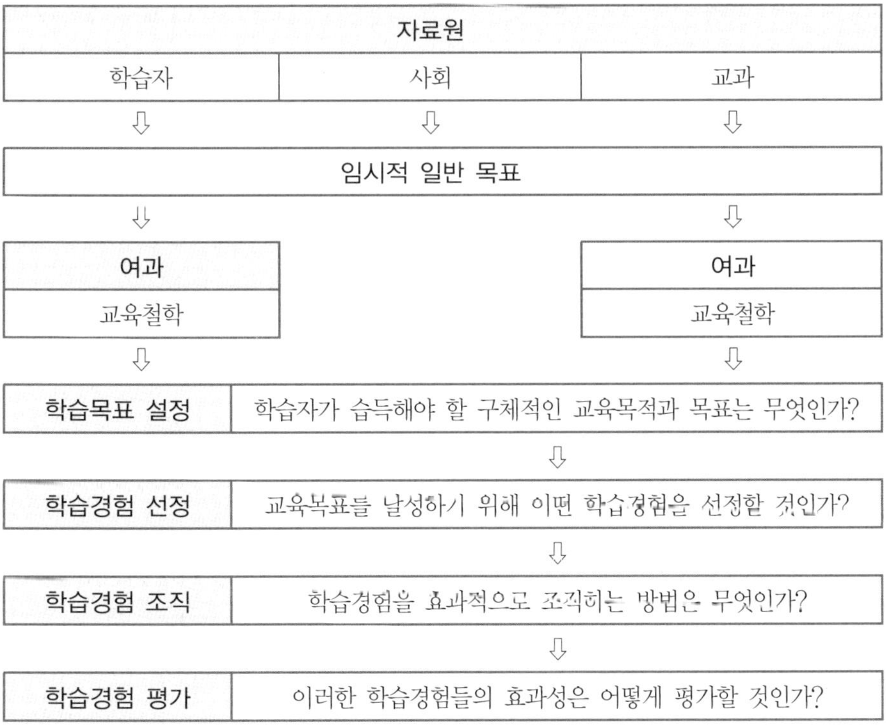

| 그림 2-1 | 타일러의 프로그램개발 모형

타일러는 교육과정을 개발할 때 먼저 일반적인 교육목표들을 세 가지 자원(원천)에 근거하여 도출하도록 권하였다. ① 학습자 자신의 표준적인 학습수준, 지역사회의 요구와 비교하여 볼 때 생기는 학습격차, 개인의 흥미와 요구가 충족되고 있는지, ② 현대사회에서의 생활, ③ 교재전문가 등을 지적하였다. 즉, 학습자에 관한 세세적인 연구, 학교 밖의 사회생활에 관한 연구, 전문가의 교과의 분석을 통하여 잠정적인 교육목표들을 도출하여야 한다고 주장하였다(오만록, 2021). 또한 교육조직의 가치나 이념은 교육목표의 자료원들에서 제시되는 교육요구를 정선하기 위한 여과장치로서 기능하며, 학습심리학에 관한 지식은 특정 시간과 조직의 현재 환경 내에서 무엇을 배울 수 있고 배울 수 없는 것인가를 규정하는 데에 도움을 준다. 타일러의 모형을 구성하는 4대 요소는 '학습목표 설정', '학습경험 선정', '학습경험 조직', '학습경험 평가'의 구성이 특징이다.

학습목표를 진술하는 것은 학습목적을 규정하고 난 다음 단계에서 실시된다. 학습목표에 대한 진술은 학습자에게 기대되는 행동의 변화에 초점을 두며, 그러한 목표의 내용은 기대된 행동의 영역을 보다 구체화한다.

타일러는 이와 같은 과제가 수행되고 난 뒤 다음 단계로서 "교수목표를 달성하는 데 유용한 학습경험을 어떻게 선정할 수 있는가?"라는 의문에 관해서 기술하였다. 타일러는 학습경험을 학습자의 행동과 학습환경 사이에 일어나는 상호작용으로 규정하고는 이들 학습경험을 선정하는 데 필요한 다섯 가지 원칙을 제시하였다(Boone et al., 2002).

첫째, 기대된 행동(desired behavior)을 실천할 기회가 제공되는가?

둘째, 생산된 행동에서 만족감을 얻을 수 있는가?

셋째, 기대된 반응을 얻을 수 있는가?

넷째, 많은 학습경험이 어떠한 목표를 충족시킬 수 있는가?

다섯째, 하나의 학습경험이 다수의 결과를 가져올 수 있는가?

다음으로 타일러는 효과적인 교수와 조직을 위하여 학습경험을 조직하는 데 적용할 수 있는 개념들을 규정함으로써 세 번째 질문에 답하고 있다. 그는 학습경험을 조직하는 데 필요한 준거로 ① 일관성(continuity), ② 계열성(sequence), ③ 통합성(integration)을 지적한다. 이러한 준거들에는 가치관, 기술 그리고 개념과 같은 학습요소들이 내포되어 있다. 더 나아가 타일러는 이미 구축해 놓은 틀 안에서 학습경험의 조직을 위한 원천으로 연대기(chronology)적 방법론의 응용 및 활동 범주와 내용의 분석 등을 제시하였다. 그리고 평가에 대한 타일러의 첫 번째 관심사는 기대된 결과의 선호에 있으며, 두 번째 관심사는 교육과정의 장단점에 있다(이현규, 2009). 그는 행동의 변화를 바라면서 표준적인 것과 관련하여 타당한 증거를 기대하고 계열성 있는 평가를 강조한다.

타일러의 모형은 그 개념과 내용이 매우 합리적으로 제시되어 있어 대부분의 학교 및 교육기관은 물론 다양한 맥락의 프로그램 개발에서 가장 대표적인 모형으로 지금까지 활용되고 있다(Apps, 1979). 반세기 동안 교육과정의 바이블(성서)

이라고 불릴 만큼 지배적인 영향을 미치면서 모든 프로그램 개발에 있어서 모범적인 전형이 되었으며, 전통주의자들 상호 간에도 다소 의견의 차이가 있으나 모두가 타일러의 견해에 기초하고 있다(이성호, 2004). 타일러 모형의 합리성은 명료한 학습목표 설정의 중요성을 부각하고 이에 따른 학습내용과 학습활동을 일관성과 계열성을 갖추어 바람직한 학습경험을 구성하도록 하는 데서 찾을 수 있다. 또한 학습 결과는 학습목표를 토대로 하여 평가되어야 한다는 기본적인 과정과 절차를 제시하였다는 점과 프로그램 개발의 가장 표준적인 과정을 제시하였다는 데 학문적으로 큰 의의가 있다(신용주, 2022).

타일러 모형은 대부분 교육현장에서 프로그램 개발에 보편적으로 적용될 수 있으며, 특히 워크숍이나 심포지엄과 같은 소규모의 프로그램 개발에 유용한 것으로 인식된다. 모형의 분명하고 직접적인 특성으로 인해 신참 개발자들이 활용하기에 비교적 용이한 것으로 알려져 있다. 다만 교육 프로그램이 수행되는 환경 맥락에 대한 고려가 부족한 점, 그리고 프로그램 개발자의 경험이나 가치관, 윤리와 관련된 요인들이 고려되지 않았다는 점에서 비판도 존재한다(Brookfield, 1986; Sork et al., 1989). 하지만 그들은 교육과정 모형과 전략을 창출시켰고 그것을 실천가들에게 제공함으로써 교육과정의 개혁적 변화를 가져오는 견인차 구실을 했다(이성호, 2004).

2) 분(Boone)

분(Boone, 1985)은 개념적 프로그램 개발모형(conceptual programming model)을 통해 프로그램 개발의 통합적 모형을 제시함으로써 프로그램 개발의 일반화에 공헌하였다. 특히 대학 확장교육 분야의 프로그램 개발에 힘썼으며 교육 요구 사정 및 관련자들과의 상호작용을 중시하였다. 분은 성인교육자가 조직의 목적, 학습자의 요구분석, 평가를 명료화하는 것을 중시하며, 조직원들과 일어나는 상호작용과 피드백을 통해 조직의 재생을 추구하는 촉진 기능을 요구한다. 또한 조직은 프로그램에 필요한 자원을 지원하고 프로그램 실행을 위한 사회·문화적 환경을 조성하며, 학습자는 이 과정에 조직의 신념, 철학, 기능, 구조, 과정의 역동성에 영향을 받는다.

프로그램 개발과정을 기획, 실행, 평가의 3단계로 분류하고 각 단계는 모두 타당화, 모니터링 및 검토의 과정을 거친다고 설명하였다. 각 단계의 특성을 살펴보면 다음과 같다(신용주, 2022).

첫째, 프로그램 기획(program planning) 단계이다. 프로그램 기획은 성인교육자들이 초점을 두고 행동변화를 위한 주요계획 또는 장기간의 활동설명서이다. 이 단계는 행동변화를 목표로 거시적 요구 및 미시적 목표를 진술하는 과정을 거친다. 그리고 목표 달성을 위한 일반적 교육전략의 구체화 그리고 프로그램 기획의 거시적 결과의 구체화로 이어진다.

둘째, 프로그램 실행(program implementation) 단계이다. 이 과정은 다시 활동계획과 활동전략으로 세분된다. 즉, 프로그램 참여자의 요구 충족을 위한 액션플랜(Plans of action) 및 활동전략(Planned program)으로 나뉜다. 액션플랜은 목표 달성을 위한 구체적인 교수계획이다. 즉, 세분화된 교수계획으로 프로그램 계획에서 진술한 장기 목표 달성과 학습자의 요구 실현을 위해 학습자의 행동방향을 제시한다. 활동전략은 프로그램 계획을 실행하는데 관계되는 시장 조사, 자원 조달, 피드백 등을 말한다.

셋째, 프로그램 평가와 책무성(evaluation and accountability) 확보 단계이다. 프로그램 평가는 학습자가 프로그램 참여의 결과로 획득한 지식, 기술, 태도를 토대로 목표 달성을 측정한다. 프로그램 실행의 결과를 파악하여 프로그램 투입과 산출에 대한 결론을 도출할 수 있다. 또한 프로그램 결과를 판단함으로써 프로그램 투입 요소에 변화를 가져오기도 한다.

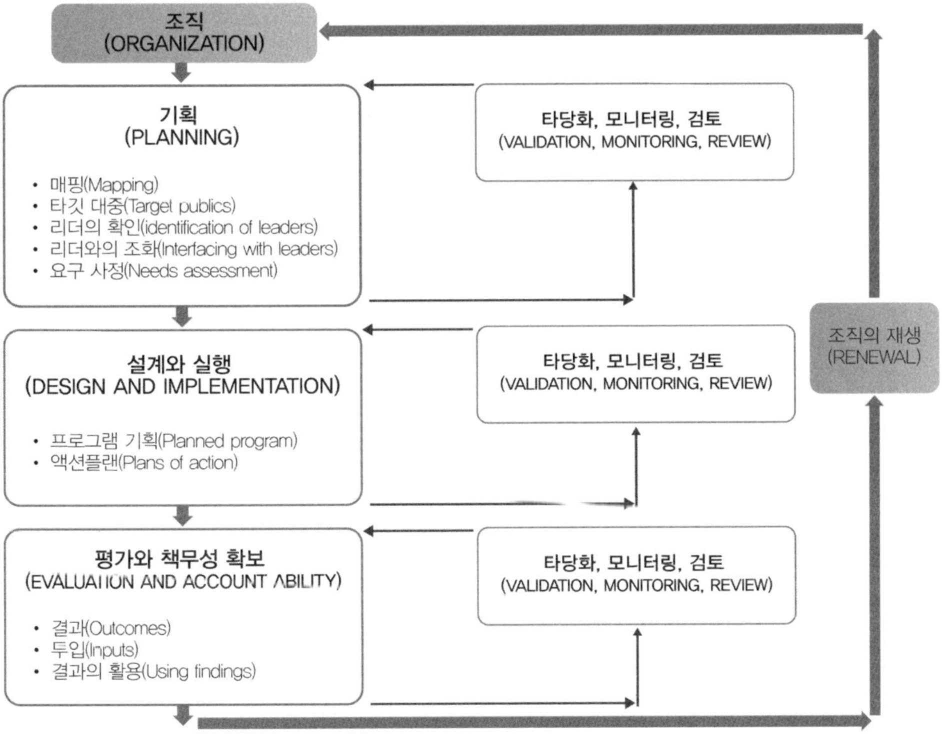

| 그림 2-2 | **분의 프로그램 개발 관계 도식**

출처: Boone, et al. (2002). *Developing programs in adult education*. Long Grove: Waveland.

3) 보일(Boyle)

보일(Boyle, 1981)은 프로그램 개발을 학습자와 개발자가 공동으로 만들어 가는 일련의 활동 과정이라고 정의한다. 즉 과정에 초점을 두는 프로그램 이론이다. 프로그램 개발을 위해서 변화시키거나 개선해야 할 문제점이나 상황에 대하여 분석하고 나아가 의사결정을 위한 조직적인 구조를 개발하여야 한다. 이러한 교육프로그램 개발을 개인과 조직의 계속적인 요구를 충족시키는 기회의 도구로 파악하고 있다.

학습자가 학습에 필요한 자원과 지역사회에 대한 분석결과를 효과적으로 이용하여 바람직한 변화가 학습활동 계획에 포함될 수 있도록 문제점과 상황에 우선순위를 매기며, 주민과 지역사회가 함께하는 프로그램을 통하여 얻을 수 있는 효과를 확인해야 한다. 프로그램의 효과적인 홍보와 수행을 위해 동원 가능한 자원과 지원 정도를 확인하고, 적절한 학습경험을 다양한 참여 학습자에게 제공할 수 있도록 활동계획을 설계해야 한다. 그리고 회의, 워크숍, 대회, 개별적 참고자료 및 TV와 라디오 프로그램 등을 통해 적절한 학습 기회를 제공하여 교육프로그램의 가치를 홍보해야 한다.

이처럼 보일(Boyle)의 프로그램 개발은 정적인 활동이 아니라 끊임없는 변화를 내포하는 동적인 활동으로 지역사회 및 환경의 상호작용에 초점을 두고 기술적인 과정으로 제시하였다. 이러한 과정에는 프로그램 개발에 대한 철학적 기반 설정, 학습자와 지역사회 문제에 대한 환경분석과 요구분석, 잠재적인 학습자에 대한 분석과 참여, 프로그램 목표설정을 위한 정보파악과 제한점 인식, 학습경험의 조직, 교수방법 기술선정 및 교수설계확인 효과적인 홍보 프로그램에 필요한 자원획득, 프로그램 평가, 의사 결정자에게 프로그램의 가치전달 등으로 이루어진다(권진하 외, 2022).

| 표 2-1 | **보일의 프로그램 과정 분류**

과정	세부활동
계획	• 프로그램 개발에 대한 철학적 기초확립 • 학습자나 지역사회의 요구 및 문제 환경분석 • 프로그램의 잠재적 학습자의 참여 • 잠재적 학습자의 지적 · 사회적 발달수준 검토 • 프로그램 목표설정을 위한 자료분석 • 기관 혹은 개인의 학습 제약요소 파악 • 프로그램 우선순위 설정 기준 마련 • 계획된 프로그램의 경직성 및 유연성 분석 • 공식 · 비공식 권력 상황의 지지와 합법화
실행	• 학습경험의 선택 및 조직 • 교수설계 • 효과적인 홍보방법 활용 • 프로그램 실행에 필요한 자원획득 교수설계
평가	• 프로그램의 결과 및 효과성 결정 • 프로그램의 가치보고

보일의 프로그램 이론은 각기 다른 상황에서 발생하기 때문에 획일적인 프로그램 개발과정을 적용하는 데는 문제가 있다. 각 프로그램 환경의 차이점을 고려하지 않고, 프로그램 개발자에 의해 영향받을 수 있는 인적 요소를 무시하였다. 또한 프로그램 개발자의 개인적인 가치나 윤리 혹은 요구가 프로그램에 영향을 미칠 수 있음을 고려하지 않아 현실에서 프로그램이 어떻게 개발되는가 하는 실천적 측면을 무시한 채 원리만을 제시하였다는 한계가 있다.

4) 놀즈(Knowles)

놀즈(Knowles, 1989)는 평생교육프로그램 개발에 있어, 평생교육자는 잠재적 학습까지도 고려해야 하며, 프로그램은 학습자에 대한 완전한 지식과 학습자들의 동의에 의하여 개발되어야 한다고 하면서 다음과 같은 프로그램 개발자의 요건을 제시하였다(권진하 외, 2022).

첫째, 프로그램 개발자는 학습자의 투입과정에서부터 프로그램의 계획에 참여해야 한다. 교육프로그램 개발자의 개인적 특성 및 양식은 교육프로그램 개발의 전반적인 과정에 반영된다. 그리고 프로그램 개발자가 가지는 의사결정의 방향을 결정짓는 최종적인 준거를 제공해 준다.

둘째, 프로그램 개발자는 교육프로그램의 변화과정에 영향을 미치는 요인에 대한 제반 지식을 숙지하고 있어야 한다. 프로그램 개발의 기초이념은 교육 프로그램 개발자에 의한 의사결정이나 합리적인 선택을 위한 지적 배경으로 작용한다.

셋째, 프로그램 개발자는 교육프로그램 개발과정의 단계마다 의사결정을 해야 한다. 여러 대안 중 하나를 선택하고자 할 때는 적절한 사실과 개념 기초에 근거를 두어야 한다.

넷째, 프로그램 개발자는 프로그램 계획, 설계, 평가, 성과의 측정에 능숙해야 하며, 효과적인 의사소통기술, 요구조사, 교육목표의 기술, 교육자료의 선정, 프로그램의 홍보, 평가방법을 고안해 내는 능력이 있어야 한다.

또한 놀즈는 「현대 성인교육의 실제」에서 안드라고지적인 철학에 따라 다섯 가지의 가정을 제시하였는데, 성인은 자기 지향적인 존재로 나아간다는 것에서 시작한다. 그들의 학습경험은 학습자원으로 활용되고, 사회적 발달과업에 따라 학습에 대한 준비도 형성되며, 학습자는 학습의 결과를 즉각적으로 활용하기를 원한다. 그리고 인간은 외적 동기뿐만 아니라 내적 동기에 의해서도 동기가 유발된다는 가정으로 프로그램 접근모형을 구조화하였다.

03 상호작용 이론

상호작용 이론(Interaction theory)은 프로그램 개발이 이루어지는 과정에서 일어나는 역동적인 상호작용에 초점을 맞추는 것이 특징이다. 전통적인 이론과 달리 프로그램 개발과정 상에서 이루어지는 상호작용을 중시한다(Caffarella, 1994). 전통적 이론이 교육프로그램 개발에서는 하나의 절차라든가 단계적인 선형과정을 중시하였는데 비하여, 상호작용 이론에서는 프로그램 개발 당시의 상황에 따라 결정된다는 것을 강조하고 있다. 즉 절차나 순서를 강조하지 않으며, 특정 상황에서의 판단능력과 그 판단을 정당화시킬 수 있는 능력 함양을 중시한다. 그래서 맥락적 상호작용 이론 또는 상황 이론으로 지칭하기도 한다(Cervero et al., 1994).

상호작용 이론은 유연성 확보문제를 중요하게 생각하며, 처리 절차 상호 간에 서로 순환적이고 융통성 있어 표준화된 단계나 절차에 따라 진행하는 것이 아니라 역동적 상호작용을 강조하면서 순환적-합의적 접근에 따른다. 프로그램에 참여하는 학습자들의 신중한 숙의(deliberation)와 실제적인 합리성(practical rationality)의 상호작용을 강조하는 이론으로 대표적인 학자는 홀(Houle), 카파렐라(Caffarella)가 있다.

1) 홀(Houle)

홀(Houle, 1996)은 그의 저서 「The Design of Education」에서 상황 맥락에 알맞게 설계된 평생교육프로그램을 기획할 것을 강조하였다. 홀은 학습자를 위한 프로그램을 계획할 때 인간의 경험을 고려한 다양한 요소들이 상호작용하므로 이러한 측면이 포함되어야 한다고 주장하였다. 또한 교육은 실천적이고 협동적으로 이루어지며, 학습은 특수한 상황에서 발생한다고 믿었다. 홀은 자신의 프로그램 개발개념을 일곱 가지 가정과 함께 기본적인 시스템을 다음과 같이 제시하였다(신용주, 2022).

첫째, 학습은 구체적 상황에서 발생하며, 그 상황으로부터 영향을 받는다.

둘째, 평생교육 활동의 계획이나 분석은 인간의 경험과 지속적 변화에 기초해 이루어져야 한다.

셋째, 평생교육은 실천적 학문이다.

넷째, 평생교육은 협동적이다.

다섯째, 평생교육 활동의 계획이나 분석에는 복잡한 현실의 관념화 기간이 필요하다.

여섯째, 평생교육 활동의 계획이나 분석은 교육자, 학습자, 분석가 등의 협력으로 수행된다.

일곱째, 평생교육 설계는 관련 요소 간의 상호작용으로 가장 잘 이해된다.

홀의 모형은 학습자의 라이프 스타일과 삶의 경험을 학습 유형의 설계에서 중요한 요소로 포함했다. 특히 학습자의 삶의 경험을 중요한 학습과정으로 고려하였다. 학습을 학습자 개인의 폭넓은 삶의 양식으로 끼워 넣음으로써 학습활동과 학습자의 개별영역을 세부적으로 연결해 주고 있다. 홀의 프로그램 개발모형은 프로그램에 참여하는 모든 사람의 관점을 고려하려 했다는 점에서 역동적이라 할 수 있다.

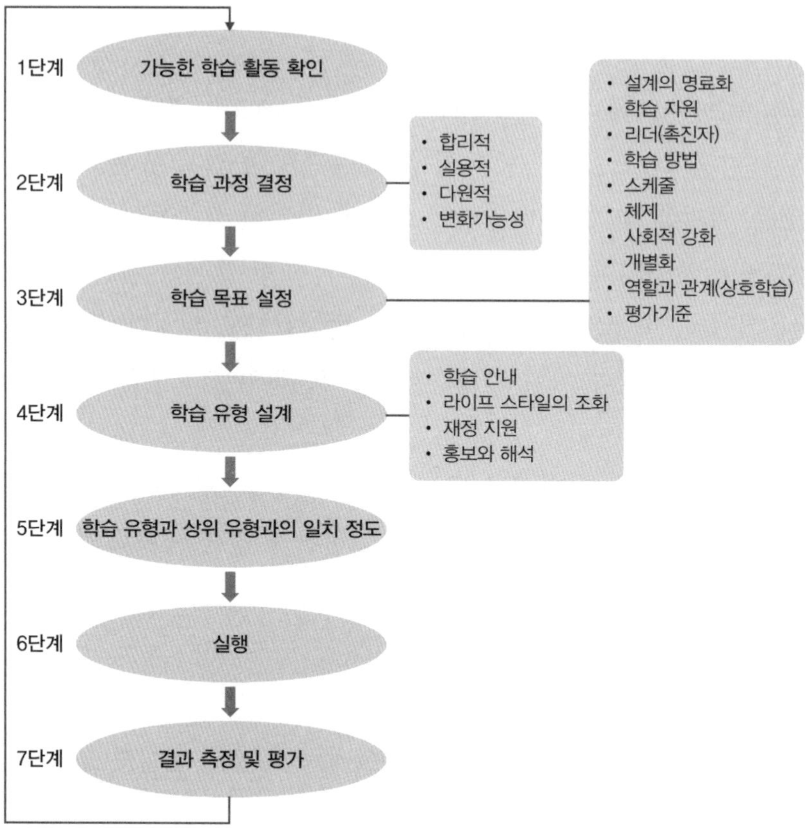

| 그림 2-3 | **홀의 프로그램개발 과정**

출처: Houle, C. (1996). *The Design of Education*. San Francisco: Jossey-Bass Publishers.

2) 카파렐라(Caffarella)

카파렐라는 프로그램 개발상의 구성요소와 임무들을 동시에 고려해야 하며, 특정 상황에서 어떠한 결정을 하는가에 달려 있다는 것을 강조한다. 즉 상황에 따른 유연한 대처 능력을 강조했다. 따라서 프로그램 개발과 과정에서 프로그램 개발자, 학습자, 조직 간의 합의가 필수적이며, 프로그램은 한 사람에 의해 만들어지기보다는 서로 영향을 미치는 구체적인 조직 상황에서의 다양한 이해관계를 가진 많은 사람을 통해 만들어진다는 것을 유념해야 할 필요가 있다. 카파렐라(Caffarella, 1994)가 제시한 상호작용이론에 입각한 프로그램 모형은 다음과 같은 여섯 가지의 가정에 근거를 두고 있다.

첫째, 평생교육프로그램은 참가자들이 무엇을 배우며, 그 행동은 무엇인지 명확하게 알아야 한다. 따라서 학습한 내용이 참가자와 조직, 그리고 사회적 이슈와 규범들을 어떻게 프로그램화하는가에 초점을 맞추어야 한다. 프로그램 개발자는 그들이 왜 행동하고 무엇을 행동하는지 명확히 알고 있어야 하며 학습결과와 변화에 대해 명확히 알고 있어야 한다. 이러한 변화의 양상에는 대체로 작업능률이나 그 밖의 실제적인 이슈, 성인 생활에의 문제, 조직에의 적응 또는 사회적 기준이나 관습에 관련된 문제 등이 있다.

둘째, 평생교육프로그램 개발은 체계적으로 사전에 계획된 과업은 물론, 때에 따라서는 순간적으로 내려야 하는 결정을 포함한다. 계획변수와 임무들이 명백히 규정된 상황에서도 때때로 예측 못 한 변수가 발생할 수 있다. 예를 들면 핵심 발표자가 마지막 순간에 연설을 취소할 수도 있고, 프로그램 참가자 수가 예상보다 적을 수도 있으며, 날씨가 특정 이벤트를 방해할 수도 있다.

셋째, 평생교육프로그램의 개발은 조직의 우선순위, 과업, 그리고 사람과 이벤트의 복합적인 상호작용이다. 그렇다고 해서 평생교육프로그램 개발이 언제나 논리적인 절차를 따르지 않는다는 것은 아니다. 계획절차 상에 더 많은 조직이나 개인이 추가될수록 프로그램 개발절차는 점점 비논리적으로 되는 경향이 있다. 프로그램 개발자들은 많은 시간을 보내며 과정상의 많은 요소를 공식화하고, 그를 다시 공식화하려는 경향이 있다. 프로그램 개발자로서 성공하기 위한 가장 중요한 점은 프로그램 개발과정 상에 유연성을 부여하는 일이다.

넷째, 평생교육프로그램 개발은 조작적 노력이라기보다 협동적 노력이다. 성공적인 프로그램 개발과 완성에는 프로그램 개발자와 조직 후원자 간의 협동이 필요하다. 그러한 협동은 제안된 프로그램의 비공식적 심사 또는 잠재 학습자 그룹들의 특정한 교육상의 계획, 그리고 공식적인 계획과정의 전체 또는 부분을 포함하는 후원자들과 이루어지는 것들도 있다.

다섯째, 평생교육프로그램 설계는 실제적인 예술이다. 성공을 확신하는 프로그램이란 존재하지 않는다. 오히려 프로그램 계획자는 오케스트라 지휘자와 비슷하다. 그들은 다양한 연주자들을 한곳에 모아 조화와 균형을 이루도록 해야 하며, 이러한 임무는 쉽지 않을 수 있다. 어떤 부분은 예상했던 것보다 더 어려울 수도 있고, 어떤 연주자들은 그들이 속한 분야의 숙달된 연주자가 아닐 수도 있다는 것이다.

여섯째, 유능한 평생교육프로그램 개발자는 실습을 통해 프로그램 개발방법을 배울 수 있다. 실력 있는 프로그램 개발자란 타고나는 것이 아니라 오랜 기간의 시련과 시행착오를 통해 숙련되고 다양한 요소를 조합하는 방법을 깨닫게 된다. 다양한 실습만이 우수한 프로그램을 개발할 수 있는 전문가를 양성한다. 평생교육프로그램 개발상에 어떤 점이 효과적이었고 개선할 점은 무엇이었는지 되짚어 보는 일이 필요하다.

또한 카파렐라는 자신의 상호작용 모형이 기초하고 있는 다음의 네 가지 전제에 대하여 설명하였다.

첫째, 평생교육프로그램 개발은 첫 단계와 마지막 단계를 정해 놓고 시작하지 않는다. 따라서 순차적으로 진행되는 것은 아니며 상황에 적절하도록 여러 가지의 활동을 실시하게 된다.

둘째, 상호작용 모형에서는 여러 가지의 활동이 수행될 때 개입되는 가치, 기대, 권력을 고려하지 않을 수 없다. 따라서 이러한 요소들을 효과적으로 조정·협상하는 자질이 요구된다.

셋째, 평생교육프로그램 개발에는 상황 맥락 및 문화적 가치가 영향을 미치며 이는 프로그램 개발에 대한 타당성의 확보와도 연계된다.

넷째, 평생교육프로그램 개발가에게는 특정 프로그램 개발모형을 고수하기보다 상황을 정확히 파악하고 이에 유연하게 대처하여 상황에 적합한 프로그램을 개발하는 역량이 요구된다.

카파렐라의 네 가지의 전제는 다음과 같은 열두 개의 주요활동을 거친다

(Caffarella, 1994). 그러나 평생교육프로그램 개발이 이 순서대로 실시되지는 않으며, 프로그램 개발가가 원하는 단계부터 시작할 수 있다.

① 상황 분석(Discern the context)
② 확고한 지원 체제 구축(Building a solid base of support)
③ 프로그램 아이디어 확인(Identifying program ideas)
④ 프로그램 아이디어의 분류 및 우선순위 설정(Sorting and prioritizing program ideas)
⑤ 프로그램 목표 수립(Developing program objectives)
⑥ 교수 계획 설계(Designing instruction plans)
⑦ 학습 전이 계획 수립(Devising transfer-of-learning plans)
⑧ 평가 계획 수립(Formulating evaluation plans)
⑨ 제언 및 프로그램 결과에 대한 의견 교환(Making recommendations and communicating results)
⑩ 형식, 스케줄, 스태프 욕구 파악(Selecting formats, schedules and staff needs)
⑪ 예산 및 마케팅 계획 수립(Preparing budgets and marketing plans)
⑫ 시설 준비 및 현장 점검(Coordinating facilities and on-site events)

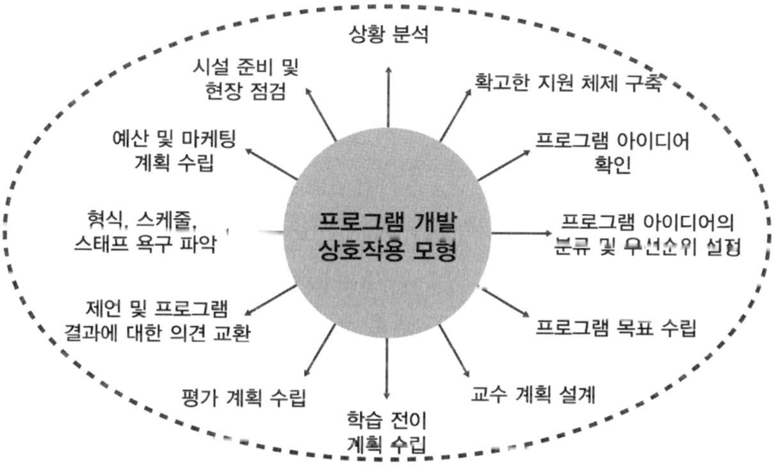

| 그림 2-4 | 카파렐라의 프로그램개발 상호작용 모형의 12가지 구성요소

출처: Caffarella, R. S. (2002). *Planning programs for adult learners*. S.F.: Jossey-Bass.

04 체제 이론

체제란 정보, 에너지, 자원 등을 교환하며 역동적으로 존재하는 실체이며 여러 부분이 하나로 결합하여 이루어진 전체를 말한다. 전체의 목표 달성을 위하여 여러 구성요소가 각기 독립성을 지니고 상호의존, 상호작용을 가지면서 외부 환경과 영향을 주고받는 집합체이다. 프로그램 개발에서도 환경과 조직의 관계 및 평생교육기관, 학습자, 환경과의 상호작용을 중시하는 이론을 체제 이론(System theory)이라고 한다.

체제 이론을 통한 평생교육프로그램 개발의 경우 기본적으로 투입 시 개인적, 조직적, 환경적인 가치와 요구를 반드시 프로그램에 반영하여야 하며, 투입 요인을 통하여 어떤 과정을 거쳐 어떤 결과물을 만들어 낼 것인가에 아이디어를 제공해 줄 수 있다. 프로그램 개발자에 대한 관심보다는 프로그램 개발과정에 필요한 요소와 맥락을 강조한다. 프로그램을 개발하는 과정에서 도출되는 다양한 대안 중에서 더 효율적이고 효과적인 의사결정을 내릴 수 있도록 하는 이론이다.

1) 코왈스키

코왈스키(Kowalski, 1988)의 저서 「성인교육의 조직과 기획(The Organization and Planning of Adult Educations)」에서 평생교육프로그램 개발체제 모형으로 투입-과정-산출의 기본 틀을 제시하였다. 투입은 개인적 요구, 조직적 요구, 환경적 요구의 세 가지 요소로 분류되며, 이것은 다시 이 세 가지 요소들이 가지고 있는 각각의 가치관 및 요구와 연계되어 평생교육프로그램 개발에 반영된다. 그리고 프로그램 개발가는 프로그램 과정 중에 일어나는 활동의 맥락을 잘 파악하고 다양한 대안 중 가장 바람직한 대안을 선택해야 한다. 이 모형은 프로그램 개발자가 개발과정에서 도출되는 수많은 대안 중에서 가장 효과적인 의사결정을 내리도록 하는 데 그 핵심이 있다.

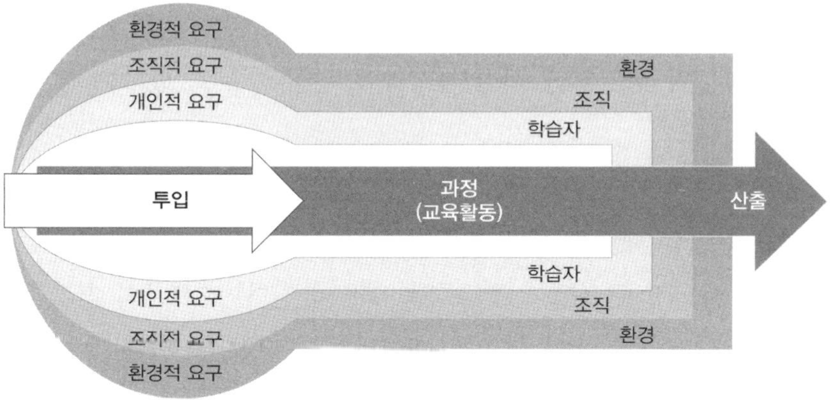

| 그림 2-5 | 코왈스키의 프로그램개발 체제 모형

출처: Kowalski, T. J. (1988). *The Organization and Planning of Adult Education*. State University of New York Press.

05 실천 이론

실천 이론(Practical theory)은 전통적 이론이나 상호작용 이론이 평생교육프로그램 개발을 가치 중립적인 것으로 파악함으로 결과적으로는 프로그램 개발과정에서 나타나는 권력 관계와 정치적인 요소를 간과했다는 점에서 출발하였다. 따라서 정치적 이론 또는 비판적 실천 이론이라고 불리기도 한다.

실천 이론에 해당하는 대표적인 모형은 서베로와 윌슨(Cervero & Wilson)의 협상모형과 프레이리(Freire)의 해방교육 모형이 있다. 프레이리는 프로그램 개발모형을 제삼자가 구성하는 프로그램이 아니라 학습자와 교육자가 학습상황에서 반성하고 행동하는 실천, 프락시스(Praxis: 실천) 과정으로 이루어진다는 점에서 귀납적인 모형에 근거를 두고 있다. 또한 평생교육프로그램 개발이 교육을 위한 하나의 준비과정이 아니라 그 자체를 하나의 해방과정으로 보고 있으며 주된 내용이 문해교육이다. 한편 서메로와 윌슨(Covero & Wilson)의 협상 모형은 프로그램 개발자들의 정치적인 책임과 행동에 관심을 두고 있다는 점에서 협상 모형으로 불린다.

실천 이론은 절차보다 총체적인 과정으로 파악하며, 프로그램 개발과정은 교육자와 학습자 간의 대화를 통해 협동적 현장실천 연구로서 학습자가 주체적으로 만들어 낸 사회적 구성물이 프로그램 내용이 된다. 교육자의 전문성에 대한 의존에서 벗어나 자신의 학습경험을 선택하고 조정할 수 있는 통제력을 갖는데 목적이 있다.

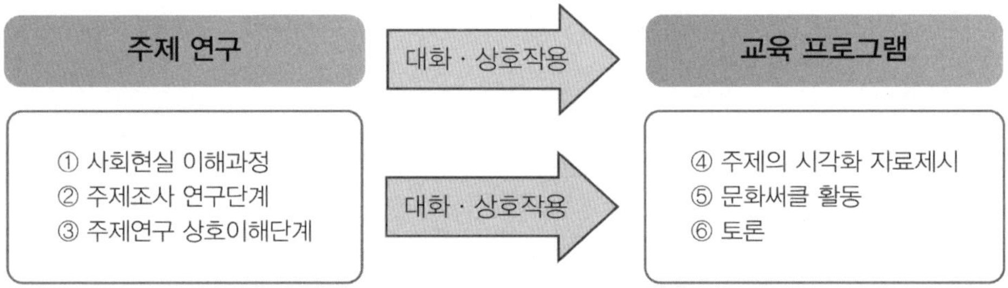

| 그림 2-6 | 실천 이론의 개념도

출처: 윤옥한(2017). 평생교육프로그램개발론. 파주: 양서원.

1) 서베이와 윌슨

서베로와 윌슨(Cervero & Wiison, 1994)의 평생교육프로그램 개발과정 중 정치적인 행동과 책임에 관심을 둔다고 해서 협상 이론으로 불리기도 한다. 이 외에도 지칭하는 용어가 다양한데, '정치 협상모형(장서영 외, 2009)', '계획실천 이론' 또는 '프로그램 계획실천 이론'(김진화 외, 2000), '권력과 관심사 협상 이론'(김한별 외, 2010)으로 부르기도 한다.

그들의 저서 「성인교육을 위한 책임감 있는 계획(Planning responsibly for adult education)」에서 권력(power), 이해관계(interest), 책임성(responsibility) 및 협상(negotiation)의 개념을 가지고 접근하였고, 기관 및 사회적 매락 속에서 협동과 타협을 통해 이루어 내는 사회적 활동으로 보았다. 기존의 기술적 과정으로만 프로그램 개발을 진행해서는 안 되며, 권력 및 파워 게임의 결과물로서의 그 특성을 인식하는 것이 중요하다고 하였다. 이해 당사자들의 서로 다른 관심사가 민주적 가치에 기초해 공평하게 반영되도록 능력이 요구되기에 프로그램 개발가는 민주주의 이념과 평등의식, 인간존중 사상 및 공동선과 같은 가치에 관한 명확한 인식을 해야 한다.

개인, 조직 그리고 사회의 교육적 요구와 이익이 계속된 협상 과정의 산물로 이루어지기 때문에 프로그램 개발은 하나의 정치적인 활동이라는 점을 강조한다. 따라서 정치성과 다양성을 이해하고 프로그램 개발과 관련하여 의사결정과정에서 정치적 협상 능력을 지니고 있어야 한다. 서베로와 윌슨은 정치적 행위를 강조하는 권력과 관심사 협상 이론을 통해 프로그램 개발을 기술(Technique)이 아니라 사람 일(People work)임을 강조하며, 실천적 관점에서 평생교육프로그램 개발 이론을 설명하였다. 이러한 점에서 프로그램 개발자는 윤리성과 책임성을 제기한 이론이라는 특징이 있다.

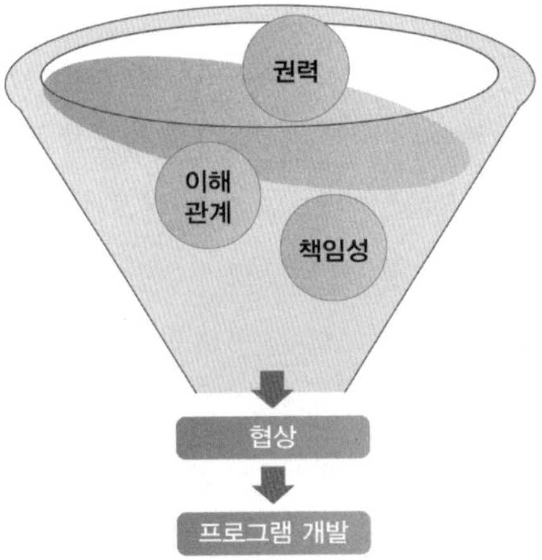

| 그림 2-7 | 서베로와 윌슨의 평생교육프로그램 개발과정

출처: 신용주(2022). 평생교육프로그램 개발론. 서울: 학지사.

2) 프레이리

프레이리(Freire, 1970)는 해방교육 모형 또는 비판적 모형이라고 한다. 프레이리(Freire)는 문자습득을 통한 인간해방에 초점을 두고 평생교육프로그램 개발을 사회적·개인적 해방 가능성을 모색하는 사회적 노력으로 보면서 정치적 행위를 강조하였다.

프레이리는 브라질 동북부 지역의 가난하고 억압받는 농민들을 대상으로 실시한 문해교육에서 그의 교육학을 발전시켰다. 평생교육프로그램 개발모형을 잘 표현한 그의 저서 「억압받는 사람들의 교육학(The Pedagogy of the Oppressed)」의 중심적인 가치는 '억압으로부터의 자유'와 '인간화', '인간주의적 해방'에 깊이 관련되어 있다. 지식을 학습자에게 인식시키는 은행 저축식(banking) 교육이 아닌 자신의 현실과 세계에 관해 관심을 일깨우는 문제제기식 교육을 실천하였다. 그는 학습자들에게 정치적 임파워먼트로 인식시키고 학습자들의 무의식적 지배를 일깨우기 위해 문해교육프로그램을 개발하였다. 특히 억압받는 사람들의 관점 속에 있는 모순을 해결하는 데 초점을 두고 있으며, 이를 위해 프락시스(Praxis)라고 부르는 이른바 반성적인 유형의 분석과 적극적인 대화 모형을 강조한다. 이러한 문제제기식 교육과정의 궁극적 목표는 학습자의 해방과 프락시스(praxis)이며, 이는 학습자가 자신의 세계에 대해 성찰하고 행동함으로써 새로운 이해를 얻게 되는 것을 말한다(신용주, 2021).

교육활동의 핵심은 주변 환경과 지역사회 주민에 관한 탐구, 자료분석, 피드백을 통한 적합한 주제를 선정하여 다시 지역사회 주민들에게 제시하는 것이다. 기본과정은 실제적인 모순을 지각하고 구두적인 표현이나 시각적인 형태를 제시하며 모순 현상을 간파하기 위해 주제의 발굴과 교훈적인 자료 마련에 초점을 두고 있다. 프로그램 개발과정 자체가 하나의 해방과정이며, 주로 문해교육에 집중되어 있다. 그러나 개인의 자유, 사회적 정의, 사회변혁과 같은 개념들은 민주주의와 정의에 대한 철학적 토론에 적합하지만 변화의 속도가 매우 빠른 급진적인 변화를 추구했다는 점과 사회변화에 대해 지나치게 낙관적 전망만 제시했다는 점, 그리고 너무 추상적이어서 교사가 실제 상황에서 무엇을 해야 하는지 알지 못한다는 비판을 받고 있다. 또한 프로그램 개발의 이유와 명분, 방법 등에 있어서 프로그램 개발가의 이념과 가치관이 매우 크게 작용한다는 비판도 있다.

Theory of Lifelong Education Program Development

06 프로그램 개발 이론의 특성 및 시사점

1) 프로그램 개발 특성

평생교육프로그램 개발에 관한 이론의 흐름을 살펴보면 다소 중복되는 점이 없지는 않으나, 각각의 이론은 특정 상황에서나 일정한 절차에 따라 진행되는 프로그램 개발을 깊이 이해해 주고 체계적인 적용을 가능하게 한다는 데 의의가 있다. 다양한 프로그램 개발에 관한 이론을 보면, 각 이론의 차이에도 불구하고 각 이론 간에는 적용 가능성, 범위와 다양성에서 매우 유사성이 있다. 먼저, 평생교육프로그램 개발 이론에서는 프로그램이 다음과 같은 의미를 지니고 있는 것으로 이해한다(이해주 외, 2015).

첫째, 평생교육프로그램 개발과정과 개념은 상호 관련성·의존성을 포함하는 역동적인 체제이다.

둘째, 평생교육프로그램 개발은 조직이 처해 있는 환경 내에서 변화조직으로서의 적합성과 효율성을 평가하고, 필요하다면 조직의 변화에도 참여할 수 있는 중요한 수단이 된다.

셋째, 평생교육프로그램 개발을 통해 학습자는 물론이고 조직구성원의 행동 변화에 영향을 준다.

넷째, 평생교육기관이나 평생교육프로그램 개발자는 개발 과정에서 중요한 역할을 담당한다.

다섯째, 평생교육프로그램 개발 이론은 프로그램 개발자가 개별 학습자, 학습자 집단과 학습집단 리더로의 기능과 더불어 교육요구를 확인, 사정, 분석하여 변화 촉진자로서 기능을 수행한다고 가정한다.

또한, 프로그램 개발 이론들은 주요 접근방법이나 지향하는 특성은 다소 차이가 있다고 하더라도 궁극적으로는 평생교육프로그램 개발 과정상에 당면하는 문제점을 다음과 같이 제시하고 있다.

첫째, 평생교육프로그램 개발은 개발자의 개인적 신념과 관련된 요인이 있을 수도 있겠지만, 그 외에도 환경적 요인, 기관과 조직체 요인, 그리고 개발과정 요인 등에 제한을 받는다(Kowalski, 1988).

둘째, 평생교육프로그램 개발은 하나의 매우 단순한 일회성의 프로그램이라고 하더라도 그것의 생성과 소멸은 교육과 사회의 여러 가지 변인을 고려하는 정치적 활동이라는 점이다.

셋째, 평생교육프로그램 개발에 대한 여러 가지 억제요인은 매우 자연적인 것이다. 이러한 현상은 프로그램 개발관련자들 간에 상호 신뢰 의식이 형성되어 있지 못하거나, 새로운 변화에 대한 지식 또는 정보의 양이 충분하지 못할 때 더욱 극명하게 나타나기 마련이다.

넷째, 평생교육프로그램 개발은 결코 하나의 독립된 변화가 아니라 여러 상호 관련된 다양한 사상(事象)과의 관계 속에서만 이해될 수 있다.

2) 프로그램 개발의 시사점

평생교육프로그램 개발 이론이 프로그램 개발자에게 주는 시사점을 다음과 같이 제시하고자 한다(이해주 외, 2015).

첫째, 평생교육프로그램 개발자의 역할이 매우 중요하다. 프로그램 개발자가 지녀야 할 가장 중요한 역할은 변화 촉진자와 프로그램 개발자의 역할이다. 변화 촉진자로서의 평생교육사는 개별 학습자, 학습자집단과 그 자체와 관련되는 변화의 과정을 지향해야 한다. 프로그램 개발자는 학습자들에게 교육적 요구를 일깨워 주면서 그들이 잠재적 학습자가 되도록 도와주고, 학습자의 요구를 충족시킬 수 있는 교육목적과 목표를 설정해야 한다. 그리고 그러한 목표들을 달성할 수 있는 교육적 수단을 고안해 내고 그를 실행하며, 나아가 계속적으로 학습자들의 요구를 충족시킬 수 있도록 해야 한다(Knowles, 1980). 즉, 학습의 조성자와 촉진자의 기능을 수행할 것이 기대된다. 또한 변화의 동인으로서 학습자들이 학습요구를 어느 정도 충족했는가를 평가하는 데 조언을 하기도 하며, 새로운 비전을 계획하는 데 기여할 수 있어야 한다.

둘째, 평생교육사는 프로그램 계획의 수립만을 가지고 일하지는 않는다. 평생교육사는 조직 내에서 직무를 수행하면서 동료들과의 상호작용을 통하여 프로그램 개발에 많은 영향을 미친다. 평생교육프로그램 개발은 교육조직과 관련된 외적 체제, 즉 지역사회 주민, 국가, 그리고 그러한 체제 간의 조합과 같은 것들에서 영향을 받으면서 구조화된다.

셋째, 평생교육프로그램 개발자의 개인적 특성과 양식이 프로그램 개발의 전반적인 과정에 반영된다. 개인적 특성은 개인적인 가치와 목표, 프로그램 개발에 관한 특정 개념과 원리의 숙지 여부, 프로그램 개발 절차에서의 숙련성 여부 등이 포함된다. 프로그램 개발자의 가치와 목표는 평생교육의 개인적 철학에 의해 반영되어 나타나며 전문적 의사결정의 방향을 결정짓는 최종적인 준거로서 종종 작용하기도 한다.

넷째, 평생교육프로그램 개발자는 프로그램의 변화과정에 영향을 미치는 요인에 대한 제반 지식을 숙지하고 있어야 한다. 프로그램 개발의 기초를 이루는 개념은 개발자가 수행하는 의사결정이라든가 합리적인 선택을 하는 데 필요한 지적 배경으로서 작용한다. 이 개념들은 서로 결합하여 프로그램 개발의 의사결정과 운영의 선정에 지대한 영향을 미치는 인지적인 지도와 개념적인 틀을 형성하기도 한다.

다섯째, 평생교육프로그램 개발자가 개발과정에서 단계와 절차마다 의사결정을 해야 한다. 의사결정자로서 프로그램 개발자는 여러 이용 가능한 대안 가운데서 하나를 선택하고자 할 때 적절한 사실과 개념 및 기초에 근거를 두어야 한다. 완전한 의사결정은 프로그램 계획의 수립과 질에 매우 큰 영향을 미치게 될 것이다.

여섯째, 평생교육프로그램 개발자는 계획, 설계, 측정하고 평가하는 데 능숙해야 한다. 프로그램 개발자들이 겸비해야 할 보다 특정한 기술로는 효과적인 의사소통기술, 요구조사, 교육목표의 기술, 교육전략의 선정, 프로그램의 홍보, 그리고 평가방법을 고안해 내는 능력을 지적할 수 있다.

Chapter 3

평생교육프로그램 개발의 모형 및 접근방법

01 프로그램 개발모형
02 프로그램 개발 접근방법
03 프로그램 개발 접근방법에 대한 재고찰

01 프로그램 개발모형

1) DACUM 모형

DACUM(Developing A Curriculum) 모형은 직무분석을 통해 프로그램을 개발하는 방법이다. 직무수행을 위한 과업(Task), 임무(Duty), 직무(Job)를 내용 전문가인 DACUM 패널 위원을 통해서 태도(Work behaviors), 지식과 능력(General knowledge & Skills), 도구(Tools, Equipment, Supplies & Materials) 그리고 미래 경향(Future trend & Concerns)을 도출하는 직무분석 방법이다.

직무분석을 통해 교육에 필요한 과제가 선정되고 그 과제를 수행하는 데 요구되는 지식 · 기능 · 태도를 도출해 낸다. 이때 기존 교육과정의 목표나 내용을 확인한다. 각 과정을 목록화하여 구성된 과제와 지식 · 기능 · 태도를 비교하여 교육과정을 구성하고 특정 직무에 대해 동료 수행자들의 검증 작업을 거친다. 그리고 요구되는 스킬에 알맞은 교육과정을 선정한다. 이상과 같은 과정을 거쳐 선정된 일련의 교육과정들이 모여 특정 직무수행에 필요한 프로그램 개발체계도(roadmap)를 완성하게 된다. DACUM의 프로그램 개발체계도는 다음과 같다.

| 그림 3-1 | **DACUM의 프로그램 개발체계도**

DACUM 모형의 장점은 먼저, 기존 교육프로그램이나 새로운 교육과정을 효과적이면서 신속하고 타당하게 평가하고 나아가 수정 · 보완 · 개발하는 데 활용된다. 둘째, 교육내용이나 과제분석에서 다양한 직무에 해당하는 능력을 다양한 각도로 파악하는 데 사용될 수 있다. 셋째, 보통 2~3일 이내에 작업을 완수할 수 있으면서 최소한의 물리적 지원으로 활동과정을 영위할 수 있어 비용도 저렴하여 효율성 측면에서 장점이 있다. 넷째, 교육내용들을 추출하는 초기 단계부터 우수 수행자와 주요 관계자를 적극적으로 참여시켜 다음에 제공될 교육프로그램의 현장 활용 가능성을 제고시켜 준다.

2) IMPACT 모형

IMPACT 모형의 'I'는 현재 상황을 파악하고, 미래의 비전을 가지며, 정보를 수집하여 분류하고, 결과를 공유한 다음 필요한 조치를 결정한다. 'M'은 훈련의 목표를 설정하고 훈련의 대상자를 고려하여 훈련하는 방식을 설계한다. 'P'는 학습감각을 이용하도록 고려해주고, 프로그램자료(학습도구)를 선정하여, 교육내용을 결정하며, 개발과정에 초점을 둔다. 'A'는 성공적인 전달 기능을 이용하고, 보조자료를 효과적으로 사용하며, 학습자의 질문을 잘 처리한다. 'C'는 개발자가 프로그램의 반응을 평가하고, 직무수행 과정의 행동을 평가하고, 경영상의 결과를 분석하고, 나아가 조직에 미치는 영향을 추적한다. 끝으로 'T'는 교육훈련 효과의 유지를 위하여 관리자, 훈련담당자, 학습자 모두 준비하고, 훈련 효과를 차기 훈련에 활용하며, 훈련 효과를 관리자, 훈련담당자, 학습자 모두 모두 실행한다.

| 표 3-1 | 챙(Chang)의 High-IMPACT 모형

단계			설명
I	(Identify)	교육요구 파악	업무수행의 개선을 위해 교육 필요성 파악
M	(Map)	교육접근방식 선정	업무목표 달성과 업무수행 개선을 위한 최적의 교육방식 선정
P	(Product)	학습도구 제작	훈련생 교육도구 제작
A	(Apply)	교수기법 적용	성공적 결과를 위해 설계된 대로 교육 실시
C	(Calculate)	교수결과 측정	교육의 실제 수행개선 여부 평가, 결과 공지
T	(Track)	교육효과 지속	교육효과가 소멸되지 않게 개인과 조직의 방법론을 강구

출처: 이복희 외(2020). 평생교육프로그램개발론. 파주: 양서원.

3) ADDIE 모형

ADDIE 모형은 전형적인 수업설계 모형으로 기본적인 형태를 가지고 있으며, 가장 많이 교육현장에서 사용되고 있는 모형이다. 현재 사용되고 있는 다른 교수설계 모형들도 대부분 ADDIE 모형을 기본으로 약간의 변형을 시도한 모형이다. 여기서 다른 모형은 ADDIE 모형을 세분화한 딕과 캐리의 교수설계 모형이 있다(Dick & Carey, 1996).

이 모형은 분석(Analysis), 설계(Design), 개발(Development), 실행(Implementation), 평가(Evaluation)의 다섯 단계로 구성되며, 각 단계를 나타내는 영어단어의 첫 글자를 따서 ADDIE라고 부르게 되었다. 다섯 단계는 순서대로 일렬로 진행되기도

하고 반복되거나 되풀이되면서 이루어지기도 한다. 기획하고 분석하는 단계부터 평가단계까지 한 번의 주기를 돌아 상호 일관성을 유지하며 나온 평가 결과를 기반으로 다음 주기의 분석에 넣어 개선하고 발전시켜 환류(feedback)되는 통합적 시스템이다. ADDIE 모형은 다음과 같다.

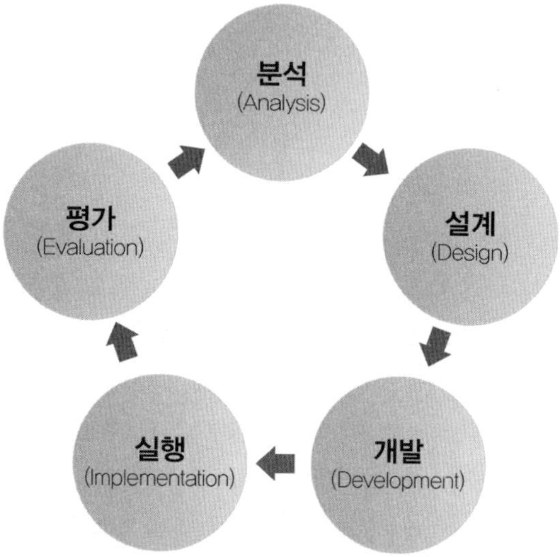

| 그림 3-2 | ADDIE 모형

(1) 분석 단계

프로그램을 추진하기 위하여 필요로 하는 다양한 요소들을 확인하고 도출하는 단계로 개발의 필요성 및 추진여부 결정, 개발팀 및 자문위원회 구성, 기관 내부 및 외부 환경분석, 잠재적 학습자 분석, 학습요구 및 직무분석, 학습요구의 우선순위 결정이 해당한다.

(2) 설계 단계

설계(Design)는 분석과정에서 나온 결과를 토대로 교육 제반 사항에 대해 설계하는 것이다. 즉 학습목표를 설정하고 교수전략 및 매체를 선정하는 단계이다. 먼저 행동목표 진술은 학습자가 학습을 마친 이후에 자기 것으로 얻게 될 성과를 행동적 용어로 진술하여야 한다. 평가도구 개발은 행동적 용어로 진술된 목표 달성 여부를 평가하기 위한 도구를 개발하는 것으로 평가도구에는 사전검사, 사후검사, 학습증진도 검사 등이 있다. 교수전략 결정은 수업목표를 성취하기 위한 구체적인 교수-학습 운영방법을 결정한다. 교수전략으로는 수업 전 활동, 정보 제공 활동, 학습자 참여 활동, 각종 검사 활동, 교정 및 심화보충 활동이 있다. 교수매체는 학습내용을 학습자에게 제시하고 학습을 효과적으로 촉진하기 위한 도구로서 학습내용을 효과적으로 나타내 보일 수 있고 학생들의 사고를 촉진할 수 있도록 설계·개발 활용되어야 한다.

(3) 개발 단계

설계안에 기초하여 수업에서 효과적으로 사용될 수 있는 교재와 강의지침서 같은 여러 가지 형식의 교수자료를 개발(Development)하는 단계이다. 개발과정에는 먼저 교수자료의 초안 또는 시제품을 개발하고 형성평가를 실시한다. 교수-학습과 관련된 자료를 선택, 수정, 제작하는 과정이다.

(4) 실행 단계

프로그램 실행(Implementation)은 운영계획과 교육을 실시하는 단계로 자원확보 및 배분, 마케팅 및 홍보, 강사 섭외, 장소선정, 프로그램 실행 등이 해당한다. 설계되고 개발된 교육훈련 프로그램을 실제 교육의 현장에서 사용하고 이를 교육과정에 적용하며 계속 유지하고 관리하는 활동이 포함된다. 새롭게 개발된 프로그램을 적용하기 위해서 교사의 연수를 실시하고, 새로운 프로그램을 효과적으로 적용하기 위해서 지속적인 프로그램 관리를 해야 한다.

(5) 평가 단계

평가(Evaluation)는 실행과정에서의 모든 결과를 통해 교육의 성과를 평가하고 피드백하는 단계이다. 즉, 교수학습과정의 적절성에 관한 가치판단을 하는 과정이다. 설계, 개발된 교수자료와 프로그램, 교수매체의 적합성과 효율성, 그 과정을 계속 이어나가도 될지에 대한 지속성 여부, 문제점이 발생했다면 어떻게 수정해서 재적용할 것인지에 대한 수정사항들을 평가한다. 평가의 다른 축인 형성평가 또는 파일럿 테스트는 이미 프로그램의 개발과정에서 실시된다.

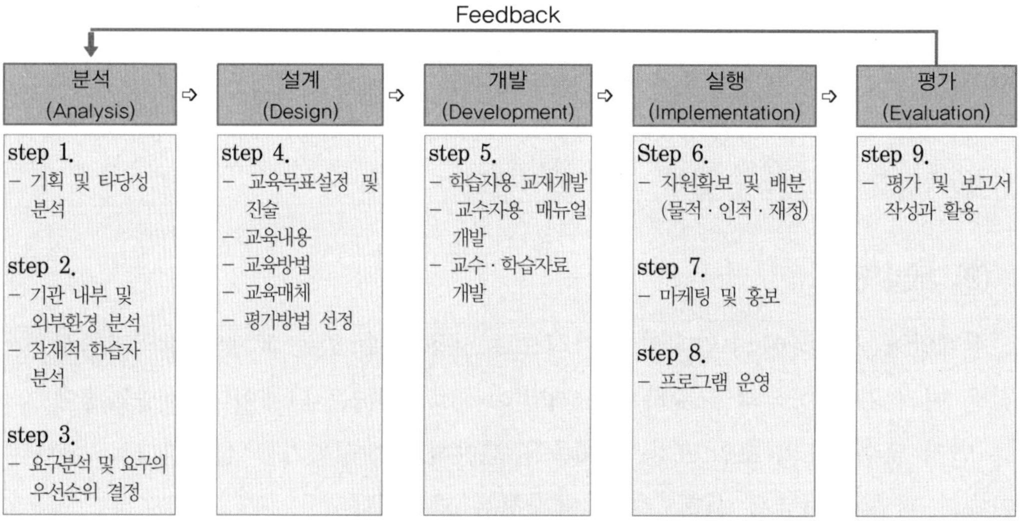

| 그림 3-3 | ADDIE 모형의 교수체계도

4) 딕과 캐리(Dick & Carey) 모형

딕과 캐리(Dick & Carey) 모형은 교수과정을 하나의 체제로 보고 분석, 설계, 개발, 평가라는 ADDIE 교수설계의 기본 모형으로 후속되는 계획 및 실행 단계를 효과적으로 이끌 수 있으며, 목표에 따른 적합성이 있고, 초기 설계과정에서의 오류를 지속적으로 수정 · 보완이 가능하다. 그러나 수업을 진행하고 유지하는 절차가 포함되지 않았고 전반적인 직무수행을 다루고 있지 않으며 프로그램 실천가들은 몇 개의 단계를 무시하기도 하고 제시된 모든 단계를 순서대로 행하지 않는 등 한계가 있어 불안전한 모형이라고도 한다.

딕과 캐리(Dick & Carey) 모형의 요구사정, 수업분석, 학습자 및 환경분석은 ADDIE 모형의 분석 단계에 해당하며, 수행목표 진술, 평가도구개발, 교수전략 개발은 설계 단계에 해당된다. 그리고 수업자료의 개발 및 선정, 형성평가, 수업 프로그램 수정은 개발 단계에 해당한다. 마지막 총괄평가는 평가 단계에 해당한다. 따라서 딕과 캐리 모형에는 ADDIE 모형의 실행 단계가 생략되었다 (Dick & Carey, 1996).

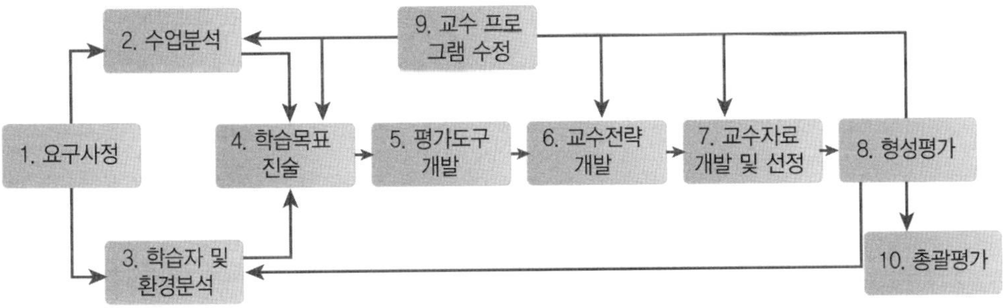

| 그림 3-4 | **딕과 캐리 모형**

5) ASSURE 모형

교수매체 활용은 어떻게 교수학습 활동을 할 것인가 하는 교수설계 단계에서부터 시작한다. 스말디노 등(Smaldino et al.)은 학교 교실수업에서 효과적인 매체 활용을 위한 교수설계 모형, 즉 ASSURE 모형을 제시하였다. 어떻게 가르칠 것인가(How to do)에 초점을 두고 있으며, 체계적 교수설계 모형으로서 여섯 단계로 이루어져 있다.

ASSURE 모형의 A는 학습자 분석(Analyze Learners), S는 목표 진술(State

Objectives), S는 교수방법, 매체, 교재 선택(Select Methods, Media and Materials), U는 매체와 교재 활용(Utilize Media and Materials), R은 학습자 참여유도(Require Learners Participation), E는 평가와 수정(Evaluation and Revise)을 의미한다. ASSURE 모형은 교수자가 수업을 계획하고 수행하면서 매체를 활용할 수 있도록 개발된 실천적 모형으로, 학습자 개개인의 특성을 분석 및 이해하고 교수·학습활동 상황에 따라 사용 매체의 개발과 선정, 활용을 결정하는 데 유용하다(권진하 외, 2022). ASSURE 모형의 단계는 다음과 같다(Smaldino et al., 2005).

(1) 학습자 분석(Analyze Learners)

A(Analyze learners)는 학습자 분석 단계이다. 연령, 학년, 직업, 지위, 문화적, 혹은 사회경제적 요인과 같은 학습자의 일반적 특성, 학습자가 수업에 가지고 들어오는 출발점 능력(학습할 주제에 대한 사전 지식, 기술 및 태도) 및 학습자의 학습양식-학습자의 지각적 선호화 감정, 정보처리 습관, 동기 요소, 심리적 요소 등을 분석하는 것이다. 결국 학습자 분석은 학습자의 수준과 흥미 그리고 배경 등을 파악하는 단계이다.

| 표 3-2 | 학습자 분석의 분류

구분	학습자 분석
일반적 특성	학습자의 연령, 학년, 학습동기, 건강상태, 사회적 지위, 사회·경제적 요인, 학습자의 경력, 학습자와의 면담 등
학습자 출발점 능력	새로운 학습 이전에 가지고 있는 학습지식, 사전지식, 수업에 임하는 태도, 선수과목 달성 여부 등
학습양식	심리적 특성의 일환으로 학습환경과 사물에 대한 이해도, 적성, 시각·청각적 선호도, 동기 등 학습자 개인의 반응

(2) 목표 진술(State Objectives)

S(State objectives)는 목표 진술 단계이다. 학습자가 수업 결과 무엇을 할 수 있게 될 것인가의 관점에서 구체적으로 진술한다. 학습양식을 분석하여 학습자가 수업에서 성취해야 할 목표를 진술하는 것으로 모든 목표는 학습자의 능력에 적절해야 한다. 또한 학습자가 목표한 행동에 조건과 목표가 달성되었다고 인정할 수 있는 기준이 제시되어야 한다.

(3) 교수방법, 매체, 교재 선택(Select Methods, Media and Materials)

S(Select methods & materials)는 교수방법, 매체, 자료의 선정이다. 수업에 활용되는 방법, 매체 및 자료를 선정하는 것이다. 수업목적을 달성할 수 있도록 적절한 방법, 매체 자료를 선정해야 한다. 학습자의 흥미를 유발하고 질적으로 우수하며 신뢰할 수 있는 매체를 선택한다.

(4) 매체와 교재 활용(Utilize Media and Materials)

U(Utilize media & materials)는 수업에서 매체와 자료 활용하는 단계이다. 자료를 사전에 점검하고 실행을 연습해 보며 교실 배치의 필요한 기자재나 시설을 준비해야 하고, 학습자를 미리 준비시키고 학습경험을 제공한다.

(5) 학습자 참여유도(Require Learners Participation)

R(Require learner participation)은 학습자 참여 유도 단계이다. 학습자의 적극적 참여를 요구하는 것이다. 피드백을 미리 설계하고 학습자가 스스로 목표를 구성하고 연습할 수 있도록 하는 것이 필요하다. 수업과정에서 학습이 향상될 수 있도록 학습자들이 학습과정에 능동적으로 참여해야 한다. 피드백 제공, 이론과 시험의 적절한 배분, 실제 상황과 유사한 학습환경 조성 등 교수자와 학습자 간의 유기적인 관계 속에 지식을 탐구하는 분위기로 유도한다.

(6) 평가와 수정(Evaluation and Revise)

E(Evaluate & revise)는 평가와 수정 단계이다. 학습자 성취와 프로그램을 평가하고 프로그램을 수정하는 것이다. 학습자가 성취한 정도를 평가할 뿐만 아니라 수업에 활용된 학습방법과 매체가 학습자가 가치 있었는지를 평가하고 평가결과에 따라 수정한다. 처음에 의도한 것과 실행된 것 사이의 불일치 원인을 발견하면, 교수자는 다음 수업을 위하여 교수계획을 수정하고 보완한다.

A	S	S	U	R	E
학습자 분석 (Analyze Learners)	목표 진술 (State Objectives)	교수방법 · 매체 · 자료 선정 (Select methods, media, and materials)	매체와 자료의 활용 (Utilize media and materials)	학습자 참여 유도 (Require learners participation)	평가와 수정 (Evaluate and revise)

| 그림 3-5 | ASSURE 모형의 단계

Theory of Lifelong Education Program Development

02 프로그램 개발 접근방법

어떠한 이론을 응용하든 간에 프로그램을 개발하더라도, 모든 평생교육프로그램은 몇 개의 단계를 걸쳐 개발되고 운영되기 마련이다. 프로그램 개발자가 개발을 추진하는 과정에서 적용할 수 있는 접근방법은 다양하다.

프로그램 개발접근법이란 프로그램 개발추진 과정에서 개발자가 일반적으로 따라야 할 지침이나 실제 적용할 수 있는 다양한 형식과 전략을 말한다(이해주 외, 2015). 물론 특정의 형식이나 전략이 모든 유형의 프로그램 개발상황에 가장 적절하게 적용되거나 효과적일 수는 없지만 이러한 형식과 전략은 프로그램의 필수적인 구성요소를 빠짐없이 고려할 수 있게 한다는 점에서 중요한 의미가 있다. 프로그램 개발 이론이 다양한 차원으로 구분될 수 있는 것과 마찬가지로 프로그램 개발에 대한 접근법도 학자에 따라 다양하게 유형화되어 왔다.

카파렐라(Caffarella)는 첫째, 보유하고 있는 자원을 더욱 효율적으로 활용하기 위해, 둘째, 매일 매일의 작업을 더욱 쉽고 편리하게 하기 위해, 셋째, 팀워크 강화와 증진을 위해, 넷째, 관리를 위한 기초 자료를 수집·활용할 수 있도록, 다섯째, 보다 나은 평생교육프로그램을 위해 개발되어야 한다고 주장한다(Caffarella, 2002). 그러나 가장 널리 알려진 방법으로는 코왈스키(Kowalski)가 제시한 다섯 가지 유형의 분류를 들 수 있다. 즉 선형적 접근방법, 비선형적 접근방법, 비통합적 접근방법, 통합적 접근방법, 체제 분석적 접근방법 등 다섯 가지 유형이다(Kowalski, 1988). 각 유형에 해당하는 프로그램 개발에 대한 접근법을 살펴보기로 한다.

1) 선형적 접근방법

평생교육프로그램을 개발하는 데 가장 보편적으로 사용되는 방법이 바로 선형적 접근방법(Linear approach)이다. 지금까지의 교육현장에서 주로 사용되어 온 전통적인 방법이기도 하다. 이 접근법은 한 단계를 마무리한 후에 다음 단계에서 수행할 절차를 순차적이고 연속적으로 진행해 나가는 것으로, 각 단계의 세분화된 과업이 명확하고 단순하여 합리적이고 안정적이라는 평가를 받아 왔다.

선형적인 접근방법을 적용한 대표적인 평생교육프로그램 개발모형은 보일(Boyle, 1981)과 놀즈(Knowles, 1970) 등의 학자에 의해 체계적으로 제시된 바 있다. 보일의 저서 「보다 좋은 프로그램의 계획(Planning better programs)」에서 이론, 분석, 실천 등을 종합적으로 고려한 프로그램 개발모형을 제시하였다. 프로그램 개발모형에서 개인은 물론이고 조직의 계속적인 요구를 충족시키는 기회구조로 파악하고 있다는 데 의의가 있다(권두승 외, 1997). 또한 프로그램을 통해 성취하고자 하는 목표를 프로그램 개발의 핵심적인 요소라고 보았다(Boyle, 1981). 한편, 놀즈의 저서 「현대 성인교육의 실제(The modern practice of adult education)」에서 안드라고지적인 철학에 따라 프로그램 개발 접근방법을 구조화하였다. 안드라고지는 과정 중심 설계(process design)에 초점이 맞춰져 있다(Knowles, 1970). 놀즈와 보일의 주장에 기초한 프로그램 개발을 단순화화면 다음과 같은 기본적인 모형을 제시할 수 있다. 이 모형은 학습자의 요구분석을 기초로 프로그램 목표를 설정하고 구체적인 수업목표 및 수업방법을 선정하여 실행 후, 학습결과를 평가는 일련의 과정으로 나타낸 것이다.

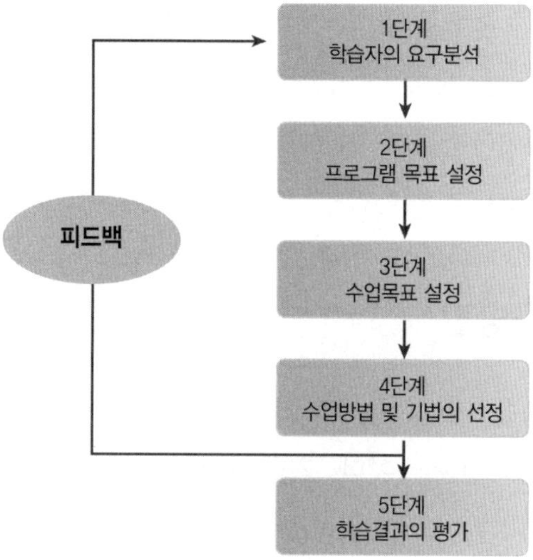

| 그림 3-6 | **선형적 접근모형**

출처: 신용주(2006). 평생교육의 이론과 방법. 서울: 형설출판사.

선형적 접근방법은 평생교육프로그램 개발의 제1단계인 요구분석을 통하여 학습자, 특정 교육기관, 그리고 지역사회의 학습요구를 분석하고, 이 요구조사 결과의 분석내용을 토대로 프로그램 목표를 설정하는 기초작업을 거친다. 그다음 학습목표를 달성하기 위하여 프로그램의 내용과 방법 등을 선정하고 조직하는 전반적인 설계하고 기획하는 과정을 거치게 된다. 그 후 프로그램을 실행하는 데 필요한 예산과 자원을 확보하며, 프로그램을 홍보하고 실행하는 일련의 과정으로 구성되어 있다. 이러한 일련의 프로그램 개발과정을 순차적 · 연속적 과정으로 이해하는 것이 선형적 접근방법의 특징이다.

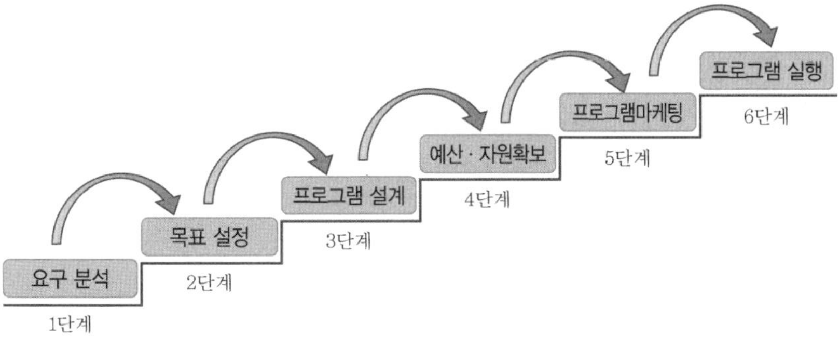

| 그림 3-7 | **선형적 접근모형**

출처: Kowalski, T. J. (1988). *The Organization and Planning of Adult Education*. State University of New York Press.

선형적 접근방법은 순차적 절차를 합리적으로 알기 쉽게 제시함으로 평생교육프로그램 개발 경험이 없는 교수자들도 단계별 절차를 따르게 되면 쉽게 개발할 수 있다는 장점이 있다(기영화, 2001). 그러나 선형적 접근방법은 평생교육기관을 지나치게 정적인 것으로 가정하고 있는 점이 단점이다. 현실적으로 모든 조직은 역동적이어서 선형적 접근법이 가정하고 있는 바와 같이 논리적인 절차에 따라서 개발된 프로그램은 외부환경과 조직 내부의 변화에 능동적으로 대처할 수 있는 융통성과 유연성이 떨어진다는 한계가 있다.

2) 비선형적 접근방법

비선형적 접근방법(Nonlinear approach)은 각 단계에 하나의 절차만이 수행되는 것이 아니라 같은 시간에 몇 개의 절차가 동시에 수행될 수 있다는 데 특징이 있다. 따라서 시간상의 제약을 받지 않고 각 단계가 계속 순환된다는 것과 학습자와 교수자 및 조직과 조직 간의 상호맥락과 협상의 중요성을 강조하는 특징이다.

비선형적 접근방법은 선형적 접근방법과는 달리 프로그램 개발과정이 절차적이고 단계적으로 진행되는 것이 아니라, 프로그램 개발자의 경험을 통해 여러 과정이 동시에 또는 순환적으로 진행된다. 따라서 시간과 자원할당에 따라 더 많은 융통성을 가질 수 있으며, 프로그램 평가가 중심핵이 되어 단계마다 적절한 평가가 되풀이될 수 있다. 이런 이유로 선형적 접근방법에 비해 활용이 어렵고, 더 많은 자원이 필요하기도 하며, 프로그램을 개발하는 데 상당한 능력과 전문성이 요구되어 숙련된 프로그램 개발자에게 더욱 적합한 방법이라고 할 수 있다.

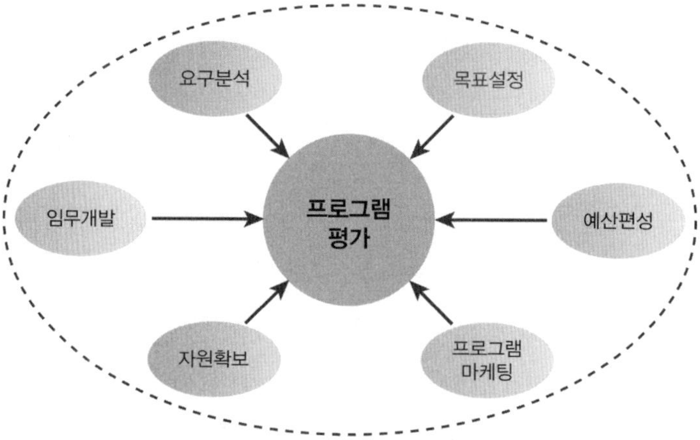

| 그림 3-8 | 비선형 접근방법 모형

출처: 김진화(2008). 평생교육프로그램개발론. 파주: 교육과학사.

3) 통합적 접근방법

통합적 접근방법(Integrated approach)은 프로그램 개발에 영향을 미치는 요인들을 종합적으로 파악하고 검토하여 분석하는 방법이다. 통합적 접근방법에서는 프로그램 개발에 있어서 학습자를 중심으로 학습자를 둘러싼 다양한 요소들이 빠짐없이 포함되고 검토되는 것을 강조한다. 따라서 미시적 요인으로 학습자의 요구 및 동기, 학습 참여방법, 물리적 환경, 프로그램 과정을 비롯하여 교육기관의 조직목표와 자원 등도 함께 반영한다. 더 나아가 거시적 요인으로 지역사회와 사회의 요구 및 국가와 압력단체, 제도 및 정책 등도 포괄적으로 고려하는 것이 특징이다.

이처럼 통합적 접근방법은 방식이 총체적(holistic)이고 분석적이며 프로그램 개발과정이 복잡하기 때문에 프로그램 개발가는 구체적 분석력과 함께 융합적인 전문성을 갖출 것이 요구된다(신용주, 2006). 하지만 다른 방법에 비해 여러 요소를 함께 고려한 분석을 실시하므로 프로그램 개발에서 기획으로 인한 오류(planning error)를 최소화할 수 있다는 장점이 있지만, 학습자를 주위의 체계와 사회적 맥락의 관계를 철저히 분석하기 때문에 프로그램 개발 과정이 광범위하고 전문성과 시간이 있어야 하는 단점도 있다. 그러나 포괄성으로 인해 가장 이상적인 개발방법이라 할 수 있다(Kowalski, 1988).

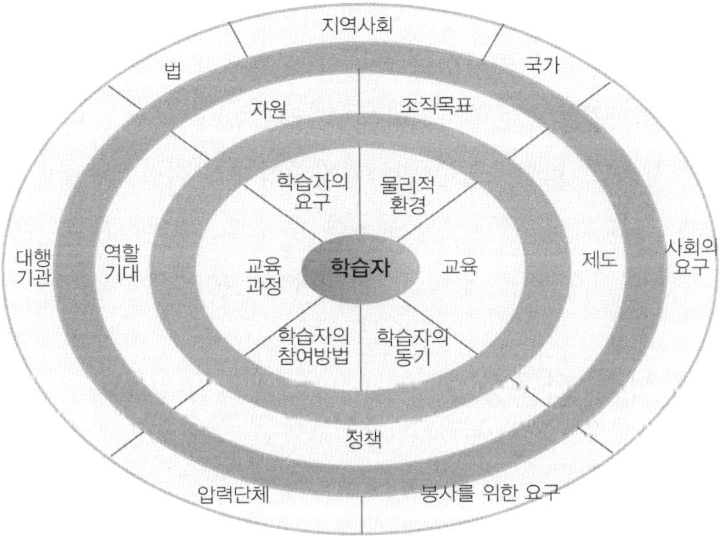

| 그림 3-9 | **통합적 접근방법 모형**

출처: 이해주, 최운실, 권두승(2015). 평생교육프로그램 개발. 서울: 한국방송통신대학교출판문화원.

4) 비통합적 접근방법

비통합적 접근방법(Non-integrated approaches)은 프로그램을 새로 개발하기보다는 다른 교육기관이 이미 개발하여 사용하거나 새로 개발한 프로그램을 그대로 원용하여 활용한다는 점에서 모방 중심적인 접근방법이라고 한다. 이 접근방법은 프로그램 개발과정에 학습자들을 참여시키지 않을 뿐만 아니라 학습자들의 요구나 의견을 별도의 절차나 과정을 통하여 수집하지 않고 교육기관에서 일방적으로 프로그램의 내용이나 방법을 선택하는 특징이 있다. 따라서 프로그램의 목표와 절차, 기타의 관련 구성요소가 서로 무관하게 결정될 수 있기 때문에 다른 접근방법에 비해 프로그램의 각 요소가 비교적 고립된 특징이 있다. 또한 학습자의 요구와 가치를 교육기관의 요구와 가치에 의식적으로 결합하려 노력하지 않는다. 이 프로그램 개발방법은 단시간 내에 일방적으로 이루어지는 정책적인 행위와 비슷하며, 다소 인기가 없거나 잘못된 프로그램에 대해서는 쉽게 바꿀 수 있다는 장점을 갖고 있다. 그뿐만 아니라 프로그램 개발에 드는 비용과 시간을 절감할 수 있고, 지역사회와 학습자의 특성이 어느 정도 유사한 경우에는 프로그램의 결과를 예측할 수 있다는 장점도 있다. 반면, 학습자의 의견이나 요구가 반영되지 않고 학습자들이 의사결정과정에 참여할 수 없게 됨으로써 프로그램의 효율성. 효과성. 매력성을 보장할 수 없고, 결과적으로 프로그램의 지속 가능한 성장을 보장할 수 없다는 데 한계가 있다(기영화, 2001).

5) 체제 분석적 접근방법

체제 분석적 접근방법(System analysis approach)은 평생교육기관을 하나의 사회체제로 간주하고 학습자, 평생교육기관과 조직체, 환경 등의 상호작용을 통한 평생교육프로그램 개발에 초점을 둔다. 특히 체제 분석적 접근방법은 프로그램 개발과정에서 환경, 조직, 그리고 개인적 가치와 욕구를 동시에 고려하고, 과정상에 나타나는 제반 상황을 체계적으로 반영한다.

코왈스키(1988)는 평생교육프로그램 개발을 위한 체제 분석적 접근을 앞서 제2장에서 도식화하여 좀 더 명확하게 이 접근법의 특성을 기술하였다. 체제 분석적 접근방법은 프로그램 개발과정이 투입-과정-산출이라는 기본 구조로 이루어져 있으며, 또한 개발과정이 단순히 하나의 교육목표를 설정하고 내용이나 방법을 선정하고 조직하는 데에만 있는 것이 아니라 프로그램이 개발되는 기관 전체의 전반적인 차원을 강조한다. 프로그램 개발에서 체제 분석적 접근방법은 전체를 부분으로 분류한 후 부분들 간에 발생하는 관계를 탐색한다. 이 방법을 적용할 때는 다음과 같은 사항들을 실시할 필요가 있다(기영화, 2001).

첫째, 조직의 철학, 가치, 목표를 확인한다.
둘째, 조직의 구성 요소를 파악한다.
셋째, 조직 외부의 환경적 제한 요소를 파악한다.
넷째, 조직 내부의 제한 요소를 파악한다.
다섯째, 조직 외부 환경의 요구와 가치를 확인한다.
여섯째, 조직 내부의 요구와 가치를 확인한다.
일곱째, 학습자의 요구와 가치를 확인한다.
여덟째, 프로그램 목표를 설정한다.
아홉째, 기대하는 결과에 대한 정보를 확보한다.
이와 같은 체제 분석적 접근방법에 따라 평생교육프로그램을 개발하고자 한 것으로는 하울의 모형이 대표적이다.

하울(Houle, 1996)은 「교육의 설계(The Design of Education)」에서 프로그램 계획단계에서 중시해야 할 교육설계에 관한 일곱 개의 가정을 제시하였다.
첫째, 학습은 특정 상황에서 일어나며 그 상황에 지대한 영향을 받는다.
둘째, 학습활동에 대한 분석이나 계획은 학습자의 제반 경험수준에 근거를 두어야 하며 그들의 지속적인 변화를 염두에 두어야 한다.
셋째, 교육이란 실제적인 기술(practical art)이다.

넷째, 교육은 상호 협력을 바탕으로 하는 하나의 기술이다.

다섯째, 교육계획이나 분석을 위해서는 복잡한 교육현상을 일정 기간 특정한 방법을 통해 구체적으로 이해하는 것이 필요하다.

여섯째, 교육계획이나 분석은 교육자, 학습자, 전문가, 또는 이들의 공동 노력으로 행해질 수 있다.

일곱째, 교육설계는 상호작용하는 요소들의 복합체로서 가장 잘 이해될 수 있다.

이와 같은 기본 가정에 근거를 두고 하울은 평생교육프로그램 개발 과정을 다음과 같이 제시하였다(Houle, 1996).

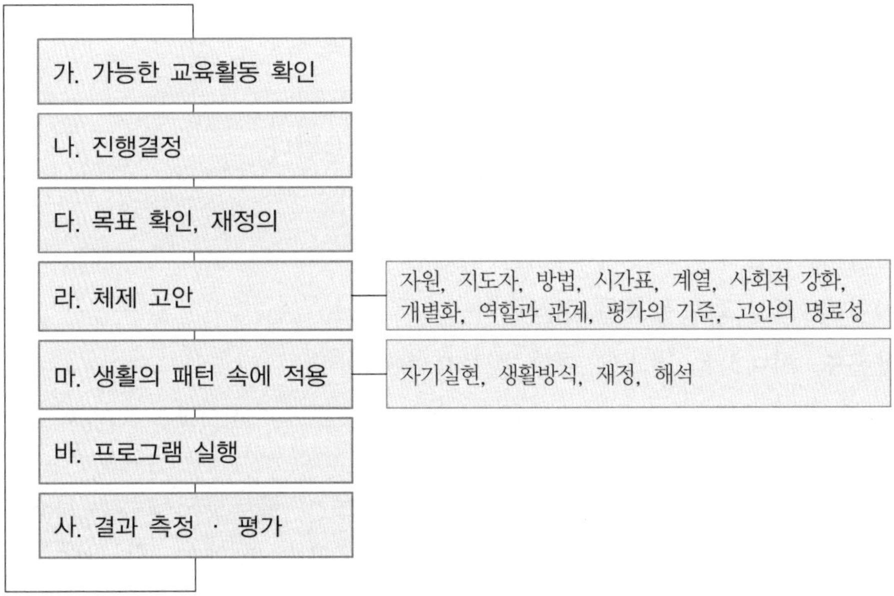

| 그림 3-10 | 하울의 체계 분석적 프로그램 개발모형

출처: 이해주, 최운실, 권두승(2015). 평생교육프로그램 개발. 서울: 한국방송통신대학교출판문화원.

그는 성인학습을 개인 중심, 집단 중심, 기관 중심, 일반 대중 중심의 네 가지로 구분하고, 이들 유형에 따라 다양한 유형의 학습이 이루어진다는 것을 강조하였다. 특히 하울은 학습자의 시각에 입각한 프로그램 개발과정을 중시한다는 데 특색이 있다(이해주 외, 2015).

Theory of Lifelong Education Program Development

03 프로그램 개발 접근방법에 대한 재고찰

평생교육프로그램 개발 이론이 다양한 것과 마찬가지로 프로그램 개발자가 프로그램 개발을 추진하는 과정에서 적용할 수 있는 접근방법에는 여러 유형이 있다. 프로그램 개발접근방법에 대하여 코왈스키가 구분한 유형에 따라 선형적 접근법, 비선형적 접근법, 비통합적 접근법, 통합적 접근법, 체제 분석적 접근법 등 다섯 가지 유형의 특성을 살펴보았다. 각 유형은 평생교육프로그램 개발에서 프로그램 개발자나 평생교육기관이 선호하는 방식에 따라 여러 차원에서 채택되기도 하고 배제되기도 한다.

평생교육프로그램 개발은 학습자들의 행동변화를 도모하며, 평생교육기관의 변화를 지향한다는 점에서 변화하는 사회에서 각 평생교육기관의 적응기제로서나 변화를 위한 선도전략으로 간주한다. 그러므로 평생교육프로그램 개발에서는 특정 접근방법에 따라 평생교육프로그램이 개발되는 것이 아니라, 그 기관이 지향하는 목적과 교육목표 등에 따라 다양한 접근방법이 도모되어야 한다. 프로그램 개발의 여러 접근방법을 살펴봄으로 각각의 접근방법이 지니고 있는 장단점을 파악하여 더욱 나은 차원에서 프로그램을 개발할 수 있는 자세가 필요하다.

Chapter 4

평생교육프로그램 기획

01 프로그램 기획의 개념과 특성

02 프로그램 개발의 필요성 및 추진 여부

03 프로그램 개발팀과 자문위원회 구성

01 프로그램 기획의 개념과 특성

1) 프로그램 기획의 개념

프로그램 기획(program planning)은 평생교육프로그램 개발이 전개될 전체적인 방향과 틀을 설정하고 구체적인 사항을 결정하기 위한 핵심적인 기초작업이다(신용주, 2022). 즉 프로그램 개발자가 구상하는 교육프로그램의 필요성과 프로그램 개발의 당위성을 확인하고, 기대하는 프로그램 결과를 창출하기 위한 모든 절차를 제시하는 과정으로 프로그램의 전반적인 틀을 마련하기 위해 밑그림을 그리는 작업에 해당한다(이해주 외, 2015). 다시 말해, 개발자가 프로그램을 개발하기 위한 사전적 준비과정이라고 할 수 있으며, 미래에 대한 예측과 내안 신댁을 위한 조직화한 노력을 의미한다. 이를 위해서는 복합적인 의사결정과정과 전문적인 지식과 기능이 필요하다. 기획의 과정은 기관의 현재 위치와 가용자원 등을 고려하여 목적을 달성하기 위한 가능성 있는 대안들을 검토하고 이들 대안의 우선순위를 설정하는 것이다. 그리고 실행할 수 있는 대안을 선택하여 실제로 실행한 후에는 기획의 결과를 평가하여 개선하고 보완하는 단계를 거치게 된다(김익균, 2003).

기획의 개념이 진화해 온 과정을 살펴보면 역사적으로 성인학습자들의 삶에 있어서 긍정적 변화를 추구한다는 전통적인 개념에서 출발하였다. 이후 성인학습자들이 공교육 기관의 지도나 후원 없이도 스스로 협력자와 옹호자가 되어 현대적인 풀뿌리 운동에 참여하고 개인과 사회의 변화를 일으키도록 하는 현대적인 개념으로 진화해 왔다(Boon et al., 2002). 특히, 시민(civic)을 위한 도시 미화 운동과 같이 물리적 개선을 추구하던 과거의 추세에 벗어나 점차 사회개혁(social reform)과 같은 사람을 위한 기획으로 변해 왔으며, 이제는 임파워먼트(empowerment)와 자조(self-help) 같은 성인학습자 스스로를 위한 기획으로 진화하고 있다(McClendon et al., 1996).

많은 프로그램 개발자는 기획이란 단어를 명사 및 동사로 사용하고 있다. 기획은 활동이자 과정이며, 그 결과로 '계획(plan)'이라는 문서를 생산하게 된다(Midgley et al., 1984). 따라서 프로그램 기획을 이해하기 위해서는 계획도 같이 이해하는 것이 필요하다. 계획이란 기획의 과정을 통해서 얻은 산출물로서, 앞으로 할 일의 절차, 방법, 규모 따위를 미리 헤아려 작정한 내용을 의미한다(국립국어원 표준국어대사전, 2024).

기획이라는 단어는 국립국어원 표준국어대사전을 보면, '일을 꾀하여 계획함', '기발한 계획'의 뜻을 지닌다(국립국어원, 2024). 이는 프로그램 목표를 달성하기 위한 전반적인 준비 활동으로 프로그램 개발의 기본 방향을 설정하는 체계화된 계획과정이다(이하은, 2018). 프로그램 기획은 평생교육 목표 수립에 필요한 근거를 제공해 주고, 발생할 수 있는 갈등의 소지를 줄여주며, 교육기관 경영에서 필요한 판단의 기준이 된다. 이를 통해 문제를 해결하고, 앞으로 발생할 문제에 대비하기 위한 의도적인 시도로서 평생교육프로그램의 수행과정을 결정하고, 왜 평생교육프로그램을 개발하는지, 무엇을 하며, 무엇을 만들어야 하는지 등을 결정하는 것으로 프로그램 개발을 통해 산출되어 예상된 결과가 제시되어야 한다(Gilbert & Specht, 1977).

프로그램 기획은 '창의성, 현실성, 논리성을 갖춘 상태에서 새롭고 혁신적인 사상을 현실적인 조건을 고려하여 체계적으로 구체화하는 행위'를 의미한다(김진화, 2008). 프로그램 기획은 미래의 교육활동, 즉 프로그램의 목표를 달성하기 위한 전반적인 준비활동으로서 프로그램 개발의 기본 방향을 설정하는 체계화된 계획과정으로 기획 없이는 원활한 프로그램 진행이 어렵고, 급변하는 환경변화에 대응하기 위해서도 중요하다. 김용현 등(2010)은 프로그램 기획의 개념을 다음과 같이 제시하였다. 프로그램 기획에서는 프로그램의 필요성과 목표를 명확하게 제시해야 한다. 또한 프로그램의 효과성과 책임성 등으로 표현되는 사회적 요구에 대응하기 위해 합리적이고 효과적인 프로그램을 설계하는 것이 중요하다. 프로그램 기획은 이러한 '목표와 결과물을 구체적으로 설정하고, 이를 효과적으로 달성하기 위한 체계적인 계획을 수립하는 과정'이다. 따라서 프로그램 기획은 프로그램의 성공과 효과를 위해 필수적인 단계로서, 창의성과 현실성을 결합하여 미래의 목표를 달성하기 위한 체계적인 계획을 수립하는 과정으로 이해할 수 있다.

기획은 '어떤 기관에서 구체적인 프로그램을 설계하기에 앞서 어떤 목적하에 언제, 어디서, 어떠한 방법으로, 어떻게 문제를 해결할 것인가에 대하여 장기 또는 연차별 활동을 개략적으로 수립하는 것'을 의미한다(정무성, 2005). 다시 말하면, ① 특정 기간에, ② 프로그램 담당자들이, ③ 특정한 방법과 자원을 사용하여, ④ 특정한 사람들을, ⑤ 바람직한 상태로 이끌기 위해 사전에 마련된 구체적인 시도다.

스키드모어(Skidmore, 1995)는 '목적과 표적물(targets)을 기대하는 과정이며, 목적과 기대에 도달하기 위해 하나의 계획을 준비하는 과정'이라고 정의하였다. 길버트와 스케트(Gilbert & Specht, 1977)는 '계획을 수립하는 과정으로서, 대안적인 조치를 선택하는 데 있어서 통찰력, 체계적인 사고, 조사, 선호하는 가치의 연습 등을 통해서 사회문제를 해결하고 미래에 일어날 사건의 과정을 통제하기 위한 의식적인 노력'이라고 정의하고 있다. 드로어(Dror, 1967)는 '최적의 수단을 가지고 목적을 성취하기 위해 지시된 미래의 행동을 위한 일련의 결정을 준비하는 과정'이라고 정의하였다.

이상 학자들의 정의를 종합해 보면, '문제해결을 위한 계획을 수립하는 과정으로서 합리적인 의사결정을 통해 미래를 예측하고 최적의 대안을 설계하는 체계적인 노력'이라고 말할 수 있다.

| 표 4-1 | 학자별 기획의 개념

학자	개념
김진화 (2008)	창의성, 현실성, 논리성을 갖춘 상태에서 새롭고 혁신적인 사상을 현실적인 조건을 고려하여 체계적으로 구체화하는 행위
천정웅 외 (2015)	기관과 조직체의 상황분석, 프로그램 개발모델 설정, 프로그램 개발 기본 방향 설정, 참가자의 욕구와 필요 분석 등을 포함하는 준비과정, 프로그램을 문서화하기 이전에 이루어지는 과정
김용현 외 (2010)	목표와 결과물을 구체적으로 설정하고, 이를 효과적으로 달성하기 위한 체계적인 계획을 수립하는 과정
정무성 (2005)	기관에서 구체적인 프로그램을 설계하기에 앞서 어떤 목적하에 언제, 어디서, 어떠한 방법으로, 어떻게 문제를 해결할 것인가에 대하여 장기 또는 연차별 활동을 개략적으로 수립하는 것
Skidmore (1995)	목적과 표적물(targets)을 기대하는 과정이며, 목적과 기대에 도달하기 위해 하나의 계획을 준비하는 과정
Gilbert & Specht (1977)	계획을 수립하는 과정으로서, 대안적인 조치를 선택하는 데 있어서 통찰력, 체계적인 사고, 조사, 선호하는 가치의 연습 등을 통해서 사회문제를 해결하고 미래에 일어날 사건의 과정을 통제하기 위한 의식적인 노력
Dror (1967)	최적의 수단을 가지고 목적을 성취하기 위해 지시된 미래의 행동을 위한 일련의 결정을 준비하는 과정

프로그램 기획단계에서는 프로그램을 문서화 하기 이전 단계에서 필요한 교육활동, 사회복지, 평생교육 등과 같은 기관과 조직체의 상황분석, 프로그램 개발의 기본 방향 설정, 프로그램 개발모델 설정, 잠재적 학습자(참가자)에 대한 파악, 학습자(참가자)의 요구와 필요 분석, 확인된 요구와 필요의 교육목표로의 전환 등과 같은 작업을 행하게 된다(천정웅 외, 2015). 코왈스키(Kowalski, 1988)는 기획이 마스터 플랜으로써 미래지향적 평생교육의 목표나 목적 수립에 필요한 근거를 제공해 줄 수 있으며, 다른 조직의 기능과 발생할 수 있는 갈등의 소지를 줄여 줄 수 있고, 교육기관 경영 시 필요한 판단의 잣대와 지표 역할을 해줄 수 있다고 지적하였다(이해주 외, 2015). 따라서 프로그램 기획을 얼마나 관심을 기울여야 하였는가에 따라 프로그램 개발의 질이 결정된다.

2) 프로그램 기획의 필요성

기획이 프로그램 개발과정에서 필요한 이유는 다양하다. 일련의 의사결정에 있어서 관련자들의 참여를 확대하고, 사전에 발생 가능한 문제들을 예측하여 대비함으로써 궁극적인 목적 달성을 위해 체계적인 활동을 수행하는 것이 중요하다. 프로그램 개발의 기획이 필요한 이유를 살펴보면 다음과 같다(신원식 외, 2016; Skidmore, 1995).

첫째, 기획은 기관의 생존과 발전을 위해 중요한 역할을 한다. 이러한 기획 과정을 통해 불확실성을 줄이고 미래에 대비하여 대응책을 마련하는 것이 가능해진다. 기획은 미래에 대한 예측과 대비를 통해 불확실성을 최소화하는 데 도움을 준다. 불확실한 상황에서도 기획을 바탕으로 결정을 내릴 수 있으며, 대응 방안을 마련하여 불확실성에 대비할 수 있다.

둘째, 기획은 합리성을 증진하는 데 중요한 역할을 한다. 기획을 통해 프로그램 목적을 객관적인 자료에 근거하여 합리적으로 수립할 수 있다. 이를 통해 일관성 없는 정책이나 방침 변경을 방지하고, 명확한 목표를 바탕으로 프로그램을 진행할 수 있다. 기획은 프로그램의 진행 기준을 마련하는 데 도움을 주기 때문에 기획 단계에서 정해진 목표와 방향성을 바탕으로 프로그램을 운영하고 관리하는데 필요한 기준과 절차를 설정할 수 있는 것이다. 이를 통해 프로그램의 정책 수행과 운영에 안정성을 기할 수 있다. 또한 기획은 프로그램 운영과 관리를 위한 정보의 수집, 분석, 요구 확인, 사정 등을 거쳐 프로그램의 질을 관리하는 데 도움을 준다. 프로그램의 수행과정과 결과를 평가하기 위한 적절한 지표와 평가 방법을 마련하여 프로그램의 질을 지속해서 향상할 수 있다.

셋째, 기획은 확정된 목표를 가장 효율적으로 달성할 수 있는 대안을 선택함으로써 효율성을 증진한다. 기획 단계에서 다양한 대안을 고려하고 비교 분석함으로써 최적의 방안을 선택할 수 있으며, 이를 통해 자원을 보다 효과적으로 활용하고 기관의 운영 및 관리에 효율성을 높일 수 있다. 효율성은 목표를 경제적으로 달성하는 것을 의미한다. 자원과 시간이 제한적인 조직에서는 최소한의 비용과 노력으로 목표를 달성하는 것이 중요하다. 기획을 통해 다양한 대안을 비교 분석하여 최적의 방안을 찾을 수 있으며, 이를 통해 자원의 낭비를 최소화하고 목표를 효율적으로 이룰 수 있다. 효율성을 고려한 기획은 조직이 더 많은 성과를 달성하고 발전할 수 있도록 도와주며, 자원의 효율적 활용은 조직의 경쟁력을 강화하고 지속 가능한 성장을 이루는 데 기여한다. 따라서 기획은 효율성을 증진하고 최소한의 비용으로 목표를 달성하는데 필수적인 단계로서 중요하게 다뤄져야 한다.

넷째, 기획은 효과성을 증진하는 데 중요한 역할을 한다. 기획을 통해 보유하고 있는 자원을 적재적소에 배치하여 효율적으로 활용할 수 있다. 이를 통해 제공하는 서비스는 이용자의 문제나 욕구를 해결하는 데 효과가 있어야 한다. 효과성은 프로그램이나 서비스가 목표를 달성하는 데 얼마나 효과적으로 기여하는 지를 의미한다. 기획을 사전에 수립함으로써 목표를 명확히 설정하고, 자원을 효율적으로 배치하여 목표 달성에 집중할 수 있다. 이는 프로그램이나 서비스의 효과를 최대화하고 이용자들에게 실질적인 가치를 제공하는 데 도움을 준다.

다섯째, 기획은 책임성을 향상하는 데 중요한 역할을 한다. 일련의 의사결정에 있어서 관련자들의 참여 가능성을 확대함으로써 궁극적인 목적 달성을 위한 체계적인 활동을 통해 책무성이 향상된다. 기획을 통해 다양한 관련자들의 의견을 수렴하고, 합의를 이끌어내는 과정에서 책임을 공유하고 책무성을 강조할 수 있다. 기획 과정에서 목표와 방향성을 명확히 설정하고, 자원을 효율적으로 활용하도록 계획함으로써 책임을 잘 수행하는 데 도움을 준다. 또한, 기획은 서비스 제공에 대한 체계적인 방안을 마련하는 데 도움을 준다. 서비스에 대한 기획은 무엇을 제공하고 어떻게 제공할 것인지를 명확히 정의하는 데 도움이 되며, 이를 통해 책임성 있는 서비스 제공이 가능해진다. 기획이 없는 상태에서는 목표가 불명확하고, 의사결정이 흩어져 책임을 지기 어려울 수 있다. 만약 서비스 제공에 대한 체계적인 방안이 없으면 책임을 지키기 어려울 수 있다. 따라서 기획은 책임성을 강화하고 책무성을 향상하는 데 필수적인 단계로서 고려되어야 한다.

여섯째, 기획은 프로그램 관련자들의 이해와 욕구충족을 돕는 데 중요한 역할을 한다. 프로그램의 관련 전문가, 지역사회 관계 인사 등의 이용자들이 기획단계에 참여하게 되면, 프로그램에 대한 적극적인 관심을 두게 되고, 이용자의 요구에 맞게 프로그램이 개발되고 적용될 수 있다. 다양한 관련자들과의 상호작용을 통해 프로그램에 대한 이해와 인식을 공유할 수 있게 되며, 이용자들의 의견과 욕구를 수렴하여 프로그램의 목표와 방향을 더욱 명확히 정의할 수 있다. 그뿐만 아니라 이용자들의 참여를 유도하고 프로그램을 이용하는 데 있어서 적극적인 관심과 참여를 유도할 수 있다. 이용자들의 요구에 맞게 프로그램을 개발하고 적용할 수 있으며 이를 통해 프로그램이 더욱 유용하고 효과적으로 이용되고 이용자들의 만족도를 높일 수 있다. 이용자들의 참여와 이해를 고려한 기획은 프로그램의 성공과 지속 가능성에 큰 영향을 미친다.

일곱째, 기획은 실무자의 사기를 진작시키는 데 큰 영향을 미친다. 프로그램 기획에는 많은 조직구성원이 참여할 수 있으며, 참여를 통해 자신의 생각이 받아들여지고 조직에 기여하는 것으로 인식될 수 있다. 또한, 자신들의 참여로 어떤 계획이 이루어졌다는 데에 타인으로부터 인정받고 성취감을 얻을 수 있다. 프로그램 기획 과정에서 조직구성원이 협동적으로 작업하고 팀워크를 강화하면 참여와 의견 수렴이 원활하게 이루어질 가능성이 커진다. 이를 통해 조직구성원은 자신의 의견이 존중되고 자신이 프로그램의 성공에 기여하는 것으로 느끼게 되며, 조직구성원 간의 유대감과 동기부여가 증진될 수 있다. 이는 지무에 대한 성취감이나 만족감을 증진하는 데 도움을 주게 된다. 또한, 프로그램 기획은 조직구성원이 프로그램의 목표를 공유하고 함께 협력하여 목표를 달성하도록 유도하게 된다.

3) 프로그램 기획의 특성과 원리

(1) 프로그램 기획의 특성

평생교육 기획은 조직의 성공을 위해 필수적인 단계로서 다양한 측면에서 가치를 지니고 있다. 미래지향적인 활동으로 적극적이고 능동적인 행위와 효율성을 증대시킬 수 있어야 하며 연속적이고 단계적 과정으로 협동적 노력을 포함하는 것이어야 한다(Boone, 1985). 기획이 가지고 있는 기본적인 특성은 다음과 같다(김진화, 2008).

첫째, 프로그램 기획은 미래지향적인 활동이다. 기획을 통해 평생교육기관이 그 기관의 목적과 이념을 실천해 나가기 위한 교육 프로그램을 사전에 준비하고, 현재 계획하여 추진하는 프로그램 개발이 바로 미래를 위해 준비하는 과정임을 의미한다. 평생교육기관이 실행하고 운영하는 모든 조치는 기획을 통해 가능하며, 사전에 준비하는 과정을 통해 미래의 불확실성을 줄일 수 있게 된다.

둘째, 프로그램 기획은 적극적이고 능동적인 행위로서의 특성을 보인다. 평생교육기관이 변화하는 사회에 대해 수동적으로 대처해 나가기보다는 기관의 생존과 발전을 위해 적극적으로 취하는 조치의 성격을 지닌다.

셋째, 프로그램 기획은 평생교육기관의 효율성 증대 기제로서의 특성을 보인다. 기획과정을 통해 평생교육기관이 미래에 수행할 프로그램에 대해 철저한 준비과정을 거치고, 자원의 배분과 운영의 합리화를 통해 평생교육기관의 운영과 관리 효율성을 증대시킬 수 있다. 사전에 철저한 준비과정을 거쳐서 개발된 프로그램과 즉흥적으로 구성된 프로그램의 경우, 운영의 효율성에 상당한 차이가 있다.

넷째, 프로그램 기획은 관련 정보를 수집 · 분석하고, 요구를 확인 · 사정 · 분석하는 연속적이며 단계적 과정으로서의 특성을 보인다. 이는 프로그램 기획이란 단순히 몇몇 사람이 개발하는 것이 아니라, 많은 관련 정보와 학습자의 요구가 단계적으로 반영되는 과정을 거쳐 고안되는 것임을 의미한다.

다섯째, 프로그램 기획은 협동적(collaborative) 성격을 지닌다. 이는 프로그램 기획에는 영향을 미치는 관련 요소들이 많으며, 프로그램 개발과정에 많은 사람의 공조적·협동적 참여가 이루어지게 됨을 의미한다.

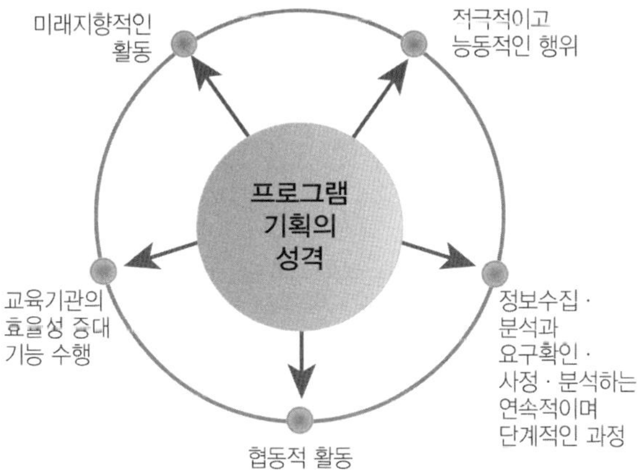

| 그림 4-1 | **프로그램 기획의 성격**

(2) 프로그램 기획의 원리

분(Boone, 1985)은 프로그램 기획을 수행할 때는 네 가지 원리가 고려되어야 한다고 주장하였다. 네 가지 원리는 계획된 변화(planned change), 연계(linkage), 민주성(democracy), 해석(translation)으로 각각에 대한 설명은 다음과 같다.

첫째, 계획된 변화의 원리이다. 프로그램 기획을 통해 평생교육에 참여하는 학습자에게 의도적인 변화를 일으키려는 목표가 내재하여 있다. 프로그램 기획에는 사전에 학습자의 변화에 대한 목표 설정이 반드시 포함된다. 목표설정에는 평생교육 기관과 프로그램 개발가 및 기획 태스크포스팀, 교수자 및 학습자가 함께 참여하는 것이 중요하다.

둘째 연계의 원리이다. 연계의 원칙은 평생교육 기관과 학습자 간의 연계가 긴밀하게 이루어져야 함을 말한다. 즉, 프로그램 개발의 모든 과정에 학습자의 적극적 참여를 유도함으로써 평생교육 기관과 학습자 집단 간의 활발한 상호작용을 촉진하는 것이다.

셋째, 민주성의 원칙이다. 민주성의 원칙은 프로그램 개발의 모든 과정에서 요구되는 크고 작은 의사결정이 민주적으로 이루어져야 함을 의미한다. 평생교육 기관에서는 물론이고 학습자의 자발적인 참여를 통해 민주성이 실현되어야 함을 강조한다.

넷째, 해석의 원칙이다. 해석의 원칙은 프로그램 개발가, 평생교육기관 및 학습자가 각각의 사회문화적 환경과 가치관 및 방법론에 대한 이해와 해석이 가능해야 한다는 원칙이다. 즉, 프로그램 제공 기관, 프로그램 개발가 및 학습자 집단 간에 서로의 배경과 특성에 관한 정보를 파악하고 이해하기 위한 협력이 필요함을 말한다.

또한, 영(Young, 1977)이 제시한 프로그램 기획 원리는 다음과 같다.

첫째, 기획의 목표 달성을 위해서 인간 행동에 대한 구체적인 이해가 필요하다.

둘째, 기획할 때 단순한 선형적 접근방법보다는 다양한 체계를 고려한 접근방법을 사용하는 것이 좋다.

셋째, 기획 과정에는 가능한 많은 사람이 참여하는 것이 좋다.

넷째, 기획은 개인에 의해 이루어지기보다는 여러 사람의 집단적 노력과 협동으로 이루어지는 것이 좋다.

다섯째, 기획에 발생할 수 있는 불확실성과 모호함을 배제하기 위하여 방해요소를 제거하고 명확성을 확보한다.

여섯째, 기획은 미래를 전망하는 예측 기능을 수행해야 한다.

일곱째, 기획에는 기계적인 접근이 아닌 인본주의적(humanistic)인 접근이 바람직하다.

이처럼 기획은 통찰력과 계획적인 사고, 조사를 통해 프로그램 개발의 핵심적인 부분을 결정하고, 프로그램의 목표를 달성하기 위한 방향을 명확히 설정하는 데 도움이 된다. 이는 프로그램의 성공과 효과적인 결과물 달성을 이룰 수 있게 한다. 그리고 발생할 수 있는 문제에 대비하여 준비하게 한다. 또한 프로그램 기획은 기발한 아이디어와 창의성이 필요하며, 실현 가능성과 현실성을 고려하여 체계적으로 수립되어야 한다. 이를 통해 프로그램의 성공 가능성을 높이고 목표 달성에 도움이 되는 방향으로 나아갈 수 있을 것이다.

4) 프로그램 기획 과정

기획은 기본적인 철학을 실현하기 위해 계획을 수립하는 과정을 의미한다. 이를 위해서는 요구분석을 통해 기획의 대상이 되는 상황을 파악하고, 목적과 목표를 명확히 설정하는 일련의 지적인 활동이 필요하다. 기획은 과거와 현재를 분석하여 현재의 상태를 이해하고, 미래를 예측하며, 이를 바탕으로 대안을 제시하는 것이다. 기획자는 비판적 사고 능력을 발휘하여 자신이 가진 정보와 데이터를 분석하고, 목표 달성을 위한 방법을 합리적으로 검토하고 선택하여 제시한다. 비판적 사고는 효과적인 문제해결과 결정을 돕는 중요한 능력으로 작용한다. 또한 기획은 순환적 사고 능력을 활용하여 여러 가지 변수를 고려하고, 상황에 따라 계획을 조정하며, 지속적으로 개선하고 발전시키는 것을 의미한다. 즉, 기획은 정신적인 활동으로, 상상력과 창의성이 요구되는 과정이며, 현실적인 대안을 제시하면서도 창의적인 아이디어와 해결책을 고려하여 기획을 수행한다. 따라서 기획은 조직이나 프로젝트를 성공적으로 이끄는 핵심적인 접근방법으로서 적절한 목표를 설정하고 비판적이고 순환적인 사고를 활용하여 미래의 성공을 위한 계획을 세우는 과정을 의미한다(마상욱, 2021).

일반적으로 프로그램 기획 유형에는 프로그램 기획자가 프로그램의 중심을 어디에 두느냐에 따라서 요구중심 기획, 문제해결중심 기획, 자원활용중심 기획, 참여 기획 등 네 가지로 나누어진다(이하은, 2018).

첫째, 요구중심 기획은 프로그램에 참여할 대상의 요구를 사전에 측정하고 조사하여 프로그램 기획에 반영하는 것을 의미하며, 이를 통해 프로그램이 대상의 실제 요구와 필요에 부합하도록 구성한다.

둘째, 문제해결중심 기획은 대상집단이 가지고 있는 어려운 문제들을 나열하고 이러한 문제가 발생하는 원인을 근본적으로 해결하기 위하여 프로그램을 기획하는 방법이다. 문제해결중심 기획은 문제에 초점을 맞추어 우선순위를 설정하고 가장 심각한 문제부터 차근차근 해결하려는 접근방식이다.

셋째, 자원활용중심 기획은 관련 지역이나 기관이 보유하고 있는 인적, 물적 자원을 최대한 활용하여 프로그램을 계획하는 것을 의미한다. 자원조사를 통해 어떤 자원이 활용 가능하고 어떻게 활용할 수 있는지 파악하여 프로그램을 구성한다.

넷째, 참여 기획은 프로그램에 관련된 모든 이해관계자가 함께 기획에 참여하는 방법이다. 이 방법은 민주적 의사결정을 통해 프로그램에 관한 결정을 내리고 책임과 의무를 함께 나누며, 다양한 이해관계자들의 요구와 문제를 모두 고려하여 합리적인 프로그램을 제안할 수 있다.

이러한 다양한 기획 방법은 독립적으로 존재하는 것이 아니라 하나의 프로그램 기획 과정에서 필요에 따라 적절히 조합하여 사용될 수 있다. 이를 통해 프로그램의 품질과 효과성을 높일 수 있으며, 다양한 이해관계자들의 참여와 요구를 고려하여 프로그램이 더욱 유용하고 효과적으로 이용될 수 있다(유진이 외, 2020).

프로그램 기획 과정은 학자들에 따라 다양하게 제시되어 왔으며 각각의 접근방식은 프로그램의 목적과 성격에 따라 다소 차이가 있을 수 있다. Skidmore(1995)는 문제의 정의 및 욕구확인단계, 정보 확보단계, 해결대안의 개발 및 평가단계, 최선의 대안 선택단계, 대안 실행단계, 환류단계 등 여섯 가지 단계로 기획 과정을 구체적으로 제시하였다(이하은, 2018).

첫째, 문제의 정의 및 욕구확인 단계는 프로그램의 목표를 설정하고, 대상의 욕구와 문제를 파악하고 이를 통해 프로그램의 필요성과 목표를 명확히 한다.

둘째, 정보 확보단계는 프로그램 수행에 필요한 정보와 자료를 수집하고 분석하여 기획에 필요한 기반 정보를 확보한다.

셋째, 해결 대안의 개발 및 평가단계는 다양한 해결 방안과 대안을 도출하고,

이를 평가하여 가장 적절한 방안을 선택한다.

넷째, 최선의 대안선택단계는 이전 단계에서 평가한 여러 대안 중에서 가장 우수하다고 판단되는 대안을 선택한다.

다섯째, 대안 실행단계는 선택된 대안을 실행하기 위한 구체적인 계획을 수립하고 이행한다.

여섯째, 환류단계는 프로그램 실행 결과를 평가하고 피드백을 받아들여 개선할 수 있는 조치를 하며, 이를 통해 프로그램의 효과성과 지속 가능성을 확보한다.

Lauffer(1997)는 문제정의와 개념화, 인간관계의 구조와 네트워크의 수립, 정책의 형성과 대안 전략의 서술, 계획안 및 프로그램 설계에 대한 감독으로서의 집행, 환류 및 평가 단계로 구분하여 프로그램 기획을 5단계로 제시하였다(이하은, 2018).

첫째, 문제정의와 개념화 단계는 프로그램의 목적과 대상 대상의 욕구를 파악하고, 문제를 명확히 정의하여 기획의 출발점을 설정한다.

둘째, 인간관계의 구조와 네트워크 수립 단계는 프로그램에 참여하는 이해관계자들과의 관계를 구축하고 네트워크를 형성한다.

셋째, 정책의 형성과 대안 전략 서술 단계는 프로그램을 위한 정책과 대안적 전략을 구체적으로 기술하여 프로그램의 방향성을 제시한다.

넷째, 계획안 및 프로그램 설계에 대한 감독으로서의 집행 단계는 프로그램의 실행 계획과 설계를 감독하고 이행한다.

다섯째, 환류 및 평가단계는 프로그램 실행 결과를 평가하고 피드백을 받아들여 개선하여 환류하는 조치를 한다.

이봉주 외(2008)는 프로그램 기획 과정을 준비단계, 계획단계, 실행단계, 평가단계 등 네 단계로 구분하였다. 준비단계는 문제확인 및 파악의 단계로, 예비조사와 문제확인을 통해 프로그램 기획 및 실행의 정당성 확보가 이루어져야 한다. 계획단계에서는 목적 및 목표를 설정하고 개입전략, 구체적인 프로그램 내용, 예산, 평가계획을 정하여야 한다. 실행단계에서는 프로그램을 실행하는 단계로, 계획대로 행동을 구체적으로 하고 프로그램의 결과가 나타나는 단계이다. 마지막으로 평가단계는 과정평가와 총괄평가가 실시되는 단계로 계획대로 프로그램이 수행되었는지, 프로그램 목표를 어느 정도 달성하였는지를 평가하는 단계이다(이하은, 2018). 유진이 외(2020)는 프로그램 기획 과정을 대상자의 현재 위치, 가용자원 등을 고려하여 목적 달성을 위한 가능성 있는 대안들을 검토하고 이들 대안의 우선순위를 설정하는 과정이라고 하였다. 이 과정에서 기획자는 실행 가능한 대안을 선택하여, 실행한 후 최종적으로 기획의 결과를 평가하여 환류시키는 단계를 거치게 된다. 프로그램 기획은 보편적으로 문제·욕구 확인, 프로그램 설계·계획, 프로그램 실행, 프로그램 평가단계 등 네 단계를 거친다고 하였다(이하은, 2018).

이와 같이 프로그램 기획은 여러 단계로 구성되며, 각 단계는 프로그램의 목표와 특성에 따라 달라질 수 있다. 따라서 기획자는 프로그램의 필요성을 파악하고, 관련 정보를 수집하며, 목표를 설정하고 대안을 검토하여 가장 효과적인 방법을 결정하는 과정을 거치게 된다. 이를 정리하면 다음과 같다.

| 표 4-2 | **학자들의 기획과정에 대한 견해**

학자	단계
Skidmore (1995)	① 문제정의 및 욕구확인단계, ② 정보 확보단계, ③ 해결대안의 개발 및 평가단계, ④ 최선의 대안 선택단계, ⑤ 대안의 실행단계, ⑥ 환류단계
Lauffer (1997)	① 문제개념화, ② 인간관계의 구조와 네트워크 수립, ③ 정책 형성과 대안 전략 서술, ④ 계획안 및 프로그램 설계에 대한 감독으로서 집행, ⑤ 환류 및 평가단계
이봉주 외 (2008)	① 준비단계, ② 계획단계, ③ 실행단계, ④ 평가단계
유진이 외 (2020)	① 문제 · 욕구 확인, ② 프로그램 설계 · 계획, ③ 프로그램 실행, ④ 프로그램 평가

출처: 이하은(2018). 청소년방과후아카데미 중등 실무자의 프로그램 기획 경험 연구. 동아대학교 대학원 석사학위논문.

02 프로그램 개발의 필요성 및 추진 여부

1) 프로그램 개발의 필요성 검토

프로그램 개발자는 프로그램을 개발하기 전에 왜 프로그램 개발이 필요한지에 대한 확신을 가져야 한다. 먼저 프로그램을 개발하고자 하는 목적이 명확해야 한다. 그러므로 프로그램 개발의 필요성에 대한 확인과정이 꼭 필요하다. 또한, 다른 기관이나 조직에서 이미 유사한 프로그램을 운영하고 있는지를 분석하여 어떤 내용과 형태로 프로그램이 운영되고 있는지를 파악할 수 있다. 그리고 현재 기관에서 운영하는 프로그램과 기관의 자원, 환경, 인력 등의 현 상황 등을 고려하여 유사한 프로그램과 차별성을 확인하고 분석함으로 프로그램 개발의 필요성에 대한 타당성을 확인할 수 있다. 프로그램 개발의 필요성에 대한 사항들을 철저히 검토하고 파악하는 것은 프로그램 개발의 효과성과 효율성을 높이는 데 매우 중요하다. 프로그램 개발의 필요성에 대한 사항은 다음과 같다.

첫째, 프로그램을 왜 개발해야 하는지 명확하게 알아야 한다. 프로그램의 개발목적을 알아야 해당 프로그램이 어떤 사회적 요구나 기관(조직), 개발자의 요구를 충족시킬 수 있는지를 판단할 수 있다.

둘째, 프로그램의 주제는 시대적 상황에 적절한 주제이어야 한다. 프로그램 주제가 현시대의 상황과 요구에 맞는지를 평가하여 프로그램의 유효성을 높인다.

셋째, 유사 프로그램의 존재 여부와 차이점을 확인하고 수정·보완한다. 프로그램을 개발할 때 개발하고자 하는 프로그램의 내용과 방법이 기존의 것과 비교해 볼 때 독창적이어야 한다. 즉, 기존에 존재하는 유사 프로그램과의 차별성을 확인하고 개선하여 독창적이고 효과적인 프로그램을 개발하여 확실한 차별성이 있어야 한다.

넷째, 프로그램을 요구하는 학습자들의 특성을 분석해야 한다. 프로그램을 필요로 하는 학습자들의 특성을 파악하여 프로그램을 최적화하고 더욱 적합하게 구성할 수 있다.

다섯째, 프로그램을 통해 얻고자 하는 궁극적인 목적이 무엇인지 파악해야 한다. 프로그램을 개발하는 목적이 프로그램 개발 자체에 있지 않고 프로그램에 참여하는 학습자가 목적하는 바를 달성하는 것이 더욱 중요하다. 즉, 프로그램의 핵심 목표는 프로그램 참여자들이 원하는 목표에 부합해야 한다.

여섯째, 프로그램 개발과정에서 투입할 수 있는 자원의 유형과 범위는 무엇인지 파악되어야 한다. 즉 프로그램을 운영하는 데 있어서 투입되는 인적자원, 물적자원, 재원은 무엇이며, 사용할 수 있는 정도는 어떠한지 상황 점검이 필요하다.

일곱째, 프로그램 예상 효과와 실행 가능성을 확인해야 한다. 개발하려는 프로그램이 실현 가능성 있어야 하고 실제로 기관에서 적용하여 운영할 가치가 있는지를 검토하여 더욱 현실적인 프로그램이어야 개발의 가치가 있다.

여덟째, 프로그램 개발자를 포함하여 기관(조직)의 구성원이 가지고 있는 기대와 신념이 동일해야 한다. 프로그램 기관(조직)의 이해관계자들이 가지고 있는 철학이나 비전이 무엇이며 그들의 가지고 있는 기대는 무엇인지 이해가 요구된다. 기관 구성원들의 기대와 신념이 프로그램의 목적과 일치할 경우, 프로그램의 지지와 성공 가능성이 커진다.

아홉째, 프로그램의 효과와 장애요인을 파악하여 향후 개선과 보완을 위한 기반을 마련한다. 프로그램의 실제적인 효과와 프로그램 개발 시 장애가 되는 요인들을 검토해야 한다.

이러한 사항들을 고려하여 프로그램 개발을 수행하면 보다 효과적이고 효율적인 프로그램을 구축할 수 있으며, 이에 따라 참여자들과 관련 이해관계자들의 만족도와 지지를 얻을 수 있다.

2) 추진 여부

프로그램개발의 필요성을 충분히 검토한 후에 결과를 기반으로 최종 실행 여부를 결정한다. 추진방법은 기존 유사 프로그램의 수정·보완 및 기존 프로그램의 전면개편 또는 새 프로그램을 위탁하여 개발할 것인지 아니면 직접 개발할 것인지 결정해야 한다.

이 단계에서는 유사프로그램의 유무를 확인 후 차이점을 분석하는 것, 개발하는 과정에 있어 장애요인은 무엇이며, 프로그램이 개발된 후에 나타나는 기대효과는 무엇인지에 대해 분석한다.

| 표 4-3 | **프로그램 개발 필요성 검토를 위한 활동지**

구분	내용	
프로그램 주제		
프로그램 필요성	사회적 요구	
	기관(조직)의 요구	
	개발자의 요구	
프로그램의 목적		
유사프로그램 존재 여부	유사프로그램 차이점	
	차별화 방안	
장애요인		
기대효과		

출처: 이복희 외(2020). 평생교육프로그램개발론. 파주: 양서원. 재구성.

03 프로그램 개발팀과 자문위원회 구성

1) 프로그램 개발팀 구성

프로그램 개발팀(Program Development Team)을 구성할 때 고려해야 할 중요한 요소들이 있다. 이러한 주의사항들을 준수하면 프로그램 개발팀이 원활하게 협력하고 효과적으로 작업할 수 있다. 각 주의사항에 대한 의의를 살펴보면 다음과 같다(윤옥한, 2017).

첫째, 프로그램의 필요성으로 추진 여부가 결정되면 가장 먼저 프로그램 개발팀을 구성한다. 다양한 분야의 전문가를 프로그램 개발팀에 포함으로써 프로그램을 다각도로 접근하고 풍부한 아이디어와 전문적 지식을 활용할 수 있다. 또한 외부 전문가의 참여는 새로운 시각과 경험을 가져올 수 있어 프로그램의 질을 향상할 수 있다.

둘째, 프로그램의 성격과 기간에 맞는 적절한 인원으로 개발팀을 구성함으로써 효율적인 협업과 업무 진행이 가능하다. 적절한 인원수를 유지하면 업무의 분담과 의사소통이 원활해지며, 중복되는 역할을 최소화할 수 있다. 프로그램 개발 시 전문가의 인원은 전체 프로그램의 성격과 기간에 따라 다소 차이가 있을 수 있지만 되도록 4~5명 또는 5~7명이 적당하다.

셋째, 개발팀이 구성되면 책임자 임명, 각 팀원의 역할분담을 명확히 해야 한다. 그리고 업무분장은 구체적으로 명시화하는 것이 좋다. 개발팀의 책임자를 명확히 지정하고 각 팀원의 역할과 책임을 분명하게 정의함으로써 협력과 조율이 원활하게 진행되며, 명확한 업무분장은 팀원들의 이해관계와 업무 수행에 도움을 준다.

넷째, 전문가 선정 후 협조성과 관계성이 떨어지면 많은 경우에 회의 과정에서 소통의 문제가 발생할 여지가 있다. 그 때문에 프로그램 개발팀이 잘 협력하고 원활하게 의사소통하기 위해 워크숍(workshop)이나 세미나(seminar), 브레인스토밍(brainstorming) 등의 다양한 회의를 통해 팀원들 사이의 관계성을 강화하고 의견을 공유하는 것이 중요하다. 이를 통해 프로그램의 진행과 품질 향상에 기여할 수 있다.

다섯째, 프로그램 개발은 공동활동이기 때문에 주요활동(진행상황)에 대한 일정 관리가 필요하다. 주요활동에 대한 추진일정표는 다음과 같다.

| 표 4-4 | **추진일정표**

주요활동	기간											
활동 \ 월	1	2	3	4	5	6	7	8	9	10	11	12
팀구성 및 역할분담												
상황분석												
요구분석												
설계												
자원배분												
마케팅, 홍보												
프로그램 실행												
평가												
보고서 제출												

이러한 주의사항들을 지키면 프로그램 개발팀은 더욱 효과적으로 협력하여 프로그램을 개발하고, 팀원들의 다양한 전문성과 아이디어를 결합하여 풍부하고 효과적인 프로그램을 구축할 수 있다.

2) 자문위원회 구성

프로그램 개발은 개발팀이 경험하지 못한 다양한 분야의 영역이 존재하기 때문에 다양한 영역의 전문가들과 실제 개발과정에 도움을 줄 수 있는 위원회를 구성하여 자문을 얻는 것이 필요하다. 프로그램 개발팀이 과정전문가, 현장전문가, 내용전문가, 의사결정전문가, 교수·학습설계전문가로 구성되지 않았다면 자문위원회에서 구성한다.

자문위원회의 구성은 지역의 자치단체장, 지역의 유치원 원장 및 초·중·고등학교의 교장, 지역사회의 대표성이 있고 영향력을 행사할 수 있는 유지, 프로그램에 관한 관심과 봉사정신이 있는 구성원으로 하는 것이 바람직하다. 또한 자문위원회에 할당하는 시간, 거주지, 다른 위원들과 함께 일할 수 있는 가능성 등을 고려하는 것도 좋다. 특히 개발하고 있는 프로그램의 잠재적인 학습자를 자문위원으로 참여시킬 필요가 있다. 여성을 위한 프로그램이라면 여성을, 청소년을 위한 프로그램이라면 청소년을, 노인을 위한 프로그램이라면 노인을 참여시켜 소통하며 프로그램을 개발하는 것이 필요하다. 그리고 정례적인 모임을 하는 것이 바람직하다. 이러한 자문위원회를 구성함으로 다음과 같은 장점이 있다(김용현 외, 2010).

첫째, 자문위원회는 지역사회의 다양한 이해관계자들로 구성되기 때문에 다양한 의견을 반영할 수 있고 이를 통해 프로그램 개발에 있어서 지역사회의 요구와 문제를 정확히 파악하고, 갈등을 예측하여 해결할 수 있다.

둘째, 주민들은 자문위원회를 통해 지역사회의 대표로서 참여하게 되므로 프로그램에 대한 신뢰성을 높여주게 되며, 자신들의 의견이 반영된다는 느낌을 받게 되어 프로그램에 대한 참여도와 만족도가 높아질 수 있다.

셋째, 자문위원회는 지역사회의 다양한 자원을 알고 있으며, 이를 프로그램에 활용할 수 있도록 정보를 제공한다. 따라서 프로그램 운영에 필요한 편의시설과 인적자원을 쉽게 확보할 수 있다.

넷째, 자문위원회는 다양한 배경과 경험을 갖는 구성원들로 구성되어 있으므로, 프로그램에 창의적이고 혁신적인 아이디어를 제공할 수 있다. 이를 통해 프로그램의 품질과 내용이 향상될 수 있다.

다섯째, 자문위원회는 프로그램의 종합적인 평가를 수행하고, 지역사회에서 프로그램을 홍보하는 데 도움을 주기 때문에 프로그램의 효과성과 가치를 보다 효과적으로 전달할 수 있다.

자문위원회를 통해 지역사회의 관점과 참여를 적극적으로 수용하며, 프로그램의 품질과 성과를 높일 수 있다. 따라서 프로그램 개발과 운영에 있어서 자문위원회의 역할은 매우 중요하며, 이러한 위원회의 구성과 운영에 신중한 고려가 필요하다.

| 표 4-5 | **자문위원회 준거와 구성의 예**

준거	준거의미
프로그램에 대한 개인적 흥미	프로그램에 대한 개인적인 흥미와 적극성을 가지고 있는가?
지식 보유 및 특성 정도	프로그램 개발을 위해 어떤 종류의 지식을 어느 정도 가지고 있는가?
영향력	프로그램 개발에 미치는 긍정적 영향력은 어느 정도인가?
참여 가능성	프로그램 개발을 위한 참여 가능성은 어느 정도인가?

자문위원 후보명단	프로그램에 대한 개인적 흥미	지식 보유 및 특성 정도	영향력	참여 가능성	합계
김○○	4	4	3	3	14
이○○	2	3	1	4	10
최○○	2	1	3	2	8
박○○	2	2	4	1	9

Chapter 5

기관 내부 · 외부 환경 분석

01 상황분석
02 조직부석
03 SWOT분석
04 학습자분석

01 상황분석

프로그램 개발의 상황분석(situation analysis)은 프로그램 개발을 둘러싼 상황적 요소들에 대한 분석을 실시하는 것이다. 프로그램 개발과 운영에 있어서 환경, 조직, 개인학습자들 간의 상호작용이 중요하다는 점을 강조하고 있다. 프로그램은 단순히 프로그램 개발자의 아이디어에 의해 생성되는 것이 아니라 다양한 요인들이 결합하여 형성된다. 이러한 상호작용에는 다음과 같은 요소들이 포함된다.

첫째, 프로그램은 조직이 속해 있는 환경과 더불어 형성된다. 조직이 위치한 지역의 사회적, 문화적, 경제적, 정치적 요인들이 프로그램에 영향을 받는다.

둘째, 조직 내부의 자원과 목표, 규제, 역할기대가 프로그램의 형성과 운영에 영향을 받는다. 조직의 목표와 정책에 맞추어 프로그램이 개발되어야 한다.

셋째, 프로그램은 개인학습자들의 요구와 동기, 접근 가능성, 교육내용, 교육방법과 상호작용하여 형성된다.

넷째, 지역사회와 조직, 개인의 문제와 관심, 가치, 기회들이 프로그램에 영향을 미치며, 이들이 모두 각자의 역사적, 문화적, 경제적, 정치적, 심리적, 사회적 상황에 의해 생성된다.

다섯째, 환경과 조직, 개인들 간의 상호작용에 의해 프로그램이 결정되며, 프로그램을 개발할 때는 이 모든 요소의 다양한 요구와 목적, 가치 등을 고려해야 한다.

따라서 프로그램을 개발하고 운영할 때는 단순히 개발자의 아이디어에만 의존하는 것이 아니라, 다양한 요인들과 상호작용하여 프로그램을 구성하는 것이 중요하다. 이를 통해 더 효과적이고 유의미한 프로그램을 개발할 수 있다. 프로그램 개발을 기획할 때 고려해야 할 다양한 환경요인들이 도식화되어 있다.

| 그림 5-1 | **프로그램 개발 환경 요인**

출처: 신용주(2022). 평생교육프로그램 개발론. 서울: 학지사.

Theory of Lifelong Education Program Development

02 조직분석

기관의 설립 및 운영 목적, 기관의 주요사업, 조직현황 등을 분석한다. 조직분석의 사례는 다음과 같다.

| 표 5-1 | **기관(조직)분석 사례**

구분	내용
소속기관	국가평생교육진흥원
설립목적	「평생교육법」 제19조에 따른 평생교육진흥과 관련된 업무를 효율적으로 수행함으로써 국민의 평생교육활성화에 기여함을 목적으로 한다. • 미션: 평생교육 진흥을 위한 국민 평생학습 활성화 • 비전: 온(溫) 국민 평생교육 안전망, 온(on) 시민 평생학습 플랫폼 • 핵심가치: 공공성, 도전성, 혁신성, 신뢰성

<table>
<tr><th>구분</th><th>내용</th></tr>
<tr><td>주요사업</td><td>• 평생교육 기회확대
– 정책연구 및 조사 기능 강화
– 지역 중심 학습생태계 강화
– 지속 가능발전 성인문해력 향상
– 전 국민 교육격차 해소 및 역량강화
• 디지털 평생교육체제 전환
– 디지털 평생교육 플랫폼 구축
– 디지털 평생교육 콘텐츠 다양화
– 디지털지원시스템 고도화
– K-평생교육 글로벌 블렌딩 기반 구축
• 뉴노멀 대응 평생교육 체질 개선
– 대학평생교육 활성화
– 학습경험 인정체계 구축 및 강화
– 평생교육 전문가 역량 강화
– 학교평생교육 체계적 지원 강화
• 경영혁신 · 사회적 가치 강화
– 프로세스 및 인력 운영 효율화
– 조직운영 및 시스템 고도화
– 수요자 맞춤형 성과 홍보 체계화
– 학습자만족 경영체계 구축</td></tr>
<tr><td>조직현황</td><td>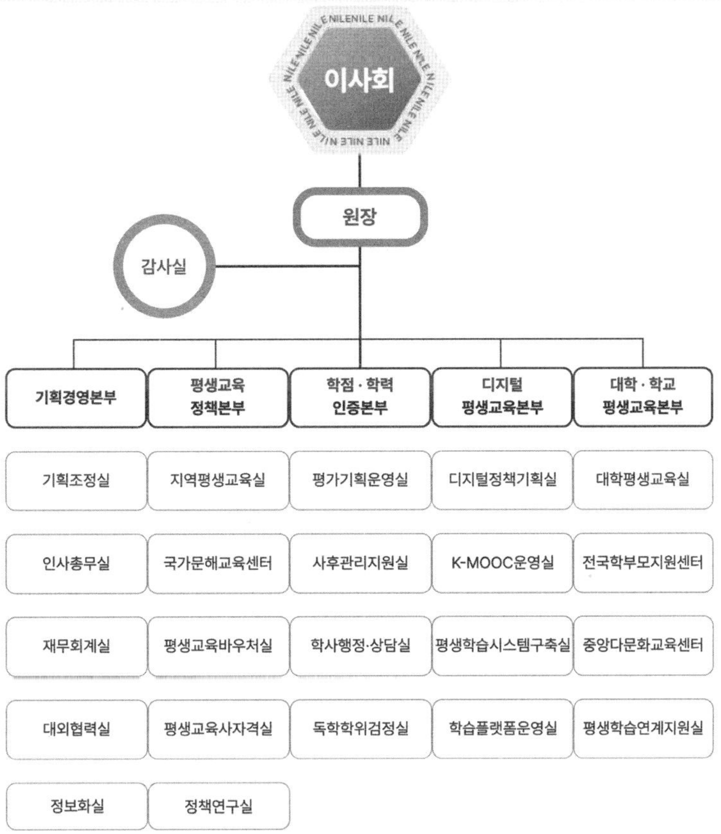
</td></tr>
</table>

출처: 국가평생교육진흥원(2024). https://www.nile.or.kr

03 SWOT분석

SWOT분석은 경쟁자, 학습자, 공급자, 정부, 금융기관, 지역사회 등의 과업환경과 기술적, 경제적, 사회문화적, 국제적 등의 일반 환경이 기업에 미치는 변화의 내용을 확인하는 것이다. 아울러 평생교육기관을 둘러싸고 있는 환경적 조건이 제공하는 기회와 위협요인을 분석해야 한다. 이는 조직 내외의 환경과 요인들이 조직의 목표를 달성하는 데 있어 중요한 영향을 지니고 있기 때문이다. 손무가 지은 손자병법(孫子兵法) 모공편(謀攻篇)에 '지피지기 백전불태(知彼知己 白戰不殆)'라는 말이 있다. '적과 나를 알고 싸우면 백번 싸워도 위태롭지 않다'라는 뜻으로 곧 전략 수립의 과정에서도 매우 중요한 의미를 제공하고 있다. 이는 급변하는 경쟁사회에서 타 기관을 알고 자기조직이 지니고 있는 강점과 약점을 외부환경이 제공하는 위협 및 기회요인과 더불어 파악하는 것이야말로 경쟁우위에 존립할 수 있다는 것이다. 그래서 평생교육기관의 내부・외부의 환경분석으로 가장 널리 알려진 SWOT분석에 대하여 살펴보고자 한다.

SWOT(Strength, Weakness, Opportunity, Threat) 분석은 하버드 경영대학원의 케네스 앤드류(Kennet Andrews) 박사와 스탠퍼드대학교에서 1960년대와 1970년대에 포춘 선정 500대 기업들을 연구하면서 얻게 된 결과를 바탕으로 알버트 험프리(Albert Humphrey)가 고안한 경영환경 분석방법이다(김용현 외, 2018). SWOT분석은 조직의 외부환경이 제공하는 기회와 위협요인과 관련하여 조직 내부의 강점과 약점을 인지할 수 있도록 하는 전략적 계획수립을 위한 경영환경 분석 도구이다. 조직의 강점, 약점, 기회, 위협을 토대로 특별히 복잡한 작업이나 계량화 작업 없이도 기존에 수행한 상황분석만으로 전략을 수립할 수 있다는 실용성 때문에 널리 사용된다(이정희, 2008).

SWOT 분석에서 S는 'Strength'의 약자로 기관 내부자원의 강점을 뜻하며, W는 'Weakness'의 약자로 기관 내부의 약점을 말한다. 그리고 O는 'Opportunity'

의 약자로 기관에 미치는 환경의 기회요인을 의미하며, T는 'Threat'의 약자로 기관에 미칠 수 있는 위협요인을 의미한다(이향란, 2015). 즉 조직 내부의 강점(S: Strength)과 약점(W: Weakness)을 파악하고, 외부환경의 기회요인(O: Opportunity)과 위험요인(T: Threat)을 분석한 후 전략적 대안을 도출한다는 것이다.

(내적) 강점(Strength)	(내적) 약점(Weakness)
(외적) 기회(Opportunity)	(외적) 위협(Threat)

| 그림 5-2 | **SWOT의 범주화**

출처: 김용현 외(2018). 평생교육경영론(2판). 파주: 양서원.

SWOT 분석은 경영조직체에서 파악된 기회와 위협요인, 강점과 약점요인을 정리하여 당면하고 있는, 그리고 앞으로 당면하게 될 환경에 대하여 조직체가 확보한 강점과 약점요인을 중심으로 어떻게 대응할 것인가를 분석하는 도표이다(주정우, 2018). 이를 토대로 전략을 수립할 때 조직의 강점을 가지고 기회를 살리는 전략(강점-기회전략, SO), 강점을 가지고 위협을 회피하거나 최소화하는 전략(강점-위협전략, ST), 약점을 보완하여 기회를 살리는 전략(약점-기회전략, WO, 그리고 약점을 보완하면서 동시에 위협을 회피하거나 최소화하는 전략(약점-위협전략, WT) 등을 도출할 수 있다. 좀 더 구체적으로 살펴보면 다음과 정리할 수 있다(주정우, 2018).

① SO전략(강점-기회전략): 조직의 강점과 시장의 기회를 적극적으로 활용하여, 경쟁력을 최대화하는 데 유리한 상태이다.

② ST전략(강점-위협전략): 조직의 강점을 활용하면서도 시장의 위협을 대비하는 전략으로, 조직의 안정성을 유지하고 문제를 최소화하는 방향으로 전략을 수립한다.

③ WO전략(약점-기회전략): 조직의 약점을 극복하고 시장의 기회를 활용하는 전략

으로, 성장과 개선을 위한 방향으로 전략을 수립한다.

④ WT전략(약점-위협전략): 조직의 약점을 보완하면서도 시장의 위협에 대비하는 전략으로, 위험을 회피하고 안정성을 유지하는 데 초점을 둔다.

SWOT 분석을 통해 조직은 각 상태에 따라 적절한 전략을 선택하여 경쟁환경에 대응하고 성공적인 경영을 할 수 있도록 지원한다.

| 표 5-2 | SWOT 분석 매트릭스 모형

	강점요인(S)	약점요인(W)
기회요인(O)	• 강점을 활용하여 기회를 최대 살림 • 기회를 살리기 위한 강점 확인 · 발굴 예 경쟁우위, 독점기술, 충실한 학습자, 교육제도 변화, 지식기반화	• 약점을 보완하여 기회를 활용 • 약점을 강점으로 전환하여 기회 강구 • 기회를 살릴 수 있는 약점 확인 예 약한 사장점유율, 마케팅 능력 부족, 낙후된 시설, 공급자 취약성
위협요인(T)	• 강점을 활용하여 위협을 회피 • 위협을 회피하기 위한 강점을 확인 · 발굴 예 시장에서의 성장, 확장, 새로운 프로그램 개발, 새로운 서비스, 전문 교 · 강사 확보	• 약점을 회피하기 위한 전략 강구 • 위협과 약점의 접점에서 선택(사업의 포기 혹은 적극적 투자) • 위협요인과 약점요인을 확인 예 새로운 경쟁자 출현, 경기 침체, 불리한 경제적 요인, 학습자의 강한 입력

출처: 권두승 외(2016). 평생교육경영론(2판). 파주: 교육과학사. 재구성.

1) SWOT 분석 특징

평생교육기관 실천현장의 강점, 약점, 기회, 위협의 네 가지 요소를 SWOT 분석을 통해 살펴보면 다음과 같은 특징이 있다(김창엽, 2014).

첫째, 강점요인은 우리 기관 혹은 우리 프로그램을 다른 평생교육기관이나 프로그램보다 경쟁우위에 위치하도록 만드는 요소를 가리킨다.

둘째, 약점요인은 우리 기관 또는 프로그램이 다른 평생교육기관이나 프로그램보다 열세에 위치하도록 만드는 요소를 가리킨다.

셋째, 기회요인은 우리 기관의 프로그램 수요를 확대하고 조직의 위치를 제고시키는 우호적인 현재나 미래의 상황을 의미한다.

넷째, 위협요인은 우리 기관의 경쟁력을 침해하거나 위협하는 비우호적인 현재나 미래의 상황이나 동향 또는 임박한 변화를 의미한다.

지금까지 살펴본 SWOT 분석방법에 따른 도움이 되는 실천전략 몇 가지 지표를 제시한 예이다(이건창, 2006).

| 그림 5-3 | SWOT 분석의 예

출처: 이건창(2006). 현대경영의 이해(3판). 서울: 무역경영사.

| 표 5-3 | 조직 내부 분석 사례

영역	강점요인(S)	약점요인(W)	해결방안
행정	• 소수 인원으로 의사결정이 용이하여 신속한 업무 처리 가능	• 한 사람에게 과도한 업무 편중됨 • 개개인에 높은 전문적 능력 요구	• 자원봉사자 활용 • 기관 실습생 활용
조직	• 조직 구성원의 전문성이 강함(자격증 소지) • 회원제로 체계적이고 소속감 있는 관리	• 건강상의 이유 등 개인적인 사정으로 중도에 포기하는 경우가 생김	• 교육생 선발 시 신중하게 검토 • 가족적인 분위기 조성을 위해 모임 지원

영역	강점요인(S)	약점요인(W)	해결방안
재정	• 정부의 지원금 보조	• 관련 기관 증가로 지원금의 수혜 폭 감소 • 지원금만으로 운영 예산 충당 부족	• 기업체 및 개인의 후원금을 유치하여 극복 • 중산층의 교육생에게는 회비를 받아 예산 확보
프로그램	• 전문지식을 갖춘 조직원이 많으므로 맞춤 프로그램 개발 용이 • 전문적인 교수자 보유 • 취업 전 실습으로 인한 자신감 고취	• 성인들이 새로운 교육에 대한 두려움으로 원활한 프로그램 운영 어려움 • 실력 있는 교수자는 높은 인건비를 지급해야 함	• 성인들의 자신감 고취 • 지속적인 상담 관리 • 차량 운행 • 교육과 복지 마인드가 있는 전문적인 교수자 섭외

| 표 5-4 | 조직 외부 분석 사례

변화 요인	기회요인(O)	위험요인(T)	대응방안
지역적 요인	• 아파트 밀집 지역 • 교통이 편리 • 인근지역과 접근성 용이 • 정부기관 등 행정 중심지	• 교통이 편리하여 프로그램 수강을 위해 인근 인지도 높은 기관으로 유출 우려	• 질 높은 프로그램 개발 • 홍보 강화 • 주말 프로그램 개발
환경적 요인	• 중산층이 많음 • 유아 교육기관이 많음	• 유사 교육기관 많음 • 다른 기관의 여성 참여 프로그램이 많음	• 취업 위주의 프로그램을 강조한 홍보
사회 문화적 요인	• 경력단절 여성의 경제적 자립 욕구증가 • 개인 자아실현 욕구증가 • 평생교육원, 종합복지관, 청소년 및 노인시설 등 00개소(다양한 교수자 섭외 가능)	• 집안 일로 인해 경력단절 여성 참여 기회가 제한될 수 있음	• 교육기관 및 방과후수업에 자신의 자녀도 같이 돌볼 수 있도록 배려
재정적 요인	• 정부의 정책적 지원으로 재정 확보 용이	• 관련 기관이 많아서 큰 기관에 대한 재정의 편중이 있을 수 있음	• 지역기업의 후원 유도 • 관련 기관과의 긴밀한 연계를 위한 적극적 노력 • 타지역의 성공사례를 들어 교육의 효과성 피력
다른 기관 연계	• 취업이 연계될 맞춤 교육 용이 • 여성기관 간 교류가 활발하므로 정보 공유 용이	• 경력단절에 대한 인식 부족으로 취업할 곳 부족	• 상호 도움을 줄 수 있도록 각 기관과의 활발한 교류 노력

04 학습자분석

프로그램 참여대상은 학교교육과 달리 매우 다양하고 교육참여의 강제성이 거의 없다. 따라서 학생들에게 도움이 되는 프로그램이 제공되더라도 이들의 적극적인 참여를 장담할 수 없다. 그러므로 프로그램 개발 단계에서 누구를 대상으로, 누구를 위한 프로그램인지 명확해야 한다(이복희 외, 2020). 학습자분석은 먼저 잠재적 학습자에 대한 매핑 작업으로부터 시작된다.

매핑(Mapping)의 사전적 의미는 '경계를 잘라 정하다'로 구체적이며 일정한 기준에 의해 경계를 정하여 구획하는 것을 말한다(곽병선, 2001). 매핑(Mapping)을 통해 잠재적 학습진단을 분석하는 것은 교육기관이나 교육실무자가 앞으로 개발할 프로그램에 참여가 예상되는 잠재적 학습집단의 특성을 파악하여 대체적인 윤곽을 결정하는 것을 말한다. 프로그램 개발과정에서 잠재적 학습자들의 특성을 파악하고, 프로그램 참여가 예상되는 사람들을 대략 파악하는 과정을 통해 프로그램 개발자들이 목표로 하는 학습자들에 대한 이해를 높이고, 프로그램의 디자인과 구성에 반영할 수 있도록 도와준다. 매핑방법에는 사회체제분석(social system analysis), 사회계층화(social stratification), 사회적 차별화(social differentiation), 문화분석(cultural analysis) 등이 있다(Boone et al., 2002).

첫째, 사회체제 분석이란 사회체제 속에 소속된 인간집단의 사회적 구조를 신념 · 정서 · 목표 · 역할 · 규범 · 권력 등의 기준에 의해 분석하여 유형화시키는 것이다.

둘째, 사회계층화는 특정 사회 구성원을 소득 · 직업 · 교육 · 가문 등 사회경제적 변인에 의해 우등-동등-열등의 척도로 서열화시키는 것을 의미한다.

셋째, 사회적 차별화는 사회계층화와는 달리 사회구성원을 특정 기준이 아닌 사회구성원이 가지고 있는 고유한 특성에 의해 차별화시키는 매핑기법이다. 사회구성원을 차별화시키기 위한 요인들로는 성별, 사회적 역할, 사회경제적 상태, 윤리적 배경 및 교육 경험이 있다.

넷째, 문화분석은 문화인류학자들이 주로 사용하는 분석 틀로서 커다란 사회 집단 속에 소속된 사회구성원을 사람들의 축적된 삶의 방식인 문화를 통해 이해하는 매우 유용한 기법이다. 이어서 잠재적 학습참여자 집단에 대한 다양한 매핑을 통해 정치·사회·경제·종교 및 지리적 범주로 분류할 수 있다.

이 중에 사회적 차별화 매핑기법은 잠재적 학습자를 분석할 때 많이 사용된다(김진화, 2008). 매핑을 통해 잠재적 학습자들의 특성을 파악하고 이를 프로그램에 반영함으로써 프로그램의 목표 달성과 학습자들의 만족도를 높일 수 있다. 또한 매핑은 프로그램 개발자들이 학습자 중심의 프로그램을 설계하고 실행할 수 있도록 지원하며, 프로그램의 효율성과 효과성을 높이는 데 기여한다.

학습자 분석을 위해 사용되는 내용은 학자에 따라 조금씩 관점을 달리하고 있다. 예를 들어 크랜턴(Cranton, 2000)은 연령, 성, 교육적 배경, 지적 특성이나 능력, 정서적·인성적 특성, 지각적·운동적 특성이나 능력을 들고 있다. 딕과 캐리(Dick et al., 2022)는 출발행동, 주제영역에 대한 선행지식, 내용과 전달방식에 대한 태도, 학문적 동기, 교육과 능력수준, 일반적 학습 선호도, 수업하는 조직 대한 태도, 집단의 특성 등을 들고 있다.

프로그램의 참여대상이 정해지면 이들의 특성을 분석해야 한다. 잠재적 학습자를 분석할 때 고려해야 할 사항들은 다음과 같다.

첫째, 인구통계학적 관점에서 대상 지역 또는 사회집단의 인구통계학적 특성을 파악한다. 연령대, 성별, 교육수준, 직업, 소득수준 등과 같은 요소들을 고려하여 프로그램에 참여할 수 있는 학습자들의 특성을 분석한다.

둘째, 관심사와 요구사항 관점에서 프로그램의 주제나 내용과 관련하여 관심과 요구가 있는 학습자들을 파악한다. 설문조사, 인터뷰, 그룹 토론 등을 통해 학습자들과 관련한 요구사항을 파악하고 프로그램이 해결하고자 하는 문제에 대한 학습자들의 관심을 조사한다.

셋째, 성취도 및 선행지식 관점에서는 프로그램을 이해하고 수행하는 데 필요한 성취도와 선행지식에 대한 정보를 파악한다. 학습자들이 프로그램에 참여하기 위해 어느 정도의 지식과 능력을 갖추고 있어야 하는지를 판단하여 프로그램의 난이도와 수준을 조정한다.

넷째, 학습 스타일 관점에서는 학습자들의 학습 스타일과 선호하는 학습 방식을 고려한다. 시각적, 청각적, 조작적 등의 학습 스타일에 따라 프로그램의 디자인과 활동을 다양화하여 참여를 촉진한다.

다섯째, 동기와 장애요인 관점에서 학습자들의 프로그램 참여 동기와 장애요인을 파악한다. 프로그램에 참여하려는 동기를 이해하여 학습자들이 프로그램에 더욱 적극적으로 참여할 수 있도록 유도하고, 장애요인을 극복하기 위한 지원 방안을 마련한다.

학습자 분석에는 다음과 같은 사항들이 포함되어야 한다(김진화, 2008).

① 참여가 예상되는 학습자의 숫자는?
② 학습참여자의 프로그램 참여 가능 시간은?
③ 학습참여자의 거주 지역은?
④ 학습참여자의 연령층은?
⑤ 학습참여자의 교육 수준은?
⑥ 학습참여자의 성별과 사회적 배경은?
⑦ 학습참여자의 장애 여부는?
⑧ 제공될 프로그램의 내용과 관련하여 학습참여자가 현재 가지고 있는 지식, 기술, 경험은?
⑨ 학습참여자가 선호하는 학습 스타일은?
⑩ 학습참여자의 프로그램 참여 이유는?
⑪ 학습참여자가 부담하게 될 비용은?

이상의 내용을 확인하기 위해서는 잠재적 학습참여자에 대한 분석, 학습참여자의 요구분석 및 우선순위 설정 등이 선행되어야 한다.

| 표 5-5 | 잠재적 학습자 집단 분석표

집단 특성	분석내용
연령층	10대( ) 20대( ) 30대( ) 40대( ) 50대( ) 60대( ) 70대 이상( )
참여 예상인원 수/성별	총 00명, 여성 00명, 남성 00명
교육수준	고등학교 졸업( ) 대학교 졸업( ) 대학원 졸업( )
사회경제적 수준	2,000만 원 이상( ) 3,000만 원 이상( ) 4,000만 원 이상( )
주거문화	일반 주택( ) 아파트( )
잠재적 학습자집단 간의 유사점	종교, 직업, 연령, 학력, 가치관, 문화
잠재적 학습자집단 간의 차이점	종교, 직업, 연령, 학력, 가치관, 문화
과거 유사한 교육 경험 여부	

Chapter 6

프로그램 요구분석

01 요구분석의 이해와 필요성

02 요구분석 유형

03 요구분석 절차

04 요구분석 진단도구

05 요구 우선순위 결정

01 요구분석의 이해와 필요성

1) 요구의 개념

학습자의 요구분석(Needs Analysis)은 가장 기본적이며, 프로그램 개발의 기초로 시작된다. 요구는 욕구 또는 니즈(needs)라고도 불리는데 학문적으로 다양하게 정의되며 주로 교육학과 심리학 및 경영학 분야에서 중심으로 한 사회과학 분야에서 많이 연구되어 왔다.

요구란 개인이 느끼고 있는 무엇인가에 대한 결핍상태(deficiency)를 충족시키기 위해 필요로 하거나 원하는 상태 또는 상황을 의미한다(송영희, 2002). 즉 결핍, 불균형 또는 조절(adjustment)의 부족, 현재 상황과 더욱 바람직하다고 인식되는 사회적 규범과의 격차, 현재 있는 것과 앞으로 되어야 할 것 간의 격차라 할 수 있다(Boone et al., 2002). 프로그램 개발 과정에서 현재 상태와 바람직한 상태 간의 격차를 파악하여 필요한 교육 및 개발 요구를 식별하는 활동이다. 즉 현재수준(what is)과 기대수준(what ought to be)의 격차(gap) 내지 조건(conditions)을 결정하고 그 본질과 원인을 점검하여 미래의 행동을 위한 우선순위를 찾는 행위이다(Boyle, 1981).

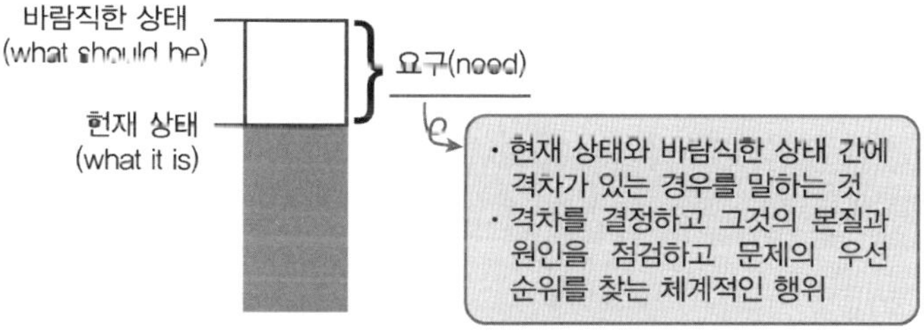

| 그림 6-1 | **요구의 이해**

출처: 권진하 외(2022). 뉴노멀, 초연결, 플랫폼시대의 평생교육프로그램개발. 서울: 동문사.

어떤 의미에서는 문제(Problems)와 동일한 의미로 해석되며, 교육프로그램을 개발하기 전에 문제를 확인하는 방법으로 문제의 본질을 규명하고 그 문제를 해결할 수 있는 가장 적절한 방안을 모색하고자 하는 활동으로 요구사정, 차이분석, 전단(前端, front-end)분석, 격차분석 등 다양한 이름으로 사용된다. 요구분석을 통해 학습자들이나 조직의 문제와 필요를 파악하고, 이를 해결할 가장 적절한 방법과 방안을 모색한다. 따라서 학습자의 필요한 교육을 확인하고 불필요한 자원 낭비를 줄이며, 교육의 목표를 명확히 설정할 수 있다.

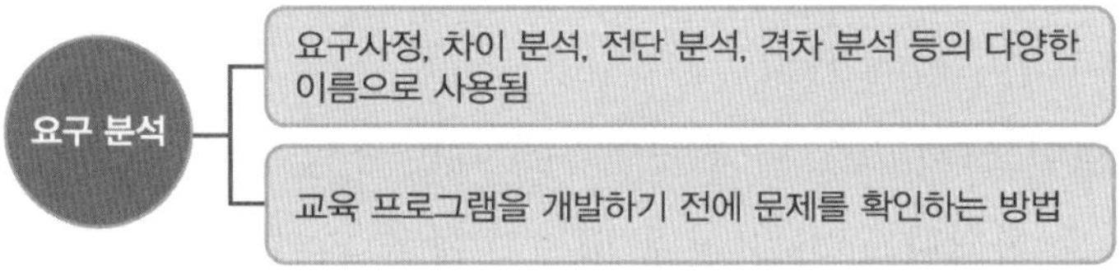

| 그림 6-2 | **교육적 요구분석의 이해**

출처: 권진하 외(2022). 뉴노멀, 초연결, 플랫폼시대의 평생교육프로그램개발. 서울: 동문사.

놀즈(Knowles)는 교육 요구를 교육받음으로써 부족함을 충족시키려는 요구라 하였다. 즉, 교육 요구는 능력·지식·기술·학력 등 학습자가 처해 있는 현재의 교육 수준과 도달하기를 희망하는 바람직한 교육 수준 사이에 존재하는 차이 또는 격차라 할 수 있다. 또한 교육 요구는 학습자가 지각한 현재의 능력 수준이나 교육적 수준의 미흡함을 교육적 행위를 통해 향상하려 할 때 유발된다고 하였다(Knowles, 1970).

프로그램 개발의 성공적인 진행을 위해서는 요구분석 단계를 철저히 수행하는 것이 중요하다. 요구조사는 평생교육사의 전문성에 기초하여 이루어지는 전문영역의 활동이다. 잠재적 학습자가 요청하는 사항은 평생교육에 대한 '바람(Wants)'이다. 잠재적 학습자가 바라는 것이 반드시 학습자에게 필요한 것은 아니기 때문에 잠재적 학습자가 요청하는 사항을 요구로 보고 평생교육프로그램에 반영하지 않는다(권대봉, 2006). 따라서 평생교육사는 잠재적 학습자가 원하는 사항을 조사하고 분석하지만, 요구의 개념과 분석의 방법을 활용하여 교육 필요점을 찾는 것이 필요하다(현영섭, 2011). 따라서 평생교육 요구분석과 관련된 전문적 역할과 역량을 평생교육사가 갖추어야 하고, 이를 토대로 요구분석에서의 전문적 활동을 전개해야 한다.

2) 요구분석의 목적과 필요성

요구분석의 기본적인 목적은 어떠한 프로그램을 제공하여야 하며, 어떠한 내용이 포함되어야 하는지를 결정하기 위한 것이다(Queeney, 1995). 따라서 이러한 요구분석은 ① 계획을 위한 출발점이 되고, ② 미래의 방향을 제시하며, ③ 프로그램 개선 또는 폐지를 정당화시키고, ④ 프로그램을 수정·보완하며, ⑤ 기관의 목표와 사명을 평가하는 잣대의 기능을 한다(서미숙, 2003). 또한 교육에 필요한 데이터를 제공할 뿐만 아니라 교육내용, 교육전달방식, 학습자의 참여계획 등을 포함한 교육 시장분석의 지침이 되기도 한다(김용현 외, 2010). 요구분석은 다음과 같은 여러 가지 목적을 달성하기 위해 수행된다(신용주, 2022).

첫째, 요구분석은 프로그램 개발을 기획하는 첫 번째 단계로 프로그램의 전반적인 방향을 설정하기 위한 것이다.

둘째, 요구분석은 잠재적 학습자들이 가장 필요로 하는 교육 프로그램을 식별하여 우선순위를 정하기 위한 것이다.

셋째, 요구분석은 이미 실시되고 있는 프로그램을 수정·보완하여 개선할 것인가 또는 폐지할 것인가를 결정하기 위한 근거를 얻기 위한 것이다.

넷째, 요구분석은 이미 실시되고 있는 프로그램의 평가에 필요한 보조 자료를 얻기 위한 것이다.

다섯째, 요구분석은 평생교육 기관의 목표와 비전을 확인하는 기준이 되며, 아울러 잠재적 학습자들이 희망하는 교육 주제나 내용, 교육 방법론 등을 파악함으로써 교육 시장의 추세에 부응하기 위한 것이다.

교육자가 교육프로그램이나 활동을 학습자나 사회의 요구에 부응하는 최선의 프로그램으로 만들고자 할 때 활용된다. 평생교육프로그램 설계에서 요구분석은 성인학습자들이 자발적으로 평생교육에 참여하도록 하기 위해 학습활동이 학습자의 요구와 흥미에 기초하여 개발되어야 한다는 점에서 특히 중요하다. 평생교육의 경우 이미 정해진 교과를 학습하는 학교교육과는 달리 다양한 요구를 가진 성인들을 대상으로 하기 때문에 이들의 교육 요구를 무시한 채 프로그램을 개발하고 운영할 경우 비효과적인 교육이 되기 쉽다(서미숙, 2003). 그래서 요구분석이 가장 기본이 되는 핵심적 절차이며 그 내용을 살펴보면 다음과 같다(마혜영, 2014).

첫째, 자원을 낭비하지 않고 절감할 수 있다. 요구분석을 통해 교육이나 프로그램이 필요한 부분을 정확히 파악함으로써 불필요한 자원의 낭비를 줄일 수 있다.

둘째, 교육적 필요를 파악하기에 유용하다. 교육이 필요한 부분이 명확히 밝혀지면, 이를 바탕으로 교육프로그램을 개발하고 교육의 효과를 평가하는 기준을 마련할 수 있다.

셋째, 명확하게 밝혀진 수행요구들은 규명된 수행상의 차이를 줄일 수 있는 교육 해결점들을 정확하게 구명하는 데 도움을 줄 수 있다.

넷째, 요구분석을 통해 밝혀진 결과들은 설계나 개발 단계에서 드는 시간을 줄일 수 있다.

다섯째, 교육 대상자를 명확히 함으로써 대상자가 실제로 필요로 하는 교육을 제공할 수 있다.

여섯째, 조직의 목표를 달성하는 데 도움이 된다. 요구분석에 근거하여 개발된 교육 프로그램은 대상자가 실제로 필요로 하는 교육을 제공할 뿐 아니라 조직의 목표 달성에도 기여한다.

일곱째, 조직구성원과 학습자들과의 소통과 협력을 강화한다. 요구분석 과정은 조직구성원 개인과 조직이 일체감을 가질 수 있게 하고 학습자들의 필요와 문제에 대해 공유하여 협력하는 기회를 제공한다.

교육프로그램 개발에서 요구는 프로그램 전체의 방향과 내용을 결정짓는 데 있어서 가장 중요한 기초를 제공한다. 확인된 학습자들의 요구에 기반하여 교육프로그램이 계획될 뿐 아니라 모든 후속 절차가 진행되기 때문이다. 대부분의 학습자는 자기주도적으로 교육 프로그램에 참여하는 특성을 갖는다. 그러므로 학습자의 요구를 파악하여 이에 맞는 프로그램을 개발하는 것은 이들의 교육적 흥미와 동기부여를 지속해서 유지하는 데 큰 영향을 미친다. 요구분석을 통해 잠재적 학습자의 요구를 정확히 파악함으로써 더 많은 학습자의 참여를 유도할 수 있으며 교육 프로그램의 질적 향상을 가져올 수 있다.

02 요구분석 유형

프로그램에서 요구를 분석하는 일이 복잡한 과정으로 표현되고 있는 것은 요구라는 개념이 다양성에서 원인을 두고 있다. '요구'를 어떻게 정의하느냐에 따라 요구분석의 모형과 범위, 방법 등이 달라질 수 있다. 요구분석의 유형으로는 현존하는 자료분석, 요구분석, 직무분석, 수행 차이 및 교육 필요도 조사, 과제분석 등을 들 수 있다.

1) 매슬로우

모든 인간은 생존을 위해 꼭 필요로 하는 요구로서 누구나 배고픔, 목마름, 성적인 요구 등의 충족을 추구하는 가장 기본적 요구가 있다. 이는 생리학적 요구에 해당하며 인간의 생존에 반드시 필요한 것으로 삶을 유지하기 위해 꼭 있어야 하는 것이다. 이러한 기본적인 인간의 요구는 결핍된 부분을 채우려는 충동적인 부분이며 선천적으로 타고나는 것이다.

인본주의 심리학자인 매슬로우(Maslow)는 인간의 행동을 활성화하는 인간의 기본요구를 다섯 단계로 구분하였다. 피라미드 형태의 계급구조로 이루어진 다섯 단계의 위계는 생리적 요구, 안전에 대한 요구, 소속감과 사랑 요구, 존중 요구, 자아실현 요구를 말한다. 이 다섯 단계의 요구 중, 생존에 가장 긴요한 생리적 요구와 안전에 대한 요구는 하단부에 있으며, 심미적 특성이나 창의적 개성을 추구하는 자아실현 요구는 가장 높은 곳에 있다. 자아실현 요구는 자기 자신의 충만, 즉 한 개인이 가지고 있는 잠재 가능성을 실현화하려는 경향의 요구이다(가영희 외, 2017). 자신의 위계 이론에서 생리적 요구가 채워진 이후에는 인간은 누구나 안전 및 보호를 추구하고, 소속감 및 사랑을 얻고자 하며, 주변에서 존경 및 인정받기를 원하고, 궁극적으로는 자아실현을 추구하는 것으로 이어지면서 심리학적 성장 요구를 표출하는 것으로 설명한다. 대개 학습동기가 유발되는 것은 이러한 심리학적 요구에 의한 것이라고 파악된다(권진하 외, 2022). 학습동기가 유발하는 학습의 요구는 개인이 지식을 습득하고 새로운 기술을 배우려는 요구를 의미한다. 이는 새로운 정보를 탐색하고 이해하려는 요구와 지식과 기술을 발전시키고 개선하려는 요구로 구성된다. 학습의 요구는 개인의 자아실현 요구와도 관련되어 있으며, 개인이 더 나은 자기를 위해 지속적인 성장과 발전을 원하는 요구로 이해할 수 있다. 따라서 차일드(Child)는 매슬로우(Maslow)의 욕구 이론에 따른 다섯 가지 단계의 요구에 '학습의 요구'라는 개념이 결합한 것으로, 학습을 통해 자아실현을 이루고 지식과 기술을 습득하려는 요구를 강조하는 용어이다. 이는 개인이 지식과 기술을 습득하고 더 나은 성장을 이루기 위해 교육과 학습에 관심과 열정을 가질 것을 의미한다.

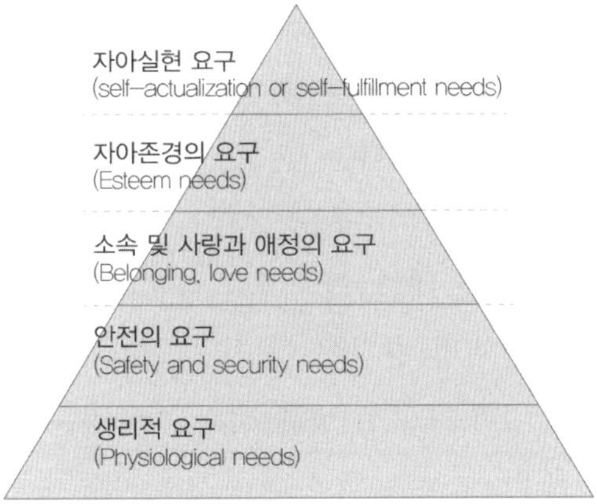

| 그림 6-3 | 매슬로우의 인간 요구 단계

2) 놀즈의 요구 유형

놀즈(Knowles, 1970)는 교육학자로서 성인교육에 관한 연구와 이론으로 잘 알려져 있다. 그가 제시한 교육 요구와 요구분석에 관한 개념은 성인교육과 교육프로그램 개발에 큰 영향을 미친다. 그는 프로그램 개발에 있어서 고려해야 할 학습자의 요구를 기본적 요구(basic human needs)와 교육적 요구(Educational Need)의 두 가지로 분류하였다. 인간의 기본적인 요구는 인간의 가장 보편적인 생물학적, 심리학적 요구로 구성되어 있다. 놀즈의 교육 요구와 요구분석에 관한 주요 개념은 다음과 같다.

(1) 기본적 요구

놀즈가 첫 번째로 제시한 기본적인 요구에는 신체적 요구, 성장 요구, 안전에 대한 요구, 새로운 경험에 대한 요구, 애정에 대한 요구, 인정받고자 하는 요구 등 여섯 가지가 포함된다.

첫째, 신체적 요구는 가장 쉽게 관찰되고 경험되는 요구이다. 학습자 또는 참여자들은 기본적으로 보는 것, 듣는 것, 편안함, 휴식에 대한 요구를 갖고 있다.

예를 들면, 교재의 글씨크기, 교수자의 목소리, 딱딱한 의자, 휴식시간, 점심 직후 강의 등은 참여자들의 기초요구를 충족하게 하는 요소이다. 충족되지 못할 경우 학습에 집중하지 못하게 된다.

둘째, 성장과 발전하고자 하는 요구는 강한 학습 동기를 제공한다. 인간의 궁극적인 추진력은 자아실현에 대한 의지에서 나온다.

셋째, 안전의 요구는 신체적 안전뿐 아니라 자아존중에 대한 심리적인 안전의 요구까지 포함한다. 이런 요구로 인해 사람들은 정돈되고 편안한 작업 환경을 원한다.

넷째, 새로운 경험에 대한 요구는 인간은 안전을 추구하면서 모험, 위험과 같은 성향도 동시에 지니고 있다. 따라서 반복되는 일상과 안정적 삶에 대한 싫증을 느끼고 새로운 만남, 새로운 관심거리, 새로운 아이디어를 추구하는 동기를 가진다.

다섯째, 애정에 대한 요구는 사회적 성격을 띤 요구이다. 타인을 기쁘게 해주기 위해 행동하는 원인이 된다. 또한 자신의 기쁨, 슬픔, 즐거움 등을 함께 나누고 싶은 누군가를 찾도록 하는 원인이 된다.

여섯째, 인정받고자 하는 요구는 타인에 의해 존경받는 가치 있는 사람이라고 느끼고 싶어 하는 요구이자 사회적 지위를 얻고자 하는 동기이다.

(2) 교육적 요구

놀즈가 두 번째로 제시한 교육적 요구는 매슬로우의 요구 위계론의 영향을 받은 것이다. 즉, 낮은 단계의 요구 위계에 속한 학습자는 더욱 높은 수준으로 상승하려는 요구를 갖게 되며, 교육을 통해 부족함을 충족하고자 하는 요구로 정의한다. 따라서 사람들은 누구나 자신뿐 아니라, 자신이 속한 집단이나 사회 전체의 이익을 위해서 학습하게 된다는 사실을 보여준다. 이는 개인이 자신의 현재 능력 수준과 조직 또는 사회가 요구하는 능력 수준과의 차이를 학습적인 측면에서 감지하고, 이를 해소하려는 요구를 의미한다. 성인은 삶의 다양한 상황에서 계속해서 자신의 능력을 향상하려는 요구를 갖게 된다.

(3) 교육 욕구의 결정 조건

놀즈는 교육 요구가 결정될 때 학습자가 자기가 원하는 욕구를 파악하고 이해하는 것, 직장, 사회 등에서 기대하는 능력 수준 파악, 학문적인 수준 파악, 학습자가 바라는 요구 등과 같은 요인들을 고려해야 하다고 하였다.

(4) 요구의 여과 및 수렴 과정

요구의 여과 및 수렴 과정은 개인적 요구와 기관의 요구, 그리고 사회에서 필요로 하는 요구를 분석하고 대상별로 파악한 후 그 결과에 의한 종합된 요구가 학습기관의 설립 성격에 맞는지, 또는 다른 학습기관과 중복되지 않는지 검토하고, 이러한 요구를 실천하는 데 있어서 재원, 시설, 인력 등에 대한 가능성과 실용성에 대한 분석이다.

(5) 요구분석 준비활동

교육 요구를 분석하기 위해 미리 준비해야 하는 활동으로, 문제의 원인에 대한 성격을 정립하고 문제가 교육으로 해결 가능한 것인지, 다른 요인에 의한 것인지 비교 및 검토해야 한다. 또한 요구분석의 목적이 문제 해결인지 기회 제공인지 분명히 밝혀야 하며, 경영상의 지원을 확보하여 요구분석에 필요한 자원과 비용을 제공받을 수 있도록 해야 한다.

(6) 요구(needs)와 원하는 것(wants) 구별

요구(needs)와 원하는 것(wants)은 구별되어야 한다. 요구는 교육 필요점이지만 원하는 것은 교육생이 원하는 것이다. 이들은 같을 수도 있지만 다를 수도 있다. 요구를 분석한다는 것은 교육 요구를 찾아내어 교육 프로그램에 반영하는 것이지 원하는 것을 모두 교육 프로그램에 반영하는 것은 아니다.

3) 브래드쇼의 요구 유형

브래드쇼(Bradshaw)는 네 가지 요구 유형을 제시하였다. 그가 제시한 규범적, 감촉적, 표현적, 비교적 요구는 다음과 같다(신용주, 2022; Bradshaw, 1972).

첫째, 규범적 요구(normative needs)는 요구 충족의 최고 수준 또는 정해 놓은 바람직한 요구 충족의 수준과 실제로 충족된 상태와의 차이를 의미한다. 주로 전문가에 의해 규정된 일반적인 기준(norm)이나 표준(standard)에 의한 요구를 말한다. 규범적 요구는 객관적 차원에서 진단이 이루어지는 요구이지만, 규범의 의미는 사회 변화 및 환경, 지식과 기술의 발달 수준에 의한 변화로 인해 달라지기도 한다. 또한 프로그램 개발 현장에서는 규범적 요구와 함께 개발가의 철학과 가치가 반영되는 경우가 많다. 평생교육프로그램 개발가는 주로 규범적 요구를 토대로 전문가가 측정한 요구 및 여러 지표에 의해 나타난 객관적 요구를 진단하여 학습자의 교육 요구를 측정하게 된다.

둘째, 규범적 요구가 객관성을 갖는 데 반해 감촉적 요구(felt needs)는 개인학습자 당사자의 느낌에 의해 인식되는 요구이다. 즉, 주관적 차원에서 바라거나 희망하는 것을 느끼는 요구이다. 잠재적 학습자가 가지고 있는 학습에 대한 필요(wants) 또는 욕망(desire)을 의미하며, 학습자는 자신이 원하는 것을 인식하고 있지만 실제로 학습에 참여하지 않고 있는 요구를 말한다. 감촉적 요구는 평생교육프로그램 개발의 중요한 기초가 된다. 학습자가 원하고 필요로 하는 프로그램을 개발하는 것이야말로 평생교육프로그램의 의의와 목표를 달성하는 것이다. 그러나 다양한 특성을 가진 평생학습자들의 감촉적 요구가 객관적 측정을 거쳐 실제적인 프로그램의 개발로 이루어지기는 쉽지 않다. 따라서 평생교육프로그램 개발가는 학습자의 감촉적 요구를 기초로 프로그램 개발을 시작하되, 타당성과 실현 가능성을 충분히 검토하여 진행하는 것이 좋다.

셋째, 표현적 요구(expressed needs)는 학습자가 느낀 요구가 실제의 요구 충족을 추구하는 행위로 나타난 것을 말한다. 즉, 학습자의 실제 언어, 행동, 태도 등으로 표출된 요구이며, 요구 수요(demand)라고도 해석이 가능하다. 학습자의 표현적 요구는 매우 다양하게 나타나며, 예를 들자면 특정 프로그램의 등록을 위한 대기자 명단에 의하여도 파악될 수 있다. 수많은 수강자가 지원하는 문화센터의 인기 강좌의 경우 이 분야를 배우고 싶어 하는 학습자의 표현된 요구가 나타난 것이라 할 수 있다. 그러나 이러한 표현적 요구에 기초하여 프로그램 개발을 실행하는 것은 학습자의 실제적 참여비율을 예측할 수 없으므로 신중하게 접근할 필요가 있다.

넷째, 비교적 요구(comparative needs)는 다른 개인이나 집단과의 비교에 의해 생성되는 요구이다. 예를 들어, 외국어 말하기에 능숙하지 않은 학습자 집단이 외국어를 유창하게 구사하는 학습자 집단의 교육 수준과 교육 환경을 부러워하면서, 실용적인 외국어 학습에 대한 교육 요구가 생겨나는 것의 경우이다. 이처럼 상대적 요구는 타인이나 타 집단을 자신이나 자신의 집단과 비교함으로써 비롯되는 요구이므로, 바람직한 요구 측정의 방법으로 인식되지 않는다.

브래드쇼(Bradshaw)의 네 가지 요구는 상이한 인식 기준에 의한 정의이므로 모든 상황에서 반드시 적용되지 않을 수도 있다. 그러나 실제로 평생교육프로그램의 기획과 실천에 있어서는 이 네 가지 요구 중에서 규범적 요구와 표현적 요구가 중요하게 고려되는 것으로 인식된다(신용주, 2022).

03 요구분석 절차

요구분석을 실제로 수행하는 구체적 절차를 알아보면 보통 설정된 기준에 따른 요구조사를 실시한 후 수집된 자료를 분석하게 된다. 이때 특정한 기준에 기초해 수집된 요구의 우선순위를 설정하는 과정을 거치며, 다음으로 다시 더 세분화하여 프로그램의 목적이나 교육 목표로 구체화한다. 이때 기대되는 목표와 현재의 상태 간에는 어느 정도의 간격이나 차이가 존재하는지를 분석하게 된다. 프로그램 개발을 위해 요구분석이 중요한 이유는 요구분석의 결과가 바로 프로그램의 전체 방향과 내용의 구성으로 이어지기 때문이다. 따라서 요구분석은 프로그램의 전반적 성공과 가장 밀접한 관계가 있다고 할 수 있다(신용주, 2022). 카파렐라(Caffarella, 2002) 및 분과 동료들(Boone et al., 2002), 보일(Boyle, 1981), 멘덴홀(Mendenhall, 1979) 등이 주장한 요구분석 절차와 관련한 이론은 다음과 같다.

1) 카파렐라의 요구분석 절차

카파렐라(Caffarella, 2002)는 프로그램 개발의 요구분석 절차를 열 가지 활동으로 제시하였다. 그녀는 이 절차들이 순서에 따라 단계적이나 선형적으로 진행되는 것은 아니며 프로그램의 목적과 상황, 분석 주체에 따라 적절하게 실행 가능하다고 설명하였다.

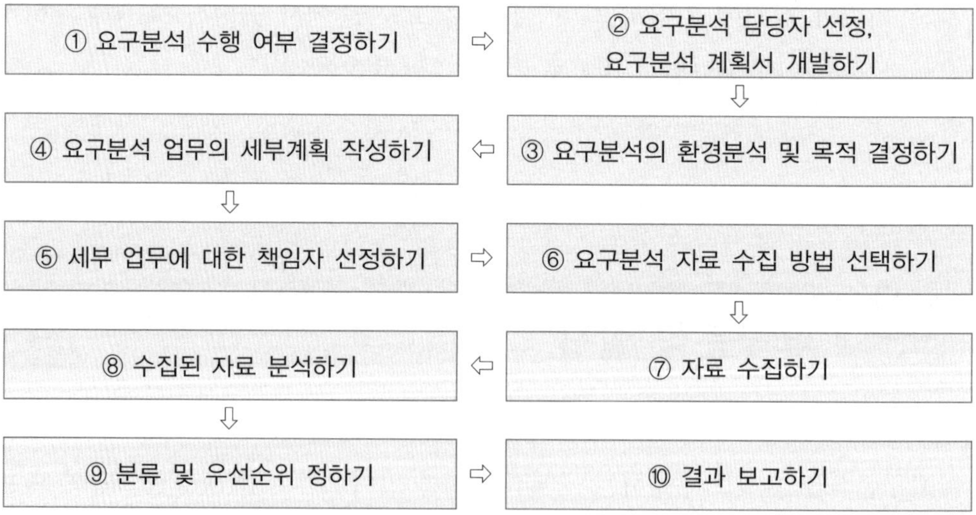

| 그림 6-4 | 카파렐라의 요구분석 절차

출처: 김한별 외(2010). 평생학습을 위한 프로그램 개발 및 평가. 파주: 양서원.

2) 분과 동료들의 요구분석 절차

분과 동료들(Boone et al., 2002)은 미시적 수준과 거시적 수준을 고려하여 파악된 요구가 목표로 전환되고, 상황에 적절하게 전략 변경이 이루어져 결과를 얻게 되는 과정을 보여 준다. 여기서 요구 파악, 목표 설정, 전략 변경, 결과 도출 등 프로그램 개발 기획의 모든 위계는 각각 미시적 수준(액션 플랜)과 거시적 수준(프로그램 기획)으로 구성되어 있다. 따라서 요구분석에서부터 프로그램 결과 도출까지의 각 단계는 미시적 액션 플랜의 수립은 물론 거시적 프로그램 기획까지 병행해서 진행됨을 알 수 있다.

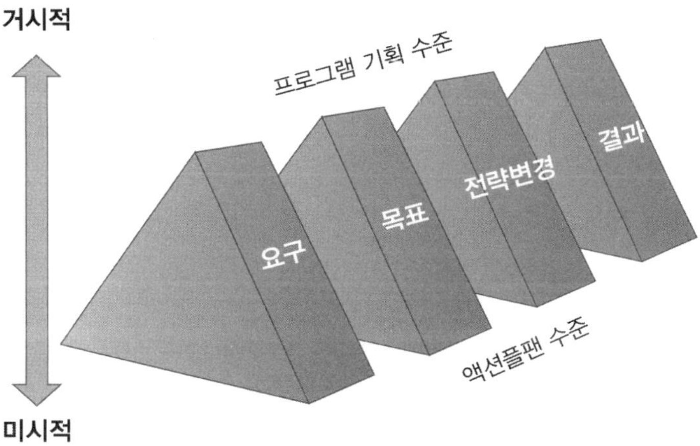

| 그림 6-5 | **요구, 목표, 전략, 결과의 평행적 위계**

출처: Boone, et al. (2002). *Developing programs in adult education* (2nd ed). Long Grove, IL: Waveland Press.

3) 보일의 요구분석 절차

보일(Boyle)은 교육요구와 필요분석에서 확인된 것을 처리하는 방식에 대해 다음과 같이 설명한다. 즉, 그는 우선 순위설정을 위한 범주로서 지역사회, 학습자 정치적 구조, 조직, 자원, 개인적인 가치와 지각 등의 여섯 가지를 제시하였다. 이들은 서로 관련성을 갖기도 하며 의사결정과정에서는 제약요소가 되기도 한다. 동시에 요구와 필요의 우선순위를 설정하는 과정에서 여과장치의 역할을 수행하기도 한다. 바로 이 같은 방식을 통해 학습자들의 요구를 교육목표로 전환하는 것이다(Boyle, 1981).

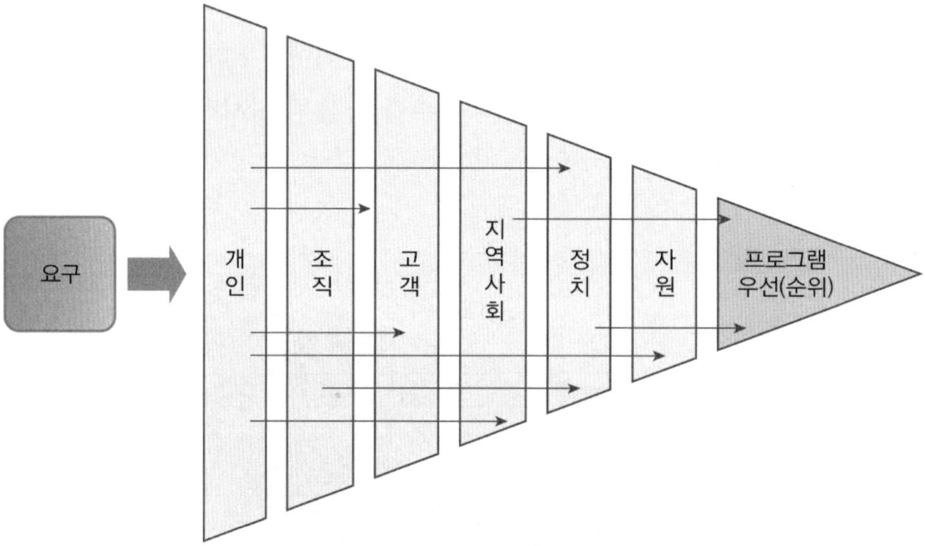

| 그림 6-6 | 보일의 우선순위 결정을 위한 과정

출처: 이해주, 최운실, 권두승(2015). 평생교육프로그램 개발. 서울: 한국방송통신대학교출판문화원.

4) 멘델홀의 요구분석 절차

멘델홀(Mendenhall)은 요구조사의 절차를 다음과 같이 제시하였다(Mendenhall, 1973).

첫째, 요구분석의 목적을 규명한다.

둘째, 요구분석의 범위를 정한다.

셋째, 비용, 시간, 접근 가능성, 정보의 성격 등을 고려하여 요구분석의 방법을 정한다.

넷째, 자료수집방법을 정한다.

다섯째, 자료분석방법을 정한다.

여섯째, 어떤 자료를 보고자료로 만들 것인지 정한다.

일곱째, 예산과 스케줄을 정한다.

이때 프로그램 개발자가 주의해야 할 부분은 요구란 정체된 것이 아니기 때문에 계속해서 어떻게 변화하는지를 파악해야 한다는 점이다. 동시에 자신의 개인적 철학이나 가치관도 반영할 수 있으며 기관의 특성이나 철학도 함께 고려해야 하므로 사실상 과정은 복합적인 가치판단을 거쳐서 이루어지는 것임을 알아야 한다(이해주 외, 2015).

04 요구분석 진단도구

프로그램 개발을 위한 요구분석을 위해서는 우선 필요한 정보를 소유한 대상을 찾아야 한다. 다음으로는 원하는 정보를 얻기에 가장 적합한 요구분석의 기법과 도구를 선정하는 것이 중요하다. 요구분석에 사용할 기법을 결정하기 위해서는 먼저 요구분석의 목적, 프로그램의 유형, 학습자의 특성 및 동원 가능한 자원의 종류와 특성 등에 대해 면밀히 검토하는 작업이 필요하다. 요구를 가진 주체를 개인과 조직 그리고 사회적 자원으로 나누어 조사방법을 설계할 수 있다.

1) 설문조사법

설문조사법(Questionnaire)은 질문지법 또는 서베이(survey)기법, 조사연구기법이라 하며 교육요구를 파악하기 위하여 가장 보편적으로 사용되는 기법이다(신용주, 2022). 학습자 집단의 규모가 비교적 크고 광범위하게 분포되어 있을 때 주로 사용된다. 주로 핵심 이슈나 추세 및 학습자의 지식, 태도 및 가치관과 관련하여 정보를 수집한다. 이와 함께 학습자의 요구 충족에 필요한 자원에 관한 정보도 파악한다.

설문조사를 때로는 전화조사, 우편물을 통해 실시하기도 하며 최근에는 이메일(email)도 많이 이용되므로 조사 대상자와의 직접적인 대면 없이 정보수집이 가능하다. 설문지는 질문이 간단하고, 응답자의 숫자가 많고, 응답자의 교육 수준이 높고 협조적일 때 사용하기에 적절한 조사방법이다. 비용이 비교적 적게 들고, 조사자의 특별한 도구 사용 능력 없이 이용할 수 있으며 양적 데이터를 끌어내는 데 용이하다. 설문은 간단명료하게 작성되어 응답하기 용이할수록 효과적이다. 특히 개방형 문항이 포함될 경우에는 문항을 응답자가 정확히 이해할 수 있도록 작성하여 응답동기를 유발하는 것이 좋다. 또한 인사말에 응답자의 익명성 보장과 응답방법에 대한 설명을 알기 쉽게 작성하여 제시하는 것이 중요하다. 무기명으로 이루어질 수 있으므로 원인, 느낌, 해결 등에 관한 솔직한 의견을 알아내는 데 유용하다. 그러나 효과적인 질문을 만드는 데 어려움이 있고, 회수율이 낮거나 성의 없는 답변일 경우에 결과 분석 시 정확도에서 문제가 될 수 있다.

| 표 6-1 | 설문조사 및 전화조사 진단도구 장단점 비교

방법	장점	단점
설문조사	• 태도 · 의견 파악에 유용 • 저렴한 비용 • 광범위한 양적 정보수집 가능 • 정보의 타당성	• 효과적 질문지 제작의 어려움 • 저조한 응답률 • 제한된 질문의 수와 형태 • 응답에 대한 통제 불능
전화조사	• 간편한 과정과 양호한 응답률 • 어려운 질문 가능 • 질문에 대한 통제 가능 • 응답자에게 접근 용이	• 조사 대상자의 응답의지에 좌우 • 고비용 • 정보의 타당성 부족

설문지 문항을 작성할 때는 문항의 유형, 문제가 무엇인지 증거를 제시하는 문항, 문제의 원인 및 원인에 대한 자세한 세부상황, 느낌과 동기, 응답자에 관해서 질문의 내용을 작성한다. 설문지의 형태는 선택형, 체크리스트형, 평정척도형, 개방형 설문지 등의 형태로 구분할 수 있는데 조사의 목적 및 상황에 맞게 선정하여 설문지를 개발한다.

설문조사법에서는 체크리스트(checklist)를 많이 사용한다. 문제를 생각할 때 기준도 없이 막연하게 생각하다 보면 아이디어가 잘 나오지 않는데, 이때 일정한 기준을 세우고 하나씩 체크하면서 질문해가면 더욱 효과적으로 아이디어를 창출할 수 있다(전인기 외, 2017). 체크리스트는 프로그램의 요구를 수집하기 위해 필요한 정보를 모두 점검할 수 있도록 사전에 만들어진 질문들로 구성되어 있다. 체크리스트는 전문가에 의해 일반적인 점검항목으로 구성된 것을 활용하거나, 프로그램 개발자가 직접 개발하기도 한다(권진희 외, 2022).

① 선택형 설문지 예시

• 귀하는 ㅇㅇ평생교육원 프로그램에 관심이 있습니까?
  □ 예 □ 아니오
• ㅇㅇ평생교육원에서 실시하는 프로그램 외에 유사한 프로그램에 참여한 적이 있었습니까?
  □ 예 □ 아니오

② 체크리스트형 설문지 예시

• 다음 직업만족도의 요소 중 변화에 잘 대처할 경우 얻을 수 있는 것들은 무엇인가?
  □ 스트레스 감소 □ 재미 증폭 □ 생산성 향상 □ 시간 활용 개선
  □ 사기 진작 □ 자신감 상승 □ 능률 향상 □ 조직에서 존중 증대

③ 평정척도형 설문지 예시

• 나는 갈등을 얼마나 두려워하는가? 다음 상황을 읽고 1~5까지 점수를 체크하세요.

1	친구나 가까운 주변 사람의 의견에 늘 따르는 편이다.	①	②	③	④	⑤
2	누군가 언성을 높이면 바짝 긴장하며 도망치고 싶어진다.					
3	사람들이 나만 괴롭히는 것 같다.					
4	참고 참았던 화가 폭발하면 자신도 감당이 안 된다.					
5	우울하거나 슬프다고 느낄 때가 종종 있다.					

④ 개방형 설문지 예시

• ㅇㅇ평생교육원에 필요한 사항이나 요구하고 싶은 내용이 무엇입니까?
  ( )

설문지를 작성할 때 다음의 원칙을 적용하여 작성한다(김용현 외, 2010).
첫째, 누구로부터 어떤 정보가 있어야 하는지 밝힌다.
둘째, 효과적인 문항을 작성한다. 질문의 내용은 문항의 유형, 문제가 무엇인

지 증거를 제시하는 문항, 문제 원인에 대한 자세한 세부사항, 느낌과 동기, 응답자에 관해서 질문의 내용을 작성한다. 그리고 질문의 형태는 목적 및 상황에 맞는 형태를 선정하여 설문지를 작성한다. 질문에 쓰이는 용어는 교육 수준을 고려하여 사용해야 하며 간단하게 작성한다.

셋째, 지시사항을 알기 쉽게 작성한다. 문장이 짧고 간략하게 작성한다.

넷째, 인사말을 작성한다. 인사말은 짧게 사실적으로 표현한다.

다섯째, 질문지 작성자를 위한 체크리스트 등을 활용한다. 체크리스트를 활용하여 질문지가 잘 작성되었는가를 확인한다.

여섯째, 타당성을 검증한다.

| 표 6-2 | 질문지 작성 체크리스트 예시

인사말	• 목적 • 보낼 주소 • 대상에 적합한 말 • 질문 대상자로 뽑힌 이유 • 응답해야 할 이유 • 언제 어떻게 보내는 방법 • 감사
지시사항	• 간단 • 명료 • 대상에 적합 • 필요하면 정의 내림 • 필요하면 '예시' 제시
문항	• 한 문항에 한 개의 목적 • 각 문항은 다른 문항과 연계됨 • 먼저 선택형 질문 형태 • 개방 응답 유도하기 위한 진술형 질문
사용	• 강조법, 밑줄, 여백의 적절한 사용 • 척도와 질문 유형의 일관성 • 직무나 과제의 의미에 따른 문항 집단화 • 번호(문항과 페이지) 붙이기 • 대상의 교육 수준과 흥미에 적합한 말 사용 • 가능하면 자료처리 담당자와 상의 • 지문의 충분한 검토, 테스트

2) 면담법

면접법(Interview)은 서로 얼굴을 맞대고 직접 자료를 수집·평가하는 방법으로 대면조사(對面)라고도 한다. 설문조사법을 사용하기 어려울 때나 높은 응답률을 원할 때, 또는 특정 쟁점에 대한 구체적인 의견을 듣고자 할 때 특히 효과적이다(신용주, 2022). 이는 특히 행동 특성이 개개인의 독특한 습관과 관련되었다든지, 집안 문제 등 사적인 성격의 문제를 밝혀낼 때 매우 효과적이다. 면접자는 사전에 철저한 면접계획을 수립해야 하며, 질문의 내용, 형식, 순서 등을 미리 생각하되 상황에 따라 융통성 있는 대처를 할 수 있도록 대비해야 한다. 또한 면접자가 혼자 할 수 없어 다른 사람을 면접자로 활용할 때는 면접자의 선정에 신중히 처리해야 한다. 면접계획에는 면접시간이나 장소 문제도 포함되어야 한다. 또한 실제 면접을 진행할 때 몇 가지 주의해야 할 점이 있다. 예를 들자면, 친화관계(rapport)를 수립한다든가 질문순서를 잘 정해서 이끌어가는 일, 질문의 초점을 잃지 않고 피험자의 진실한 응답을 유도하는 일 등의 숙련된 진행 기술이 필요한 기법이다. 면접 시에는 특히 상대방의 지적 능력수준, 성격, 배경, 기분 등에 따라 적절한 용어 선택을 해야 하며 질문의 속도도 조절해야 한다(서미숙, 2003). 그리고 면접 시 기록하는 방법과 기록하는 행동에도 세심한 주의가 필요하다(이해주 외, 2015). 인터뷰를 통해 심층자료를 확보할 수 있으나 면담자의 편견이나 주관적 판단이 작용할 수 있으므로 객관적 태도의 유지가 필요하다(이복희 외, 2020).

| 표 6-3 | 면접법 진단도구 장단점 비교

방법	장점	단점
면접법	• 서면 응답이 어려운 질문에 대한 정보 획득 가능 • 최상의 응답률 • 응답에 대한 높은 통제력 • 심층자료의 확보 가능	• 설문조사법에 비해 시간과 비용이 많이 듦 • 응답자에게 접근이 어려움 • 정보의 타당성 결여 • 면담자의 주관적 해석이나 판단이 작용할 수 있음

학습자들의 지지 확보를 위한 면담의 단계별 절차는 다음과 같다(이복희 외, 2020).

| 표 6-4 | 면담의 단계별 절차

단계		내용
1단계	준비단계	• 면담의 목적을 파악한다. • 안건(Agenda) 또는 면담지침을 작성한다. • 면담 주제 또는 과제에 대하여 연구한다. • 응답자가 편하게 면담할 수 있는 장소, 시간을 정한다.
2단계	시작단계	• 신뢰를 구축하면서 시작한다.
3단계	수행단계	• 질문의 형식에는 개방형 질문, 구조화된 질문, 거울방식 질문(feedback 질문)이 있다. • 기록한다.
4단계	종결단계	• 응답자에게 말할 기회를 준다. • 말한 것에 대하여 요약한다. • 면담의 내용의 유용성에 대하여 이야기한다. • 미래의 일에 대하여 약속한다. • 면담에 대한 감사의 표시를 한다.

3) 관찰법

관찰법(Observation)은 또는 참여관찰법이라고 한다. 관찰자가 피관찰자와 같은 행동상황에 들어가서 피관찰자의 행동을 관찰하려는 방법이다(권진하 외, 2022). 즉 조사자 또는 프로그램 개발자가 직접 현장에서 관찰을 통해 정보를 수집하는 방법이다. '최적'의 작업수행을 탐색하고, 직업에 관한 자세한 자료를 얻고, 더 나아가서 문제의 '원인'을 추론하고자 할 때 관찰을 시행할 수 있다(이복희 외, 2020).

관찰의 특성은 첫째, 융통성이 있다. 관찰을 수행하기 전에 얻고자 하는 정보의 양보다, 좀 더 많은 정보를 습득할 수 있다. 둘째, 작업에 대해 좀 더 직접적으로 느끼고 배울 수 있다. 말로만 들어왔던 사실들을 확인함과 동시에 관련자들이 느끼는 상황을 직접 체험할 수 있으므로 깊은 정보를 찾을 수 있다(이현아,

2012). 따라서 조사 대상자의 행동 특성이나 지역사회의 환경 및 상황을 정확하게 파악할 수 있다는 장점이 있으며, 조사자는 직접 관찰함으로써 학습자나 지역사회가 갖고 있는 현실적 문제나 요구를 파악하는 데 중요한 기초 자료를 수집하여 활용할 수 있게 된다(신용주, 2022).

| 표 6-5 | 관찰법 진단도구 장단점 비교

방법	장점	단점
관찰법	• 현장성 있는 자료수집이 가능함 • 집단역학, 조직문화, 분위기 파악이 유리함 • 다른 조사방법(면접, 설문지)을 통해 얻은 정보를 확인할 수 있음 • 관찰 수행 이전에 얻고자 했던 정보보다 더 정보를 습득함 • 작업에 대해 보다 직접적으로 느끼고 배울 수 있음	• 한 사람이 많은 수의 관찰을 할 수 없음 • 관찰자의 편견이 개입되어 관찰자에 따라 동일한 문제를 달리 볼 수 있음 • 시간이 많이 소모됨

학습자들의 필요한 특징이나 학습의 높은 정확도를 위한 관찰법의 단계별 절차는 다음과 같다(이복희 외, 2020).

| 표 6-6 | 관찰법의 단계별 절차

단계	내용
1단계	• 관찰을 준비한다. – 목적 설정 – 관찰방법 결정 – 관찰가이드 설계
2단계	• 자신을 관찰 환경 속에 소개한다.
3단계	• 관찰을 시행한다. – 천장에 달린 파리처럼 관찰한다. 즉, 관찰시항에 영향을 미치지 않고 관찰하여야 한다. – 1단계 관찰을 하고 미심쩍은 부분은 2단계 관찰을 한다.
4단계	• 후속 조치를 취한다.
5단계	• 요구분석 실행 – 요구분석 계획서가 작성되면, 계획된 일정과 요구분석 단계에 따라 자료를 수집한다.

단계	내용
6단계	• 결과분석 및 보고 – 요구분석 활동을 통한 자료수집이 끝나면 자료를 분석하고, 최적, 실제, 느낌, 원인, 해결 방안에 대한 자료를 정리한다. 수집된 자료를 토대로 해결 방안에 대한 대안을 제시하고, 우선순위를 제시함으로써 의사결정에 도움이 될 수 있는 지침을 제공한다. – 여러 가지 대안 중 실제 운영에 필요한 구체적인 실행 지침을 제공함으로써 요구분석 결과가 즉각 실천될 수 있도록 도와준다. – 조사된 내용 및 결과는 보고서와 같은 인쇄물로 작성하거나 프레젠테이션과 같은 언어적 의사소통을 통해 책임자 및 관련자에게 보고한다. – 보고의 형태와 방법은 책임자의 요구와 상황에 따라 결정된다

4) 문헌조사

문헌조사는 각종 문헌을 통해 정보를 얻어내는 방법으로 요구분석에 고려할 만한 타당한 자료를 제시하는 중요한 수단이 된다(권진하 외, 2022). 인구통계, 경영자료 개인의 인적사항서류, 비용과 상품기록 등 기록과 문서들은 요구를 분석하는 데 여러 가지 단서와 실마리를 제공한다. 기록자료는 물리적인 측면을 분석하거나 옛 기록을 분석하기, 관찰로 구분된다(권진하 외, 2022).

첫째, 물리적인 측면에서의 분석은 과거의 행동을 조사하기 위한 물리적인 흔적들을 사용하는 방법이다. 예를 들어, 도서관에서 어느 책이 자주 대출된다면 그 주제에 대한 사람들의 관심이 높다는 증거가 된다.

둘째, 옛 기록 분석은 과거의 기록을 분석하여 요구를 수집하는 방법이다. 예를 들어, 학교의 교실 확장을 예정하고 있다면, 과거 5년간의 지역의 출생률을 분석하는 것을 통해 정확한 학교 교실 확장에 대한 요구를 찾을 수 있다.

셋째, 관찰은 기록을 활용한 요구수집방법이다. 직장 밖에서 근로자들이 스포츠나 취미활동이 많다는 것은 조직 안에서의 모임 요구를 드러내 준다. 예산과 결산, 경영 등 각종 기록문서는 소식의 교육훈련 요구를 수집하는 단서가 된다. 그러나 문헌 자료에만 일방적으로 의존하게 되면, 실제 현장의 소리를 듣지 못하는 문제가 발생할 수도 있다.

| 표 6-7 | 문헌조사 진단도구 장단점 비교

방법	장점	단점
문헌조사	• 자료의 재구성 없이 즉시 사용할 수 있음 • 적은 비용으로 정확한 자료수집이 가능함	• 문헌 자료에만 치우치면 현장성이 결여됨

5) 델파이 기법

델파이 기법(Delphi technique)은 1950년대 초 미국의 랜드연구소(Rand Corporation)에서 개발된 의견조사 방법으로 일련의 질문지 개발 및 응답 내용의 수렴 과정을 통해 교육 요구와 관련된 전문가들 또는 관련자들의 합의점을 도출해 내는 집단 의견수렴의 한 형태이다(신용주, 2022). 다수의 대중보다 전문가에 의존하는 것이 정보의 양이나 신뢰성 면에서 훨씬 유리하다는 전제하에 하는 방법이다. 이는 고대 그리스의 미래를 예측할 수 있는 델포이 신전(Oracle de Delphi)을 참고로 붙여졌다고 한다(차갑부, 2002). 지리적 또는 시간적 제약으로 인해 모두 함께 일정한 장소에 모이기가 힘든 전문가들에게 식견이나 직관, 판단력을 효과적으로 활용하는 특징이 있다.

첫 단계는 보통 한두 개의 포괄적인 질문으로 구성된 질문지가 응답자들에게 보내지며, 이 질문지를 회수하여 분석한 후 이들의 응답 내용에 기초하여 더욱 구체적 질문으로 구성된 질문지를 개발한다. 두 번째 질문지에 대한 전문가들의 응답이 다시 분석되고, 이를 근거로 더 추가적인 정보를 얻기 위해 세 번째 질문지가 보내지며, 대개 3~5회에 걸쳐 반복하게 된다. 델파이 기법을 성공적으로 실행하기 위해서는 전형적으로 의사결정자, 직원, 응답자 등 세 집단의 참여가 필요하지만 때로는 의사결정자와 직원이 동일집단을 이루기도 한다(차갑부, 2002).

델파이 기법의 기본적인 실시 절차를 살펴보면 다음과 같다(신용주, 2022; 2006; 이해주 외, 2015).

첫째, 해당 교육분야의 전문가 집단을 선정하여 조사 대상을 구성한다.

둘째, 주요 교육과정의 목적 또는 문제 규명과 열거를 위한 1차 질문지를 송부한다.

셋째, 1차 조사를 통해 파악된 결과를 분류 · 요약하여 규명되고 열거된 교육 과정의 목적과 문제를 정리, 재작성하여 2차 질문지를 송부한다. 이때 그 목적과 문제의 중요성, 필요도 또는 성취 가능성 등의 기준에 따라 등위를 매겨 평가하도록 요구한다.

넷째, 2차 조사자료에 대한 기본적인 통계 분석 후 결과를 재정리하고 요약된 결과를 3차 질문지로 작성, 다시 송부한다. 이때 조사 대상자들은 자신의 지난번 평정 내용의 수정이 가능하며 그 이유를 제시하라고 한다.

다섯째, 3차 조사결과를 통계적으로 다시 분석하고, 결과를 재정리하여 요약한다. 4차 질문지를 송부할 수 있으며 평정 의견 수정의 최후 기회를 제공한다.

여섯째, 최종 결과를 수합하여 요약한 후 보고서를 제출한다.

| 표 6-8 | 델파이기법 진단도구 장단점 비교

방법	장점	단점
델파이 기법	• 객관적인 정보를 얻기 어려운 상황에 특히 효과적 • 경제적으로 비용 효과적 • 지리적 또는 시간적 제약으로 일정한 장소에 모일 수 없는 사람들의 참여가 가능하며, 전문가 의견의 반영과 수렴이 가능 • 대면 접촉이 없으므로 응답자들은 편리한 시간에 타인의 영향으로부터 자유롭게 자신의 의견 표출 • 델파이 조사에 응답자가 되기로 동의한 사람들은 대개 동기 수준이 높고 문제해결에 전념하는 경향이 있음 • 지필 형식의 응답을 통해 응답의 양적 · 질적 수준을 높임 • 광범위한 교육 요구 분야에 대한 의견 수렴이 가능하며 조사의 신뢰도를 높음 • 참여자들은 누구나 동등하게 의견 및 아이디어를 제시함	• 조사 대상자가 대표성을 확보하지 못했을 때는 의견 수렴이 어려움 • 참여자들은 응답에 적지 않은 시간을 사용하게 되어 조사 기간이 오래 걸릴 수 있음 • 반복적인 통계처리를 거친다는 점에서 절차가 번거롭고 시간도 많이 소요 • 주관적인 응답 내용의 진술이 명확하지 않을 경우에 자신의 견해를 명료화하기가 어려움 • 직접적인 강화나 보상을 통한 상호작용이 없으므로 응답자들을 계속 참여하도록 강화하기가 쉽지 않음 • 조사 참여를 위한 적극적 동기유발이 요청됨

6) 결정적 사건 분석법

결정적 사건 분석법(critical incidents approach)은 특정 직무나 직업을 가진 사람들을 위한 교육 프로그램을 개발하기 위한 요구분석 방법이다. 이 방법은 주로 직무분석과 함께 수행능력평가가 결합된 것이 특징이다. 즉, 직무를 수행하는 과정에 발생한 주요 사건들을 분석함으로써 요구를 파악하는 기법이다. 결정적 사건 분석법은 주로 이미 취업하여 조직에서 근무 중인 사람들을 대상으로 하는 요구조사에 많이 사용된다(신용주, 2022). 사건의 조건은 좋은 영향이나 나쁜 영향을 끼친 사건, 사건의 원인과 결과가 분명한 사건, 자주 일어나지 않지만 중대한 영향을 미치겠다고 생각되는 사건 등을 들 수 있다(권진하 외, 2022).

특정한 과제를 수행하는 데 있어서 필요한 구성요소를 파악하기 위하여 직무에 경험이 많거나 주로 상위 직급에 있는 사람을 대상으로 조사한다. 즉, 그들의 삶에 있어서 중요하고 결정적인 사건들을 기술하도록 함으로써 구체적인 행동 기록을 수집하는 것이다. 결정적 사건 분석법을 통해 얻게 되는 정보는 매우 구체적인 자료로서, 특정 과제 수행을 위한 필수적인 조건을 파악하여 공식화할 수 있다는 점에서 유익하다고 할 수 있다(이해주 외, 2015).

먼저 감독자는 근로자의 행동을 관찰하여 기록한다. 그리고 전문가들로 구성된 심사위원단은 감독자의 관찰과 평가보고서를 기초로 검토한다. 그들은 전체 인력자원을 평가하며, 조직에서 승진할 가능성을 갖고 있는 사람들을 확인한다. 심사위원단의 검토와 제안을 통해 감독자는 그들의 장점과 약점에 대해 개별적으로 상담하고 능력 개발계획을 수립하기 위한 토론과정을 거친다. 프로그램 개발자는 이렇게 하여 수집된 요구분석자료를 최종적으로 검토, 분류, 해석, 평가하여 요구를 결정한다. 아울러 참가대상자들을 훈련하고자 할 때는 변화될 수 있는 지식과 기술, 태도에 대해 정확하게 판단을 내려야 한다. 훈련을 효과적으로 하기 위해서는 참가대상자들의 지식이 부족한지, 기술적인 부분에서는 어디에 보완이 필요한지 등 이들의 문제가 무엇인지 정확히 알아야 한다. 참가

대상자가 무엇이 부족한지를 모르는 것이 문제라면 그들에게는 정보를 제공하고, 필요한 지식과 기술을 습득시켜야 한다(권진하 외, 2022).

결정적 사건분석에 사용되는 자료는 관찰자의 개인 혹은 집단 인터뷰와 질문지를 통해 얻어진다. 이 방법은 단순한 의견보다는 구체적인 자료를 제공해야 한다. 하지만 결정적 사건분석에도 몇 가지 한계점을 가지고 있다(권진하 외, 2022). 첫째, 모든 행동이 분석되고 파악될 수는 없다. 따라서 프로그램 개발자는 요구조사에 결정적 사건 방법을 사용할 경우, 객관적인 경우를 선택하여 분석의 타당성을 유지하도록 한다. 둘째, 결정적인 사건을 선발하는 관찰자 집단이 사건을 선정하는 과정이 주관적이기 때문에 우연과 사건 간의 판단이 달라질 수도 있다. 결정적 사건분석을 활용한 요구분석의 절차를 다음과 같이 제시하였다(신용주, 2022; 이해주 외, 2015).

첫째, 연구해야 할 구체적인 직무군을 결정한다.

둘째, 관찰 집단을 선정한다.

셋째, 결정적 사건의 적절한 사례를 수집한다.

넷째, 모든 사건을 검증하고 구체적인 기준을 충족시키지 못한 것은 제거한다.

다섯째, 행동의 범주화를 위한 관련 유형을 결정한다. 즉 행위자를 범주화시키기 위한 준거 틀을 결정한다.

여섯째, 우연히 포함된 결정적 사건들을 분리한다. 즉 결정적 사건에 포함된 중요한 행위자를 구별한다.

일곱째, 유사한 행위자가 가지고 있는 결정적 사건들을 포괄적인 범주에 포함한다.

여덟째, 광범위한 범주의 유사행동은 사건으로 식별한다. 즉 관련된 행위자의 포괄적인 범주마다 서술적인 주제를 명시한다.

아홉째, 광범위한 행동들을 각기 하위 범주로 분류하여 소제목으로 다시 범주화한다. 행위자 집단을 포괄적인 범주에 맞게 분류하고 각각 명칭을 부여하여 행위자를 재연구하고 다시 범주화한다.

열째, 결정적 사건 사례들을 임의로 범주화시킴으로써 일관성 있게 일치 여부를 파악한다.

열한째, 최종적으로 범주화된 결정적 행위자의 행동을 기초로 결정적인 요구조건을 결정하고 기록한다.

열두째, 결정적 사건과 통제 변인 간의 관련성을 규명한다.

| 표 6-9 | 결정적 사건 분석법 진단도구 장단점 비교

방법	장점	단점
결정적 사건 분석	• 효과적 교육이 가능하도록 정보 제공 • 참가자들의 지식과 기술 부분의 문제점 파악 용이	• 모든 행동이 분석되고 파악될 수 없음 • 주관적 판단의 개입이 가능

7) 전문가집단 워크숍

요구조사는 수치만 나타내는 것이 아닌 개인과의 대화나 집단토의를 통해 그들이 가지는 요구를 발견하기도 한다. 대화나 집단토의는 대상의 요구를 파악할 수 있는 비형식적 진단방법이며, 사람들이 가지고 있는 진정한 요구를 수집할 수 있는 유용한 질적인 방법이다(이해주 외, 2015). 전문가집단 워크숍은 요구조사를 위해 모든 업무 단계 또는 모든 직급을 대표하는 전문가들이 모여서 워크숍을 통해 요건을 확인하는 방법이다.

주제와 관련된 전문가들이 참석한 회의에서는 '최적'에 관한 전반적인 그림을 도출하고 문제의 다양한 대안들을 살피며 대안에 대한 범위와 중요도에 따른 우선순위를 결정할 수 있다. 또한, 현장에서 작업을 담당하는 참석자들 간의 시간을 조정하는 문제 그리고 전문가집단 회의를 이끄는 데 필요한 기술적인 문제가 도구 선택 시 고려되어야 한다(이복희 외, 2020). 이를 위해서는 해당 내용의 전문가들이 모여 충분한 시간을 가지고 의논하여 결정해야 한다. 따라서 심도 있는 자료수집이 가능하고 시간 비용의 활용성이 높으며, 적은 비용으로 많은 정보 수집이 가능하다는 장점이 있다. 그러나 시간이 많이 소요될 가능성이 높고, 관련자 전체가 모이기에는 어려움이 있다는 단점도 있다(권진하 외, 2022).

| 표 6-10 | 전문가집단 워크숍 진단도구 장단점 비교

방법	장점	단점
전문가 집단 워크숍	• 시간, 비용의 활용성이 높음 • 심도 있는 자료수집이 가능함 • 적은 비용으로 많은 정보수집이 가능함	• 시간이 많이 소요됨 • 주요 인물이 지나치게 영향을 미칠 수 있음 • 관련자 전체가 모이기 어려움

전문가집단 워크숍의 단계별 절차는 다음과 같다(이복희 외, 2020).

| 표 6-11 | 전문가집단 워크숍의 단계별 절차

단계		내용
1단계	회의 준비	• 소집의 목적이 무엇인지를 분명히 함 • 목적달성을 위한 과제(Agenda)를 작성함(아젠다 포함할 사항) - 참가자와 그들의 역할 - 회의의 목적과 내용, 회의의 결과 활용 - 진행의 규칙 - 회의의 시간, 장소 • 참가자를 선정하고 역할을 나눔 - 누가 참여하고 몇 명의 참가자가 필요한가를 결정함 - 누가 리더가 될 것인가? - 누가 서기가 될 것인가? • 회의 장소와 도구를 준비함
2단계	회의 시작	• 집단회의를 시작 - 교육전문가 소개, 회의 진행자 및 진행요원 소개 - 참석자의 본인 소개 - 참석자의 역할, 회의의 목적, 진행규칙, 시간 등 이야기함
3단계	회의 진행	• 목석을 점검 • 개인의 참여를 유도 • 토의를 구체적으로 리드함
4단계	회의 종결	• 추가 검토사항 정리 • 감사의 말 • 앞으로의 계획
5단계	추후 활동	

05 요구 우선순위 결정

요구분석을 마치고 자료분석이 이루어지면 그 결과를 주제별로 분류하여 우선순위를 결정한다. 즉 우선순위 결정은 요구분석을 통하여 얻게 되는 많은 요구사항을 실시기관의 한정된 자원(시간, 예산 등)과 여건을 고려하여 일정한 기준에 따라 순위를 결정하는 것이다(이복희 외, 2020). 상대적으로 더 중요하고 파급효과가 큰 요구를 중심으로 하여 회의를 통해 우선순위를 결정한다. 실시기관의 활용 가능한 자원과 역량, 그리고 예산이 얼마나 확보되는가에 따라 많은 요구사항 중에서 먼저 개발해야 할 것을 순서대로 위계화시켜 진행해 나가는 작업이 이루어지게 된다(이복희 외, 2020). 우선순위 결정을 위한 단계를 살펴보면 다음과 같다(김용현 외, 2010).

첫째 단계는 우선순위 결정에 참여할 사람을 누구로 할 것인지를 결정한다. 잠재적 프로그램 참여자, 프로그램 참여자의 상급자, 프로그램 실시기관의 관리자, 경영자 등을 중심으로 결정한다.

둘째 단계는 우선순위 결정을 위한 평가준거를 개발하고 결정한다. 아래(표 6-12)의 준거 중에서 선택하여 결정할 수 있다.

이 외에도 어떤 특정한 요구에 대하여 누가, 그리고 몇 명의 사람이 혜택을 입을 것인지에 대한 정도(수혜성), 어떠한 요구를 채택했을 때 미치는 영향력의 정도(파급효과), 현재 상태와 미래의 바람직한 수준의 불일치나 차이의 정도(지식, 기술, 성과의 기여도), 어떠한 요구가 조직의 목표 달성과 생산성 향상에 기여할 것인가에 대한 정도(조직의 목표와 생산성 기여도), 어떠한 요구가 지역사회의 중요한 이슈를 담아내고 있는가에 대한 정도(지역사회 기여도), 요구와 관련된 양질 자원의 유용성 정도(자원의 질과 유용성), 요구를 소홀히 다루었을 때의 결과를 고려(리스크 사정), 요구에 따른 변화에 얼마큼 헌신할 수 있을 것인가에 대한 정도(변화에 대한 헌신도), 조직 및 지역사회의 가치와 국가, 국제적으로 그리고 공공의 기대에 부합

혹은 반대되는지(환경적 요소) 등 우선순위 결정 시에 고려되는 사항이다(김한별 외, 2010; Caffarella, 2002).

| 표 6-12 | **우선순위 결정을 위한 평가준거**

단계	내용
준거1. 중요도	• 가장 시급한 것(6개월 이내에 해결되어야만 하는) • 매우 중요한 것(1년 안에 해결되어야만 하는) • 중단기적으로 해결되어야 하는 것(2~3년 차 안에 해결되어야만 하는) • 장기적으로 해결되어야 하는 것(우선순위의 요구가 먼저 해결된 후 시간이나 자원의 여유가 있을 때) • 중요하지 않은 것(다루어질 필요가 없는)
준거2. 난이도	• 현재의 과제가 잘 수행되고 있는가? • 해당 과제를 수행하는 데 어려움은 없는가?
준거3. 빈도	• 해당 과제나 아이디어를 자주 수행하는가? 혹은 가끔 하는가?
준거4. 교육참여도	• 교육대상자의 역할과 직무를 수행하는 데 해당 과제와 관련된 교육을 받으면 직무의 성공도가 높으리라 생각되는가?

셋째 단계는 평가준거에 따라 우선순위 차트에 아이디어를 기록한다. 우선순위 차트는 우선순위 결정에 참여한 개인의 수에 의해 우선순위를 결정할 때 매우 유용하게 사용된다.

넷째 단계는 각각의 아이디어에 대한 우선순위의 점수를 합산하여 그중에서 가장 높은 점수대의 아이디어를 채택한다.

요구분석 정보가 어떻게 활용되느냐는 요구분석의 목적에 따라 다르다. 지금까지의 요구분석 단계를 하나의 체크리스트로 제시하면 다음과 같다(최돈민 외, 1999).

| 표 6-13 | 요구분석 설계와 평가 체크리스트

단계	목표
준비	• 요구분석 대상자, 학습자, 대상자 집단을 확인, 기술한다. • 요구분석의 목적을 명료화한다. – 진술된 목적 – 진술되지 않은 목적 – 방어 가능성 • 요구분석의 범주와 영역을 설정한다. • 요구분석에 참여할 사람을 결정한다. • 필요한 정치적 활력을 계발, 유지한다. – 핵심집단과 개인을 참여시킨다. – 지속적인 의사소통 – 적정 의정서를 만들어서 이를 준수한다. • 정보요구를 확인, 기술한다. – 설정 – 프로그램 변인 – 비용 변인 – 철학적, 개념적 얼개 – 통제되어야 할 결과 변인
정보수집	• 유관 정보원을 결정한다. • 표지 계획을 결정한다. • 정보수집 절차와 도구를 개발, 선정한다. • 실행계획을 구체화한다. • 확인, 집계 계획을 구체화한다. • 확인, 집계 절차를 실행에 옮긴다. • 정보를 철하여 저장한다.
요구분석	• 지금까지 수집된 모든 배경 정보를 검토하고, 갱신한다. – 문제와 관심사 – 변화하는 여건 – 새로운 발전 • 정보 기반을 관련 집단과 함께 검토한다. • 정보 유형에 의하여 알려진 대로 기술적(통계적) 분석을 실시한다. • 가용 정보를 평가한다. – 기술적 적절성 – 내용적 적절성 – 분석 계획 재검토 • 분석 계획을 실행에 옮긴다. – 분석할 정보 유형을 구체화한다. – 분석 목적을 구체화한다. – 가정을 확인한다. – 분석 기법을 선정하여 실행에 옮긴다. – 결과를 논의하고, 결론을 도출한다.
요구분석 결과보고	• • 보고 계획을 검토, 평가한다. • 제출할 보고서의 체제를 설정한다. – 대상 – 목적 – 내용 – 형식 – 매체 • 보고 절차를 실행에 옮긴다.

단계	목표
요구분석 결과활용	• 요구분석 결과를 검토한다. • 가능한 인과 관계를 설정한다. • 결과와 목표를 확인한다. • 대안적 전략을 확인한다. • 자원을 확인한다. • 자원/배분, 인과관계, 실현 가능성 등에 기초하여 기준의 요구에 따라 프로그램을 설계한다. • 프로그램 평가를 설계한다.
요구분석 평가	• 활용 기준 – 대상자 확인 – 평가자 신뢰성 – 정보범주와 선택 – 가치 해석 – 보고의 명료성 – 보고의 확신 – 보고의 시의성 – 평가의 영향 • 실현 가능성 기준 – 실제적 절차 – 정치적 활력 – 비용 효과성 • 적절성 기준 – 형식적 의무 – 이해갈등 통제 – 완전하고 솔직한 발표 – 공민의 알 권리 – 인권 – 인간 상호작용 – 균형 있는 보고 – 재정적 책임 • 정확성 기준 – 목표 확인 – 상황 분석 – 서술된 목적과 절차 – 방어 가능한 정보 원천 – 타당한 측정 – 신뢰하는 측정 – 체계적인 데이터 통제 – 양적 정보 분석 – 질적 정보 분석 – 정당화된 결론 – 객관적인 보고

평생교육프로그램 개발론

Chapter 7

평생교육프로그램 목표 설정

01 프로그램 설계의 구성

02 프로그램 목표의 정의

01 프로그램 설계의 구성

1) 프로그램 설계의 개념과 원리

평생교육 현장에서 프로그램은 평생교육사가 실현하고자 하는 교육목적을 위해 그에 적절한 내용을 설계하여 실현하는 과정이라 할 수 있다. 따라서 평생교육사는 평생교육프로그램의 설계가 전체적으로 어떤 과정을 통해 이루어지는지 숙지하고 있어야 한다. 프로그램 설계(program design)란 프로그램 기획단계에서 확인된 교육적 요구와 필요를 기반으로 교육목표를 설정하고 교육내용과 방법을 선정하여 프로그램을 조직화하는 일련의 과정을 의미한다.

프로그램 설계의 원리는 개인의 성장과 발달을 가져올 수 있는 내용으로 학습자를 중심에 두고 그들의 학습요구에 근거하여 이루어져야 하며 학습자의 학습을 촉진하고 돕는 것을 목적으로 한다. 또한 일정한 체제접근법에 근거하여 행해져야 하는데, 이는 프로그램을 구성하고 있는 다양한 요소들이 하나의 유기적인 체제를 이룰 수 있도록 해야 하기 때문이다. 그러므로 본질적으로 인간이 어떻게 학습하는가에 관한 지식을 기초로 하여 이루어지는 것이 바람직하다.

2) 프로그램 설계를 위한 기본적 질문

프로그램을 설계하기 위해서는 먼저 다음과 같은 질문을 해 보아야 한다.

첫째, 기관이나 단체가 추구하는 교육목표는 무엇인가?

둘째, 그 교육목표를 추구하기 위해 제공될 수 있는 교육적 경험에는 어떤 것들이 있을 수 있을까?

셋째, 이러한 교육적 경험은 어떤 방법을 통해 효과적으로 전달될 수 있을까?

넷째, 교육설계 후 교육목표의 달성 여부는 어떻게 평가될 수 있는가?

3) 프로그램 설계의 절차

프로그램 설계를 위해서는 우선 해당 기관이나 단체가 추구하는 교육목적이나 이념에 맞추어 구체적인 교육과정의 학습목표를 설정하고, 다음으로는 그것을 실행하기 위한 학습내용을 선정해야 하며, 이를 효과적으로 전달할 수 있는 교수·학습 방법을 선택하고 나서 마지막으로 이를 학습지도안으로 작성해내는 과정을 거치게 된다. 프로그램 설계 절차는 다음과 같다.

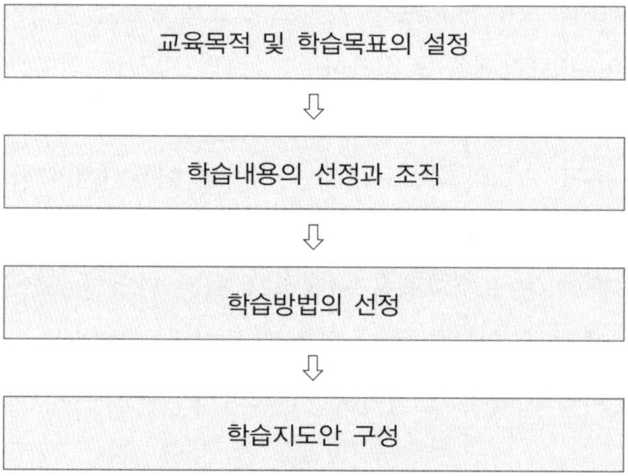

| 그림 7-1 | **프로그램 설계 절차**

02 프로그램 목표의 정의

1) 프로그램 목표 개념

설계의 첫 단계는 프로그램의 목표를 설정하고 기술하는 것으로 프로그램을 개발하는 과정에서 가장 중요한 일을 꼽으라면 목표를 규명하는 것이다. 프로그램 목표를 명확하게 설정하는 과정은 매우 중요하며 프로그램 개발의 모든 과정이 어느 방향으로 수렴될지를 알려주는 지표가 된다. 따라서 프로그램 목표설정은 프로그램 개발에 있어서 가장 핵심이 되는 부분이다. 명료하게 진술된 목표를 통해서 프로그램 개발의 의도와 프로그램이 추구하는 바가 무엇인지를 학습자를 비롯한 모든 관련자에게 확인시켜주게 된다. 주로 교육프로그램의 시작과 함께 제시되는 일반적 목적은 기관의 장기적 교육 방향과 지향점을 알려준다.

목표라는 용어에 대해 영어로 그 어원을 찾아보면 프로그램 목적(Program goal), 프로그램 목표(Program purpose), 학습목표(learning objectives) 등의 단어들로 서로 유사하면서도 조금씩 다른 의미가 있다. 정의를 비교해 보면, 프로그램 목적(Program goal)은 기관에서 사용하는 것으로 주로 사회적 활동이 지향하는 포괄적이고, 일반적이며 궁극적인 목적을 의미하며, 프로그램 목표(Program purpose)는 프로그램의 수준에서 프로그램의 직접적인 의도나 목표가 무엇인지를 명시해 놓은 것을 뜻한다. 그런 의미에서 이를 프로그램 목적이라 칭하기도 한다. 한편, 학습목표(learning objectives)는 세부적인 교육활동의 수준에서 학습자가 일정한 기간에 성취 또는 달성해야 하는 과업을 의미한다(김진화, 2008).

| 그림 7-2 | 프로그램 목적, 프로그램 목표, 학습목표의 개념도

출처: 김진화(2008). 평생교육프로그램개발론. 파주: 교육과학사.

프로그램 목표는 보통 평생교육 기관이나 조직의 설립 이념, 사명, 비전 및 정책에서 도출된다. 조직 차원에서 추구하는 프로그램 목적에는 참여자 개인의 지식과 행동, 태도의 변화뿐 아니라 대개 조직의 생산성 강화와 경쟁력 향상이 포함된다. 그리고 프로그램 목표는 학습자에게 일어난 결과를 측정하기 위한 더욱 구체적인 행동 목표로 세분될 수 있다. 즉 프로그램이 궁극적으로 추구하고자 하는 바를 나타내고 정책적 이념이나 조직의 비전이 반영되며, 프로그램의 구체적인 목표로 세분될 수 있어야 한다(신용주, 2022). 한편, 프로그램 목표는 정해진 프로그램 실행 기간에 교육프로그램이 추구하는 학습자의 구체적인 지식(인지), 정서, 기능, 행동, 태도, 가치 등의 변화된 결과라 할 수 있다. 만약 목표를 규명하고 설정하는 것이 적절하게 이루어지지 못하면 아무리 훌륭한 프로그램이 개발되었다 할지라도 그 어떤 기관이나 학습자들의 요구를 충족시켜 주지 못할 것이다. 아울러 명확한 목표가 없다면 프로그램 개발자는 존재하지도 않는 요구에 대한 교육적 해결책을 계획하는 위험을 초래하게 된다(권진하 외, 2022). 요구조사를 통해 수집 및 분석된 요구는 프로그램의 목표를 전환하며, 프로그램의 목표는 결과를 가시화하고 평가기준을 제시한다. 따라서 그 목표가 분명하고 정교할 때 효과적인 교육 결과를 얻을 수 있다(기영화, 2001). 또한 추후 프로그램을 완성해서 진행할 시 프로그램을 가르치고 진행하는 교수자 역시도

목표에 확신을 가지지 못한 채 프로그램을 진행함으로써 의도치 않았던 프로그램의 결과를 초래하게 될 수도 있다. 따라서 프로그램 목표가 바로 세워지지 않으면 프로그램에 중심점이 없으므로 프로그램 개발자와 교육대상자 모두 혼란을 가져올 수 있다(권진하 외, 2022).

카파렐라(Caffarella)는 프로그램 목적(program goal)과 프로그램 목표(program objective)를 다음과 같이 분류하여 설명하였다. 프로그램 목적은 주로 교육프로그램에서 제시하는 목적 및 의도에 대한 일반적인 서술을 의미하지만, 프로그램 목표는 교육프로그램 실행으로 인한 성취가 기대되는 결과의 명료한 서술이라고 하였다. 즉, 목적은 프로그램의 전반적인 개발 의도를 의미하며, 목표는 프로그램의 실행으로 얻어질 구체적 결과를 말하는 것이다(Caffarella, 2002).

프로그램 목표는 특정한 시점에 평생교육 기관이 개발한 프로그램이 추구하는 교육적 결과라고 할 수 있다. 따라서 프로그램 목표에는 바라는 결과가 명시되어 있으며, 대개 직접 측정 및 관찰이 가능하고 결과를 얻기까지의 시간 및 평가 기준이 명시된다. 교육 요구가 프로그램 목표에 반영될 수 있을 것에 관한 결정은 프로그램 개발자와 교육대상자가 임의로 할 수 있는 것이 아니다. 바람직한 프로그램 목표를 수립하기 위해서 교육 요구분석을 토대로 인적자원이나 환경 여건은 물론 비용과 재정 자원, 잠재적 참여자 특성, 제도, 정책 등 다양한 요소를 고려하여 실행할 수 있는 목표를 설정해야 한다. 또한 설정한 목표가 상위 기관이나 사회 정책의 목표와 일치하는지, 세분된 프로그램이 하나의 큰 프로그램으로 통합될 수 있는지도 확인하는 것이 좋다.

프로그램 목표를 설정할 때 다음 사항을 고려하여 목표를 정해야 하는데, 우선 요구분석 결과를 철저히 반영하고 교육대상자의 관심을 파악한다. 그리고 학습자의 주요 관심사가 무엇인지를 파악하여 프로그램에 적극 반영하고 마지막으로 주어진 프로그램의 기간에 따라 다르게 설계하며 다른 프로그램과의 관계도 고려한다(이복희 외, 2020).

목표의 역할은 프로그램의 전체적인 방향성과 프로그램의 종료 시 프로그램이 실제로 효과가 있는지 없는지에 대한 평가를 하는 기준이 된다. 구체적인 내용을 살펴보면 다음과 같다(김용현 외, 2010).

첫째, 프로그램 개발에서 목표 다음에 나오는 여러 가지 다양한 요소들의 방향을 제시해 준다.

둘째, 프로그램이 지향하는 방향을 명확히 할 수 있도록 도와주기 때문에 프로그램이 초점을 가지고 진행할 수 있게 해 준다.

셋째, 프로그램 종료 후 나오게 되는 결과에 대한 의사소통과 합의를 용이하게 해준다.

넷째, 결정적으로 프로그램을 통해 의도한 결과가 성취되었는가를 결정하게 해준다.

다섯째, 프로그램의 일관성을 가지게 한다.

2) 프로그램 목적과 목표 그리고 학습목표의 기능

(1) 프로그램 목적(Program goal)의 기능

프로그램 목적은 해당 평생교육기관의 이념을 대외적으로 드러냄으로써 평생교육기관의 설립 근거와 정체성을 명확히 해주는 기능을 가진다. 또 그 기관에 소속된 모든 구성원에게 하나의 방향을 제시함으로써 적극적으로 각자의 역할을 수행할 수 있도록 묶어주는 방향키의 기능을 수행하기도 한다. 이처럼 프로그램의 모든 과정은 목표에 제시된 방향으로 수행되며, 방향으로는 민주사회의 건설, 공공의 복지와 같은 이념을 설정하게 되지만 이는 한 국가의 사회구성원으로서 이념을 수행할 수 있는 이상적 인간을 형성하는 것으로 귀결된다. 평생교육 차원에서의 목적은 평생교육기관이 성취하고자 하는 넓은 관점에서 사회적 목적, 기관 차원의 목적을 의미이며 포괄적인 수준의 목표이다. 이러한 목적은 궁극적으로 조직의 교육 방향과 지침을 제공한다.

(2) 프로그램 목표(Program purpose)의 기능

프로그램 목표는 프로그램이 의도하는 바를 구체적으로 명시해줌으로써 교육 참여자나 프로그램 운영자에게 교육의 정체성을 갖게 하는 근거를 제공한다. 그런 의미에서 프로그램 목표라고 하기도 하며, 이는 해당 프로그램의 방향과 정체성을 보여 주는 기능을 수행한다.

(3) 학습목표(learning objectives)의 기능

학습목표는 프로그램에 참여한 학습자들이 학습의 결과 얻게 되는 변화된 지식, 흥미, 태도 등을 표현한 것으로 다음과 같은 기능을 갖는다.

첫째, 교육의 내용, 방법, 방향을 규정해 주는 기능을 수행한다.

둘째, 목적의 달성을 위해 계획되어야 하는 학습경험의 범주를 선정해 주는 기능을 수행한다.

셋째, 학습자들의 학습을 촉진하는 기능을 한다. 무엇을 학습해야 하는지 목표가 정확할 때, 학습동기가 분명해질 수 있으며 학습효과도 크기 때문이다.

넷째, 평가의 객관적 준거가 된다. 학습목표는 평가의 방향, 내용, 결과 해석의 준거가 된다.

3) 프로그램 목적과 목표, 학습목표의 설정

프로그램 목적과 목표는 약간의 차이가 있기는 하지만 대부분 현장에서는 이를 혼용하거나 이 중 한 가지만을 선택하여 기관이나 사회적 측면에서의 교육 목적을 기술하고, 학습자의 측면에서 도달해야 할 학습목표로 나누어 기술하는 것이 보편적이다.

(1) 프로그램 목적(Program goal)의 설정

프로그램 목적을 설정하기 위해서는 다음 몇 가지 사실에 근거하여 프로그램의 의도가 무엇인지를 명시할 필요가 있다. 즉, 교육에 참여하는 개인 학습자의 요구, 교육기관의 요구, 사회적 요구나 철학적 이념이 고려되어야 한다.

첫째, 교육대상자의 상황과 교양, 건강 혹은 직업적 요구 등과 같은 개인적 요구가 반영되어야 한다.

둘째, 교육기관의 목적이나 이념들이 반영되어야 한다.

셋째, 사회의 질서나 국가의 발전을 위해 필요한 사항들이 반영되어야 하며 사회가 지향하는 정치적 이념이나 철학 등도 고려되어야 한다.

(2) 프로그램 목표(Program purpose)의 설정

프로그램 목표(Program purpose)는 정해진 기간 전체 프로그램이 지향해 나가는 교육적 결과를 의미한다. 프로그램 목표는 즉시 시행해야 하는 구체적인 무엇을 제공해 준다. 따라서 학습자들의 어떤 행동을 개발할 것인가에 초점을 둔다. 프로그램 개발을 지도, 안내하고 전체 프로그램의 목적과 다양한 활동 간에 균형을 이루도록 한다. 이와 함께 프로그램 평가기준을 제시해야 한다.

(3) 학습목표(learning objective)의 설정

학습목표는 주로 학습자의 입장에서 성취해야 할 목표를 설정하는 것으로 학습자의 인지적, 정의적, 신체 기능적 영역이 골고루 발달할 수 있도록 해야 한다. 각 학습목표의 영역별 특성에는 다음과 같은 요소들이 포함되어야 한다.

첫째, 인지적 영역(cognitive domain)은 지식, 이해력, 적용력, 분석, 종합, 평가가 포함된다.

둘째, 정의적 행동특성(affective domain)은 수용, 반응, 가치화, 조직화, 인격화가 포함된다.

셋째, 신체 기능적(psycho-motor domain)은 반사능력, 지각능력, 초보적 기초운동, 신체적 운동능력, 숙련된 운동기능, 동작적 의사소통 등이 포함된다.

4) 프로그램 목표 기술의 원칙

프로그램 목표의 기술은 프로그램 참여자인 학습자들에게 구체적으로 어떤 프로그램을 제공할 것인지, 또 궁극적으로 달성하려는 프로그램의 결과가 무엇인지가 명확히 제시되어야 한다. 프로그램의 목표를 수립할 때는 인적자원과 관련된 인적 요소, 환경 및 상황과 관련된 환경 요소, 투입 비용 등 여러 가지 요소들을 고려하여 결정하게 된다. 인적 요소는 동원 가능한 인적자원이 보유하고 있는 전문적 지식이나 기술을 구체적으로 파악할 필요가 있다. 가능하면 관련 분야에 대한 풍부한 경험이나 뛰어난 능력을 갖춘 인력을 활용하는 것이 바람직하다. 또한 환경 요소는 지역사회 내의 여러 기관과 학습자 및 관련자들 등 프로그램에 관련된 다양한 상황 맥락에 대한 분석이 포함된다. 아울러 시설, 설비, 과업, 직무 특성 및 의사소통 체계도 함께 고려되어야 한다. 그리고 비용 요소에서는 프로그램에 투입 가능한 시간, 재정, 인력 등을 총체적으로 고려하여야 하며, 초과 비용에 대한 대안도 함께 준비되어야 한다(신용주, 2022).

특정 교육 요구가 프로그램 목표로 전환되기 위한 기준은 파급효과 많은 사람에게 미치는 영향 정도와 조직의 목표 달성에 공헌하는 정도, 목표의 즉각적인 달성, 다른 요구에 긍정적 또는 부정적인 영향을 미치는 영향력, 그리고 현재 상태와 요구되는 상태 사이의 요구수준, 프로그램 실현으로 미치는 교육적 효능, 마지막으로 요구 실현에 필요한 인적, 물적, 재정 등을 제시할 수 있다(기영화, 2001). 프로그램 목표를 우리말로 진술하는 데는 상황 · 대상 · 내용 · 의도 등 네 가지 요소가 포함된다(김진화, 2008). 상황은 참여자가 처해 있는 상황이나 현재 상태를, 대상은 프로그램의 참여자를, 내용은 참여자가 경험하게 될 프로그램의 내용을 그리고 의도는 참여자가 프로그램 종료 후 성취할 궁극적인 기대 효과를 각각 명시한다(곽진현, 2012). 신용주(2022)는 프로그램 목표를 올바르게 설정하기 위해서는 프로그램이 지향하는 바가 무엇인지를 명확하게 인식하여야 하며, 다음 사항들에 대한 고려가 필요하다.

첫째, 프로그램의 정체성과 개발 의도를 분명하게 확인하는 것이다.

둘째, 평생교육 기관이 속한 지역사회, 잠재적 학습참여자를 비롯한 이해당사자 및 타 기관에 대한 사전조사가 필요하다.

셋째, 실현 가능한 요구를 선정한 후 이에 기초하여 구체적인 프로그램 목표를 진술한다.

넷째, 정부와 지방자치단체, 민간 및 자원단체 등 다양한 주체와의 협력관계를 강화하는 동시에 타 평생교육 기관의 제공 상황을 파악하고 경쟁을 통해 함께 성장하는 것을 모색할 수 있다.

다섯째, 프로그램의 운영과 유지를 결정짓게 될 재정 자원 및 인적자원의 확보 방안에 대한 정확한 검토를 토대로 목표를 설정하는 것이다.

여섯째, 프로그램의 적절한 규모와 범위 및 기간을 결정한다.

일곱째, 프로그램의 정당성 확보를 위한 지역 친화형 프로그램의 개발 가능성을 타진해 본다.

여덟째, 구체적 성과가 가능하도록 프로그램 목표를 설정하고 그 성과를 홍보에 활용할 계획을 세운다.

프로그램 결과가 기대되는 행동이 목표로 기술되면 목표가 분명할 때 효과적인 결과를 얻을 수 있다. 구체적이고 효과적인 목표를 설정하기 위해서는 기본적인 다섯 가지 원리를 제시하고자 한다. 다음과 같은 질문을 통해 진술될 수 있다(권진하 외, 2022).

첫째, 구체적인가는 '나는 무엇을 하고 싶은가?'의 질문을 통해 설정 가능여부를 확인할 수 있다.

둘째, 측정 가능한가는 '현재 목표를 달성해야만 하는 상황은 무엇인가?'라는 질문을 통해 점검할 수 있다.

셋째, 도전적인가는 '목표 달성 시 구체적인 증거는 무엇인가?'라는 질문을 통해 확인된다.

넷째, 현실적으로 실현 가능한가는 '목표를 달성했을 때 일어날 수 있는 것은?'이라는 질문을 통해 점검할 수 있다.

다섯째, 달성 시한이 정해진 목표인가는 '목표를 달성하지 못했을 때 일어날 수 있는 것들은?'이라는 질문을 통해 점검할 수 있다.

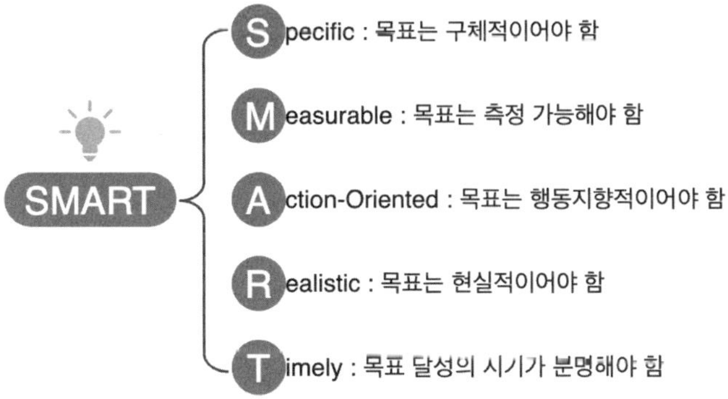

| 그림 7-3 | **목표설정 SMART 원리**

5) 학습목표 기술의 원칙

학습목표는 학습자 개개인의 특별한 학습활동을 위한 세부적인 행동결과를 의미한다. 실제적인 프로그램이 실행되는 현장에서 한층 구체화하여 관찰할 수 있는 내용이어야 한다. 직접 눈으로 인정할 수 없는 학습목표는 학습에 있어서 명확한 방향 제시를 할 수 없기 때문에 현장의 목표로서는 부적당하다(권진하 외, 2022). 학습자에게 수행의 필요조건과 평가 기준을 제시해 줌으로써 학습에 성공할 수 있도록 그 순거를 세시해 주는 것이다. 학습목표를 진술할 때는 구체적인 행동용어로 기술하고 목적한 행동 변화를 가져오기 위해서는 어느 정도의 소요시간이 필요한지, 그 기간이나 시간적 빈도 등과 같은 시간 조정이 포함되어야 한다. 또한 다른 목표와의 조화를 유지하며 학습목표에 평가를 위한 기준이 마련되도록 하여야 한다. 다음은 학습목표를 기술할 때 교수자가 유의해야 할 사항이다(한국산업인력공단, 2016a).

첫째, 교수자는 학습자의 현재 지식이나 상태가 어떠한지 분석한 후 학습목표를 설정한다.

둘째, 학습목표를 작은 요소들로 나누고, 쉬운 목표부터 이루어 나갈 수 있도록 배열하는 것이 바람직하다.

셋째, 학습목표들은 단순하게 기술에만 그치는 것이 아니라 학습내용으로 연결해야 한다.

학습목표에는 최종학습목표와 중간학습목표가 있다. 최종학습목표(Terminal Learning Objectives)는 어느 한 교과목을 통하여 학습자가 도달해야 하는 목표를 말하며, 중간학습목표(Intermediate Learning Objectives)는 최종학습목표를 달성하기 위해 미리 달성해야 하는 선행목표를 말한다.

(1) 블룸의 분류법

학습목표는 구체적인 언어로 실제 이루어질 수 있는 행동적 언어로 표현되는 것이 바람직하다. 따라서 학습목표를 진술하는 데 있어 교육내용에 따라 어떠한 행위동사를 사용할 것인가를 결정하는 것은 매우 중요하다(한국산업인력공단, 2016a). 블룸(Bloom)은 교육목표를 '교육에 의하여 학생들이 변화되어야 한다고 기대되는 방향, 즉 그들에게 기대되는 그들의 사고, 감정, 행동의 변화 방향을 분명하고 간결하게 서술한 것'이라고 정의하면서, 교육목표를 효율적으로 그리고 계획성 있게 운영하려면 먼저 교육목표와 단원의 중요한 교육목표를 분명히 규정하는 것이 중요하다고 강조한다(Bloom, 1956). 블룸은 학습목표를 구성하는 가장 핵심적인 두 요소를 '내용'과 '행동'로 보았다. 즉 평가대상을 '내용'과 '행동'의 차원에서 그 성격을 분명히 하고 종합화하는 기능을 한다. 내용요소는 학생들이 학습한 내용을 적절한 기준에 의하여 분류하는 일이며, 행동요소는 인지적, 정의적, 신체운동적으로 분류하였다. 각 영역과 그 하위 영역을 소개하면 다음과 같다(최혜은, 2022).

첫째, 인지적 영역(cognitive domain)은 복잡성의 원칙에 따라 단순한 행동으로부터 복잡한 행동으로 위계 단계에 의하여 분류하였다. 하위영역은 지식, 이해, 적용, 분석, 종합, 평가로 이루어지는데, 지식과 이해는 기초정신과정에 속하고 나머지는 고등정신과정에 속한다. 이 분류 영역에서 평가가 가장 고차적 능력이므로 학습자 스스로 평가 주체가 되어 평가할 기회를 제공할 필요가 있다.

둘째, 정의적 영역(affective domain)은 내면화 정도, 정의적 영역의 학습목표가 달성된 정도를 기준으로 수용, 반응, 가치화, 조직화, 인격화 등으로 분류된다. 평가에 있어서 일반적으로 협동성, 책임감, 준법성, 사회성, 자아개념, 태도 등이 변화되거나 취득된 정도를 평가한다. 학교생활기록부에 기록하는 행동발달 평가는 정의적 영역의 평가를 가장 잘 나타내는 형태이다.

셋째, 신체운동적 영역(physicalmotor domain)은 반사동작, 기본동작, 지각능력, 신체기능, 숙련된 조작, 비언어적 의사소통 등으로 분류된다. 이 영역의 평가는 손, 발, 다리, 어깨 등과 같은 신체를 움직여서 성취할 수 있는 학습목표 달성여부와 그 수준을 확인하는 평가를 의미한다.

| 표 7-1 | **학습목표의 진술을 위한 행위동사**

행동영역	하위영역	교육적 행위동사
인지적 행동 (cognitive domain)	지식	정의한다, 구별한다, 확인한다, 인지한다, 열거한다, 설명한다, 묘사한다, 진술한다, 목록을 만든다
	이해력	계산한다, 토의한다, 식별한다, 예를 들다, 풀다, 변화한다, 예시한다, 표현한다, 구별한다, 변혁한다
	적응력	추론한다, 응용한다, 일반화한다, 관련시킨다, 조직한다
	분석	구별한다, 탐색한다, 확인한다, 분류한다, 인지한다, 유목화한다, 환원시킨다, 대비한다, 비교한다, 식별한다
	종합	쓸 수 있다, 설명할 수 있다, 생산한다, 구상한다, 창안한다, 종합한다, 제안한다, 계획한다, 구체화한다
	평가	평가할 수 있다, 판단할 수 있다

행동영역	하위영역	교육적 행위동사
정의적 행동 (affective domain)	수용	경청한다, 참가하다, 완성하다, 선택할 수 있다
	반응	거부한다, 반항한다, 투쟁한다, 논쟁한다
	가치화	깨닫다, 의미를 부여하다
	조직화	논의하다, 이론화한다, 비교한다, 구성한다, 정의한다
	인격화	개선한다, 변화시킨다, 요구한다, 타인으로부터 인정받다
신체운동적 행동 (physicalmotor domain)	반사운동	반응하다.
	기본운동	달리다, 뛰다.
	지각능력	응답한다.
	신체적 능력	구멍을 파다, 묶다, 고정시킨다, 갈다, 칠하다, 깎다
	숙련된 조작	조립하다, 측정하다, 연결한다, 조립한다, 설계한다, 분해한다, 조작하다, 고치다, 스케치하다, 타이핑하다
	비언어적 의사소통	창작한다, 표현하다

출처: 김진화(2008). 평생교육프로그램개발론. 파주: 교육과학사. 재구성.

(2) 메이거의 진술방법

메이거(Mager, 1997)는 교수목표에 관한 책을 출판한 이래, 학습자들이 학습을 완성했을 때 무엇을 할 수 있게 되어야만 하는지에 대한 분명하고 정확한 진술의 필요성을 강조함으로써 교육계에 큰 영향을 주었다. 메이거는 학생이 무엇을 할 수 있을 것인지를 강조하기 위해 처음으로 행동목표라는 용어를 사용했다(Mager, 1997). 또한 일부에서는 '행동'이라는 용어 대신에 보다 수용할 수 있는 용어인 수행목표, 학습목표 교수목표와 같은 용어를 많은 문헌에서 사용하고 있다. 이런 용어들은 행동목표와 동의어로 보며, 학습을 완료한 후, 스스로 할 수 있으리라 기대되는 행동을 기술한 것이라고 정의한다(권진하 외, 2022).

학습목표는 행위, 조건, 기준 등의 세 가지 구성요소를 갖는다. 행위는 학습자가 할 수 있거나 나타내야 하는 수행 행위이며 행위동사(수행 여부를 눈으로 관찰할 수 있고 측정할 수 있는 동사)로 기술한다. 조건은 학습자가 수행 시 주어지는 주위 여건이나 물리적 환경이다. 기준은 학습자의 성취도를 측정하고 평가하는 준거이다(이복희 외, 2020). 메이거는 목표 진술에 있어서 막연성과 그 해석의 다양성을 없애고 수업과 평가에 구체적 지침이 될 수 있도록 하기 위해서 목표 개발의 기준을 제시했다(김성곤, 2002).

첫째, 학습자가 무엇을 할 수 있는지에 관한 기술이다. 이 요소는 행동과 내용, 개념을 모두 포함한다. 프로그램 설계자는 행동을 나타내는 용어가 적합한지를 검토할 필요가 있다.

둘째, 학습자가 이 과제를 수행하는 동안의 주된 조건들이다. 학습자가 어떤 조건에서 그 성취행동 혹은 기능을 실행할 것인가 하는 것이다. 학습자가 학습하고 나서 보여 줄 성취행동과 대상 학습자의 특성을 고려해서 적합한 조건이 설정되어야 한다. 이 조건의 역할은 대체로 세 가지로 정리할 수 있다. 학습자들이 학습한 정보를 탐색하는 데 사용할 수 있는 단서 내지는 자극의 역할을 하며, 그 성취과제를 수행하기 위해서 필요한 자료를 주게 되고, 그 과제의 범위와 복잡성을 학습자의 경험과 능력에 맞도록 조정해 준다.

셋째, 학습자 수행 정도를 평가할 준거이다. 준거는 학습자의 반응에 대해 어느 정도까지를 성취된 것으로 판단할 것이냐의 문제이다. 준거는 학습자 반응의 허용 한계치를 나타내는 것으로 허용 한계, 범위 등을 말한다. 또한 준거는 정의에 특정 사실을 포함하거나 전문가가 수용할 수 있다고 판단되는 신체적 수행 같은 질적 판단으로 표현될 수도 있다. 준거는 양적인 표현으로 하는 것이 바람직하지만 '운동선수처럼 이런저런 동작을 할 수 있어야 학습된 것으로 보겠다'와 같이 질적으로 표현하기도 한다. 합리적인 준거를 설정하기 위해서는 성취해야 할 과제의 특징을 살펴보아야 한다. 대부분의 지적 기능과 언어적 정보의 과제에 있어서는 하나의 올바른 성취행동만 있다. 행동목표의 구성요소를 포함한 몇 가지 예시는 다음과 같다.

| 표 7-2 | **행동 목표의 구성요소**

구성요소	설명	요소의 예
조건	기능이 수행될 때, 학습자가 이용 가능한 도구와 자원의 설명	• 검색엔진을 사용하여 • 암기하여 • 강의계획서가 주어졌을 때
행동	행동, 내용, 개념을 포함하는 기능의 설명	• 연관어를 찾을 수 있다. • 말할 수 있다. • 빈칸을 채울 수 있다.
준거	가능한 기능에 대한 설명	• 가장 높은 검색률을 가진 • 매뉴얼의 내용을 정확히 • 형식에 맞추어

출처: 권진하 외(2022). 평생교육프로그램개발. 서울: 동문사.

| 표 7-3 | **학습목표 기술의 예**

조건	기준	행위
평생교육사는 직무 매뉴얼을 사용하여	평생교육실습을	체계적으로 지도할 수 있다.
아동폭력의 정의를 질문했을 때	정의를 정확히	말할 수 있다.
노인 대상 문화예술 수업계획안 작성 시	교수설계에 따라 체계적으로	강의계획안을 작성할 수 있다.
평생교육강사는 주어진 교육내용을	3시간 이내에 모두	전달할 수 있다.

(3) 가네의 수업 이론

가네(Gagne)는 인간학습의 결과로 얻어지는 산출물을 언어정보, 지적기능, 인지전략, 운동기능, 태도 등 다섯 가지로 분류하고, 그 각각의 능력들을 바로 교수활동을 통해 가르쳐야 하는 목표로 보고 있다. 수업형태, 방법 그리고 절차는 수업의 목표가 무엇인가에 따라 달라진다. 그러므로 다섯 가지 다양한 수업목표에 따라 학습조건이 달라질 수밖에 없으며 이러한 이유로 가네의 수업 이론을 '목표별 수업 이론', '학습조건적 수업모형', '학습위계이론', '과제분석이론'이라고도 한다. 다섯 가지의 학습과정 영역과 그에 맞는 학습과정을 살펴보면 다음과 같다(권진하 외, 2022).

첫째, 언어정보는 정보를 진술하는 것으로 명제적 지식 또는 선언적 지식으로서 어떤 사실 또는 일련의 사건에 대해 구두로 말하거나 글로 진술하는 것을 말한다. 학습의 초기 단계 혹은 특정 학습과제의 초기 단계에 가장 많이 필요로 하는 능력이다. 새로운 학습을 위한 개념망을 부여하고, 학습자가 가지고 있는 현재의 정보와 새로운 학습을 연결 지으며, 학습자의 장기적인 저장기호화(encording)를 효과적으로 촉진하는 데 있다. 또한 이름이나 명칭을 따로 두기보다는 문장에 포함시켜 학습함으로써 이름, 명칭, 단어가 보다 의미있는 형태로 바뀐다. 그리고 대상의 실제 물건이나 그것의 시청각적 영상을 함께 제시하여 효과적으로 학습할 수 있도록 한다. 이는 연령이 낮을수록 효과를 볼 수 있는 원리이다. 마지막으로 기억의 재처리에 필요한 단서를 일반화하는 것을 권장한다.

둘째, 지적기능이란 학습자 주변에 있는 환경에 대하여 이를 개념화하여 반응하는 능력을 말한다. 문제해결을 위하여 개념이나 규칙을 활용한다. 방법적 지식 또는 절차적 지식으로서 구어, 읽기, 쓰기, 수의 사용 등과 같이 상징 또는 기호를 사용한다. 가네는 지적기능을 여덟 가지 학습유형으로 나누었으며, 상호 간에 위계적 성격을 띠어 한 형태의 학습이 효과적으로 이루어지기 위해서는 다른 형태의 학습이 선행해서 이루어져야 한다. 지적기능 학습유형은 신호학습, 자극-반응학습, 연쇄학습, 언어연상학습, 변별학습, 개념학습, 원리학습, 문제해결 학습 등이다.

셋째, 인지전략은 학습자 개인의 학습, 기억, 사고 행동을 조정하고 통제하는 능력으로 문제에 관한 새로운 해결방안을 모색하는 것이다. 이는 학습방법, 사고방법, 독서방법 등과 같이 독자적으로 개발하고 있는 사고전략으로 내적으로 조직된 통제과정을 말한다. 학습에 있어서 가장 큰 목표 영역이라 할 수 있다. 학습방법은 비교적 장시간에 걸친 연습을 통해 발달한다. 이런 연습에서 흔히 사용하는 방법은 될수록 많은 아이디어를 인출하도록 자극하고, 아이디어의 적정성을 평가하는 기법을 알려주고, 문제를 전혀 새로운 각도에서 보는 연습을 시키고 적절한 질문을 던지는 연습을 통해 이루어져야 한다.

넷째, 운동기능이란 어떤 일을 수행하기 위한 몸의 움직임을 말한다. 신체적 운동을 유연하고 적절한 계열에 따라 실행하는 것이다. 장기간에 걸친 반복적 연습을 통해 잘 학습된다.

다섯째, 태도란 어떤 대상이나 활동을 선택하는 학습자의 내적, 정신적 경향성을 뜻한다. 정의적 영역의 행동을 총칭해서 지칭하는 능력을 말한다. 태도를 직접적으로 가르치는 방법은 강화의 방법에 의한 것이다. 간접적으로 태도를 가르치는 방법은 대리적인 강화, 즉 관찰학습을 이용하는 것이다. 모범적인 인간에 의한 시범 보이기도 이 원리에 해당한다.

| 표 7-4 | 가네의 학습자 학습된 능력

학습된 능력	수행 범주
언어정보	• 정보를 진술하는 것 – 학교학습의 초기 단계 혹은 특정 학습과제의 초기 단계에 가장 많이 필요로 하는 능력 – 선행조직자의 제공, 이름과 명칭의 기호화, 영상화의 원리, 재생과 일반화
지적 기능	• 문제해결을 위하여 개념이나 규칙을 활용 – 구체적인 사례를 회상하고, 학습자극에 변별적으로 반응하는 것 • 가네는 지적 기능을 8개의 유형으로 위계화함 – 유형1: 신호학습 – 유형5: 변별학습 – 유형2: 자극-반응학습 – 유형6: 개념학습 – 유형3: 연쇄학습 – 유형7: 원리학습 – 유형4: 언어연상학습 – 유형8: 문제해결학습
인지전략	• 문제에 관한 새로운 해결방안을 모색하는 것 – 학습자 개인의 학습, 기억, 사고 행동을 조정하고 통제하는 능력
운동기능	• 어떤 일을 수행하기 위한 몸의 움직임 – 신체적 운동을 유연하고 적절한 계열에 따라 실행하는 것 – 신체운동, 지각운동, 심리 · 운동기능 등 모두가 포함됨 – 속도, 정확성, 힘, 유연성 등이 준거가 됨
태도	• 어떤 대상이나 활동을 선택하는 학습자의 내적, 정신적 경향성을 뜻함 – 정의적 영역의 행동을 총칭해서 지칭하는 능력

Chapter 8

평생교육프로그램의 내용 구성 및 교수설계

01 프로그램 내용 구성 및 선정
02 교육내용의 설계
03 프로그램 내용 개요 작성
04 학습지도안 및 교재

01 프로그램 내용 구성 및 선정

평생교육프로그램의 학습목표가 설정되면 이를 수행하기 위한 교육내용의 선정이 요구된다. 프로그램 내용 구성 및 선정은 평생교육프로그램의 목표를 구체화하는 것이므로 중요한 부분이며 적절한 내용으로 선정해야 한다.

1) 프로그램 내용 선정의 기본 원칙

교육내용 선정의 기본 원칙으로는 학습자, 기관, 사회적 요구분석 결과를 토대로 해야 하며, 교육내용의 종류와 분량은 학습집단의 특징에 맞추어 선택하고, 분량은 '적정화의 원칙'에 기초해야 한다. 교육내용 선정 시 고려해야 하는 원칙은 다음과 같다(한국산업인력공단, 2016a).

첫째, 합목적성(목표와의 일관성)의 원칙이다. 교육내용을 선정할 경우에는 반드시 교육목표를 고려해야 한다. 즉, 교육목표에 제시된 개인적, 사회적 요구와 철학적 이념이 구현될 수 있도록 해야 한다.

둘째, 능력 수준과 흥미의 적합성 및 자발성의 원칙이다. 교육내용은 학습자들의 능력과 흥미를 고려하여 선정해야 하며 학습자의 자발적 참여를 끌어내야 한다. 만일 교육내용이 학생들의 능력이나 흥미에 적절하지 않은 내용이라면 자발적 참여를 유도하지 못할 것이기 때문이다.

셋째, 실용성과 다양성의 원칙이다. 성인학습자의 경우에는 학습자가 자신이 원하는 것을 바로 적용할 수 있기를 원한다. 따라서 학습내용을 현장에 바로 적용할 수 있도록 실용적인 것으로 구성하는 것이 좋으며 다양한 내용이 포함되도록 하는 것이 좋다.

넷째, 능률성(一目的 多經驗, 一經驗 多目的)의 원칙이다. 학습내용을 선정할 때는 가급적 하나의 목적으로 다양한 경험을 할 수 있도록 하며, 반대로 하나의 경험이 다양한 목적을 충족시킬 수 있는 내용을 선정하는 것이 좋다. 이른바 동시학습이 이루어질 수 있도록 하는 것이 능률적이다.

다섯째, 교육 및 학습 가능성의 원칙이다. 선정된 내용이 아무리 좋더라도 그것은 지도할 수 있어야 하며 동시에 학습 가능한 것이어야 한다. 또 학습자의 입장에서 자기주도적으로 학습을 할 수 있는 내용인지도 확인해야 한다.

2) 프로그램 내용 구성 원리

교육이 효과적으로 이루어지려면 학습자의 선행경험과 교육 수준이 고려되어야 한다. 내용 편성에서 우선순위를 결정하고 학습자들에게 익숙한 학습자료들을 사용하여 그들의 경험과 지식이 학습과정의 일부가 되게 한다. 프로그램 내용 선정은 융통성을 지님으로써 학습자들의 다양한 요구에 즉각적으로 부응할 수 있도록 해야 한다. 평생교육프로그램 내용 선정기준에 대해 야스모토 고지로(安本幸次郎)는 다음과 같은 기준을 제시하였다(이용환, 1983; 安本幸次郎, 辻功, 1980).

① 효과성: 기대되는 학습성과가 어느 정도인지 파악
② 효율성: 주어진 학습여건(학습자의 조건, 예산, 시설 · 설비의 조건, 학습시기, 학습단계 등) 하에서 최소의 노력으로 최대의 효과 제고
③ 적시성: 학습자의 능력이나 경험에 적절한 내용
④ 긴급성: 사회적 상황이나 지역적 과제에 따른 우선순위
⑤ 중요성: 학습자의 요구와 관계없이 취급될 가치가 있는 내용
⑥ 요구성: 학습자가 요구하는 내용

이러한 기준에 따라 학습내용이 선정되면 선정된 내용을 어떻게 조직하고 편성할 것인가의 문제가 대두된다. 학습 프로그램 내용을 조직하기 위해서는 구성 순위를 결정해야 한다. 이는 교육과정에서 말하는 계열(sequence)에 해당하는 단계로, 학습내용을 어떤 순서로 배열할 것인가는 매우 중요하다. 학습내용의 조직은 교육목적과 목표를 어디에 두느냐에 따라 달라진다. 선행단계에서 이루

어진 교육목적을 달성하기 위하여 교육목표는 어느 정도로 할 것이며, 구체적으로 어떤 내용을 구성할 것인가가 결정된다. 교육목표 수준에 도달하기 위해서는 무엇을 알고, 무엇을 할 수 있어야 하며, 어떠한 태도가 필요한지를 결정해야 한다. 이에 따라 세부적인 교육내용과 제목이 결정된다(이해주 외, 2015).

프로그램을 효과적으로 조직하기 위한 일반적인 원칙으로는 학습내용 상호 간에 밀접한 연결을 지으면서, 구체적인 데서 추상적인 것으로, 쉬운 것에서 어려운 것으로, 가까운 곳에서 먼 곳으로 관련지어 구성해야 한다는 것 등이 제시된다(이복희 외, 2020). 학습내용을 구성할 때 고려해야 하는 원칙은 계열성의 원리, 통합성의 원리, 계속성의 원리 등이 기본 원리이다(김진화, 2012).

첫째, 계열성(sequence)의 원리는 학습이 계획에 따라 단계적으로 진행되어 학습의 차원이 점차 확장되도록 하는 것을 의미한다. 선정된 학습내용을 그들 간에 존재하는 위계성과 상호 관련성에 따라 조직하는 원리를 의미하며, 먼저 학습해야 할 내용, 뒤에 학습해야 할 내용을 이론적 순서와 심리적 인지과정에 따라 조직하는 것이다. 이를테면 주변적인 내용에서 먼 곳의 내용으로 구성하며, 구체적인 것에서 추상적인 내용으로, 쉬운 내용에서 어려운 내용으로, 단순한 내용에서 복잡한 내용으로, 전(前) 학습을 기초로 후(後) 학습이 이루어지도록 조직하여 학습의 깊이 넓이를 더해 가는 것을 의미한다.

둘째, 통합성(intergration)의 원리는 학습자가 경험한 여러 학습경험이 연결 및 통합되어 학습자를 성장시키는 의미 있는 통합적 학습이 되도록 함을 의미한다. 교육내용이 학습자의 경험 속에 의미 있게 횡적으로 통합되도록 조직하는 것을 말한다. 프로그램 계획에서 가장 중요한 것은 프로그램의 목적을 위해 모든 학습내용이 통합되도록 조직하는 일이다. 여러 학습장에서 일어진 학습경험들이 상호 연결되고 통합됨으로써 보다 효과적인 학습과 성장을 촉진할 수 있어야 한다.

셋째, 계속성(continuity)의 원리는 학습자가 학습내용을 이해하고 학습내용을 통하여 변화하도록 동일한 학습내용이 반복적으로 학습되어야 함을 의미한다.

이는 학습내용에 대한 반복적 학습을 의미한다. 어떤 형태의 평생교육이든 학습자에게 내면화되고 습관화·인격화되기 위해서는 일정 기간 이상의 반복이 필요하다. 학습경험은 같은 내용을 여러 번 반복하여 계속해야 학습효과가 나타난다는 원리에 따라 평생교육프로그램을 조직할 때 여러 번 반복하여 계속하도록 한다.

3) 성인학습자의 특성 및 학습내용

(1) 성인학습자의 특성

평생교육프로그램의 잠재적 참여자는 주로 성인학습자이다. 따라서 평생교육프로그램을 개발할 때 성인학습자의 특성과 학습 원리를 고려하여 학습내용을 설계하는 것이 바람직하다(신용주, 2022/2021; Knowles, 1989). 성인학습자의 일반적 특성은 다음과 같다.

첫째, 자기주도적이다. 성인은 아동이나 청소년과는 달리 구체적이고 직접적인 학습목표를 가지고 스스로 선택하여 학습에 참여한다. 또한 자신의 목표와 경험을 바탕으로 확고한 가치를 가지고 자기주도적으로 학습에 참여한다.

둘째, 문제 해결 지향적이다. 성인의 학습 동기는 대개 문제해결과 같은 실용적인 목표가 있을 때 유발되며, 행동지향적으로 참여한다.

셋째, 수행할 수 있는 수준의 활동에 흥미를 느낀다. 성인들은 실제로 모험하거나 신체를 이용하는 활동보다는 자신이 수행할 수 있는 수준의 활동에 더 많은 흥미를 느낀다.

넷째, 학습에 대한 두려움이 있다: 대부분의 성인학습자는 학습 실패에 대한 두려움 때문에 새로운 학습 상황에 부닥칠 때 불안해하고 수줍어한다.

다섯째, 가치와 기대를 하고 학습에 참여한다. 성인은 누구나 자신만의 가치체계를 소유하고 있으며, 과거의 경험에 기초한 편견이나 태도를 갖는다. 놀즈(Knowles)는 아동에게 있어서 경험은 과거에 일어난 일에 불과하지만 성인에게 있어서 경험은 자아정체성 형성에 핵심 요소라는 점을 강조하였다(Knowles, 1989).

한편, 카파렐라는 성인학습자들에게는 특히 관계 형성을 위한 학습이 중요함을 다음과 같은 네 가지 이유를 들어 강조하였다(Caffarella, 1994).

첫째, 학습경험을 형성하는 기본적인 방법으로는 협동적 상호작용(collaborative interaction)이 효과적이다.

둘째, 교수자와 학습자가 학습 과정에서 상호 지원적일 때 학습 분위기가 촉진된다.

셋째, 협력적 의사소통 스타일을 사용하는 것이 좋다.

넷째, 학습 과정에서 관계 향상을 위한 중요한 요소가 감정이라는 사실을 인식한다.

(2) 성인학습자 원리를 고려한 학습내용

평생교육에 참여하는 학습자는 계속 발전하고 있는 성인이다. 이들은 포괄적인 경험, 가치 및 학습 의지를 갖고 있으며, 과거 학습경험에 기초한 흥미와 고유한 학습스타일을 갖고 있다(Rogers, 2002). 따라서 평생교육프로그램의 학습내용을 설계할 때는 성장, 학습경험, 가치, 학습 스타일 등 성인학습자 고유의 특징을 반영함으로써 적극적인 학습 참여를 유도할 수 있다. 성인학습자는 능동적으로 학습에 참여함으로써 자신의 존재 가치를 확인하게 되고, 점차 자신의 학습요구 충족과 함께 문제해결 및 의사결정 능력을 획득하게 된다. 학습의 효율성을 향상하기 위해 다음과 같은 평생교육의 원리를 적용하는 학습내용의 구성을 생각해 볼 수 있다(신용주, 2022).

첫째, 적극적으로 학습에 참여할 수 있도록 흥미로운 주제를 선정한다.

둘째, 학습에 대한 자신감을 얻을 수 있도록 계열적, 순차적으로 학습내용을 구성한다.

셋째, 성인학습자의 반응속도를 고려하여 학습내용을 전개할 때 시간적 배열을 고려한다.

넷째, 학습자의 경험이 학습의 기초로 활용되도록 하며, 강의 중심의 학습보다는 다양한 매체 활용이나 토론 등 참여가 가능한 실천적 내용으로 구성한다.

다섯째, 학습한 내용을 실제적 문제에 즉시 적용할 수 있도록 지원하는 내용으로 구성한다.

여섯째, 학습자와 교수자 간의 원활한 상호작용과 피드백이 이루어질 수 있도록 학습내용을 구성한다.

일곱째, 학습자 간의 협력을 필요로 하는 다양한 협동학습을 촉진하는 내용을 포함한다.

여덟째, 학습자가 만족할 수 있는 수준으로 학습내용의 질을 유지한다.

02 교육내용의 설계

1) 교육내용의 설계

학습목표, 내용, 방법이 선정, 준비되면 교수자는 이를 기초로 수업에 대한 전반적인 계획을 세워 하나의 안으로 만들어 문서화 하는데 이를 프로그램 설계(Course Design)라고 한다. 프로그램 설계는 평생교육 프로그래머가 관심을 두고 있는 행동변화를 위한 주요 계획 또는 장기간의 내용 설명서이다. 따라서 프로그램 계획단계에서 만들어진 결과를 문서화하는 작업이 자연스럽게 진행된다. 교수설계는 학습과정과 관련된 모든 요소를 체계적으로 구성한 일련의 표를 작성하는 것이다. 이를 수업지도안 또는 학습지도안(lesson plan)이라고 한다.

학습내용은 학습목표에 의하여 정해지게 된다. 커존(Curzon)은 학습목표를 중심으로 제목에 의해 학습내용을 개략적으로 요약을 제시하는 일반적 수업지도안과 함께, 대주제와 소주제 및 기타 내용을 모두 기록한 구체적인 수업지도안을 병행하여 개발할 것을 제안하였다(Curzon, 2004). 학습내용의 우선순위는 중요도 및 관련도에 의해 결정한다. 평생교육프로그램의 수업지도안에는 학습목표, 대상, 학습시간, 학습내용, 학습경험의 계획, 방법, 기법, 매체 등의 학습자원은 물론 평가 계획 등이 구체적으로 기술되는 것이 좋다(Boyle, 1981).

2) 교육내용 선정

(1) 목표 중심 교육내용 선정방법

목표 중심의 내용 선정방법은 가장 일반적인 방법의 하나로 프로그램 목적과 목표를 달성하는 데 직접 관련된 교육내용을 중심으로 선정하는 방식이다(이경아, 2007). 목표 중심에 의한 교육내용 선정 절차는 다음과 같다(한국산업인력공단, 2016a).

첫째, 프로그램 개발의 타당성 확인 자료를 검토한다(기관의 요구, 학습자의 요구, 시대적 · 사회적 요구 검토).

둘째, 요구분석 내용 중에서 스크린 과정을 걸친 결과(내용)를 검토한다.

셋째, 교육목적과 학습목표를 진술한다.

넷째, 교육목적과 학습목표를 성취하기 위한 아이디어와 교육내용을 나열한다.

| 표 8-1 | 목표 중심 교육내용 선정 양식

프로그램명	
교육대상 및 인원	
교육 기간	
교육 장소	
프로그램 개요	1) 교육목표 기술 2) 교육의 핵심내용 선정 3) 교수 방법의 선택 4) 학습결과의 평가기준 설정

(2) 우선순위 중심 교육내용 선정방법

우선순위 중심 교육내용의 선정은 일단 적용 가능한 프로그램 내용을 열거한 후 그중에서 더 필요하고 더 중요한 것을 중심으로 선택하는 방법이다(이경아, 2007). 우선순위 설정에 의한 교육내용 선정방법의 절차는 다음과 같다(한국산업인력공단, 2016a).

첫째, 프로그램 개발의 필요성 확인 자료를 검토한다(기관의 요구, 학습자의 요구, 시대적 · 사회적 요구 반영).

둘째, 요구분석 내용 중에서 스크린 과정을 걸쳐 그 결과(내용)를 검토한다.

셋째, 나열된 교육내용의 우선순위 설정을 위한 준거를 제시한다.

넷째, 우선순위에 의해 서열화한 후, 교육내용을 선정한다.

| 표 8-2 | 우선순위 설정에 의한 교육내용 선정 양식

학습목표						
교육내용	선정 기준					선정 여부
	목적 · 목표 일치성	학습 · 교육 가능성	학습자 능력	교육기관 이념 · 지침	가용 자원 · 비용	

교육내용 선정에 있어 반드시 따라야 할 법칙이 있는 것은 아니다. 따라서 위의 두 방법 중 학습자들에게 더 적절한 방법을 선택하여 교육목표를 실현할 수 있는 내용을 선정하여 구성하는 것이 좋다.

평생교육프로그램을 설계하는 데 있어 가장 중요한 원칙은 성인학습자를 중심에 놓고 생각하는 것이다(Rogers, 2002). 학습자가 이 프로그램을 통해 무엇을 경험하게 하여 무엇을 할 수 있도록 하여 애초의 교육목표에 도달할 수 있도록 도울 것인가? 등이 고려되어야 한다. 또 학습자가 왜 이 과정을 학습하려 하는지를 분석하여 그들의 요구에 부응하는 학습내용을 중심으로 설계해야 할 것이다. 로저스는 성인들의 경우, 학습하고 싶은 순수한 동기, 비난을 피하기 위한 동기, 혹은 자신의 필요에 의한 학습 등 다양한 동기가 있음을 강조하면서 각 집단의 특성과 요구를 충분히 반영하여 프로그램 내용을 구성하는 것이 가장 중요하다고 설명하였다.

03 프로그램 내용 개요 작성

Theory of Lifelong Education Program Development

1) 프로그램 내용 개요 목적

프로그램 내용이란 학습자가 학습목표를 성취하기 위해서 수행해야 하는 학습활동을 먼저 규정하고 그러한 활동을 수행하기 위해서 학습자가 알아야 하는 지식을 명료화하는 것을 의미한다. 프로그램에 관한 개요를 작성하는 목적은 세 가지로 요약할 수 있다(김용현 외, 2010).

첫째, 관련된 모든 교육내용 중에서 학습자가 꼭 배워야 할 내용을 교수자가 선별할 수 있도록 도움을 준다.

둘째, 교육을 실시하는 동안 제시할 교육내용을 조직화하고 계열화하는 데 도움을 준다.

셋째, 교육을 실시하는 과정 중에서 학습자들이 학습목표를 성취하기 위해 필요한 모든 것들을 충분히 잘 다루었는지를 점검할 수 있는 지침을 제공한다.

2) 프로그램 내용 개요 절차

교육내용에 관한 개요를 작성하는 것은 어쩌면 교수자에게 새로운 개념은 아닐 수도 있다. 기존에 글로 써 보았거나, 말로 해 본 경험이 있는 교수자는 이미 교육내용에 관한 개요 작성절차를 수행한 것이나 다름없기 때문이다. 그러나 글이나 말로 정리하는 것은 하나의 형식이라 할 수 있고 내용적 입장에서 중요한 차이를 보인다. 즉, 교육내용을 교수자의 관점에서 자신이 학습자에게 가르치기를 원하는 내용으로 인식하기보다는 학습자의 관점에서 학습자들이 학습목표를 성취하기 위해서 알 필요가 있는 내용으로 인식해야 한다는 점이다. 프로그램 내용 개요 작성 절차는 다음과 같다(김용현 외, 2010).

첫째, 학습자들이 학습목표를 성취하기 위해서 취해야 하는 학습활동의 목록을 작성한다(학습활동의 목록화). 학습은 교육내용을 작은 단위로 나누어서 실행할 때 가장 효과적이다. 단위가 작을수록 학습자들은 더 쉽게 배울 수 있다. 교육내용을 작은 단위로 나누는 것은 또한 교수자가 가르칠 내용을 분석하는 데도 도움을 준다. 교수자가 학습활동의 목록을 작성하는 방법은 먼저 학습자가 교육 이후에 수행해야 할 과제를 시각화하여 수업시간에 학습자가 취해야 하는 마지막 행동이 하나의 학습목표로 진술되었는지를 고려해야 한다. 즉 '이번 수업을 마치는 시점에서 학습자들은 다음과 같은 활동을 할 수 있을 것이다.'라는 학습목표를 진술한다. 그러고 나서 학습목표 성취를 위해 필요한 학습활동을 학습자들이 수행해야 하는 순서로 목록화해야 한다. 다음은 학습활동의 목록화에 관한 예시이다.

| 표 8-3 | 학습활동의 목록화 예시

학습목표	교수자 양성과정을 마친 후 학습자는 성인의 학습 요구에 맞는 수업계획안을 개발할 수 있다.
학습활동 1.	수업계획안의 구성요소를 설명할 수 있다.
학습활동 2.	수업목표를 개발할 수 있다.

둘째, 학습자들이 그러한 학습활동을 수행하는 데 필요한 지식 요건을 규정한다(지식 요건의 규정). 교육내용 개요 작성은 학습자들이 실행해야 하는 학습활동과 그 활동을 성취하기 위해서 올바르게 알고 조작할 수 있는 정보(지식 요건)를 모두 포함해야 한다. 학습활동의 목록을 작성할 때, '학습자들이 학습활동 성취를 위해 어떠한 사실이나 규칙을 알아야 하는가?'라는 것이 바로 교수자가 알아야 할 지식 요건이다. 교수자가 학습활동에 필요한 모든 지식 요건에 대하여 확실히 알고 있지 못할 경우에는 관련 도서나 자료 등 제반 학습자원을 참조해야 한다. 다음은 지식 요건 규정에 대한 예시이다.

| 표 8-4 | 학습자원을 지식 요건 규정 예시

학습활동 1.	수업계획안의 구성요소를 설명할 수 있다. • 지식 요건 1-1. 수업계획안의 필요성 • 지식 요건 1 2. 수업계획안의 구성요소
학습활동 2.	수업목표를 개발할 수 있다. • 지식 요건 2-1. 교육의 수준 • 지식 요건 2-2. 수업 목표 개발 방법

셋째, 교육내용(지식 요건과 학습활동)의 교육을 할 때 필요한 순서로 계열화한다(교육내용의 계열화). 학습목표 성취를 위해 필요한 학습활동과 지식 요건을 모두 규정한 이후에 교육을 실시할 때 제시되어야 할 순서대로 계열화할 준비를 한다. 누구에게 특정한 일을 수행하려면 먼저 그 일을 시행하기 이전에 그와 관련된 정보나 지식을 생각한다. 마찬가지로 교수자가 교육내용을 계열화할 때도 학습활동에 앞서서 지식 요건을 먼저 고려해야 한다. 다음은 교육내용 계열화에 대한 예이다.

| 표 8-5 | **교육내용 계열화 예시**

학습목표	교수자 양성과정을 마친 후 학습자는 성인의 학습 요구에 맞는 수업계획안을 개발할 수 있다.
	교육내용의 계열화 • 수업계획안의 필요성(지식 요건) • 수업계획안의 구성요소와 개념(지식 요건) • 수업계획안의 구성요소를 설명해 본다(학습활동) • 교육의 수준 수업목표의 위치(지식 요건) • 수업목표의 개념과 개발 방법(지식 요건) • 학습목표를 개발한다(학습활동)

Theory of Lifelong Education Program Development

04 학습지도안 및 교재

1) 학습지도안의 필요성

효과적인 수업을 실시하기 위해 교수자는 수업 목표, 교재, 교수법, 과제 및 평가 방식 등을 기술한 수업지도안(lesson plan)을 개발해야 한다. 수업지도안의 개발을 통해 전반적인 수업의 수행 계획을 문서화함으로 교수자 자신은 물론 학습자가 계획적인 수업 준비를 할 수 있도록 도우며, 수업 효과를 높여 수업목표 달성에 기여한다(신용주, 2021).

학습지도안을 수업 시작 전에 학습자에게 미리 배부함으로써 다음과 같은 혜택을 제공할 수 있다.

첫째, 학습목표를 명확히 이해할 수 있으며, 매 수업 단위의 주제 및 과제를 파악하게 되어 수업 진행에 보조를 맞추기가 용이하다.

둘째, 학습자는 매 수업에 대하여 꼭 필요한 준비를 할 수 있으므로 시간과 노력을 절약할 수 있다.

셋째, 매 수업 단위가 학습목표 달성을 위한 단계를 형성하므로 정해진 시간 안에 각 단위 수업에 충실함으로써 계획대로 원활하게 수업 목표를 달성할 수 있다.

학습지도안에 포함되어야 할 요소는 수업의 성격, 종류, 교사의 전문적 판단 등에 따라 여러 가지 형태로 달라질 수 있으나, 대체로 다음과 같은 요소들이 학습지도안에 포함된다. 즉 주의집중을 위한 도입, 학습목표, 학습내용, 학습방법, 기타 자료와 장비. 평가방법 등이다. 학습지도안의 작성은 그 내용의 수준과 양, 학습시간의 길이 등에 따라서 다소간의 차이는 있지만 대체로 도입 부문, 전개 부문, 심화(발전) 부문, 정리 부문 등의 네 단계로 구분하는 것이 일반적이다(권두승, 2000). 학습지도안의 형식을 예시는 다음과 같다.

| 표 8-6 | **학습지도안**

단계(시간)	학습목표	전개내용
도입(20분)	조성한다	동기유발, 학습의욕 환기
	의욕고취	의욕 형성, 경험의 상기
전개(60분)	하게 한다	과제의 제기, 목표의 명시, 과제해결의 방법
	하고 싶게 한다	목표·과제의 파악, 과제해결의 노력, 새로운 내용의 발견
심화(80분)	생각하게 한다	해결 실마리 제공, 의문점 제기, 지도화법의 구사
	익숙하게 한다	향상의 확인, 해결방법의 형성, 해결의욕 고취
정리(20분)	정리한다	평가(성과와 과제), 방향 제시
	확인한다	성과 확인, 과제해결방법 활용, 향상의욕의 간직
합계(180분)		

출처: 권두승(2000). 성인학습 지도방법의 이론과 실제. 서울: 교육과학사.

2) 학습자용 교재

(1) 워크북

워크북(Workbook)은 학습자용 교재로서 프로그램 수행의 중요한 전달매체이다. 책 형태의 교재는 방대한 지식을 일목요연하게 정리하여 교육내용을 전달할 수 있으며, 다양한 교육 매체 중 가장 저렴한 비용으로 개발이 가능하다. 최근에는 교재가 워크북 형태로 제작되는 경우가 많다. 그러나 워크북은 본래 지식을 전달하기 위한 목적보다는 학습자가 학습활동을 통해 획득한 지식을 스스로 구성해 보고 체계화하는 공간으로써의 의미가 더 크다(김선희 외, 2010).

워크북의 구성은 보통 모듈명 또는 단원명과 레슨명을 제시하는 제목란과 내용, 그리고 학습자가 기재할 공란으로 구성되며, 정보전달의 경우 학습자의 선수학습이 요구되는 용어나 개념을 정리하여 보여 준다(중앙교육연수원, 2018). 워크북에 포함될 요소는 교과목명, 교육과정 체계도, 교과주제 흐름도, 교과목 교육운영 일정, 교과의 목적, 개요, 소요시간 등이 있다(중앙교육연수원, 2018). 그리고 각 단원별 교안이 있는데 각 단원별 교안에는 단원명, 교육목표, 소요시간, 교육방법, 교보재, 내용흐름도와 교육내용, 실습지(Work Sheet) 등이 포함된다(중앙교육연수원, 2018).

(2) 핸드아웃

핸드아웃(Handouts)은 교수자가 미리 준비하여 교육하는 동안 교육생들에게 나누어 주는 간단한 인쇄자료를 의미한다. 핸드아웃에서 다루는 정보는 교육하는 동안 사용되거나, 혹은 모든 교육 이후에 사용될 수 있다. 핸드아웃은 다음과 같은 경우에 사용할 수 있는 중요한 교육보조물이다. 핸드아웃을 개발은 교수자가 정보를 설명하기 위해서 사용하고자 하는 형태를 결정하는 것이다. 교수자가 결정한 형태 중의 하나는 교육정보를 문장형태로 설명하는 것이다(중앙교육연수원, 2018). 문장 형태로 된 교육정보의 주요 단점은 다른 형태에 비해서 교육생들에게 시각적으로 덜 어필한다는 점이다. 특히 많은 양의 정보를 설명할 때는 더욱 그렇다. 교육보조물로서 특히 도움이 되는 세 가지의 핸드아웃 유형은 의사결정 차트, 체크리스트, 실습지(Worksheets)가 있다. 의사결정 차트는 교육생들이 의사결정을 하도록 안내하고, 체크리스트는 교육생들의 학습과제 수행을 도와주기 위하여 기억을 불러일으키는 단서를 제공하며, 실습지는 정보를 기록할 도구를 제공한다.

교수자가 선택한 핸드아웃 유형에 상관없이, 핸드아웃을 개발할 때 따라야 하는 일반적인 지침이 있다(이복희 외, 2020).

① 핸드아웃의 제목을 붙이고 날짜를 정하라.
② 핸드아웃의 목적을 규정하라.
③ 핸드아웃을 언제, 어떻게 사용할 것인지를 결정하라.
④ 핸드아웃을 사용할 때 필요한 모든 부가가치를 점검하라.
⑤ 핸드아웃의 정보를 강조하기 위하여 굵은 체, 밑줄, 대문자를 사용하라.
⑥ 핸드아웃의 정보를 읽기 쉽도록 여백을 충분히 활용하라.
⑦ 단순한 형태의 문장을 사용하라.
⑧ 불필요한 정보를 피하라.

3) 교수자용 매뉴얼

교수자용 매뉴얼(Instructional Manual)은 교수자가 교육운영을 위해 필요한 학습내용, 전달 포인트, 교육방법 등을 자세히 기술해 놓은 것이다. 교수자용 매뉴얼 제작의 목적은 교수자 개인의 역량에 따라 교육효과가 좌우되는 것을 방지하여 학습자에게 동일한 지식과 정보가 전달되도록 하는 것이다.

교수자용 매뉴얼의 구성요소는 교과목명, 과정 교육체계도, 교과주제의 흐름도, 과목교육 운영일정, 교과의 목적, 개요, 소요시간, 각 단원별 교안이 포함된다(중앙교육연수원, 2018). 각 단원별 교안에는 단원명, 교육목표, 소요시간, 교육방법, 교보재, 내용흐름도와 사전 준비물(교수자 준비사항, 교육생 준비사항, 강의 시 준비사항,

교보재), 교수-학습활동안, PPT자료, Handouts 등이 포함된다(중앙교육연수원, 2018).

특히, 좋은 수업을 제공하기 위해서 교수자용 매뉴얼 중 교안을 제작하는 것은 매우 중요하다. 그러나 일부 교수자들은 교안의 중요성을 실감하지 못하는 경우도 있다. 학습자들의 학습에 대한 요구는 빠른 속도로 변화하고 있어 새로운 교안을 개발하지 않으면 학습자들의 요구에 부응할 수 없다.

(1) 교안작성법

교안은 교수와 학습자 간 학습활동의 기반이 되는 학습지도안으로 교수활동의 단계 및 내용을 자세히 기록하여 놓은 것이다. 교수자는 교안을 작성함으로써 학습내용을 빠짐없이 교수할 수 있고 교수활동의 일관성을 유지할 수 있다. 교안은 다음의 원리에 따라 작성한다(조정기, 1991).

첫째, 교안은 구체적으로 작성되어야 한다. 아무리 암기력이 뛰어난 사람이라 할지라도 교수할 내용이라면 다 교안 속에 기록하여야 한다. 사소한 내용이라든지, 몇 번씩이나 사용한 적이 있어 충분히 기억하고 있는, 예를 들어 사용할 이야기들까지 귀찮게 교안에 적을 필요가 있는가 하고 말하는 교수자도 있지만, 일단 그 시간에 강의할 내용이라면 모조리 사전 기재함으로써 충실하고 여유 있는 강의를 할 수 있다.

둘째, 교안은 명확하게 볼 수 있도록 깨끗하여야 한다. 교수자 자신이 교수활동 중 교안을 쉽게 보고 식별할 수 있도록 글씨를 또박또박 크게 기록 작성하여야 한다.

셋째, 교안은 교수활동에 실질적으로 사용될 수 있도록 작성되어야 한다. 학습내용의 배열이 교수활동을 효과적으로 수행하도록 이루어져야 하며 교안 내에 포함된 내용은 교수활동에서 모두 전달되는 것을 전제하므로 교수활동 실시 순서대로 작성하여야 한다.

넷째, 교안은 쉽게 작성되어야 한다. 학습자의 수준을 고려하여 모호한 언어의 사용을 피해야 하며, 이해하기 어려운 용어나 내용을 기록함으로써 교수자 자신이 학습 진행 중 당황하는 모습을 보인다면 학습자들부터 신뢰성을 상실하는 일이 될 수 있다.

다섯째, 교안은 이론적이고 체계적으로 작성되어야 한다. 교안의 내용서술은 곧 강의와 마찬가지다. 그러므로 객관적이고 보편타당성이 있어야 하며 체계적이어야 한다.

(2) 교안작성 시 유의사항

교수자가 학습자들에 대해 학습목적과 학습성과를 설정하고 난 후에 다음과 같은 사항을 점검해야 한다(지식경제공무원교육원, 2008).

첫째, 학습성과는 관련되는 자료에 의하여 충분히 지원되고 있는지 점검해야 한다. 보조적 자료는 흥미를 자극하고 학습 분위기를 계속 유지하며 보조의 변화를 허락하고 다양성을 제공할 만큼 충분한가를 점검한다. 또한 보조적 자료는 급속한 논리적 판단, 감정적 호소 등을 내포하고 있는지, 더 나아가서 한 개의 논점에 대한 지원은 자연적으로 학습자에게 제시될 다음의 구상과 적합성 및 융통성이 있는가를 검토해야 한다.

둘째, 학습자들이 학습성과를 성취하도록 돕기 위하여 수행해야 할 활동 사항을 구체적으로 기술해야 한다.

셋째, 각각의 학과목 내용은 지식수준에 관련된 학습자가 이해하기 쉽도록 상세히 기록되어 있는지, 방법과 이유는 학습자가 이해하기 쉽도록 적당히 전개되었는지, 개개인의 학습성과를 위한 지원의 밀도는 소기의 학습 수준에 적합한지 검토해야 한다.

넷째, 서론은 학습 환경을 위하여 준비되있는지 확인해야 한다.

다섯째, 학습내용을 습득하는 충분한 이유를 학습자들에게 제공했는지 확인해야 한다.

여섯째, 전제적으로 학습 구성이 논리적이고 명백하게 제시되있는지 확인해야 한다.

일곱째, 시청각 보조자료는 잘 준비되어 학습목적 달성에 기여할 수 있는지, 중요한 관념을 명시하기 위하여 색채를 사용하고 간단한지를 유의하여야 한다.

여덟째, 교수자는 성공적인 요점식 수업방법에 의한 학습을 시행할 만큼 충분히 학습 조직체를 알고 있는가 등을 유의해야 한다. 교수자가 자기의 교안을 수업 전에 준비하면서 이러한 문제들을 기준으로 충분히 검토한다면 그 교수자는 수업에 전체적인 효과를 향상할 수 있을 것이다. 우수한 수업을 할 수 있게 되려면 건전한 계획에 따라 학습목적을 효과적으로 달성할 수 있도록 꾸준한 노력이 필요하다.

(3) 교안의 구성요소

교안은 도입, 전개, 종결 3단계로 구성되며 자세한 내용은 다음과 같다(지식경제공무원교육원, 2008).

도입단계는 학습자와 교수자 간에 공통된 기반을 형성하는 단계이다. 첫 단계는 학습자가 주의를 집중시키는 주의집중단계(Attention Step)와 문제를 해결하고 배워야겠다는 학습활동 동기를 일으키는 동기부여단계(Motivation Step)가 있으며 수업의 내용을 제시해 주는 학습개요(Overview)의 단계가 있다. 도입단계의 시간은 총 학습시간의 약 5~10%를 점유한다.

전개단계는 도입단계에서 제시된 학습개요의 순서에 따라 주제를 구체적으로 설명하고 입증하며 규명하는 단계이다. 전개의 원칙은 내용조직이 논리적으로 체계화되어 설명할 수 있어야 하는 데 쉬운 것으로부터 어려운 것으로 전개하여야 하며 부차적인 점을 강조해서 중요점을 희석하지 말아야 한다. 또한 주제의 연결단계가 매끄러워야 하고 중간 동기부여를 반드시 계획하여야 한다. 마지막에 질의 응답시간을 마련하여 학습자의 의문을 해소해 주어야 하며 또한 교수자가 질문하여 학습자의 이해도를 측정할 수도 있다. 시간상으로 총 학습시간의 약 80~85%를 점유한다. 성인학습자의 집중시간은 대체로 15분 정도이다. 그러므로 교수자는 강의 시 15분마다 변화를 주어야 한다. 판서, 매체 활용,

언어유희 및 보디랭귀지 등을 통해 주의를 환기함으로 학습자들이 수업에 집중할 수 있게 해야 한다.

종결단계는 교안의 내용구성을 맺는 것이다. 종결단계는 총 학습시간의 약 5%~10%를 점유한다. 지식을 종합하는 단계로써 전개단계에서 설명하고 검증한 사실들을 요약하는 단계이며 다시 동기부여를 하고 맺음말로써 마치는 단계이다. 수업의 전개단계에서 설명된 내용을 요약한다. 전개단계에서 언급되지 않은 새로운 내용을 언급하지 않도록 주의하며 재동기부여(Remotivation)를 함으로써 학습내용의 기억을 돕고 다음 과목과의 관련성을 이해하도록 돕는다. 종결의 마지막 단계인 맺음말로써 중요한 것은 시간을 질질 끌지 않는 것이 중요하다.

| 표 8-7 | 교안의 구성요소

구성요소	총 학습시간의 점유율	구성내용
도입(서론)	5~10%	① 주의집중, ② 동기부여, ③ 학습개념(Overview)
⇩		
전개	80~85%	① 본론
⇩		
종결	5~10%	① 내용요약, ② 재동기부여, ③ 맺음말

(4) 교안의 형태

교안은 정해진 형식이 없다. 실제 사용되고 있는 것을 보면 간단히 메모한 것에서부터 종이에 자세히 쓴 것, 카드를 이용한 것 등 형식은 여러 가지이다(위형철, 2004). 교안의 종류에는 백지식 교안, 이란식 교안, 삼란식 교안, 사란식 교안 등이 있다(위형철, 2004).

첫째, 백지식 교안은 문제해결에 적합하다. 문제와 조건을 주어 질문과 답변을 교육생들이 하게 하고 교수자는 자문에 응하기만 한다. 구체적인 문제 진술과 사실 제기의 방법이 고도화되어 있어야 하며 학습자들의 수준이 상당한 정도라야 한다.

둘째, 이란식 교안은 강연식 교안에 적합하다. 교육 정도가 이해를 목적으로 하고 짧은 시간에 많은 내용을 전달하려는 경우에 적합하며, 기능, 태도, 감상 등의 내용에 대한 주제에는 적합하지 않다.

셋째, 삼란식 교안은 유도토론식에 적합하다. 예상 결론이 있거나 문제해결을 교육생이 하고 질문은 교수자가 하는 방법으로, 교수자도 토론에 참가하여 교육진행을 할 때 적합하다. 각 질문에 대해 예상되는 답변을 사전에 예측하고 그에 대한 질문은 교육효과를 거두기 위한 방향으로 유도해야 하므로 철저한 준비가 필요하다.

넷째, 사란식 교안은 시범실습식에 좋다. 비고란에는 교수자의 활동과 보조자의 활동, 학습자의 활동 등을 기재한다.

| 표 8-8 | 교안형태의 양식 예시

<table>
<tr><th>교안 형태</th><th>교안 양식</th></tr>
<tr><td>백지식 교안</td><td><table><tr><th>교육지도내용</th></tr><tr><td></td></tr></table></td></tr>
<tr><td>이란식 교안</td><td><table><tr><th>강의내용</th><th>보조재료 사용계획</th></tr><tr><td>(서론)
• 주의집중: ____________
• 동기부여: ____________</td><td>• 주제를 판서한다.</td></tr></table></td></tr>
<tr><td>삼란식 교안</td><td><table><tr><th>교수자 활동</th><th>수업내용</th><th>참고사항</th></tr><tr><td>• 도표를 보여준다.</td><td>도입(5')
1. 주의집중
____
________________________</td><td>• 관련된 도표의 출처</td></tr></table></td></tr>
<tr><td>사란식 교안</td><td><table><tr><th>항목</th><th>시간 및 방식</th><th>교수내용</th><th>비고</th></tr><tr><td></td><td></td><td></td><td></td></tr></table></td></tr>
</table>

어떤 것이라도 그것을 사용할 사람이 활용하기 쉬워야 하는 것이 무엇보다 중요하다. 다만, 다음과 같은 항목이 교안에 공통적으로 포함되는 것이 바람직하다(지식경제공무원, 2008).

| 표 8-9 | 교안에 포함해야 할 바람직한 항목

목표	무엇을 이해 또는 습득시킬 것인가.
내용	도입, 전개, 종결의 3부로 나누어진다.
판서	무엇을 판서할 것인가. 주제와 대, 중, 소 항목 및 내용
요약	강조점이 무엇이며 요약은 어떻게 하나
시간 배분	5분 또는 10분 단위로 표시한다. 그 이하가 되면 실제 사용이 어렵다.
시청각 자료	자료명과 활용방법 등
기타 교수활동	질문, 예화를 비롯해 통계 · 인용 · 유머 등은 별도로 표시해 둔다.

4) 교보재 개발

(1) 교보재 자료 제작

교수자는 강의자료를 만들기 위한 프로그램을 활용할 수 있어야 한다. 종류는 MS 파워포인트, 한글과컴퓨터 한쇼, 애플 키노트, 프레지 등의 프로그램 등이 있다. 하지만 보편적으로 많이 활용하고 있는 파워포인트 프로그램을 소개하고자 한다.

기업교육 전문조직인 SKY Lab C2에서는 교수자 70여 명에게 파워포인트 작업 시 가장 중요한 능력은 무엇이라고 생각하는지에 답변을 '디자인과 레이아웃 10%', '이미지 활용 7%', '동영상 활용과 제작 2%', '전체구성력 81%'로 답변하였다(이재현 외, 2016). 강의자료를 준비하는 교수자들은 파워포인트 자료를 구성할 때 가장 많은 시간을 할애하는 부분으로 전체구성력을 들었다. 어떤 대상자(People)들에게 어떤 목적(Purpose)을 가지고 어떤 환경(Place)에서 전달할 것인지에 대한 통찰(Insight)이 필요한 것이다.

통찰이 담긴 프레젠테이션은 기억 속에 오래 남는다. 통찰은 프레젠테이션의 도구나 실행단계(Process)를 성실히 준비하는 단계를 넘어 어떤 목적으로, 누구를 대상으로, 어떤 환경과 장소, 시간대에 프레젠테이션을 하는가에 대한 인식을 명확히 하는 것이다(이승일 외, 2011). 성공적인 프레젠테이션을 원한다면 통찰을 바탕으로 한 기획(Contents), 시각자료 작성(Visual), 발표기술(Delivery), 이미지 연출(Presenter Image)이라는 일련의 과정을 실행해야 한다(이승일 외, 2011).

첫째, 기획(Contents)은 프레젠테이션 프로세스의 첫 번째 단계이다. 청중의 마음을 사로잡기 위해서는 프레젠테이션을 스토리텔링 형식으로 풀어낼 수 있어야 한다. '기술이 완성되면 예술이 시작된다'라는 한 자동차업체의 광고 문구처럼 스토리텔링은 충분한 자료수집과 분석, 그리고 통찰로부터 발현된 핵심 메시지를 효과적으로 표현할 수 있어야 한다. 이렇게 논리적 구성을 바탕으로 한 감성적 요소가 반영되어야 프레젠테이션은 경쟁력을 가질 수 있다.

둘째, 시각자료 작성(Visual)은 프레젠테이션 도구를 활용하여 각 슬라이드(내용)에서 메시지의 정체성(Identity)이 효과적으로 전달될 수 있도록 정보 디자인(Information Design) 요소를 고려하여 잘 표현해야 한다.

셋째, 발표기술(Delivery)은 체계적으로 꾸준히 연습해야 한다. 발표 기술은 호흡, 발음, 발성으로 구성되는 언어적 요소와 몸짓언어, 공간언어 등의 비언어적 요소, 화법 그리고 정보화 기기에 대한 이해와 활용으로 구성된다.

넷째, 프레젠테이션의 메시지는 발표자의 이미지와 하나가 될 때 설득력이 강하다. 따라서 이미지 연출(Presenter Image)은 중요하다. 그러나 아직도 많은 발표자는 이미지를 옷차림과 화장 등의 겉모습을 치장하는 것으로만 생각하는데, 외적인 이미지 외에도 발표자 내면의 이미지와 경력, 업적, 열정이 청중에게 함께 전달될 수 있도록 노력해야 한다. 고대 그리스 철학자 아리스토텔레스가 말한 설득의 3요소는 로고스(Logos), 페이토스(Pathos), 에토스(Ethos)를 말한다. 로고스는 이성(理性), 페이토스는 감성(感性), 에토스는 인성(人性)을 의미한다. 이중 이미지 연출은 에토스에 해당하는 것으로 발표자의 권위와 신뢰, 전문성을 강하게 어필한 것이다.

기획 (Contents)	⇨	시각자료 작성 (Visual)	⇨	발표기술 (Delivery)	⇨	이미지 연출 (Presenter Image)

| 그림 8-1 | **프레젠테이션 과정**

(2) 교보재 자료 개발 절차

교보재 자료는 목표 설정, 정보수집, 내용구성, 디자인 작업 순으로 구성된다(이복희 외, 2021).

첫째, 목표 설정에서 교수자는 단위 수업설계안을 작성한 후 각각의 내용을 전달하기 위한 자료를 개발해야 한다. 이때 제일 먼저 할 일은 각각의 슬라이드를 통해 어떤 메시지를 전달할 것인가, 즉 슬라이드를 제작하는 목적을 확인하는 것이다. 예를 들어, 학습내용에 관한 슬라이드라면 학습자가 이번 수업을 통해 학습하게 될 내용의 개요를 전체적으로 인식하게 하는 것이 된다. 슬라이드를 작성한 후에는 그러한 목표에 부합되는지를 기준으로 평가하면 된다.

둘째, 목표를 설정한 후에는 그 목표를 달성하기 위해 필요하다고 판단되는 정보를 수집해야 한다. 수집된 정보는 내용을 구성하고 표현하기 위한 재료가 된다. 내용 정보, 근거자료, 이미지 자료, 영상 자료까지 충분한 재료가 수집되면 효과적인 슬라이드 자료가 만들어질 가능성이 커진다.

셋째, 슬라이드에 포함되어야 할 내용을 결정하는 단계로 수집한 정보를 바탕으로 내용을 구성한다. 주의집중(Attention)할 수 있는 이미지, 영상, 삽화, 도표, 소리, 문장 등의 다양한 시청각 자료를 제시하여 집중시킬 수 있도록 구성하고, 주제와 관련성(Relevance) 있는 자료를 제시하여 학습자의 관심을 유도하여야 하며, 학습자의 유발된 동기를 유지하기 위해 자신감(Confidence)을 갖고 내용을 준비하여야 한다. 내용을 구성할 때는 결정한 키워드 또는 이미지 등을 논리적으로 계열화시키고 표현한다. 다만 내용의 양이 너무 많으면 전달의 효과가 떨어질 수 있기 때문에 꼭 필요한 내용만 담기 위해 노력해야 한다.

넷째, 슬라이드 자료 제작의 최종 단계는 디자인 작업으로 슬라이드에 포함하기로 한 내용을 바탕으로 세련되고 효과적인 결과물을 만들어 내는 것이다.

(3) 시각자료 개발 원칙

시각자료 개발 원칙은 단순화의 원칙, 일관성의 원칙, 이미지화 원칙, 컬러화 원칙 등으로 정리한다(이복희 외, 2021).

첫째, 단순화의 원칙은 핵심내용 위주로 단순 명료하게 작성한다. 이를 KISS의 원리라고도 한다. 여기서 KISS는 Keep it Short & Simple의 약자이다. 시각자료의 경우 70~80% 정도만 내용을 싣고 여백을 두어야 보기 쉽다. 전달하고자 하는 내용은 가급적 짧은 문장을 사용하고 교육내용은 6줄 이하로 하고, 1줄당 단어를 넘기지 않는다. 한 장의 슬라이드에 하나의 중요한 개념과 세 개의 하위 내용 이상을 다루지 않는다.

둘째, 일관성의 원칙이다. 동일 주제의 강의에 대한 시각자료는 포맷(슬라이드의 방향 모양 등), 번호, 모양, 크기, 색깔, 위치, 순서, 용어, 애니메이션 효과 등을 사용하는 데 있어 일관성을 유지하는 것이 바람직하다.

셋째, 이미지화란 전달하고자 하는 내용을 보다 효과적으로 제시하기 위하여 텍스트 등으로 표현하지 않고 도표, 그래프, 그림, 사진 등을 활용하거나 컬러로 표현하는 것을 말한다.

넷째, 컬러화는 사람들에게 강한 영향을 주는 요소이다. 그렇지만 너무 많은 색을 쓰게 되면 초점이 흐려질 수 있다. 색을 선택할 때는 너무 현란하지 않게 포인트에만 이용하며, 그림을 제외하고는 보통 3색 내외가 적당하다. 일관성의 원칙에 따라서 적절한 색상을 선택한다.

| 표 8-10 | PPT 작성 및 활용 평가 체크리스트

단계	우수	양호	보통	미흡	평가내용
맥락과 내용은 PPT 제작에 적절한가?					
내용의 양은 적정한가?					
1개의 내용이 제시되었는가?					
색의 배합은 적절한가?					
그래픽적인가?					
테두리 여백을 두었는가?					
학습자를 보면서 진행했는가?					
학습 속도를 관찰했는가?					
필요한 시기에 끊어지지 않았는가?					
활용 방법은 다양했는가?					
어떤 방법을 사용했는가?					
아이디어가 뛰어난가?					
전체적으로 잘 진행되었는가?					

출처: 이복희 외(2020). 평생교육프로그램개발론. 파주: 양성원.

<table>
<tr><td colspan="5">202　학년도　학기
강의계획서</td></tr>
<tr><td>과정명</td><td colspan="4"></td></tr>
<tr><td>강좌명</td><td colspan="4"></td></tr>
<tr><td>수강인원</td><td colspan="2"></td><td>강사</td><td></td></tr>
<tr><td>기간</td><td>요일</td><td>시간</td><td>수업장소</td><td>이수시간
(주당 시수/총 시수)</td></tr>
<tr><td></td><td></td><td></td><td></td><td></td></tr>
<tr><td rowspan="2">수업형태</td><td>면대면 출석</td><td>온라인 면대면
화상(ZOOM)</td><td>온라인 콘텐츠
영상</td><td>기타
※교육기관과 협의</td></tr>
<tr><td></td><td></td><td></td><td></td></tr>
<tr><td>강의 개요</td><td colspan="4">•
•
•</td></tr>
<tr><td>강의 목표</td><td colspan="4">•
•
•</td></tr>
<tr><td>주 교 재</td><td colspan="4">• 김○○(2024). 평생교육프로그램 개발론. 서울: ○○사.</td></tr>
<tr><td>참고도서</td><td colspan="4">• 김○○(2023). 평생학습방법론. 서울: ○○사.</td></tr>
</table>

<table>
<tr><td colspan="5">주차별 강의계획</td></tr>
<tr><td>주차</td><td>강의주제</td><td>강의내용</td><td>교수방법</td><td>비고</td></tr>
<tr><td>1</td><td></td><td></td><td></td><td></td></tr>
<tr><td>2</td><td></td><td></td><td></td><td></td></tr>
<tr><td>3</td><td></td><td></td><td></td><td></td></tr>
<tr><td>4</td><td></td><td></td><td></td><td></td></tr>
<tr><td>5</td><td></td><td></td><td></td><td></td></tr>
<tr><td>6</td><td></td><td></td><td></td><td></td></tr>
<tr><td>7</td><td></td><td></td><td></td><td></td></tr>
<tr><td>8</td><td></td><td></td><td></td><td></td></tr>
<tr><td>9</td><td></td><td></td><td></td><td></td></tr>
<tr><td>10</td><td></td><td></td><td></td><td></td></tr>
</table>

○○평생교육원

※ 강의계획서는 평생교육기관의 상황에 따라 다르게 사용할 수 있다.

| 그림 8-2 | **강의계획서 예시**

Chapter 9

평생교육프로그램의 교수 · 학습방법 및 교수매체

01 교수 · 학습방법의 선정
02 평생교육방법의 유형
03 교수매체 선정

01 교수 · 학습방법의 선정

1) 교수 · 학습방법의 의미

교수 · 학습방법은 학습목표를 달성하기 위해서 학습내용을 실천하는 구체적인 방안으로 목표를 달성하기 위해서는 다양한 학습방법 중에서 가장 적합한 방법을 선택해야 한다. 학습경험을 수행하는 방법이 결정되어야 하는 것으로 교육목표를 획득할 수 있도록 도와줄 수업형태나 방법을 결정하는 단계이다. 즉 프로그램 내용이 선정된 다음에는 이를 어떻게 효과적으로 학습자에게 전달할 수 있는가 하는 방법을 고려해야 한다. 학습방법의 선정을 위해서는 프로그램의 목표, 참여자들의 상황, 주변의 외적 요인뿐 아니라 다양한 교수 · 학습방법의 특징과 장단점 등을 파악할 필요가 있다. 또한 학습자집단의 규모, 교육환경 및 시설과 성별, 연령, 사회적 배경 등과 같은 학습자에 대한 이해 역시 적절한 교수 · 학습방법을 선택하는 데 도움이 된다. 교수 · 학습방법은 교육목적을 달성하기 위해 교육내용을 구체적으로 실천하는 방안으로 교육기법(technique), 교육장치(device)를 모두 포괄하는 용어이다. 이들의 차이를 설명한다면, 교육기법이란 학습을 촉진하기 위해 사용하는 다양한 실천행위를 말하며, 교육장치란 기술을 지원하거나 학습을 촉진하기 위한 교수-학습 보조기구를 말한다.

과거 교육학자들은 교수법에 대한 이론적, 실제적 연구를 해 왔다. 그러나 누구도 어떤 방법이 가장 효과적이라는 결론에는 이르지 못했다. 왜냐하면 어떤 학습자에게나, 어떤 상황에서나 만병통치약처럼 활용될 수 있는 교육방법은 없기 때문이다. 결국, 중요한 것은 학습자의 특성이나 학습상황, 그리고 교육내용에 따라 교육방법이 달라져야 한다는 사실이다. 한편 평생교육은 민주성 · 자율성 · 융통성 · 참여성 등의 기본 이념을 실현하려는 교육이기 때문에 방법 또한 실시기관이나 실시자 그리고 연구자에 따라 매우 다양하게 나타난다. 평생교육 방법을 선정하는 데 참조해야 할 원칙을 제시해 보면 다음과 같다(이해주 외, 2015).

첫째, 자기주도성(self-directedness)의 원리이다. 평생교육방법은 학습자의 자기주도성을 촉진하는 것이어야 한다. 자기주도적 학습이란 일종의 독학으로 학습자가 스스로 자신의 필요와 학습요구를 진단하여 그것을 성취할 수 있는 목표로 진술한 뒤, 목표 달성에 필요한 학습자원과 방법을 선정하여 학습활동을 수행하고 자신이 성취한 학습결과를 스스로 평가하는 방법을 말한다. 일반적으로 자기주도적 학습자는 내재적 동기, 긍정적 자아개념, 개방성과 독립성 및 자율성이 강하다는 인성적 특징을 갖는다.

둘째, 상호성(mutuality)의 원리이다. 이는 학습자 스스로가 학습을 주도적으로 관리한다고 하더라도 고립된 상태에서 혼자 학습활동을 전개하는 것보다 학습동아리(study circle) 등과 같이 학습공동체를 구성하여 여럿이 함께 상호작용을 하면서 학습하는 것이 효과적임을 의미한다. 학습자들이 상호작용을 할 수 있도록 여러 가지 집단과정을 활용할 필요가 있으며, 조력자(helper or tutor)와 동료들과의 밀접한 연계가 이루어질 수 있도록 도와야 한다.

셋째, 다양성(diversity)의 원리이다. 이는 평생교육의 대상이 연령, 직업, 학력, 취미, 사회적 경험 등 다양한 배경을 가지는 학습자로 구성되는 특성을 감안하여 학습자의 이질적인 성격을 학습요구에 반영하고, 이러한 다양한 학습요구를 충족시키기 위해 다양한 학습방법을 채택해야 함을 의미한다. 최근에는 다양한 평생교육 학습자의 새로운 교육적 요구에 부응하여 방송매체, 인터넷을 이용한 원격교육방법과 사이버 교육 등의 새로운 대안적 교육방식이 점차 대중화되고 있다. 각종 문화센터나 문화학교, 대학, 기업체 등 다양한 평생교육시설이 있으므로 각 기관의 장점을 최대한으로 살릴 수 있는 다양한 교육매체의 활용이 요구된다.

넷째, 참여교육(participatory education)의 원리이다. 이는 교육의 계획에서부터 목적, 내용의 선정, 방법의 채택과 실시 그리고 교육의 평가에 이르는 전 과정에 교육담당자와 교육을 받는 학습자가 함께 참여하면서 이루어져야 함을 의미한다. 참여교육의 기본 정신은 소외되고 혜택을 제대로 받지 못하는 계층의 사람들도 교육의 과정에 그들의 요구나 필요를 반영하도록 하고, 또한 그들 자신의 발전을 위해 교육적 필요를 발견하고 그들이 안고 있는 문제를 스스로 해결해 나가게 하는 것이다. 참여교육은 학습자들이 교육의 전 과정에 적극적인 참여를 하게 함으로써 보다 적극적인 삶을 살게 하고 나아가 참여적 시민성을 기르는 데 도움을 준다.

가 밖에도 학자에 따라 자발학습의 원리, 실용성의 원리, 현실성의 원리, 능률성의 원리, 유희 · 오락성의 원리 등 다양한 평생교육방법의 기본원리들이 제시되기도 한다. 이와 같은 원리들을 고려하여 학습경험을 구조화할 수 있는 수업절차 결정, 관련 자료의 선정과 평가절차 등을 결정해야 한다. 또한 학습자의 직업, 거주지, 생활양식 등을 고려하여 학습형태가 결정되어야 한다.

2) 평생교육 교수 · 학습방법의 특성

평생교육 교수방법의 특성을 살펴보면 다음과 같다(한국산업인력공단, 2016a).

첫째, 평생교육은 다양한 사람들을 대상으로 한다. 그들은 성, 연령, 사회경제적 배경, 학력, 직업 등에 있어 다양한 특성을 갖기 때문에 교육방법을 선택하기 전에 먼저 학습자에 대한 이해가 선행되어야 한다.

둘째, 평생교육은 그 내용이 다양하며 교육의 장(場)도 다양하다. 예컨대, 평생교육의 내용은 기초 문해교육에서부터 학력보완교육, 인문교양교육, 직업교육, 시민참여교육, 그리고 여가 및 스포츠 교육, 문화예술교육에 이르기까지 다양한 내용을 망라하고 있다. 또 교육이 이루어지는 장소도 교회나 학교, 주민회관, 도서관 등 다양한 기관에서 가능하다.

셋째, 평생교육은 제도 및 체제 역시 형식적인 틀에 매이지 않는다. 따라서 특정한 형식에 매이지 않고 융통성 있게 교육방법을 사용할 수 있으며 목표의 수립에서 실천, 평가에 이르기까지 자유롭게 활용할 수 있다.

넷째, 평생교육을 가르치는 사람도 다양하다. 이론적으로 뛰어난 사람이 될 수도 있고, 실천영역의 전문가가 될 수도 있다. 평생교육의 담당자는 반드시 이론적 전문가일 필요는 없으며 누구나 평생교육의 현장에서 경험을 많이 갖고 있는 사람은 리더 혹은 촉진자(facilitator)가 될 수 있다. 특히, 평생교육은 삶의 영역과 관련된 영역까지 포괄하게 되므로 누구나 지도자가 될 수 있다는 장점이 있다.

이처럼 평생교육방법은 대상, 장소, 형식, 담당자 등에서 다양성을 기초로, 그 상황과 대상에 적절한 방법을 융통성 있게 선택하여 활용하는 것이 학습효과를 극대화할 수 있는 최선의 교육방법이며 그것을 통해 상호학습의 효과를 극대화하는 것이 바람직하다.

3) 교육·학습방법 분류의 준거

평생교육의 방법 역시 다양하다. 교수자에 의한 강의도 있을 수 있으며, 직접 현장에서 전문가를 통한 컨설팅도 가능하다. 또 최근에는 인터넷이나 e-learning도 평생교육의 중요한 방법으로 부상되고 있다. 학습방법은 교수·학습에 대한 철학은 무엇인가, 교수·학습과정을 누가 통제하는가, 학습이 개별적으로 진행되는가, 그룹으로 진행되는가, 추구하는 학습의 결과가 지식습득인가 문제해결인가, 학습 세팅은 어떠한가 등의 여러 기준에 따라 다양한 유형으로 분류할 수 있다(기영화, 2011; 한정선 외, 2011; Bielawski & Metcalf, 2003; Borich, 2000; Weston & Cranton, 1986).

| 표 9-1 | **교수 · 학습방법의 유형**

연구자	교수 · 학습방법의 유형
Weston & Cranton (1986)	• 교수자중심: 강의, 질문법, 시범, 토론 • 개별적: 프로그램 수업, 컴퓨터 보조 수업 • 상호작용적: 그룹토론, 동료교수, 프로젝트 • 경험적: 실습, 역할극, 게임, 연습
Borich (2000)	• 직접교수전략: 지식습득 중심 교수법 • 간접교수전략: 탐구, 문제해결 중심 교수법 • 직간접 혼합 교수전략: 질문전략법, 자기주도학습, 협동학습, 연습
기영화 (2011)	• 교수자중심: 강의, 시범 • 집단중심: 브레인스토밍, 버즈세션, 워크숍, 패널토의, 심포지엄, 포럼 등 • 경험중심: 역할극, 사례연구, 실습, 게임, OJT, 코칭
한정선 외 (2011)	• 강의형: 강의, 시범 • 토론형: 원탁토의, 버즈세션, 브레인스토밍 • 개인 교수형: 프로그램학습, OJT, 코칭 • 독자적 학습형: 독학, 프로젝트 • 협동학습형: 협동학습 • 발견학습형: 발견학습 • 경험학습: 현장견학, 실습, 역할극, 게임 • 문제해결형: 문제해결 • 테크놀로지 기반형: 블렌디드러닝, 이러닝
Bielawski & Metcalf (2003)	• 오프라인 교실수업: 면대면 교사주도 • 가상교실 수업: 비실시간 가상교실 수업, 실시간 가상교실 수업 • 혼합수업: 면대면 교실강의와 비실시간 가상교실 수업, 면대면 교실강의와 실시간 가상교실 수업

02 평생교육방법의 유형

평생교육방법은 학습자들이 어떤 조직적 상황에서 학습에 참여하느냐에 따라 개인·집단·지역사회중심 방법으로 유형화될 수 있다. 그러나 평생교육에서의 학습조직은 학교교육에서와 같이 전적으로 체계화되고 제도화된 것을 의미하지는 않는다. 또한 학습자가 개인이나 집단이나 지역사회 주민이냐에 따라 실제 교육활동이 완전 별개의 방식에 따라 이루어짐을 의미하지도 않는다. 단지 학습자 조직에 따른 유형의 분류는 평생교육기관이나 교수활동 주체와의 관계에 있어서 학습자들이 독립된 개인으로서 참여하고 있느냐, 아니면 어떤 조직체의 구성원으로서 참여하고 있느냐 혹은 특정 지역사회의 주민으로서 참여하고 있느냐에 따라 보다 적절한 방법을 활용해야 함을 의미한다.

| 표 9-2 | 평생교육방법의 분류 준거

구분	분류 준거		
	학습자 조직	학습 목적과 내용	교수보조물
유형	• 개인중심 • 집단중심 • 지역중심	• 이해중심 방법 • 기능중심 방법 • 태도중심 방법	• 예시적 자료 방법 • 조작적 모형 방법 • 원격매체 활용 방법 • 환경적 조건화 방법

출처: 김진화(2006). 평생교육방법 및 실천론. 고양: 서현사.

1) 학습자 조직에 따른 분류

(1) 개인중심 교육방법

개인중심 교육방법은 개인학습자가 집단 형식의 교육과정에 참여하지 않고 단독으로 교수자와 상호작용을 하면서 학습하는 방법을 의미한다. 교육매체를 이용하여 스스로 학습하는 경우도 있고, 우편매체를 가지고 상담하면서 교육이 이루어지거나 서적이나 시청각기재, 방송통신 교육 프로그램 등이 있을 수 있다(이복희 외, 2020). 또한 평생학습관, 도서관, 박물관, 문화원 등의 평생교육시설을 개인적으로 이용하면서 학습한다. 이 경우 학습자가 자율적으로 학습계획을 세워 독자적인 방식으로 혼자서 학습하고 교수자의 지도를 받거나 상담하며, 시설에서 매체를 개별적으로 활용하기도 한다. 이러한 개인중심 교육방법은 교수자와 학습자가 개인적 접촉으로 학습이 이루어지는 형태이며, 대표적인 것으로 기능 전수에서 많이 사용되는 도제식 교육, 문예창작 기법이나 예체능 실기지도와 같은 개인지도, 호별방문을 통한 계몽지도 등이 이에 해당한다. 한편 교수자와 직접 계약을 맺고 그에 따라 개별적으로 학습해 나가는 계약학습의 방식도 있다. 하지만 최근에는 성인들이 일정한 시간에 교육장소에 참여하기 어려운 경우가 많기 때문에 교육매체를 활용한 이러닝(e-learning)이나 평생교육 현장에서 멘토링, 코칭과 같은 방법을 활용하여 학습하는 경우가 증가하고 있다(김동일, 2023).

(2) 집단중심 교육방법

집단중심 교육방법은 여러 사람이 일정한 공간에 모여 함께 상호작용을 하면서 이루어지는 교수-학습방법을 의미하는 것으로 평생교육에서 가장 많이 사용되는 방법이다. 집단중심 방법은 그 규모에 따라 소집단 방법과 대집단 방법으로 구분된다. 집단중심 교육방법으로 흔히 활용되는 것은 강의나 강연, 토의, 역할극 등이 있다. 집단중심 교육방법은 활용목적, 집단규모에 따라 차별적으로 적용하는 것이 바람직하다. 구체적으로 어떤 방법을 활용할 것인가는 평생교육방법의 기본원리, 프로그램이 추구하는 학습목표와 내용, 학습자 요구와 특성, 집단의 규모 및 활용 가능성 등에 따라 융통성 있게 결정해야 한다(최운실 외, 2017). 또한 학습자 집단의 규모도 고려되어야 한다. 숫자가 많거나 작은 경우, 그에 적절한 방법을 사용하는 것이 효과적이다. 학자에 따라 제시한 집단규모별 적절 교수기법은 다음과 같다.

| 표 9-3 | **집단 규모에 따른 적절한 교수기법**

학자	집단규모	교수기법
Knox (1986)	소규모 집단	토론, 세미나, 사례분석, 시뮬레이션, 시범
	대규모 집단	강의, 패널, 토론(debate), 하위집단 토의(subgroup discussion), 포럼
Waldron & Moore (1991)	소규모 집단 (5~35명)	강의, 브레인스토밍, 사례연구, 질의, 현장견학, 버즈그룹, 패널 토의, 역할극, 세미나, 워크숍
	대규모 집단 (35~200명)	강의, 패널 토의, 회의, 심포지엄, 집단토의, 워크숍

출처: 차갑부(2002). 사회교육방법의 탐구: 성인교육방법의 새로운 지평. 서울: 양서원.

집단중심 교육방법은 집단 내에서 적극적인 상호작용을 통해서 개인적인 욕구를 충족시킴과 동시에 공동체 의식을 기르거나 과제를 해결하며 집단목표를 달성해 나가는 교육방법이다(조용하, 1992). 청소년 및 성인을 위한 평생교육프로그램은 대부분 상호학습의 원리를 특징으로 하는 집단중심 방법을 통해서 이루어지고 있다(김수일, 1995).

(3) 지역중심 교육방법

지역중심 교육방법은 특정 지역사회 주민들이 함께 모여 자신들의 문제를 논의하고 공동의 노력과 참여를 통해 문제를 해결하고자 할 때 효과적인 교육방법이다. 이 방법은 주로 주민들이 자아실현과 함께 지역사회의 발전(community development)을 도모하기 위한 목적으로 이루어지며, 지역평생교육(community education)이란 용어로 널리 사용되어 왔다(이복희 외, 2020). 예를 들면, 우리나라의 새마을 교육이나 덴마크의 국민대학(Folk High School)이 전형적인 예라 할 수 있다. 지방자치제도와 평생학습도시의 출현에 따라 지역사회중심 교육의 필요성과 중요성이 더욱 강조되고 있다(이복희 외, 2020).

2) 학습목적 및 내용에 따른 분류

(1) 지식(knowledge) 이해

정보와 지식의 획득은 청소년 및 성인의 평생교육 참여를 유도하는 주요 동인이며 특히 정보화시대를 맞이한 오늘날 그 중요성은 더욱 커지고 있다. 새로운 정보와 지식을 보다 체계적이고 용이하게 탐색하고 학습하도록 돕기 위해서는 개인 및 집단중심방법이 모두 활용될 수 있다. 강의, 강연, 토의, 패널 토의, 매체활용방식 등이 대표적이다(이복희 외, 2020). 이 중 강의는 정보와 지식획득을 돕기 위해 가장 널리 활용되고 있는 교수방법으로 가장 오랜 전통을 가지고 있다. 강의는 특정 주제와 관련된 정보와 지식을 짧은 시간 내에 체계적으로 가르칠 수 있는 가장 효과적인 방식이다. 교수자는 교육내용을 가르치기에 적합하도록, 그리고 학습자들이 쉽고 정확하게 이해할 수 있도록 재구성하는 데 많은 준비시간을 가져야 할 것이다. 또한 강의는 학습자들을 수동적 입장에 머무르게 할 우려가 크기 때문에 적절한 예와 매체를 활용하고 토의나 발표 등을 병행하는 것이 효과적이다.

(2) 기능(skill) 개발

기능개발을 위한 평생교육은 개별적 혹은 집단으로 수행될 수 있으며, 개인지도와 시범 및 실습(drill or practice)이 가장 대표적인 방법이다. 기능이란 읽기 · 쓰기 · 셈하기 등과 같은 기초기능, 정보분석 및 해석 등의 정보처리기능, 대인관계 및 민주적 참여 기능, 자동차정비와 같은 직업훈련 상의 기술 및 기능 능을 포함한다. 이 경우에는 기술연마에 치중해야 하므로 구체적인 학습보조물과 조작을 하면서 기능개발을 할 수 있도록 돕는 것이 좋다(이복희 외, 2020).

대부분의 평생교육프로그램은 그들 중 몇 가지의 기능 습득이나 개발을 요구하는데, 교수자가 학습자들의 실습에 앞서 강의와 견학 기회를 제공하고 시범을 보여주는 것은 필수적이다. 또한 교육자가 먼저 시연이나 실연하고 이후 학습자가 연습(drill or practice)하게 하는 방식으로 진행할 수 있다. 직업기술 및 기능교육을 목적으로 하는 경우에는 교육방법이 주로 실제 기능을 연마하는 쪽에 치중해야 하므로 보다 구체적인 학습보조물과 조작에 의존하게 된다. 예를 들어 자동차 정비교육의 경우, 교수자는 교수 기재(instructional equipment)로서 실습용 자동차를 활용하면서 체계적으로 설명하고 구체적인 조작과정을 시연해야 할 것이다. 그리고 학습자들은 교수자의 안내와 피드백을 받으면서 단계적이고 반복적인 실습과정을 거치는 것이 바람직하다. 이때 교수자는 학습자의 학습능력과 속도를 고려하여야 하며, 교육되고 있는 과업을 스스로의 힘으로 수행할 수 있을 만큼 실제적인 연습시간을 충분히 제공해야 한다.

(3) 태도(attitude) 변화

대부분 교육 프로그램의 목표는 태도, 의식, 신념, 가치관의 변화를 꾀한다. 이러한 프로그램의 공통점은 인간적인 교육환경, 교육요원들의 솔선수범, 실천 위주의 생활교육, 민주적이고도 자율적인 교육운영, 집단합숙을 통한 상호학습의 증진, 설득력 있는 정신계발 강의, 성공사례와 분임토의 등을 적극적으로 활용한다는 점이다. 태도는 인간의 인지적·정의적·사회적 상호작용을 통해서 형성되고 변화되기 때문에 집단중심 평생교육방법이 효과적이다. 태도 변화를 위해서는 반성적 사고를 통한 합리적 판단과 행위를 이끌어 낼 수 있는 교육방법을 활용하는 것이 무엇보다 중요하며, 이때 역할극이나 대화, 코칭 등의 방법이 효과적이다(이복희 외, 2020).

학습자가 어떤 태도를 가지고 학습에 참여하는가에 따라 학습효과가 달라진다. 즉 학습에 대한 가치 및 태도에 따라 학습의 참여의지에 차이가 생기며 학습의 효과도 달라지므로 평생교육사는 성인학습자들이 적극적으로 학습에 참여하고자 하는 의지를 가질 수 있도록 가치관 형성 및 태도의 변화를 촉진해야 한다.

3) 학습매체에 따른 분류

평생교육에서의 교수-학습 매체는 일반적으로 평생교육 과정에서 효과적인 학습을 위해 활용되는 의사소통수단이라고 정의할 수 있는데, 학자에 따라 협의와 광의의 두 관점으로 나누어지고 있다. 즉 매체를 교수-학습의 보조수단으로 볼 것이냐 아니면 교수-학습 과정에서 활용되는 모든 형태의 의사소통수단으로 파악할 것이냐로 견해가 나누어지고 있다.

학습매체에 대한 일반적인 분류는 예시적 매체, 조작적 매체, 확산적(원격) 매체, 환경적 매체로 분류하여 제시하였다.

(1) 예시적 매체

예시적 매체는 예시를 통해서 학습효과를 높일 수 있다는 데 착안하고 있다. 대체로 언어, 시청각, 후각적 매체가 활용되고 있다. 언어적 매체는 교수-학습 과정에서 언어적 설명을 제공하는 데 활용된다. 넓은 의미에서 강의 및 강연을 포함하는데, 특히 학습과제와 관련된 이해를 돕기 위해서 적절한 예를 들어 주는 것은 대단히 중요한 언어적 매체에 해당한다. 시청각매체는 시각 · 청각 · 시청각 매체로 나누어 볼 수 있다. 시각매체로는 칠판, 융판, 괘도, 게시판, 사진, 그림, 실물, 표본 및 모형, 슬라이드, OHP 등이 있으며, 청각매체로는 라디오, 녹음기와 오디오테이프 등을, 그리고 시청각매체로는 영화, TV, VTR과 비디오테이프 등을 생각할 수 있다. 최근에는 이 같은 시청각매체에 냄새를 곁들여 후각을 자극함으로써 학습효과를 기대하는 특수교육용 매체도 개발되고 있다.

(2) 조작적 매체

조작적 매체는 학습자들의 직접적 조작이 요구되는 학습과제를 수행하기 위해 제공되는 교수용 기재를 의미한다. 주로 기능 개발을 위한 평생교육프로그램에서 활용될 것임은 두말할 나위가 없다. 예를 들어 피아노 조율기술을 배우기 위해서는 실제로 조작할 기회가 제공되어야 할 것이며, 이를 위해서는 실제

피아노나 피아노 모형이 필요할 것이다. 자동차 정비기술을 배우는 경우에도 자동차 또는 관련된 부품이 제공되어야 할 것이다. 최근에는 과학기술의 발달과 함께 실물과 거의 유사하거나 대치할 수 있는 모형들이 개발됨에 따라 조작적 매체활용을 통한 학습이 용이해지는 경향이 있다.

(3) 확산적 매체

확산적 매체는 교수자와 학습자가 공간적으로 멀리 떨어져 있는 상황에서도 교육을 가능케 하는 매체, 즉 주로 대중 원격매체를 의미한다. 확산적 매체는 서적·잡지·신문 등의 인쇄매체, 라디오와 텔레비전 등의 방송매체, 인터넷과 멀티미디어 등의 통신매체를 포함한다. 열거된 예에서 쉽게 알 수 있는 것처럼, 확산적 매체는 짧은 시간에 많은 학습자에게 효과적이고도 경제적인 교육을 수행할 수 있다는 점에서 가장 큰 의의를 찾을 수 있다. 또한 현대인의 바쁜 삶을 생각할 때 매체에 접할 수만 있다면 공간적 거리와 관계없이 언제 어디서나 학습이 가능하다는 점도 큰 장점이다. 특히 대중매체의 보급률과 컴퓨터의 급속한 발달을 고려할 때 확산적 매체의 교육적 중요성은 날로 높아질 전망이다.

(4) 환경적 매체

환경적 매체는 학습장소의 물리적 환경과 관련된다. 학습장소가 어디이며 어떻게 구성되어 있느냐에 따라 학습효과가 달라진다는 것은 이미 잘 알려져 있다. 교육내용에 따라 학습장소는 야외일 수도 있고, 도서관이나 박물관 등의 문화시설일 수도 있다. 각 장소에 따라 내적·외적 환경을 어떻게 구성할 것인가도 고려해야 할 것이다. 예를 들어 토의수업을 진행할 경우 토의에 적합한 주변 환경 여건을 고려해야 할 것이며, 토의 참가자 수에 적절한 크기의 방을 선정해야 할 것이고, 토의 유형에 맞는 좌석배치를 해야 할 것이다. 교실의 구성과 배치(layout)는 학습의 효과에 중대한 영향을 미친다. 따라서 학습장소의 선정과 구성은 평생교육프로그램 수행에 있어서 반드시 고려해야 할 요인이다.

03 교수매체 선정

1) 교수매체의 의미와 역할

(1) 교수매체의 의미

매체는 라틴어 'medius'에서 유래된 말로서 의사소통에 있어서 송신자와 수신자 사이를 연결하는 매개체를 의미하며, 전달체로서는 필름, TV, 도표, 인쇄자료, 컴퓨터 등이 있다. 즉 교육목표를 효과적으로 달성시키기 위해 교수자와 학습자, 학습자와 학습자 사이에 필요한 의사소통을 도와주는 다양한 형태의 매개수단을 의미한다. 이러한 일반적인 매개체들이 수업내용을 전달하는 데 사용될 때 교수매체라고 한다. 과거에는 교수-학습매체를 좁은 의미로 한정시켜 교수-학습 활동의 보조수단으로 파악해 왔으나, 최근에는 교수공학의 발달이 이루어짐에 따라 교수매체의 개념을 확대시켜 교수-학습과정에서 사용되는 모든 형태의 수단을 총칭하고 있다. 즉, 시청각기재와 교재뿐만 아니라 교수자 및 인적자원, 학습환경, 시설까지를 모두 포함하는 개념으로 확대되고 있다.

(2) 교수매체의 장점과 역할

교수매체를 활용하는 것이 교육내용을 전달하는 데 효과적이므로 교수매체를 신중히 선정해야 한다. 수업 기능을 강화하고 수업 시간을 보다 효과적으로 사용할 수 있기 때문에 학습자가 학습에 대하여 긍정적인 태도를 갖게 되므로 학습의 질이 높아진다. 또한 학습 경험을 흥미롭고, 풍부하게 만들어 주며, 직접 학습 및 즉시 학습을 가능함으로 교수-학습 과정을 더 재미있게 만들어 준다. 그뿐만 아니라 학습을 더 상호작용적으로 진행하도록 해 준다(신용주, 2022).

한편, 교수매체는 다음과 같은 역할을 수행한다(한국산업인력공단, 2010).

첫째, 교수활동의 표준화를 제공한다. 교수자들 간에 경험이나 지식의 차이가 존재하기 때문에 수업의 질이 교수자에 따라 달라질 수밖에 없다. 그러나 매체를 활용하게 되면 동일한 형태의 메시지를 전달하기 때문에 교수자의 개인차에 의해 발생하는 수업의 차이를 감소시킬 수 있다.

둘째, 교수-학습의 효과성 향상을 제공한다. 추상적인 내용을 가르칠 때 도표나 그림, 실제 사물의 모습이나 소리 등을 이용하면 학습자들의 이해를 도울 수 있다.

셋째, 교수-학습의 효율성을 향상할 수 있다. 교수매체는 다양한 감각기관을 자극할 수 있으며, 보다 구체적이고 다양한 형태의 정보를 빠른 시간에 제시할 수 있다. 그 결과 교사와 학습자 모두 시간을 효율적으로 사용할 수 있다.

넷째, 교수-학습의 질 제고 및 매력성을 향상할 수 있다. 시청각매체를 이용하면 학습자들의 주의와 흥미를 유도하는 데 효과적이다. 예컨대, 환경오염에 관한 내용을 다룰 때 동영상을 먼저 보여주고 수업을 진행하게 되면 흥미를 유발해 학습자들의 참여도를 높일 수 있다.

다섯째, 학습자가 필요한 시간에 원하는 장소에서 학습이 가능하다. 수업내용이 비디오나 오디오에 저장되어 있다면 학습자는 언제든지 자신이 원하는 시간과 장소에서 스스로 학습할 수 있다.

여섯째, 교수자의 역할 변화를 가진다. 교수매체가 교수자를 대신해서 학습내용의 일부분을 전달해 주기 때문에 교수자는 수업의 다른 부분에 보다 많은 관심을 쏟을 수 있다. 예컨대, 개별적으로 도움이 필요한 학습자들에게 더욱 많은 시간을 할애할 수 있다.

2) 교수매체 선정의 교육적 준거

교수목표와 학습내용을 잘 전달하기 위해서는 효과적인 매체를 선택해야 한다. 그러나 다양한 매체가 있기 때문에 그중에서 어떤 매체를 선정해야 하는지 고민하게 된다. 매체선정을 할 때 기본적으로 고려해야 할 준거로는 학습자의 특성, 수업상황, 학습목표와 내용, 매체의 속성과 기능, 수업장소의 시설 등이 있다.

(1) 학습자의 특성

학습자의 연령, 지적 수준, 적성, 태도 등의 특성은 매체의 선택에 영향을 미친다. 예를 들면, 연령이 낮은 학습자에게는 그림을 많이 사용할 필요가 있지만 연령이 높은 학습자에게는 그래픽이나 표를 이용해 구체적인 정보를 제공하는 것이 효과적이다. 더불어 교수자의 특성, 즉 교사의 매체에 대한 태도나 사용능력 등도 매체의 선택에 영향을 미친다.

(2) 수업상황

수업 상황은 수업집단이 소집단인가 혹은 대집단인가 하는 수업집단의 형태와 교사중심 수업인가, 학습자중심 수업인가, 또는 설명적 수업인가, 발견적 수업인가 같은 교수전략도 포함된다. 예를 들면, 소집단 개별학습의 경우는 학습자가 자신의 학습을 유지할 수 있는 컴퓨터와 같은 개별화 매체가 요구되지만, 대집단의 설명식 수업일 경우에는 LCD 프로젝터를 사용하는 것이 효과적이다.

(3) 학습목표와 내용

학습목표와 내용에 따라서 매체 선정이 달라질 수 있다. 예를 들면, 학습목표가 "다섯 가지 성격유형을 구별할 수 있다."라면 다섯 가지 유형을 보여 줄 수 있는 그림이나 표를 사용해야 할 것이다. 그러나 목표가 "청소년 자녀와 I-message를 이용하여 대화할 수 있다."라는 내용이라면 TV나 비디오와 같은 시청각매체를 활용하는 것이 더 효과적일 것이다.

(4) 매체의 물리적 속성과 기능

어떤 메시지를 전달하느냐에 따라 매체 선택에 영향을 미친다. 수업상황과 내용에 적절한 매체를 선택하기 위해서는 매체의 속성인 시각, 청각, 시청각,

동작, 크기, 색채 등을 고려하여야 한다. 예를 들면, 어떤 자동차의 부품을 구별하도록 하는 것이 수업목표라면 그림이나 사진을 사용하는 것이 적절하겠지만, 자동차 부품의 교체방법을 가르치려면 움직임을 보여 줄 수 있는 동적인 매체를 선택하는 것이 바람직하다.

(5) 수업장소의 시설 여부

매체를 효율적으로 활용할 수 있는 시설의 여부가 매체의 선택에 큰 영향을 미친다. 매체를 사용하는데 적절한 시설이 갖추어져 있지 않다면 좋은 매체도 그 기능을 충분히 발휘할 수 없다. 예를 들면, 슬라이드를 사용하기 위해서는 암막이 설치된 어두운 교실이 필요한데, 교실에 암막 장치가 없다면 슬라이드를 사용할 수 없다. 또 프로젝터나 OHP를 사용하기 위해서는 스크린이 갖추어져 있어야 한다. 이러한 시설 없이는 매체의 효과성을 기대하기 어렵다.

3) 교수매체 선정의 실용적 준거

교수매체를 선정하기 위해서는 매체 자체의 실용적 요인들이 고려되어야 한다. 그 요소들을 구체적으로 열거하면 다음과 같다(이해주 외. 2016).

(1) 매체의 적합성 고려

교수-학습의 목표 및 내용, 그리고 학습자의 욕구와 특성에 가장 적합한 매체가 어떤 것인지를 따져 보아야 한다.

(2) 경제성

경제성이 단순히 매체 자체의 비용만을 의미하는 것은 아니다. 매체의 준비 및 사용에 투입된 시간과 노력에 비추어 그만한 학습효과를 가져올 것인가에 대한 고려가 있어야 한다.

(3) 활용 가능성

자료가 구비되어 있는지 아니면 쉽게 구할 수 있는지, 준비될 수 있다면 그것을 효과적으로 조작할 사람은 있는지 등을 생각해 보아야 한다.

(4) 매체의 양호성

매체의 내용과 품질상태가 좋지 않은 경우에는 오히려 시간을 낭비하고 역기능을 초래할 수 있다. 매체 선정 시에는 매체의 내용과 품질에 대한 최종적인 점검이 필수적이다.

4) 교수매체 활용을 위한 기본 원리

17세기 시청각교육을 처음으로 주장하였던 코메니우스(Comenius)는 교수매체를 활용하는 데 있어 다음과 같은 기본적인 원리를 제시하고 있다.

(1) 단계적 구성

교과서는 쉬운 내용부터 어려운 내용으로 단계적으로 구성해야 하며 직관적인 회화자료와 함께 가르쳐야 한다.

(2) 교육내용

교육내용을 설명할 때는 구두로 제시하기 전에 구체적인 시각적 자료를 먼저 제시하고 진행하는 것이 좋다.

(3) 교수과정

먼저 실물을 다루고 난 후에 언어적 설명을 제공하는 것이 좋다.

5) 교수매체의 유형과 교육적 특성

교수매체의 종류 역시 다양하다. 이를 유형화함에 있어서는 학자에 따라 조금씩 다르지만 여기서는 상징체계에 따라 인쇄매체, 시각매체, 청각매체, 시청각매체, 상호작용매체 등으로 분류하여 그 특징을 살펴보기로 한다.

(1) 인쇄매체

서적, 잡지, 신문과 같은 출판물로 인간의 교육활동에 도움을 주는 대표적인 교수-학습매체이다. 효과적인 학습이 되도록 하기 위해서는 무엇보다도 학습자의 욕구와 수준이 고려되어야 한다. 인쇄매체의 몇 가지 특성을 살펴본다면, 첫째 인쇄매체는 학습자, 즉 독자에 의해서 접촉여부가 결정되기 때문에 학습자의 욕구와 학습의지에 따라 활용여부와 교육효과가 크게 좌우되는 모습을 보이게 된다. 둘째, 인쇄매체는 기록성과 보존성을 가지고 있어서 반복학습이 가능하며 학습자의 능력에 따라 학습속도를 조절할 수 있고 자신이 필요한 부분을 선택적으로 학습할 수 있다. 셋째, 인쇄매체는 시간과 장소 등 특정 환경에 구애받지 않고 활용될 수 있다. 넷째, 인쇄매체는 다른 매체보다 비용이 적게 든다. 이 같은 특성이 효과적인 학습으로 이어질 수 있게 하기 위해서는 무엇보다도 학습자의 욕구와 수준이 고려되어야 한다. 내용과 표현기법에서 인쇄매체는 학습자들에게 필요한 정보와 지식을 담고 있어야 하며 그들의 수준에서 이해하기 쉽도록 기술되어야 한다. 아무리 훌륭한 글도 그것을 필요로 하지 않는 사람, 이해하는 데 어려움을 느끼는 사람에게는 무의미하다는 점에 유의해야 할 것이다.

(2) 시각매체

시각적인 방법에 의존해서 제시되는 매체이다. 비투사매체와 투사매체로 나누어지는데 투사매체는 주로 전기나 빛을 이용한 투사방법을 사용하는 것으로 슬라이드와 OHP 등이 있다. 비투사매체에는 실물, 모형, 사진, 그림 등이 있다. 투사매체는 그림이나 글자를 확대해 많은 사람이 내용을 볼 수 있도록 만들어 준다.

(3) 청각매체

청각적인 정보를 전달하는 것으로 라디오, 녹음기, 오디오 등이 있다.

(4) 시청각매체

시각과 청각을 동시에 자극하여 정보를 전달한다. VTR, 영화, TV 등이 있으며 시각매체와 청각매체를 결합해서 매체효과를 극대화할 수 있다. 시청각매체는 그림과 달리 움직이는 영상을 보여 준다는 특징이 있다.

(5) 상호작용매체

매체와 사용자의 상호작용을 강조하는 것으로 컴퓨터를 이용한 컴퓨터 보조 수업, 비디오, 멀티미디어, 쌍방향 TV 등은 단순히 정보를 제시하는 수준에서 벗어나 학습자의 반응을 감지하고 그 반응에 대한 피드백이나 결과를 제공한다. 과거에 비해 컴퓨터나 핸드폰을 활용한 수업이 적극 활용되고 있다.

Chapter 10

평생교육 자원 및 평생교육 인적자원

01 평생교육 자원
02 평생교육 인적자원
03 프로그램 운영자와 교수자

01 평생교육 자원

1) 평생교육 자원 확보

평생교육 자원이란 평생교육에 활용할 수 있는 모든 종류의 자원을 의미한다. 넓은 의미에서는 평생교육이 운영되는 지역사회 전체를 평생교육의 자원이라고 볼 수 있으며, 좁은 의미에서는 평생교육프로그램을 개발하고 운영에 있어서 직접 활용되는 자원을 의미한다. 평생교육프로그램이나 사업, 행사 등의 기획과 프로그램, 사업, 행사 등의 운영에 있어서 평생교육 자원을 활용하는 것이 해당 프로그램의 성공과 실패를 좌우하기 때문에 평생교육 자원을 확보하는 것은 중요하다. 따라서 평생교육 영역의 업무를 담당한 이들이 평생교육 자원을 파악할 수 있는 감수성과 인식역량을 배양하는 것은 평생교육프로그램을 기획하고 운영하는 데 있어서 중요한 역량이다(한국산업인력공단, 2016b).

평생교육 자원은 크게 보면 지역사회를 구성하는 전체가 자원이라고 볼 수 있으며, 해당 지역사회의 역사와 문화, 문화재, 역사적 전통, 자연과 환경, 동식물, 지역사회의 경제적 요소, 문화적 요소, 주민들의 의식과 관습, 물리적 시설 등이 모두 지역사회의 평생교육 자원이라고 할 수 있다. 지역사회의 문화적 요소가 평생교육 자원이 될 수 있는 것은 지역사회의 역사 속에서 학문을 존중하는 역사적 전통과 풍습이 해당 지역사회 주민들이 현재 평생학습의 실천과 참여에도 영향을 미치는 요소이기 때문이다. 이런 의미에서 지역사회의 문화도 귀중한 자원이 될 수 있다. 지역사회 주민들의 참여의식과 자치의식이 높다면 평생교육프로그램을 기획하는 데 있어서 주민들의 참여를 높일 수 있는 자원이 되고 주민들이 스스로 주민자치형 평생교육프로그램을 기획하고 운영하는 데 있어서 자원이 된다. 그리고 지역사회의 경제적 여건이 어떠한가도 지역사회의 프로그램을 기획하고 운영하는 데 있어서 참고할 사항이 된다. 지역사회 주민의 경제적 여건에 따라 지역사회에서 운영하는 프로그램의 종류와 참여 촉진 방법, 수강하는 프로그램의 수강료 책정 등에 있어서 다른 전략으로 접근하는 것이 필요하기 때문이다(한국산업인력공단, 2016b).

지역사회 내 소재하는 역사적 문화재나 유물은 평생교육의 소재로 활용할 수 있는 내용으로 지역사회 주민들과 외부의 학습자를 대상으로 하는 평생교육프로그램의 자원이 될 수 있다. 그리고 지역사회에 좋은 자연환경을 갖추고 있다면 이것도 생태환경 프로그램이나 힐링 프로그램을 운영할 수 있는 자원이 된다. 예를 들면, 지역사회 내에 좋은 습지가 있는 곳이라면 생태교육 프로그램을 운영할 수 있는 자원이 된다. 이처럼 지역사회 내에 존재하는 모든 것은 평생교육 자원으로 활용할 수 있다. 그런데 앞에서 언급한 것은 광의의 평생교육 자원이고 우리들이 보통 생각하는 평생교육 자원은 평생교육프로그램의 기획과 운영에 직접 활용할 수 있는 것으로 한정하여 생각한다. 평생교육프로그램에 직접 활용할 수 있는 평생교육 자원은 인적자원, 물적자원, 재정자원, 정보자원 등과 같은 구체적인 것을 의미하는 뜻으로 평생교육 자원이라는 용어를 사용하고 있다.

현장에서 프로그램을 실행하기 위해서는 무엇보다 안정된 자원의 투입과 기술력이 필요하다. 인적자원에는 프로그램을 설계하는 개발가, 프로그램의 운영을 책임지고 이끌어 갈 운영관리자, 교육 프로그램을 실행할 교수자 및 지도자, 그리고 평가자가 포함된다. 또한 행정 지원 인력이나 자원봉사자가 포함되기도 한다. 프로그램의 목적을 효과적으로 달성하기 위해서는 반드시 전문 인력이 교육 프로그램을 실행하도록 해야 한다. 물적 자원에는 재원, 시설, 장비 등이 포함되는데, 그중에서도 가장 핵심적인 물적 자원은 재정 자원인 재원이라 할 수 있다. 현실적으로 재원이 확보되지 않으면 예산 집행이 어려워짐에 따라 아무리 좋은 프로그램이라도 성공적인 실현이 불가능하기 때문이다(신용주, 2022).

2) 인적자원 확보

(1) 인적자원관리의 의의

미래학자 앨빈 토플러(Alvin Toffler)는 다가오는 정보화시대에는 사람이야말로 이윤창조 활동에 있어 가장 중요한 자산이 될 것이라고 하였다. 즉 가치를 창출하기 위한 기업의 모든 활동이 이제는 사람, 즉 인적자원에 달려 있다는 것이다. 평생교육 자체가 인적자원개발의 성격을 가지고 있지만 다른 한편 평생교육기관 안에도 인적자원이 포함되어 있다. 따라서 평생교육기관도 일반 조직들처럼 내적으로 인적자원을 잘 관리해야 한다(오혁진, 2021).

평생교육기관은 사람을 대상으로, 그것도 사람과 사람과의 접점활동에 의하여 사람의 행동 변화를 목적으로 하는 조직이다. 이러한 점에서 평생교육기관에 종사하는 구성원들의 자질이라든가 동기 등이 매우 중요하고, 이에 따라 조직관리 차원에서 이들에 대한 체계적인 관리가 필요하다. 이것은 평생교육기관뿐만 아니라 대부분의 조직에서도 공통적이다. 왜냐하면, 인적자원은 조직이 활용하는 중요한 요소 중의 하나로서 경영활동이 효율적으로 이루어지고 경쟁력이 있으려면 인적자원관리가 필수적이기 때문이다. 여기서 인적자원관리(HRM: Human Resource Management)란 **| 표 10-1 |** 에서 보는 바와 같이 조직경영에 필요한 인적자원의 확보, 개발, 유지, 동기부여를 위한 일련의 관리 활동을 말한다(조동성, 2010).

| 표 10-1 | 인적자원관리의 요소 및 주요내용

구분	내용
인적자원 확보	• 조직의 충원을 의미하는 것으로 조직 구성원의 모집, 면접, 시험, 선발 등의 채용기능
인적자원 개발	• 구성원의 잠재능력을 실현할 수 있도록 훈련, 배치, 전직, 승진 등을 통한 인적자원의 능력과 자질을 함양
인적자원 유지	• 구성원의 직무, 보상, 복리후생, 안전위생, 의사소통, 제안제도 등을 통해 그들이 할 수 있는 양호한 직무환경이나 작업 분위기를 유지하는 기능

구분	내용
인적자원 보상 활동	• 직무에 기분 좋게 몰입할 수 있도록 구성원에게 동기를 부여하는 일련의 과정

출처: 권두승 외(2016). 평생교육경영론(2판). 파주: 교육과학사.

결국, 인적자원관리란 구성원의 잠재능력을 최대한으로 살려 구성원 스스로가 최대한의 성과를 이루도록 처우하고 조직하는 방법을 말한다. 여기에는 주로 종업원의 채용, 배치, 교육훈련, 인사고과, 임금, 복리후생 등에 관한 관리가 필요하다는 것을 의미한다. 평생교육기관에서 인적자원 확보는 평생교육의 전문성을 강화한다는 차원에서 평생교육사 자격증 소지자를 중심으로 되어야 하며, 이를 위한 지원체제가 확보되어야 한다. 평생교육기관의 인적자원 개발과 관련하여서는 기관 자체 내의 현직교육(OJT: On the Job Training), 직장연수(OFF JT: Off the Job Training) 등이 있으나, 평생교육센터라든가 기타 관련 단체 차원에서 전개되는 평생교육 담당자 연수 등도 있다(권두승 외, 2016). 이와 같은 인식은 인적자원을 효과적으로 관리하면 조직의 효과성에 절대적으로 이바지함으로써 조직의 경쟁력을 높일 뿐만 아니라, 구성원들의 근로 생활의 질(QWL: Qality of Working Life)을 향상할 수 있다는 데 그 바탕을 두고 있다(임창희, 2010).

인적자원관리의 광의 의미로는 조직에서 사람에 관련된 모든 활동을 말한다. 협의의 의미로는 사람관리. 즉 인사관리를 말한다. 그러나 인사관리와 인적자원관리 간에는 차이점이 있다. 인사관리란 조직에서 종업원에 대한 기본적인 관리기능인 선발 · 훈련 · 보상 등을 의미하지만 인적자원관리는 전통적으로 인사관리에 행해 오던 기능에다가 조직 구성원들의 역동적인 상호작용 기능과 전략적이고 계획적인 조직의 목표를 제시하는 확장된 개념이다. 따라서 인적자원관리는 종업원들의 개발에 관심이 많지만, 전통적인 인사관리는 통제형의 노무관리 수준에 머물고 있다는 차이가 있다(신유근, 2011).

현대에 와서 우리 사회를 '조직화된 사회'라고 일컫는데, 이는 대부분의 사람이 직업과 관련된 조직에 참여하지 않더라도 각종 조직에 소속되거나 작게는 집단에 소속되어 있음을 의미한다. 즉 현대인들은 조직을 떠나서 존재할 수 없으며, 조직은 사람의 문제를 소홀히 하고는 생존할 수 없다. 그래서 기관은 조직의 경영전략에서 사람을 가장 중요시하고 있으며, 인적자원관리를 경영전략의 핵심 전략으로 고려하기 시작하였다. 특히 기업경영에서 사람관리가 중요한 이유를 다음과 같이 들고 있다(신유근, 2011).

첫째, 조직에서 발생하는 많은 문제가 근본적으로 인간문제이며, 이러한 인간문제를 어떻게 해결하느냐 하는 것이 조직의 유지 발전에 중요한 요소가 된다.

둘째, 사람관리는 타 기업이 모방할 수 없고, 고유의 핵심역량을 배양하여 기업경쟁력을 제고하는 활동이다.

셋째, 오늘날 지식정보사회에서 경영의 요체는 역시 사람관리이다. 즉 지식정보사회의 대명사라 할 수 있는 지식경영은 조직 구성원들에게 조직 내외의 지식자산을 개발·획득하도록 하고, 이를 효과적으로 공유·활용하도록 촉진한다.

넷째, 사람관리는 기업이 노동문제·인권문제와 관련된 사회적 압력에 대해 효과적으로 대처하도록 하여 사회와의 균형 관계 속에서 경영성과를 달성하도록 하는 활동이다.

다섯째, 사람관리는 기업경영의 글로벌화를 달성하는 데 핵심적 관건이 되고 있다.

이뿐만 아니라 미래지향적인 인적자원관리를 강조하면서 조직의 전략과 인적자원관리를 통합적으로 접근하는 것이 전략적 인적자원관리라고 말한다(이지규, 2009). 전략적 인적자원관리는 조직의 전략 수립과 실행 시 조직의 인적자원에 대한 제반 요건과 각 인적자원관리 기능을 고려하여 조직전략을 수립하는 것이다. 조직전략과 인적자원관리를 통합적으로 접근하기 위해서는 먼저 인적자원관리 사명에서 조직의 사명과 더불어 인적자원의 중요성을 확인해야 한다. 조직의 내부·외부 환경 분석과 인적자원 환경 분석을 통하여 조직에서의 약섬과 강점 그리고 동시에 인적자원의 약점과 강점을 파악한다. 그리고 인적자원 전략을 조직전략과 동시에 또는 먼저 수립한다. 끝으로 조직전략과 동시에 인적자원관리 전략으로 필요한 인력을 파악하고 인력의 모집과 선발을 통해 직무배치, 인력에 대한 성과평가와 보상 그리고 개발과 훈련 등 전반적인 인적자원 관련 활동이 이루어진다. 사회, 조직, 개인 구성원 그리고 인적자원 환경의 새로운 변화로 인적자원관리의 패러다임이 변화하고 있음을 실감할 수 있다. 과거 인사관리가 관료주의 이념에 기초를 두고 조직전략의 보조적 기능만을 강조하였다면, 지금은 인적자원관리와 전략이 조직의 핵심 전략으로 인식되고 있다. 이러한 현상은 평생교육기관을 포함한 교육조직에는 물론 모든 조직에서도 마찬가지이다(이진규, 2009).

이런 맥락에서 볼 때 평생교육기관의 인사관리는 평생교육기관에서 필요로 하는 인적자원을 계획·확보·개발·활용하는 평생교육기관 경영의 중요한 요소라고 이해할 수 있다. 평생교육기관에서 인사관리 대상은 협의의 대상과 광의의 대상으로 나누어 볼 수 있다. 협의의 대상은 프로그램 개발자, 프로그램 운영자, 일반 직원 등이 속한다. 여기에는 전일제 직원과 시간제 직원이 모두 포함된다. 한편 광의의 대상으로는 위의 대상을 포함하여 외부강사, 자원봉사자, 이사회원 등이 포함된다(오혁진, 2021).

(2) 패러다임 변화

현재 한국 사회는 세 가지 변환(triple transformation)의 변화 압력에 처해 있는 것으로 보인다. 즉, '4차 산업혁명', '저출산·저성장·고령화·신세대의 출현', 코로나-19로 인한 '감염성 호흡기 질환 환경'이라는 큰 세 가지 변화가 동시에 진행되고 있다. 세상은 빠르게 변화하고 있고, 이에 따라 기술도 빠르게 변하고 있지만, 사람과 사람에 대한 관리제도는 그만큼 민첩하게 바뀌지 못하는 경향이 있다. 또한 기술환경의 변화는 정보와 물질 간의 연결과 전환을 더욱 빠르고 자유롭게 하여 시공간의 제약이나 경계의 의미를 축소했다(강성춘, 2020). 플랫폼을 활용한 많은 변화, 회의 방식과 문화의 변화 등 기술발전과 혁신은 사회 전반 그리고 인적자원관리 전반에 걸친 변화를 가져왔다. 이는 4차 산업혁명과 같은 기술혁신이 사회 전반에 걸쳐 급진적 변화를 초래하는 공진화(co-evolution) 현상으로 기술과 시장, 그리고 조직이 서로 영향을 미쳐, 하나가 변하면 나머지도 이 변화에 적응하기 위해 변하면서 역동적으로 공진화하고, 그 결과 사회 전체가 패러다임 전환을 경험하게 된다(신동엽 외, 2018). 기술환경의 변화 외에도 사회문화적 환경, 즉 사회 구성원들의 의식과 가치관의 변화로 인한 관점과 행동 방식의 변화 역시 중요한 외부 경영환경 요인으로 작용할 수 있다(오계택 외, 2021). 특히 인적자원관리는 경제 동향과 아주 밀접한 관계를 맺고 있기 때문에 경제 환경의 변화에 따라 인적자원관리의 패러다임도 함께 변화해 왔다. 현재 우리는 능력과 성과 중시, 국제적 경험과 안목, 민주주의에 기초한 수평적 인적 관리구조, 직무중심, 사업목표 달성 및 전략 수행, 현장 관리자에 대한 자문 역할, 전문형 인재중심의 패러다임 등을 경험하고 있다(오계택 외, 2021). 이러한 현상은 내부노동시장 중심에서 외부노동시장 중심으로, 집단·연공 중심에서 개인·성과 중심으로, 사람 중심에서 일 중심으로, 인사부서 중심에서 현장관리자 중심으로, 국내중심에서 국제중심으로, 수직적 구조에서 수평적 구조로, 표준형 인재중심에서 전문형 인재중심의 패러다임으로 패턴을 이끌어 가야 한다.

| 표 10-2 | 기업 중심 인적자원관리의 패러다임 변화

기존		변경
내부노동시장 중심 집단 · 연공 중심 사람 중심 인사부서 중심 국내중심 수직적 구조 표준형 인재 중심	⇨	외부노동시장 중심 개인 · 성과 중심 일 중심 현장관리자 중심 국제중심 수평적 구조 전문형 인재 중심

3) 인적자원관리의 주체

일반적으로 인적자원관리에 있어서 대기업의 경우는 인사부서가 크게 두 개의 분야로 구성되어 있다. 하나는 인사조직 또는 관리부서와 다른 하나는 교육부서이다. 인사조직 및 관리부서는 조직 구성원 채용은 물론 인사고과, 후생·복지와 성과급 등 확보관리와 평가관리 그리고 보상관리를 주요 업무로 담당하고 있으며, 교육부서는 조직 구성원 개개인의 개인개발, 경력개발, 조직개발을 위한 교육훈련의 계획을 비롯하여 운영 및 평가를 담당하고 있다. 그러나 평생교육기관은 인사담당자가 모든 것을 총괄하고 있기 때문에 거대한 조직과의 경쟁에서 불리한 상황에 놓이고 있다.

4) 인적자원관리의 목표와 원리 및 직무

(1) 인적자원관리의 목표

인적자원관리의 궁극적인 목적은 외적으로는 조직의 성과달성을 효과적이고 효율적으로 이끌어 가기 위하여 인적자원을 발굴하고 교육시켜 필요한 부서에 적시에 배치하는 것이다. 평생교육기관 인사관리의 목적은 평생교육기관을 생산성 높은 학습공동체로 만드는 것이다. 즉 외적으로는 평생교육기관으로서의 조직 목적을 효과적·효율적으로 달성할 수 있도록 인력을 적절히 활용하는 것이며, 내적으로는 조직의 구성원들이 보람과 만족을 느끼고, 상호 간에 유대감을 형성하면서 성장하도록 돕는 것이다(서보준 외, 2018). 이를 위해 다음의 두 가지 가치가 동시에 추구되어야 한다(오혁진, 2021).

첫째는 합리성이다. 합리성이란 평생교육기관의 업무에 적합한 사람을 확보하고 그들의 전문성을 개발하여 적재적소에 배치하여 활용함으로써 평생교육기관이 지향하는 목표 달성을 극대화하는 것이다. 즉 인사관리의 객관적 측면과 관련되는 가치로서 평생교육기관의 사명과 목적을 효과적·효율적으로 추구하는 것을 의미한다.

둘째는 인간존중이다. 평생교육기관에서 일하는 구성원들이 평생교육에 대한 철학과 사명을 가지고 전문성을 발휘하여 소신껏 일함으로 직무만족도를 충족시키고 동시에 자기성장과 자아실현을 추구하도록 지원하는 것이다. 즉 인사관리의 주관적 측면과 관련되는 가치로서 평생교육기관 구성원 사이의 갈등을 극복하고 구성원의 자기성장 및 자아실현을 추구하도록 돕는 것을 의미한다.

이 두 가지 가치가 조화롭게 구현될 때 평생교육기관은 교육적 사명의 실천은 물론 구성원 간의 유대감 강화와 자기성장도 더욱 효과적으로 이룩할 수 있다. 이는 곧 평생교육기관 학습공동체의 구현을 의미한다.

(2) 인적자원관리의 원리

일반적으로 조직 구성원의 인적자원관리에 있어서 원리는 우수한 인력을 확보한 후에 획보된 인력을 적재적소에 배치하여 주어진 임무에 전념할 수 있도록 제반 여건을 마련해 줄 뿐만 아니라 전문성 심화 발전을 유도하는 동시에 근무 의욕을 고취할 수 있도록 필요한 제반 지원을 해주는 것이다. 즉 직무에 대한 전문성 능력과 일에 대한 성취동기 또는 열정을 고취할 수 있도록 하는 것이다. 조직에서 인적자원관리 기능이나 영역이 넓기 때문에 다양한 원칙이나 원리가 적용될 수 있겠지만 기본적으로 모든 조직의 인적자원관리에서 적용될 수 있는 기본 원리는 다음과 같다(서정화 외, 2019).

첫째, 적재적소 배치의 원리이다. 유능한 인재를 확보하여도 적소에 배치하여 활용하지 못하면 인재가 사장되어 버린다. 따라서 유능한 인재를 확보하는 것도 중요하지만 이들에게 적합한 직무에 배치하여 능력을 최대한 발휘할 수 있도록 해주는 것이 인적자원관리의 시작이다.

둘째, 전문성 확보의 원칙이다. 유능한 인재를 확보하는 것 자체가 조직의 직무 분야에 전문성이 있는 사람을 확보한다는 것을 의미한다. 하지만 현대 조직에서는 이보다 구성원의 전문적인 능력과 자질을 지속해서 개발시켜 주는 것이 전문성의 더 중요한 원리이다. 평생교육기관의 경우도 최근 평생교육사 자격을 가진 전문인력을 대부분 채용하고 있어 전문성 확보의 원칙이 지켜지고 있지만, 이보다 더 중요한 것은 전문성을 신장시킬 기회를 지속해서 제공해 주는 것이다. 평생교육기관의 학습 조직화가 강조되는 것도 이 때문이다.

셋째, 공정성 유지의 원칙이다. '인사가 만사'라는 말이 의미하는 것이 바로 인사관리에서 공정성 유지의 원칙이다. 인적자원관리에서 공정성 유지의 원리는 모든 영역에 해당하는 것으로 채용에서부터 배치 그리고 평가나 보상 등에서 차별의 금지나 실적주의와 연공서열의 조화 등을 포함하는 원리이다. 공정성 유지의 원리는 구성원의 조직에 대한 불만이나 갈등을 최소화하고, 조직에 대한 충성도와 직무에 대한 동기 등을 유발함으로써 조직의 목표 달성을 극대화하는 데 기여하게 된다.

넷째, 조직 구성원의 직무 의욕 고취이다. 구성원들의 직무 의욕을 고취하기 위해서는 우선 조직의 목표와 개인의 목표를 조화시킴으로써 구성원들이 직무에 만족하도록 해야 한다. 이 외에도 구성원에 대한 적정한 경제적 처우와 쾌적한 근무환경과 여건 제공도 구성원의 근무 의욕 고취를 위하여 매우 중요하다. 특히 구성원들의 조직목표 달성을 위하여 성과가 있으면 필요한 적절한 보상을 통하여 근무 의욕을 고취할 필요가 있다.

(3) 인적자원관리의 직무

인적자원관리란 조직이 필요로 하는 인력을 확보, 유지, 평가, 개발하는 통해 개인과 조직 또는 사람과 일의 관계가 상호 간에 과부족이 없도록 관리하는 것을 말한다. 인적자원관리의 바탕은 직무분석이다. 직무분석에서 인적자원관리의 기본적 문제해결을 위한 수단의 역할을 하며, 조직에서 일과 사람과의 관계를 명확하게 밝히는 중요한 과업이다. 직무의 직무를 구성하는 일, 즉 직무 내용과 그 직무를 수행하기 위해 요구되는 직무조건을 조직적으로 밝혀 인사관리나 노무관리를 원활하게 수행하기 위해 필요한 정보를 획득하는 데 목적이 있다(나운환 외, 2019).

직무분석의 창시자는 테일러(Taylor)와 길브레스(Gilbreth)로서, 테일러가 1911년에 공장관리에 관한 저서에서 제기한 시간연구(time stuby)와 길브레스가 소개한 동작연구(motion study)에서 직무분석의 기법이 시작되었다. 이후 1914년에 시작된 제1차 세계대전 때 숙련기능공을 양성하기 위한 훈련 프로그램이 개발된 것을 계기로 직무분석이 획기적으로 발전하게 되었다. 직무분석이란 용어는 제1차 세계대전 중에 미국 육군의 인사분류위원회에서 최초로 사용한 것으로 전해진다. 1923년 미국은 직위 분류법을 제정하여 동일한 직무에는 동일한 급여를 지급해야 하며, 급여의 차이는 직무와 책임의 차이에 기준을 둔다는 직무급제도를 채택하였다. 우리나라는 6·25 한국전쟁 이후 주한미군에서 직무급제도를 인사행정에 도입함으로써 직무분석을 산발적으로 실시하게 되었다. 그러다가 1980년 노동부에서 국제노동기구로부터 직무분석 전문가를 초청하여 중앙직업훈련원, 직업훈련연구소, 한국경영자총협회 등의 직원들을 대상으로 직무분석에 대한 교육을 실시하여 각 분야의 전문가를 양성하였다(나운환 외, 2019).

직무란 광범위한 업무 영역 혹은 책임 영역에서 볼 때 서로 연관성 있는 일의 무리를 말한다. 하나의 직무에서 수행하는 일을 6~12개의 큰 영역으로 나눈 것으로 직업을 수행하는 데 주가 되는 활동이다(Harvey, 1993). 직무분석(job analysis)은 산업 현장에서 필요로 하는 인력을 과학적이고 합리적으로 관리하기 위한 기초작업으로서 특정 직무의 성질을 파악하고 그 직무를 수행하면서 필요한 지식, 숙련도, 직무역량, 책임 등 해당 직무와 관련된 조건들을 분석하는 과정이다(강위영 외, 2009). 또한 직업을 구성하고 있는 일의 전체, 그 직무를 완수하기 위해서 담당자에게 요구되는 경험, 지식, 기능, 능력, 책임 등 그 직무가 타 직무와 구별되는 요인을 도출하는 것이며(한국산입인력공단, 2023), 직무분석 결과로 도출된 역량은 교육 프로그램 개발의 기초 자료로 유용하게 활용될 수 있다. 직무분석에서 분석하고자 하는 일반적인 내용으로는 특정 직무에서 수행되는 작업의 분야 생산물, 작업장비, 작업자 기능 등이며, 작입자의 특성으로는 신체조건, 환경조건, 업무 수행에 필요한 기질, 흥미, 적성, 그리고 그 직무를 수행하기 위해 필요한 직업준비훈련, 교육 정도에 대한 정보 등이다.

일반 기업에서는 직무의 내용과 그 직무를 수행하기 위하여 요구되는 직무조건을 체계적으로 분석하여 인사관리나 노무관리를 원활하게 수행하는 데 필요한 정보를 획득하기 위해 직무분석을 활용한다. 또한, 직무분석은 직무평가, 채용·배치·전환·승진 등의 인사관리, 교육훈련, 작업조건 개선 등의 목적과 더불어 작업방법, 작업공정의 개선, 직업상담 등 다양한 목적으로 활용되고 있다(나운환 외, 2019).

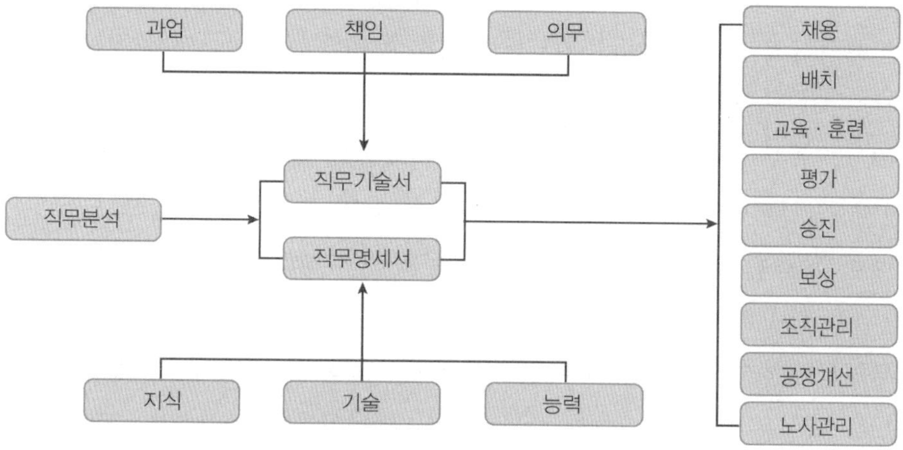

| 그림 10-1 | 직무분석의 영역

출처: 나운환 외(2019). 직무개발과 배치. 파주: 정민사.

인적자원관리의 기능과 영역은 크게 보면 인적자원 확보, 인적자원 활용, 그리고 인적자원개발로 나누어 볼 수 있다. 이를 더 세분화하면 구성원의 신분과 자격, 수요와 공급, 교육 관련 신규채용, 근무 평가, 승진, 전보, 보수, 근무 부담, 복지와 후생, 징계, 퇴직 등 인적자원관리의 다양한 기능과 영역이 있다(김용현 외, 2018). 따라서 이를 중심으로 인적자원관리의 기능을 살펴보면 다음과 같다(서보준 외, 2018).

첫째, 조직구조 설계와 인적자원 계획이다. 조직의 목표 달성을 위해 수립된 장·단기 전략과 계획을 중심으로 이에 필요한 조직체의 장기적 구성과 구조

설계, 조직에서 요구되는 인력의 구체적인 수급계획 등 비교적 장기적인 인적자원 계획의 기능을 말한다.

둘째, 직무분석과 직무설계이다. 목표 달성에 효과적이고 효율적으로 접근하기 위해서는 먼저 각 부서의 직무분석과 직무설계가 충실하게 되어 있어야 한다. 정확한 직무분석을 토대로 직무설계가 되어 있다면 직무에 필요한 인력의 확보가 용이하고 활용 및 배치에도 많은 참고가 될 수 있어 필요한 인재를 확보하는 데 있어 목표 달성이 한층 수월하게 될 것이다.

셋째, 인적자원의 확보이다. 조직에서 요구되는 인적자원을 확보하는 기능으로써 필요한 인력의 모집과 선발, 그리고 배치 등의 기능을 말한다.

넷째, 인적자원의 활용과 보조이다. 조직의 성과달성을 위한 실제 인적자원관리의 가장 큰 영역을 차지하고 있는 일상적인 기능으로서 일선 관리자의 리더십과 인간관계, 인사고과, 보상관리, 후생복지, 인사이동 그리고 직장의 안전 및 보건관리 등의 기능을 포함한다.

다섯째, 인적자원의 개발과 조직 개발이다. 인적자원의 능력개발을 위한 교육훈련과 경력계획, 부하육성과 인사상담, 그리고 조직의 효율성을 높이기 위한 조직진단과 경영혁신 그리고 조직개발 및 변화관리 등의 기능을 포함한다.

평생교육기관의 경우를 보면 노사관리 부분이 대부분 없다는 점과 기업의 인적관리와 차이점이 있다는 점 그리고 인적자원의 개발과 육성에 초점을 두어야 한다는 관점 등을 고려한 관리기능을 중심으로 살펴보면 다음과 같다(신유근, 2011).

첫째, 인적자원의 확보관리이다. 주로 직무분석을 통한 인력계획 수립, 유능한 인재를 확보하기 위한 모집, 선발, 배치라는 일련의 의사결정 과정인 채용관리활동을 포함한다.

둘째, 인적자원의 평가관리이다. 확보된 인적자원의 자질, 능력, 업적 등을 평가하는 인사고과 활동과 직무의 중요도, 난이도, 위험도 등 여러 평가요소에 의해 직무의 상대적 가치를 평가하는 직무평가를 포함한다.

셋째, 인적자원의 개발관리이다. 인적자원의 능력을 최대한 발휘할 수 있도록 일의 기회와 교육훈련의 기회를 부여하는 활동이다.

넷째, 인적자원의 보상관리이다. 확보되고 개발된 인적자원이 조직에 공헌한 만큼 금전적, 비금전적 대가를 제공하는 활동이다.

다섯째, 인적자원의 유지관리이다. 인적자원이 자신의 능력을 발휘하면서 조직 내에 남아 있도록 각종 배려를 행사하거나 조직에서 사람들이 직무를 수행하는 과정에서 나타나는 여러 가지 어려운 문제들을 해결하는 과정이다.

(4) 인적자원 포트폴리오

인사 관리상의 유의할 점은 조직 구성원의 약점에 너무 초점을 맞추어서는 안 된다는 것이다. 오히려 인사관리는 조직 구성원의 강한 면을 최대한 활용하는 방향으로 나가야 한다. 또한, 학습공동체를 지향하는 평생교육기관의 인사관리를 위해서는 단기적인 성과를 얻는 데만 급급해서는 안 된다. 구성원의 실수도 존중해 주어야 하며, 동기부여(motivation)를 통해 계속된 자기계발을 할 수 있도록 기회를 만들어 주어야 한다(오혁진, 2021).

평생교육기관의 인적자원 포트폴리오는 조직 구성원들이 직무와 관련된 전문적 능력, 즉 지식, 기술, 태도를 평가하고 일하고자 하는 성취 의욕으로서 자아실현과 조직에 대한 충성심 등을 충분히 고려하여 실시하도록 한다. 조직 구성원들을 이러한 평가 기준을 통해 나누어 보면 다음과 같다(차성호, 2000).

첫째, 발전형(Star Type)이다. 직무와 관련된 전문적 능력은 물론 일하고자 하는 성취 의욕이 아주 높은 상태로서 생산성이 높은 가장 이상적인 유형의 사람을 말한다.

둘째, 성실형(Work-horse Type)이다. 전문적 능력은 부족하지만, 충성심이 아주 높은 사람으로서 열심히 일하여 조직에 도움을 주는 사람을 말한다.

셋째, 문제형(Problem Type)이다. 전문적 능력은 있으나 여러 가지 주위 환경의 요소에 의해 또는 개인의 특성에 의해 성취의욕이 아주 낮은 사람으로서 조직에 별반 도움을 주지 못하는 사람을 말한다.

넷째, 낙후형(Dead Wood Type)이다. 능력도 없고 의욕도 아주 낮은 사람을 말한다.

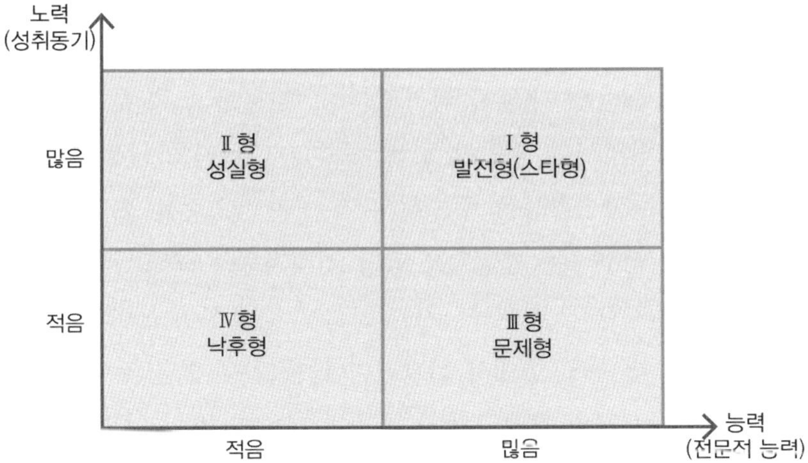

| 그림 10-2 | **인사관리의 전개 방향**

출처: 오혁진(2021). 평생교육경영론(2판). 서울: 학지사. 재구성.

Theory of Lifelong Education Program Development

02 평생교육 인적자원

1) 평생교육 인적자원의 이해

(1) 평생교육 인적자원의 정의 및 종류

인적자원이란 평생교육프로그램의 기획, 개발, 운영에 관련된 모든 종류의 인적자원을 의미한다. 모든 일에 있어서 인적요소는 중요한데 특히, 평생교육프로그램 운영과 사업에 있어서 인적자원 요소는 그 중요성이 더 크다. 그것은 평생교육은 교육사업으로서 사람을 대상으로 하는 사업이며, 사람에 의해 전개되는 사업이기 때문이다. 그러므로 평생교육에 있어서 인적자원의 중요성은 매우 높다고 할 수 있다. 지역 평생교육에 관여하는 인적자원의 종류는 정치인, 경제인, 법조인, 행정인, 예술인, 교육인, 종교인, 의료인, 시설·단체장, 주민자치위원, 마을리더·활동가, 조직의 장 등 다양한 종류의 인적자원이 있다. 평생교육의 인적자원은 교육의 대상이 되기도 하고 때로는 교육 운영 주체가 되는 자원으로서 그 중 지역사회 주민이 평생교육의 가장 기초가 되는 인적자원이다. 강사자원은 교수-학습활동을 주도해 나가는 자원으로서 중요성이 크다. 평생교육기관 내에서 근무하는 평생교육 담당 인적자원, 그리고 평생교육 자원봉사도 인적자원에 해당한다. 자원봉사자는 오늘날 중요성이 높아지고 있는데 자원봉사는 지역사회 내 주민 중에서 선발하여 활용할 수 있을 것이다. 그 밖에도 지역사회에 거주하는 강의 프로그램의 내용에 대하여 많이 알고 있는 강의 콘텐츠로서의 인적자원과 지역사회 내의 유명 인사나 역사적으로 중요한 인물도 해당 지역사회의 소중한 인적자원이다. 또 대를 이어 가업을 이어간다든가, 생활 속의 달인 등도 인적자원에 해당하는데 이들은 교육 콘텐츠로서의 성격이 강한 인적자원에 해당한다(한국산업인력공단, 2016b).

(2) 평생교육 인적자원 조사방법

평생교육기관이 존재하는 지역사회 내의 인적자원을 찾아내는 방법을 인적자원 조사방법이라고 한다. 인적자원을 조사하는 방법에는 다양한 방법이 있다. 즉, 통계자료를 활용하는 방법, 설문지를 활용한 통계조사 방법, 기존의 기록을 활용하는 방법, 인적자원에 대한 정보를 알고 있는 사람들을 대상으로 하는 인터뷰를 활용한 조사방법, 과거 자료에 기반을 두어 확인하는 방법, 지역 내 평생교육 관련 기관과의 협력관계를 활용하여 조사하는 방법, 지역사회에 대한 현장조사를 통하여 인적자원을 조사하는 방법 등 다양한 방법이 있다(한국산업인력공단, 2016b).

첫째, 지역사회 내의 인적자원을 조사하는 방법으로 가장 폭넓게 활용할 수 있는 방법으로 기존 통계자료를 활용하는 방법이 있다. 기존에 조사된 자료를 활용할 수 있다는 점에서 시간과 비용을 절약할 수 있다는 점에서 효율적인 방법이다. 통계조사 방법은 특정 인적자원을 발굴하는 차원의 조사이기보다는 지역사회 내에 어떤 인적자원이 존재하는가에 대한 개략적 정보를 얻는데 유리한 조사방법이다. 특히, 지역사회 내의 학습자에 관한 인구사회학적 정보를 얻을 수 있는 조사방법이다.

둘째, 지역사회 내의 인적자원을 조사하는 방법으로 가장 흔히 사용되는 방법의 하나는 설문지를 활용하여 조사하는 방법이다. 통계조사 자료를 활용하는 방법보다 지역사회 내 인적자원 현황에 대한 보다 구체적 정보를 얻는 방법이다. 통계조사의 경우는 통계조사 대상 지역 범위가 비교적 광범위하여 지역사회 인적자원에 관한 구체적 정보를 얻기 어려운데, 설문지를 활용한 조사방법은 지역사회 내에 존재하는 인적자원에 대한 구체적 정보와 개개인의 지역사회 평생교육에 관한 요구도 함께 조사할 수 있다는 측면에서 장점이 있다. 그러나 이 같은 방법은 별도의 설문지를 제작해야 하고, 설문지를 활용하여 조사를 수행해야 하며, 설문결과에 대한 분석을 수행해야 한다는 점에서 비용과 시간 투자가 많이 필요한 방법이라고 할 수 있다. 설문지를 사용하여 조사할 경우에는 구체적이고 타당하게 작성하며 성별, 연령, 직업, 소득수준, 주거형태, 종교 등 인구사회학적 특성에 관한 항목에 대한 조사가 필요하다. 또한, 특별히 조사하고자 하는 목적에 부합하는 문항을 적합하게 작성해야 할 것이다.

셋째, 조사하고자 하는 인적자원에 관한 정보를 보유하고 있는 인사를 대상으로 하는 인터뷰를 통해서도 지역사회 내 인적자원을 조사할 수 있다. 인터뷰를 활용하는 방법은 평생교육 전문 인력, 강사, 자원봉사자 등과 같은 평생교육 프로그램 운영과 관련한 특정 인사를 발굴하는 데 있어서 유용한 자료이다. 인터뷰를 할용할 경우에는 조사하고자 하는 인적자원과 유사한 일을 하는 이들을 대상으로 시행하면 효과적이다. 즉, 평생교육 전문담당 인력을 조사하기 위해서는 평생교육 전문인력을 대상으로 조사하면 효과적으로 인적자원을 찾을 수 있다. 그리고 강사자원을 조사하기 위해서는 강사로 활동하고 있는 인사를 내상으로 인터뷰하면 강사발굴을 효과적으로 할 수 있다. 특히, 강사는 활동하는 내용 분야가 있으므로 유사하거나 동일한 내용 분야의 강사에게 인터뷰하면 유사한 강의를 하는 강사를 찾을 수 있을 것이다. 그리고 자원봉사인력도 자원봉사자에게 문의하면 자원봉사인력을 발굴하는 데 유리하다.

(3) 평생교육 구축된 인적자원

구축된 인적자원이란 우리 기관이 속한 지역사회 내에 이미 존재하고 이는 인적자원을 의미한다. 프로그램을 운영할 기관이 보유하고 있는 인적자원은 학습자자원, 실무담당 인력자원, 교·강사자원, 자원봉사자자원 등이 있다. 이 같은 구축된 인적자원이란 평생교육기관의 인적자원으로 즉시 활용이 가능한 인적자원을 의미한다. 여기서 구축된 이라는 의미는 다음과 같은 의미가 있다(한국산업인력공단, 2016b).

첫째, 구축된 인적자원이라는 의미는 이미 그 능력이 개발되어 존재하는 인적자원이라는 의미로 평생교육 기관에서 교수(강사), 프로그램 운영자(직원), 자원봉사자 등의 구성원이 바로 투입이 가능하고 활용할 수 있는 자원을 의미한다.

둘째, 구축된 이라는 의미는 이미 우리 기관에서 활용이나 활동한 바가 있는 인적자원이라는 의미를 담고 있다. 그리고 해당 인적자원에 대한 정보가 우리 기관에 존재하는 인적자원이라는 의미도 담고 있다. 즉, 우리 기관에서 강의를 담당한 실적이 있는 강사와 우리 기관에서 자원봉사자로 활동한 경력이 있는 인적자원, 우리 기관에서 강의 콘텐츠로 활동한 인적자원이라는 의미가 담겨있다. 그런데 구축된 인적자원에 관한 자료는 있지만 해당 자료가 정리되어 있지 않기 때문에 정리하여 인적자원 목록으로 활용하는 것이 필요한 자원이라는 의미를 담고 있다.

프로그램을 운영할 기관이 보유하고 있는 인적자원을 조사하는 것은 프로그램의 기획과 개발 단계에 반드시 고려해야 한다. 기관에 참여하고 있는 학습자자원은 향후 개발하여 운영할 프로그램의 잠재적 학습자이므로 이들에 대한 분석이 필요하다. 프로그램을 운영할 기관의 프로그램 운영을 담당하는 실무인력은 프로그램 운영에 있어서 필수적 인력이므로 이들의 인적자원을 고려하여 프로그램을 기획해야 한다. 기관이 보유하고 있는 교·강사 자원은 프로그램의 교수를 담당할 인적자원이므로 프로그램 기획에 고려해야 할 인적자원이다. 또 자원봉사인력 자원도 향후 프로그램 운영에 활용할 수 있으므로 프로그램의 기획과 개발에 고려해야 한다(한국산업인력공단, 2016b).

03 프로그램 운영자와 교수자

프로그램 개발 시 고려해야 할 인적자원은 프로그램 개발가를 비롯하여 프로그램의 모든 절차를 진행하는 직원으로서의 운영관리자와 교육프로그램을 실행하는 교수자, 프로그램의 성과와 가치를 판단하는 평가자, 그리고 행정지원을 고려할 수 있다. 이 중에서도 가장 핵심적인 역할을 수행하는 프로그램 운영자, 교육프로그램을 실행하는 교수자를 선정하는 것이다.

1) 프로그램 운영관리자

프로그램운영관리자(program manager)는 프로그램 처음 실행부터 종결과 평가가 이루어질 때까지 모든 과정을 책임지는 사람이다. 대부분의 평생교육 기관에서는 프로그램의 개발가나 설계자가 직접 프로그램의 운영관리자가 되기도 하며, 또는 조직적 차원에서 프로그램 운영 경험이 풍부하고 프로그램 관리 능력과 자질을 갖춘 사람을 임명하기도 한다.

프로그램운영관리자는 프로그램 개발 후 좋은 성과를 거두기 위해 프로그램이 순조롭게 실시되도록 모든 과정을 진행하는 사람이다. 하나의 교육 프로그램이 계획되고 실시되기까지는 많은 시간과 노력은 물론 상당한 재원도 투입된다. 따라서 이 모든 노력이 시너지 효과를 내어 프로그램의 목표를 성공적으로 달성할 수 있도록 프로그램의 모든 요소를 총괄하는 운영관리자의 역할은 프로그램의 성패를 좌우한다고 할 수 있다. 따라서 프로그램 운영관리자는 프로그램에 대한 뚜렷한 목표 의식을 갖고 잠재적 학습참여자를 파악하고 평생교육 기관 내외의 다양한 자원을 효과적으로 활용하는 능력을 갖추어야 한다(신용주, 2022).

(1) 프로그램 운영관리자의 중요성과 자세

프로그램 운영 시 인적자원 선정의 우선순위는 프로그램을 담당할 운영자를 선정하는 것이다. 그러므로 교육 프로그램의 실시단계에 있어서 교육 프로그램 운영담당자의 역할은 매우 중요하다. 교육 운영에 따라 교육의 목표 달성과 실패가 판가름이 나고 이는 교육 성과와 직결되기 때문이다. 많은 비용과 시간, 노력을 투입한 교육이 최대한의 성과를 얻을 수 없다면 교육을 제공한 기관이나 학습자 개인에게도 큰 손실이 아닐 수 없다. 따라서 교육 프로그램 운영담당자는 성과 있는 교육을 위해 교육 진행의 기본방향, 준수사항은 물론 교육 진행 시 필요한 여러 가지 기술들을 터득하여야 한다(이복희 외, 2020).

한편, 운영관리자는 수준 높은 가치관과 행동규범이 뚜렷해야 한다. 또한 조직의 발전이 곧 교육에 있음을 명심하고 다음 사항을 유념하여 실천한다.

| 표 10-3 | 교육프로그램 운영자의 기본자세

구분	기본자세
조건	• 지식: 교육 훈련 전반에 대한 이론과 지식 소유 • 경험: 다양한 프로그램 운영 경험을 소유 • 열정: 교육에 최선을 다할 수 있는 열정 • 인내: 어떠한 역경에도 좌절하지 않는 불굴의 인내심 • 매너: 교육자의 품위를 유지하며 교육생에게 본을 보일 수 있는 자세 • 목소리: 교육생에게 호소력 있는 맑고 힘찬 목소리 • 자기개발: 변화에 대처하여 앞서가는 지속적인 자기개발

구분	기본자세
임무	• 경영이념의 이해 • 경영풍토의 파악 이해: 타 기관 경영 특색 설립이념과 발전 파악 • 교육훈련에 가치 제고: 조직 구성원과 유기적 관계유지 • 학습을 보전하는 전문가 • 자신 조직 내의 문제 해결에 협력할 것 • 교육의 질을 제고시킬 수 있는 교육훈련기법 개발 • 지속적인 자아개발
외모	• 복장은 단정히 한다. • 두발은 항상 깨끗이 하며 개성에 맞는 헤어스타일을 한다. • 화장은 자연스러운 화장을 한다. • 구두는 복장과 어울리는 색으로 하며 항상 깨끗이 한다. • 화려한 액세서리는 피한다.
표정	• 항상 명랑하며 웃음을 잃지 않는다. • 불쾌하고 짜증스러운 일이 있어도 감정표현을 하지 않는다. • 진행 시 지친 표정을 보이지 않는다. • 웃는 얼굴로 먼저 인사한다.
말과 행동	• 언행일치로 학습자에게 신뢰감을 준다. • 프로그램 이외의 불필요한 언행을 하지 않는다. • 말은 친절하고 상냥하게 한다. • 학습자 및 진행자 상호 간에 존대어를 사용한다. • 학습자와 대화 시 전문 용어를 피한다.
태도	• 겸손한 태도를 지닌다. • 손을 뒤로 돌려 뒷짐 지는 것을 피한다. • 몸을 뒤로 젖히는 것을 피한다. • 팔짱을 끼지 않는다. • 학습자의 휴식시간을 절대 보장한다. • 몸을 흔들지 않는다. • 손가락으로 물건을 만지작거리지 않는다. • 항상 침착한 태도를 지닌다. • 학습자를 성심성의껏 보살펴 주고 관심을 갖는 태도를 지닌다. • 교육 진행 시 시간을 엄수한다.
자기개발	• 전문지식(이론적 지식, 훈련방법, 안전진행, 시설유지) • 교양지식(일반상식, 음악 감상, 여가선용, 생활법률) • 자기관리(인격: 말과 행동이 일치, 행동: 매사에 모범이 되어야 함) • 인간관계(직장 내 상사와 부하, 부서 내 동료, 외부 교수자, 협력업체) • 교육자료(정보) 수집(세미나, 견학, 운영자 정기모임, 전문서적, 신문, 인터넷 등)

출처: 이복희 외(2020). 평생교육프로그램개발론. 파주: 양서원. 재구성.

(2) 프로그램 운영관리자의 역할

프로그램 운영관리자의 역할을 다음과 같이 제시하고자 한다(신용주, 2022).

첫째, 프로그램의 목표 달성을 위한 기본 사항들을 점검하고, 필요한 인적·물적 자원의 파악과 동원을 위해 노력한다. 또한 획득한 자원을 효과적으로 유지·관리하고, 예산을 효율적으로 집행하는 능력을 갖춘다.

둘째, 프로그램의 원활한 운영에 필요한 체크리스트를 만들어 이를 토대로 수시로 상황을 점검하며 프로그램을 진행한다.

셋째, 프로그램에 적합한 장소와 시설물 및 장비를 구비하고, 또 항상 최상의 상태를 유지하고 작동되도록 하여 효과적인 수업이 실시되도록 한다.

넷째, 프로그램의 원활한 운영을 위해 타 기관이나 조직과의 연계를 모색하며, 동시에 조직 내에서의 소통과 협력이 효과적으로 이루어지도록 한다.

다섯째, 프로그램이 시작된 다음에 발생할 수 있는 예상치 못한 상황 변화에도 유연하게 대처하여 프로그램이 성공적으로 종료되도록 한다.

여섯째, 프로그램 종결 시 프로그램의 전반적 과정 및 성과에 대한 평가에 기초해 프로그램을 계속 유지할 것인지 또는 개선이나 중단이 필요한지에 대한 의견을 제시한다.

(3) 프로그램 운영관리자의 역량

소오크(Sork)는 프로그램 운영관리자가 갖추어야 할 자질에 대해 기술적 영역, 정치사회적 영역 및 윤리적 영역의 세 가지로 분류하여 제시하였다(Sork, 2000).

첫째, 기술적 능력이란 프로그램을 맡아서 효율적으로 운영할 수 있는 전문성을 말한다. 프로그램 개발에 대한 기본적 과정 및 진행 절차에 대한 지식과 기술을 갖추고 있다. 즉, 요구분석에서부터 목표설정, 내용의 구성, 그리고 수업의 진행과 평가에 이르는 프로그램 개발의 전 과정에 대한 충분한 지식과 경험을 구비하는 것을 말한다. 프로그램의 운영관리자에게는 현실성 있는 실현 가능한 프로그램의 목표 설정 능력과 프로그램을 구성하는 다양한 요소들의 상관관계 파악, 이들 간의 타당성 있는 조직화를 수행할 능력, 프로그램이 실시될 환경 맥락, 프로그램 실행에 작용하는 긍정적·부정적 요소들, 잠재적 참여자의 특성과 요구수준에 대한 체계적 분석 능력, 프로그램의 실질적 운영에서 꼭 필요한 교수-학습 이론의 숙달과 함께 교수 자료의 선정 및 지원능력을 갖추어야 한다.

둘째, 정치적 관계에 대한 대처 능력은 프로그램을 개발하고 운영하기 위해서 프로그램 개발을 둘러싼 이해 당사자들의 요구나 주장에 관한 판단 및 대처 능력을 말한다. 프로그램 개발은 본질적으로 정치사회적 특성을 가지므로, 프로그램의 목표설정에서부터 규모나 기간, 참여 인력, 예산의 확보 등 매 단계에서 각 이해집단이 영향을 행사하려는 경우가 많다. 따라서 프로그램 개발을 중심으로 한 복잡한 정치적 관계에 대해 정확하게 파악하고 민감하게 대응하는 능력이 필요하다. 이해 당사자들의 꾸준한 상호작용과 소통을 통해 이들의 주장과 요구를 적절히 조정하여 합의에 도달하도록 이끄는 역량을 갖추는 것이 중요하다. 그럼으로써 여러 이해 관계자들에게 불만을 유발하지 않으면서 프로그램의 목표를 순조롭게 달성할 수 있다.

셋째, 윤리적 영역은 프로그램 개발에 있어서 가장 중요하고 기본이 되는 영역이다. 윤리적 영역에는 전문적 능력이나 뛰어난 이론적 지식 등을 포괄적으로 지칭하는 기능적 능력과는 구분되는 프로그램 운영관리자의 인격적인 측면과 자질이 포함된다. 의욕적인 프로그램 운영관리자라면 정치 권력의 역학 관계에도 능숙하여 프로그램 개발에 필요한 자원확보에 유리하도록 특정 이해당사자의 입장과 이익을 반영할 수도 있을 것이다. 그러나 이보다 더 근본적이고 핵심적인 가치는 민주주의와 인간존중 사상, 공동체 의식, 공동선 등 인류가 지금까지 소중히 여기며 추구해 온 숭고한 가치들이다. 따라서 프로그램 개발에서도 이처럼 교육적으로 바람직한 가치를 실현하는 것을 목표로 하는 것이 중요하다. 크고 작은 이해관계로 인해 흔들리는 것이 아닌 가장 본질적으로 인간다움을 형성하는 윤리의식과 도덕성을 기초로 프로그램 운영이 이루어져야 하기 때문이다.

앞서 살펴본 프로그램 운영관리자의 기본적 역량 세 가지 외에 김진화는 운영관리자가 갖추어야 할 기본 역량으로 경영관리 역량, 업무추진 역량, 대인관계 역량, 정보활용 역량 등 네 가지를 제시하였다(김진화 외, 2012).

첫째, 경영관리 역량은 평생교육 현장에서 발생할 수 있는 어려움이나 문제점 등을 사전에 파악하고 처리하는 능력으로 교육프로그램의 모든 단계를 책임지고 관리하는 운영관리자의 필수 역량이다. 기본적으로 평생교육 현장에 대한 이해가 요구되어야 하고 최신 정보탐색과 연구하는 자세가 도움이 된다.

둘째, 업무추진 역량은 교육프로그램을 기획 및 운영하고 모니터링, 평가하는 프로그램 운영에 전반적으로 필요로 하는 역량을 의미한다. 프로그램 운영담당자가 이러한 업무추진 역량을 갖춤으로써 학습자에게 더욱 만족스러운 프로그램을 제공할 수 있으며 프로그램의 목표 달성을 이끌 수 있다.

셋째, 대인관계 역량은 내부적으로 프로그램 설계자, 평가자, 내부 강사 등의 기관 관계자와 적극적인 소통과 협력을 통하여 더 나은 프로그램 운영을 이끌 수 있고, 외부적으로는 학습자, 외부 강사, 지역사회구성원과의 커뮤니케이션을 통해 더욱 발전적인 프로그램 운영을 할 수 있다.

넷째, 정보활용 역량도 프로그램 운영관리자의 기본 역량인데, 이는 교육에 필요한 다양한 정보를 수집, 분석, 활용, 관리함에 필요한 역량이다. 특히 평생교육프로그램의 분야가 더욱 다양해지고 학습자의 요구 또한 다양해짐에 따라 많은 정보 중에서 가장 적합한 정보를 활용할 수 있도록 정보활용 역량에 대한 필요성이 높아지고 있다.

이외에도 프로그램 운영을 위하여 운영관리자가 갖추어야 할 핵심 역량으로 학습자관리지원능력, 강사관리지원능력, 홍보마케팅능력, 학습시설매체관리능력, 관리운영모니터링능력, 학습결과인증관리능력, 평생학습예산관리집행능력, 홈페이지관리운영능력 등 8개의 역량을 제시하였다(김진화 외, 2008).

| 표 10-4 | 프로그램 운영담당자의 핵심 역량

핵심역량	내용
학습자관리 지원능력	학습자에게 정보와 편의를 제공하고 계속된 학습이 진행되도록 관리하는 능력
강사관리 지원능력	강사에게 필요한 정보와 편의를 제공하고 협력 및 관리하는 능력
홍보마케팅 능력	기관의 교육프로그램에 많은 학습자가 참여하도록 홍보하는 능력
학습시설매체 관리능력	기관의 학습시설과 프로그램에서 필요로 하는 매체를 상시 관리하는 능력
관리운영 모니터링능력	프로그램에 대한 전반적인 운영을 주기적으로 모니터링하고 관련 사항을 관리 운영하는 능력
학습결과인증 관리능력	프로그램 참여자의 학습결과를 제도적, 행정적으로 인증하고 관리하는 능력
평생학습예산 관리집행능력	프로그램 운영 예산을 적절히 편성하고 집행하는 능력
홈페이지관리 운영능력	기관의 홈페이지를 효과적으로 운영하여 정보제공과 소통이 원활하도록 관리하는 능력

출처: 김진화 외(2008). 평생교육사 직무모델 개발 및 타당화 연구. 평생교육학연구, 14(1), 1-31.

2) 교수자

(1) 교수자의 중요성

평생교육프로그램에서 수업을 담당하는 사람을 교수자(instructor) 또는 촉진자(facilitator)라고 부른다. 평생교육에서는 특히 학습자와의 상호작용을 격려하고 지원하는 촉진자의 역할이 중시된다. 교수자는 학습자들을 대상으로 그들의 요구를 충족시키기 위한 교육 프로그램을 직접 실시하고 진행하는 사람이므로 인적자원 중에서도 특히 중요하다. 그러나 교수자를 단순한 지식 전달자나 정보 제공자로 보는 것은 옳지 않다. 교수자는 수업을 이끄는 지도자로서뿐만 아니라 학습의 촉진자이자 가이드이며, 또 멘토와 상담자로서의 역할을 수행할 것이 기대된다. 따라서 유능한 교수자는 관련 분야의 전문적 지식이나 기술 및 태도의 학습을 돕는 전통적인 교사의 역할은 물론 변화에 부응하는 새롭고 혁신적인 교수 방법론의 활용에 대해 숙달될 필요가 있다. 또한 교수자는 학습자가 학습목표를 달성하도록 최대한 지원할 수 있는 역량을 갖추어야 한다. 평생교육 프로그램에서 수업을 담당할 교수자에게는 평생학습사회와 평생교육의 이념은 물론 성인학습 관련 이론적 기초 및 교육과정 전문가로서의 역량이 요구된다. 그뿐만 아니라 교수자를 학습의 관리자로 인식하는 경향도 있다(Rogers, 2002).

(2) 교수자의 역할

좋은 교수자의 조건은 먼저, 프로그램 내용에 대해서 충분한 지식을 가지고 있어야 하며, 가르치는 기술이 있어야 한다. 지식이 많은 것과 가르치는 능력은 다르다. 같은 시간에 같은 내용을 전달하더라도 교수자의 수업기술(Instruction Skill)에 따라서 학습자들이 느끼는 것은 다르다. 교수자는 이야기할 내용을 가지고 있을 뿐 아니라 그것을 바르게 전달하는 기술적인 능력도 갖추고 있어야 한다. 강단에 선 이상 학습자에게 무언가 유익한 것을 보여 줄 수 있어야 한다. 그러므로 교수자는 수업을 시작하기에 앞서 자기가 내용을 얼마만큼 충실하게 준비했는지, 그것을 얼마만큼 잘 이해시킬 능력이 있는지를 생각할 필요가 있다. 또한 교수자의 열정은 여러 가지 측면에서 말할 수 있지만, 무엇보다도 교수자 자신이 수업내용과 자기의 임무에 대해 의의를 발견하고 달성하려는 성취욕에서 나온다.

수업을 진행하면서 교수자는 학습자와의 거리를 없애고자 노력할 필요가 있다. 심리적인 거리감이 학습자의 귀를 멀리해 버리기 때문이다. 아무리 기술이 뛰어나고 지식이 많다고 해도 인간적인 매력이 없으면 교수자와 학습자 사이에 친밀감이 생기지 않는다. 따라서 교수자는 교육장의 분위기를 활발하게 조성하기 위해 인간관계도 원만하게 처리하는 능력을 갖추고 있어야 한다. 그리고 수업 현장에서는 예측하지 못한 여러 가지 일들이 일어날 수 있다. 갑자기 이상한 질문을 하는 학습자가 있을 수도 있고 기자재가 필요한 수업에서 기자재가 갑자기 문제를 일으키는 상황이 생길 수도 있다. 이에 교수자는 돌발적인 상황도 자연스럽게 대처할 수 있는 임기응변의 적응력이 있어야 한다. 좋은 교수자는 행동이 있어서도 학습자를 대면할 때 효율적인 행동으로 원활한 관계 형성에 도움을 준다. 다음은 교수자의 효율적인 행동과 비효율적인 행동을 구분하였다(표 10-5).

| 표 10-5 | 교수자의 효율적 행동과 비효율적인 행동

효율적인 행동	비효율적인 행동
열정적으로 가르친다.	냉담하고 싫증 난 듯이 가르친다.
학습자에게 관심을 많이 가진다.	학습자들에게 관심이 적다.
언제나 즐거워 보이고 낙천적이다.	침울해 보이고 염세적이다.
교실에서 쉽게 화내지 않는다.	강의실에서 쉽게 화낸다.
학습자와 함께하기를 즐기고 유머를 발휘한다.	지나치게 심각하고 진지하다.
자신의 잘못을 학습자들 앞에서 인정한다.	자신의 잘못을 모르거나 인정하지 않는다.
학습자들에게 공정하고 객관적이다.	학습자들에게 불공정하고 편애한다.
인내심을 가진다.	인내심이 약하다.
학습자들을 이해하고자 노력한다.	학습자들을 이해하지 못하고 때로 조롱한다.
학습자들을 다정하고 따뜻하게 대한다.	학습자들과 간격을 두고 대한다.
학습자의 교육문제 및 신상문제도 도와준다.	학생들 개인의 신상문제에는 관심이 적다.
잘한 일에 대해서는 칭찬을 아끼지 않는다.	학습자들을 칭찬하는 경우가 없다.
교육 성취가 나쁘더라도 성실성은 인정한다.	교육 성취가 나쁘면 그의 성실성까지 의심한다.
언제나 타인의 반응을 받아들인다.	타인의 반응을 거부한다.
학습자들이 항상 최선을 다하도록 격려한다.	학습자들을 제대로 격려하지 못한다.
강의 준비를 철저히 한다.	교육 준비에 불성실하다.
강의는 전체 계획 속에서 항상 융통적이다.	교육을 계획대로 하나 유연성이 없이 실시한다.
학습자 개개인의 요구가 다름을 인정한다.	개인차를 인정하지 않는다
흥미롭고 새로운 교육 자료와 방법을 연구한다.	교육 자료와 방법에 관심이 적다.
시범과 설명은 분명하고 구체적으로 한다.	설명이 모호하고 시범이 불분명하다.
방향 제시가 불완전하고 모호하다.	방향 제시가 분명하고 철저하다.
학습자 스스로 공부하고 평가하도록 고취한다.	학습자 자율적인 학습을 인정하지 않는다.
야단을 조용히 위엄 있게 긍정적으로 친다.	야단을 칠 때 잔소리가 많고 조롱한다.
기꺼이 도와준다.	도와주는 데 인색하다.

출처: 김진화 외(2008). 평생교육사 직무모델 개발 및 타당화 연구. 평생교육학연구, 14(1), 1-31.

평생교육 현장에서 필요로 하는 교수자는 학습자에게 단편적으로 지식과 정보를 제공하는 것에서 멈추는 것이 아니라 학습자와 상호작용하며 함께 성장하는 교수자이다. 따라서 교수자는 프로그램의 성격과 내용, 학습자의 특성 등의 요소에 따라 적절한 역할을 수행할 수 있어야 한다. 이러한 관점에서 크랜튼(Cranton)은 교수자와 학습자의 상호작용에 초점을 두고 교수자의 역할을 열두 가지로 구분하여 제시하였다(Cranton, 1992).

| 표 10-6 | 평생교육프로그램 교수자의 역할

교수자-학습자 상호작용	교수자 역할
타인주도적 (Other-Directed)	전문가(Expert) 기획자(Planner) 강의자(Instructor)
자기주도적 (Self-Directed)	격려자(Facilitator) 자원인(Resource Person) 관리자(Manager)
상호주도적 (Mutually Directed)	멘토(Mentor) 학습동반자(Co-Learner) 개혁자(Reformer) 반추적 실천가(Reflective Practitioner) 연구조사자(Researcher) 모델(Model)

출처: Cranton, P. (1992). *Working with adult learners*. Toronto: Wall & Emerson.

한편, 교수는 학습자 또는 학습 단체를 대상으로 학습의 변화를 주도하고 촉진하는 사람이다. 따라서 변화를 일으키는 매개자(change agent), 변화를 유도하기 위한 관리자, 학습 분위기 조정자의 역할을 수행할 것이 기대한다. 그뿐만 아니라 교수자의 태도 역시 학습자의 학습을 촉진하는 중요한 요소이다. 교수자의 스타일은 성인학습자에게 큰 영향을 미친다. 교육프로그램 진행 시 학습 분위기는 다음 네 가지의 유형으로 분류되기도 한다(신용주, 2022).

| 표 10-7 | 학습 분위기 유형

유형	내용
호의적 vs 배타적	학습 집단 내의 분위기가 호의적인지 배타적인지에 따라 교수자와 학습자 간의 정서적 유대가 달라짐
직접적 vs 간접적	교수자와 학습자 간 또는 학습자 간의 상호작용이 직접적인지 간접적인지에 따라 학습 분위기가 달라짐
열정적 vs 소극적	교수자가 가르치는 주제나 수업에서 다루는 학습과제에 대한 교수자와 학습자의 몰입 정도가 열정적인지 소극적인지에 따라 학습 분위기가 달라짐
조직적 vs 비조직적	교수자가 얼마나 조직적 또는 비조직적으로 학습 과정을 운영하고 관리하는가에 따라 학습자가 학습 활동에 참여하며 자신의 시간을 가치 있게 활용하는 것에 대한 보람을 느끼는 정도가 달라짐

출처: 신용주(2022). 평생교육프로그램 개발론. 서울: 학지사.

(3) 교수자의 역량

교수자의 다양한 역할을 수행하기 위해서 교수자가 갖추어야 할 역량 또한 다양하다. 평생교육활동과 관련된 제반 요소들을 융합하여 새로운 교육적 가치를 창출하고 학습자의 학습활동을 지원 및 촉진하는 활동 능력을 평생교육프로그램 교육자의 역량으로 정의 할 수 있다(정주영, 2012). 평생교육 교수자에게는 학문적 능력은 물론 실천적 역량을 겸비한 전문가로서의 역량이 요구된다. 놀즈(Knowles), 브룩필드(Brookfield), 녹스(Knox), 그라보스키(Grabowski), 크랜튼(Cranton) 등의 학자들이 주장하는 평생교육자의 교수자 역량에 대해 살펴보자.

① 놀즈의 평생교육자 역량

놀즈(Knowles, 1970/1989)는 평생교육자의 역량을 학습 촉진자로서, 프로그램 개발가로서, 행정가로서의 세 가지 영역으로 설명하였다(차갑부, 2002).

| 표 10-8 | 놀즈의 평생교육자 역량

구분	역량	내용
학습촉진자	성인학습의 이론적 기초에 관한 숙달	• 성인학습자의 요구·능력, 발달상의 특성을 이해하고, 학습에 적용하는 능력 • 청소년과 성인에 대한 가정의 차이점이 교수-학습 활동에 시사하는 바를 기술하는 능력 • 성인학습 이론을 이해하고 이를 학습 상황에 관련지어 활용하는 능력
	성인학습자의 학습경험을 설계하고 실천하는 능력	• 성인학습자 간의 개인차를 고려하여 목표를 세우고, 학습 경험을 설계하는 능력 • 상호 존중과 신뢰에 기초하여 개방적인 분위기를 형성하는 능력 • 성인학습자들과 온정적이고 촉진적인 관계를 맺는 능력 • 학습자들이 스스로 학습 요구를 진단하고, 목표를 설정하여 학습에 참여하도록 권장하는 능력
	학습자의 자기주도성을 증진하는 능력	• 교사주도학습과 자기주도학습의 차이점을 설명할 수 있는 능력 • 교수자 자신이 직접 행동을 통해 학습자에게 자기주도적인 학습의 모델링이 가능하도록 하는 능력
	교육 방법 및 교육 자료의 선정 능력	• 학습촉진을 위해 이용 가능한 학습자원 및 자료의 범위를 파악하는 능력 • 교육목표 설정 및 교육 결과 도출을 위해 적절한 교육방법이나 기법 및 교육 자료를 선정하는 능력 • 학습자들의 다양한 경험을 효율적으로 활용하는 능력 • 집단 역학(group dynamics)과 소집단 토론 기법의 효과적 활용 능력
프로그램개발가	프로그램의 기획	• 프로그램에 대한 요구 측정에서 목표 설정을 거쳐 프로그램을 설계한 후, 실행 및 평가에 이르는 전 과정을 기획할 수 있는 능력 • 프로그램의 기획 과정에 학습자를 참여시키는 능력 • 개인 및 조직의 요구 사정을 위한 도구나 절차를 개발하는 능력 • 체제 분석 전략을 통해 프로그램을 기획하는 능력
	프로그램의 설계 및 실행	• 상황 및 환경의 요구에 따라 프로그램을 설계하는 능력 • 조사 자료를 활용하여 프로그램을 개발하는 능력 • 일정이나 자원에 따라 창조적으로 프로그램을 설계하는 능력 • 자문이나 특별위원회 등을 효과적으로 활용하는 능력 • 기관의 책무성을 충족시키고 프로그램을 개선하기 위한 평가 계획의 수립 및 실행 능력
행정가	조직을 유지 발전시키는 능력	• 조직 운영의 개선을 위하여 다양한 이론 및 연구 결과를 이해하고 적용할 수 있는 능력 • 행정가로서의 개인 철학을 확립하고 이를 다양한 상황에 적용할 수 있는 능력 • 정의를 구현하는 정책을 수립하는 능력조직의 효율성을 평가하여 지속적인 발전을 도모하는 능력 • 책임 및 의사결정 권한을 타인과 공유하면서 효과적으로 행사하는 능력 • 조직 구성원의 업무 수행 능력을 평가하는 능력 • 평생교육 관련 법규 및 정책을 분석·해석·활용하는 능력

구분	역량	내용
	프로그램 실행자로서의 능력	• 예산의 범위 내에서 프로그램을 실행하는 능력 • 재정 계획 및 절차를 검토하는 능력 • 정책 입안자에게 평생교육의 바람직한 접근방법에 대해 효과적으로 설득하는 능력 • 효과적인 홍보 전략을 설계하고 활용하는 능력 • 프로포절을 개발하고 이를 위한 재정 지원 방안을 마련하는 능력 • 혁신적 프로그램을 시행하고 그 결과를 객관적으로 평가하는 능력

② 크랜튼(Cranton)의 평생교육자 역량

크랜튼(Cranton)은 교수자와 학습자의 상호작용 관계에서 네 가지의 역량을 제시하고 하위역량으로 더 세분화하였다(Cranton, 1992).

| 표 10-9 | 크랜튼의 평생교육자 역량

역량	의미	하위역량
교수 · 학습 기획역량	교수 · 학습목표의 수립 및 교육내용의 설계와 개발에 관한 역량	학습자원 및 정보수집분석 역량, 학습목표 및 학습활동 구체화 역량, 교수설계 역량, 프로그램 개발 및 이해 역량, 교수법개발 역량, 학습내용 이해 역량, 교수 · 학습과정안 작성 역량, 교재개발 역량, 교수매체 개발 역량
교수 · 학습 실행역량	기획된 교수 · 학습과정을 효과적으로 실행할 수 있는 역량	학습내용의 전문성 역량, 학습내용의 통합 역량, 교수법 적용 역량, 동기 유발 역량, 교수매체 활용 역프레젠테이션 역량, 커뮤니케이션 역량, 아이스량, 브레이킹 역량, 긍정적/동적/열정적 태도
교수 · 학습 관리역량	체계적인 교수 · 학습을 위한 제 요소를 효과적, 효율적으로 관리할 수 있는 역량	마케팅 역량, 인적 · 물적자원관리 역량, 학습자 변화관리 역량, 행 · 재정이해 역량, 프로그램평가 역량, 강의관리 역량, 학습자 진도관리 역량, 학생평가 역량, 팀워크 구축 역량
교수-학습 지원 및 촉진 역량	학습자를 지원하고 학습활동을 촉진하는 역량	피드백 역량, 학습실천 및 활용도모 역량, 학습상담 및 컨설팅 역량, 사회관계망 구축 및 관리 역량

출처: Cranton, P. (1992). *Working with adult learners*. Toronto: Wall & Emerson.

③ 브룩필드의 평생교육자 역량

브룩필드(Brookfield)는 놀즈의 가정에 기초하여 평생교육의 촉진자로서 숙달해야 할 일곱 가지 요소를 제시하였다. 브룩필드가 제시한 평생교육자 역량의 요소들은 다양한 프로그램의 개발과 실시에 꼭 필요한 교수 원리라고 할 수 있다(Brookfield, 1986).

- 학습을 유도하는 물리적 · 심리적 환경을 조성하는 능력
- 교육 방법의 선정과 교과 과정 개발에 학습자를 참여시키는 능력
- 학습 요구 진단에 학습자를 참여시키는 능력
- 학습자의 학습목표 수립을 격려하는 능력
- 동원 가능한 자원을 파악하고 활용하여 학습목표 성취 전략을 개방하는 능력
- 학습자의 학습 계획 실천을 지원하는 능력
- 학습에 대한 질적 평가에 학습자를 참여시키는 능력

이와 더불어 브룩필드는 교수자의 역할 중 특히 비판적 분석가의 역할을 강조하였다. 또한 교수자가 학습자에게 공감과 지원을 제공하고 권능을 부여하는(enable) 촉진자의 역할을 제시하였다(Brookfield, 1986).

④ 녹스의 평생교육자 역량

녹스(Knox)는 평생교육의 교수자가 갖추어야 할 역량으로서 다음의 세 가지 영역에서 숙달됨(proficiency)을 강조하였다(Knox, 1979).

| 표 10-10 | 녹스의 평생교육자 역량

역량	내용
평생교육 영역 전반에 대한 인식	• 평생교육 기관 및 조직에 대한 이해 • 평생교육 관련 사회적 추세 및 쟁점에 대한 이해 • 인사 · 조직 · 자원 등 유용한 자료에 대한 파악과 해석
성인학습자와 평생학습에 대한 인식	• 성인학습자에 대한 이해 • 성인의 생애 주기 및 평생교육 참여 동기에 대한 이해 • 성인의 학습 방법 및 학습 환경에 대한 이해

역량	내용
관계를 통한 창의적 실천에 대한 숙달	• 평생교육사들의 다양한 배경과 전문성을 성인교육의 실천에 적용하는 능력의 숙달 • 행정가 · 교사 · 상담자 · 프로그램 개발가 및 자원 인사로서 평생학습 지원 능력의 숙달

⑤ 그라보스키의 평생교육자 역량

그라보스키(Grabowski)는 평생교육의 교수자에게 요구되는 역량을 다음과 같이 제시하였다(Grabowski, 1976).

- 성인학습자의 학습 동기와 참여 유형에 대한 이해
- 성인의 학습 요구에 대한 이해
- 성인학습의 이론과 실천에 대한 숙달
- 지역사회 요구의 인식
- 다양한 교수 방법론에 대한 숙달
- 의사소통 능력 및 경청 능력
- 교육 자료의 활용 능력
- 개방성
- 자신의 지속적인 학습 수행
- 프로그램의 평가 능력

(4) 교수자의 자세

교수자는 평생교육프로그램의 이해와 교수자가 갖추어야 할 역량과 자질을 점검해야 한다. 따라서 평생교육 관련 전문적인 지식과 학습자의 이해가 필요하다. 무엇보다 많은 사람의 모범을 보여야 할 위치이다 보니 윤리의식과 도덕성을 기초로 품위를 유지해야 한다. 교수자의 자세를 살펴보면, 다음과 같이 제시한다.

첫째, 평생교육프로그램에 선정된 교수자는 제일 먼저 해당 프로그램을 명확히 이해하도록 하여야 한다. 교수자는 평생교육프로그램의 개발 배경, 학습자에 대한 정보, 교육기관의 교육 방침과 이념 등에 대해 사전에 안내받고 이를 이해하여 최적의 교수·학습활동이 이루어질 수 있도록 해야 한다.

둘째, 교수자는 교육내용과 목표에 맞는 교육 콘텐츠를 보유하고 전문지식을 갖추도록 끊임없이 연구하고 노력하여야 한다. 또한 자신의 전문지식과 교육콘텐츠를 학습자에게 효과적으로 전달하기 위한 교수법에 관한 연구도 게을리하지 않아야 한다. 무엇보다도 열정을 가지고 성의 있게 지식과 정보를 전달해야 한다.

셋째, 윤리의식과 도덕성을 기초로 프로그램 교수·학습활동을 하여야 한다. 또한 항상 학습자와 관계자에 대한 예의를 갖추며 학습자에게 본을 보일 수 있는 자세로 교수자의 품위를 유지하도록 한다.

(5) 외부 강사 선정 및 관리

외부 강사의 선정기준은 프로그램의 성격과 내용에 따라 다르다. 전문적인 기술과 지식을 요구하는 프로그램은 강사의 경력뿐만 아니라 학위나 특정 자격증을 요구하기도 하지만, 여가 선용 차원의 프로그램은 강사의 자질에 많은 제한점을 두지 않는다. 따라서 일반적으로 적용할 수 있는 강사의 자질을 다음과 같이 정리할 수 있다(Caffarella, 2002). 프로그램 내용에 대한 지식, 다양한 교수방법과 실제 적용 능력, 학습자들의 경험과 교육내용을 연결할 수 있는 능력, 성인학습자에 대한 관심과 가르침에의 헌신, 강사의 직위, 교육 경력, 전문성에 대한 학습자들의 신뢰성, 학습자 요구에 따를 수 있는 융통성, 이외에도 성인교육기관에서 요청하는 시간에 출강이 가능한가, 강사료 책정에 동의하는가 등과 같은 실질적인 사항을 고려해야 한다. 그리고 강사의 선발을 위한 자질평가방법도 중시되어야 한다. 즉 이력서 평가, 특정 강사에게 지도받은 경험이 있는 학습자에 의한 평가, 타인의 소견서나 추천서에 의한 평가, 수상경력 평가, 개인 면접을 통한 평가방법 등을 활용할 수 있다(Caffarella, 2002).

강사가 선정되었으면, 가능한 한 빨리 의뢰 강의 청탁을 진행해야 한다. 강의 의뢰는 교육계획이 결정되는 대로 해야 하며, 사내강사의 경우에는 강의 준비 시간을 넉넉히 주어야 한다. 강의 의뢰 시 교육 담당자의 전화응대 한마디, 옷차림, 태도가 교육 의뢰자 측의 회사 수준, 교육수준을 짐작게 하고 강의 승낙 여부를 결정하게 한다.

전화를 이용한 강의 의뢰 시 통화 내용 중에는 실시하고자 하는 프로그램의 목적이나 대상자, 프로그램 실시 장소, 부탁드리고자 하는 강의의 주제 및 시간 등 교육의 전체적인 개요와 상대방에게 필요한 사항을 빠뜨리지 않아야 한다.

평생교육기관의 강사는 대체로 기관에 소속되지 않은 외부 강사이기 때문에 강사로 결정된 직후의 강사료 협의 및 지급방법과 같은 기초적인 행정절차 이외에는 교육기관의 구성원들과 접촉하는 일이 거의 없다. 그러나 학습자의 만족을 위해 더 나은 프로그램 진행이 이루어지도록, 선발된 강사와 기관은 프로그램이 끝날 때까지 파트너십을 유지해 나갈 수 있도록 노력해야 한다. 그리고 강사가 결정되면 기관은 강사 오리엔테이션을 집단적 혹은 개인적으로 실시하여 프로그램을 원활히 진행할 수 있도록 도와주어야 하며, 이때 다루어야 할 기본적인 내용은 전체 프로그램 관리자 소개, 기관에 대한 정보, 프로그램 실시 시간과 장소, 계약 내용 · 주차장 · 강사 휴게실 · 복사실 등과 같은 편의시설 안내, 강사의 책임 영역, 강사의 강의 이외의 행정적 업무, 학습자 요구분석에 기초한 프로그램에 대한 기대 등이다. 이상의 내용에 대한 오리엔테이션이 끝나면 강사는 강사 카드를 작성하고, 강사료를 협의하여 강사료 지급방식을 확정지어야 한다. 또한 강사는 필요한 교재 · 교구 및 교육매체를 프로그램 관리자에게 미리 알려 주고, 매체의 확보방법을 상의함으로써, 프로그램 진행절차를 마치게 된다.

3) 자원봉사자

(1) 자원봉사자의 필요성

자원봉사자는 평생교육프로그램 운영에 필요한 전문분야에 대해 재능을 기부하는 인적자원을 말한다. 지역의 다양한 인적자원을 활용하는 봉사단에 대한 시대적 요구도 증가하고 있다. 이는 평생교육 활성화 차원에서도 매우 필요하다. 사회봉사와 자아성취를 위한 봉사활동가로 현장체험을 통한 경력관리를 목적으로도 참여하기도 한다. 자원봉사자는 특수 분야에 대한 교수자의 역할, 주강사에 대한 보조강사 역할, 프로그램 운영관리자를 도와 업무를 보조하는 역할 등의 다양한 역할을 수행한다. 하지만 다양한 평생교육프로그램을 이수하고, 단계별 진입 과정, 자격 과정, 취업 프로그램 등을 이수한 지역의 유휴 인적자원도 증가하고 있지만, 이들이 성장하는 데는 한계가 있다.

운영관리자는 평생교육프로그램에 필요한 자원봉사자 인적자원을 주로 모집 광고를 통해 확보하는데 자원봉사자의 재능과 임하는 자세에 대해 점검하는 것이 필요하다. 그리고 자원봉사자는 평생교육프로그램의 조력자로 책임감과 소속감을 가지고 참여하는 자세가 필요하다.

(2) 자원봉사자의 특성

자원봉사자의 특성은 자발성, 무보수성, 공익성, 지속성 등의 특성이 있다. 자세한 사항은 다음과 같다(한국산업인력공단, 2016c).

첫째, 자발성은 자신의 재능과 열정을 도움이 필요한 곳이나 대상에게 대가 없이 기부나 활동하는 것이며, 자신의 자발적인 의지로 지역사회를 돕는 행위이다.

둘째, 무보수성은 금전적인 대가를 목적으로 하는 활동이 아닌 무보수 활동이다. 따라서 자원봉사자는 자신의 활동에 대해 기관에 물질적 대가를 요구해서는 안 된다.

셋째, 공익성은 자신의 이익이나 목적을 위해 하는 활동이 아니며, 타인을 존중하고 이웃과 더불어 살아가는 공동체 형성을 위한 공익성을 바탕으로 한다.

넷째, 지속성은 일정 기간 지속적이고 정기적으로 참여하여야 한다.

(3) 자원봉사자 활동 사전 교육

봉사단은 구축과 함께 활동 수요처 조사에 이어 활동에 따른 사전 교육을 실시해야 한다. 봉사자들은 이미 전문성을 갖춘 인력이지만, 봉사 활동 마인드 제고, 봉사자의 자세, 활동 기관에 어울리는 지도자로서 역할에 대한 활동 사전 교육을 받는다. 활동 사전 교육은 전문가와 함께하는 워크숍, 선배를 통한 활동 사례 공유, 봉사자들의 경험을 되돌아보고 찾는 현장과 연결되는 프로그램 개발 등이다(한국산업인력공단, 2016c).

Chapter 11

물적자원 및 재정자원, 그리고 정보자원

01 물적자원
02 재정자원
03 정보자원

01 물적자원

1) 물적자원의 정의 및 종류

물적자원이란 평생교육에 활용되는 자원 중 물리적 자원을 의미한다. 평생교육의 물적자원은 교육에 활용할 수 있는 자원 중에 인적자원, 재정자원, 정보자원을 제외한 대부분의 자원은 물적자원이라고 할 수 있다.

첫째, 지역사회에 소재하고 있는 여러 종류의 자원이 물적자원에 해당한다. 즉, 넓은 의미에서 볼 때 지역사회의 지리적 환경, 자연환경, 동식물과 산과 하천, 평야, 건물, 기관, 시설도 물적자원이다.

둘째, 인공자원은 인간의 힘으로 인위적으로 만들어진 자원이다. 지역사회의 유적과 유물 등과 같은 문화유산, 지역사회의 건물, 시설, 도로, 등과 같은 것은 인공자원이다. 지역사회에 있는 기관과 시설은 그 용도별로 다양하게 분류할 수 있다. 즉, 상업시설, 기업시설, 문화시설, 보건시설, 여가시설, 교육시설, 복지시설, 스포츠 시설 등은 모두 지역사회에 있는 기관과 시설들이다(한국산업인력공단, 2016b). 이 같은 시설 가운데 도서관, 미술관, 박물관, 문화센터 등은 교육에 직접 활용할 수 있는 자원이고, 우체국, 은행, 공연장 등은 부수적으로 활용할 수 있는 시설이다. 교육설비도 물적자원이라고 할 수 있다. 교육과 관련된 시설 혹은 설비는 강의실, 운동장, 수영장, 체험학습장, 실습장 등은 교육과 직접적으로 관련된 시설이다.

셋째, 평생교육프로그램 운영 시 강의실에서 사용하는 수업 기사재와 같은 노트북, 프로젝트, 음향시설 등의 시청각 기자재와 필기도구 등도 필수적인 물적자원이다. 프로그램에 직접 영향을 미치는 교육장소와 수업 기자재는 평생교육이 주 학습자인 성인학습자의 프로그램에 대한 만족도는 교육장소와 환경, 수업 기자재에 많은 영향을 받기 때문에 더욱 신중해야 한다(권진아 외, 2022).

평생교육에 활용이 가능한 물적자원의 종류를 다음과 같이 구분하였다(한국산업인력공단, 2016b).

| 표 11-1 | 평생교육 물적자원

조사항목	물적자원
자연환경 (경관자원)	공원(국 · 공립), 자연휴양림, 산림수목원, 등산로, 산책로, 둘레길 등
	하천, 저수지, 낚시터, 온천, 생태습지, 연못 등
	정자목, 보호수, 보호동식물, 환경관련지구(자연생태보전지구, 조수보호구역) 등
	약초, 고랭지채소, 화훼, 산채, 버섯, 특산물 등
	경작지, 목장, 과수원 등
인위적 환경 (생태문화자원)	전통가옥, 폐교, 농장, 과수원, 교회, 마을회관, 창고, 정자, 문화시설 등
	생태학습장, 교육시설, 기업, 특정작물재배단지, 유원지, 숙박시설, 낚시터 등
수업환경 (수업기자재)	노트북, 프로젝터, 음향시설, 마이크, 칠판, TV, 오디오, 복사기, 팩스 등

2) 물적자원의 선정과 관리

(1) 교육장소 및 기자재 선정

프로그램 진행 전에 학습자를 편안하게 수용할 수 있는 장소의 선정은 필수적이다. 평생교육프로그램의 잠재적 학습자 집단은 주로 성인학습자로 구성되므로 성인학습자가 학습하기에 쾌적한 교육환경을 마련함으로써 이들의 교육만족도 향상과 프로그램 목표의 성공적 달성을 기대할 수 있다. 따라서 교육장소를 선정하기 전에 프로그램의 내용과 장소의 적합성을 이해하고 후보 시설을 먼저 선별하는데 이때 프로그램 진행에 포함되는 활동, 학습자 집단 규모 및 접근성 등을 먼저 고려하도록 한다. 합숙교육, 현장교육이 있을 때 역시 학습자 집단 규모와 연령, 접근성, 장소대여 비용, 편의시설 등을 고려하여 선정하는 것이 중요하다. 후보 시설별 부대시설, 비용, 주변 시설 등의 정보를 비교해 보고 해당 평생교육프로그램에 필요한 조건 사항들을 점검하여 후보 시설 중 최적이라고 판단되는 곳부터 사전 답사를 실시한 후 최적의 교육장소를 선택한다. 교육장소가 선정되면 강의실, 식당, 숙소 등의 위치와 동선을 확인하여 안내함으로써 교육 편의를 제공하고 문제점이 발생할 경우를 대비하여 현지 연락처를 사전에 정리해 두는 것도 필요하다. 교육장소의 선정과 함께 기자재의 준비 및 배치도 중요하다. 평생교육프로그램에 참여한 성인학습자를 위한 바람직한 교육환경 구성을 위해 반영할 사항들은 다음과 같다.

첫째, 교육장소는 학습참여자의 거주지역이나 직장으로부터 가까워 접근이 용이해야 하지만 때로는 프로그램의 내용과 주제에 적합한 장소로도 이동하여 실행할 수 있어야 한다.

둘째, 교육장소는 학습목표와 계획된 학습활동이 최대한 실현될 수 있도록 설계된 시설이어야 한다.

셋째, 교육 장소는 학습자의 규모에 적합한 크기와 용도에 맞아야 하며, 성인학습자들이 불편함을 느끼지 않도록 적절한 공간이 확보될 수 있도록 한다.

넷째, 성인학습자의 쇠퇴하는 시청각 능력 및 반응속도를 감안하여 책상, 의자, 음향·조명, 교실 내 설비, 부대시설, 전기설비, 교육용 기자재 등 세부항목을 정리하여 학습 환경 구성에 이를 반영한다. 교수·학습활동에 가장 중요한 역할을 하는 음향시설 등은 직접 동작시켜 정상인지 확인하고, 최상의 상태가 유지될 수 있도록 사전에 설정값을 미리 파악하여 정리하는 것도 필요하다.

다섯째, 교육장소의 책상 및 기자재는 성인학습자의 학습을 촉진할 수 있도록 적절히 배치하여 분위기를 수용할 수 있어야 한다. 교수자가 더욱 효과적인 프로그램을 진행할 수 있도록 필요로 하는 기자재를 준비하고 학습자의 입장을 고려하여 학습자에게 편의를 제공할 수 있는 기자재 및 환경을 조성하도록 한다.

여섯째, 교육장소를 옮기고자 할 때는 프로그램 실시 예정일에 사용할 수 있는 시설이어야 하며, 대여비용 또한 저렴하거나 적정한 가격이라야 한다.

일곱째, 숙박이 필요한 집중 프로그램인 경우 식당, 잠자리, 샤워실, 휴게실,

외부 전화 등 부대시설이 잘 갖추어진 곳이라야 한다.

여덟째, 교육장소가 정해지면 프로그램 진행을 위하여 강의실의 모든 시설이 완벽하게 갖추어졌는지를 점검하고, 문제가 있으면 사전에 반드시 조치해야 한다.

(2) 교육 장소선정의 기준

교육 장소선정 기준시 고려해야 할 사항은 참석인원 수, 교육장 크기, 교육장 배열, 책상과 의자, 조명, 소음, 온도, 교통 및 주차시설, 부대시설, 음향시설, 전기시설, 교육용 기자재, 비품 등을 제시할 수 있다. 자세한 내용을 살펴보면 다음과 같다.

| 표 11-2 | **교육장소 선정 기준**

항목	교육장소 선정 기준
참석인원 수	정원을 초과한 교육 장소에 더 많은 인원을 억지로 수용해서는 안 된다.
교육장 크기	책걸상 일체형: 학습자 1인당 2~2.5㎡ 책걸상 분리형: 학습자 1인당 2.5~3.5㎡
교육장 배열	어떤 자리 배치든 모든 사람이 정확하게 보고 들을 수 있도록 해야 한다.
책상과 의자	책상은 폭 0.5m, 길이 1.8m 정도
조명	학습자들이 필기할 때 지장이 없도록 해야 한다.
소음	작업장으로부터 멀리 떨어진 장소를 선정해야 한다.
온도	섭씨 20~25도 정도 유지, 냉·난방을 철저히 한다.
교통편의	대중교통 시설, 주차공간, 장애인시설 등을 고려해야 한다.
부대시설	휴게실, 자동판매기, 공중전화, 화장실, 비상출입문, 숙박시설 등을 고려한다.
음향시설	교육 담당자와 교수자의 목소리가 주도적인 소리가 되어야 한다.
전기시설	전기설비의 사용 가능 여부와 전원 코드의 위치를 점검해야 한다.
교육 기자재	구비여부, 정상 작동, 대여 가능성 등을 점검해야 한다.
여분의 비품	소모품의 여분을 구비하고 그것의 교체방법도 알고 있어야 한다.
비품보관장소	여분의 교육용 장비, 배포 자료, 기자재 등을 보관할 공간이 있어야 한다.

출처: 이복희 외(2020). 평생교육프로그램개발론. 파주: 양성원. 재구성.

| 표 11-3 | 교육장소 체크리스트

연번	항목	점검	점검 중	미점검	비고
1	참석인원				
2	교육장 크기				
3	교육장 배열				
4	교육용 책상과 의자				
5	교육장 내 가구배치				
6	교육장 조명				
7	교육장 내외 소음				
8	교육장 위치 접근성				
9	필요 설비(시설물)				
10	주의 산만한 요소				
11	교육장 내 음향 상태				
12	전기설비				
13	전원 추가확보 가능 여부				
14	프로젝트				
15	화이트보드 및 마커				
16	비디오 및 모니터				
17	투사기				
18	여분의 비품				
19	확성 장치				
20	비품 보관 장소				
21					
22					
23					

출처: 이복희 외(2020). 평생교육프로그램개발론. 파주: 양성원.

02 재정자원

1) 재정자원의 정의

모든 조직이 운영되기 위해서는 자금이 필요하며 평생교육기관도 예외는 아니다. 평생교육기관의 경영자는 기관의 운영을 위해 필요한 자금을 확보하고 이를 효율적으로 사용하고 관리해야 할 책임을 진다. 이것이 곧 평생교육기관의 재정관리(Financial Management)이다. 평생교육기관은 고유의 재정관리 방식을 가지고 있다. 많은 수의 평생교육기관들은 스스로 자립해야 할 필요성을 강하게 느끼면서도 교육의 공공적 성격 때문에 전적으로 수강료에만 의존할 수 없는 경우가 많다. 그런 경우 자금을 수강료가 아닌 별도의 경로를 통해 확보해야 하는 이중의 과제를 안게 된다. 따라서 평생교육기관의 재정관리는 복합적인 양상을 띠게 된다(오혁진, 2021). 재정관리는 재무관리라고도 하며 어떤 조직이 목표 달성을 위해 필요한 재정 자원을 합리적, 계획적으로 동원하여 배분하고 효율적으로 사용하고 관리하는 과정을 말한다. 프로그램 개발에 있어서 재정관리는 프로그램 활동내용을 금전적으로 판단하는 기술을 말한다(신용주, 2022). 즉 평생교육기관의 재무관리란 평생교육기관의 운영에 필요로 하는 자본을 조달하고, 운용, 투자하는 것과 관련된 일련의 활동을 계획하고, 지휘하고, 그 결과를 통제하는 것을 의미한다. 재무관리의 궁극적 목표는 평생교육기관 자금의 흐름을 효과적으로 관리함으로써 평생교육기관의 가치와 성과를 극대화하는 것이다. 평생교육기관은 재무관리를 통해 프로그램을 개발하고 운영하며, 필요한 지출과 수입의 균형을 맞출 수 있도록 필요한 자금의 흐름을 통제해야 한다(김창엽, 2012).

평생교육기관 예산은 기관의 자금 운용에 관한 것으로서 예산을 수립하기 위해서는 평생교육기관의 재정관리에 대하여 이해하고 지식을 갖는 것이 필요하다. 평생교육기관의 재정관리 구성요소는 자금의 조달과 운용인데 이는 수입과 지출로 표현할 수 있다. 수입은 교육기관을 운영하기 위해 투입된 금액으로 기관의 유형에 따라 수입 원천도 다르다. 평생교육기관의 주된 수입은 학생들의 수강료이다. 지출은 평생교육기관 운영에 되는 비용으로 강사 인건비, 교육시설, 설비 및 교육 자료의 구입과 관리비, 프로그램 홍보비, 제세공과금과 요금 등으로 구성된다. 다시 말하자면, 평생교육기관의 자금이 얼마나 필요한지를 파악하고 이를 위해 자본과 부채를 조달하는 행위를 의미하며, 자금 운용은 평생교육 사업에 필요한 비용을 지출하기 위해 확보된 자금을 활용하는 것을 의미한다. 이러한 두 기능은 모두 효율성의 원리를 추구해야 한다. 자금의 조달은 자금을 조달하는데 드는 비용이 최소화되도록 해야 하고 자금 운용은 확보된 자금을 가능한 효율적으로 활용할 수 있도록 주의를 기울여야 한다(오혁진, 2021).

평생교육기관의 재무관리는 학교조직이나 기업조직의 재무관리와는 다소 차이가 있지만, 자금을 조달해서 운용한다는 재무관리의 포괄적인 의미에서는 큰 차이가 없다. 평생교육기관은 재무관리의 측면에서 평생교육기관별 재무관리가 갖는 의미를 세 가지로 분류하였고 이는 다음과 같다(김용현 외, 2018).

첫째, 공익성을 우선으로 하는 공공 평생교육기관이나 비영리 평생교육기관이다. 이 경우는 재무관리 기능보다는 회계관리 기능에 가깝다.

둘째, 수익성을 우선으로 하는 학원, 백화점이나 언론기관의 문화센터 등과 같은 평생교육기관이다. 이러한 평생교육기관들은 공익성보다는 수익창출이 우선이기 때문에 기업의 재무관리가 그대로 적용된다.

셋째, 수익성과 공익성을 동시에 추구하는 평생교육기관이다. 이러한 평생교육기관의 대표적인 것이 대학에 부설 평생교육기관인데, 이 경우는 회계관리의 기능도 있으면서 기업의 재무관리 기능도 동시에 가지고 있다.

2) 재정자원의 목표와 중요성

(1) 재정자원의 목표

재무관리란 기업의 자본 조달과 운용, 자본시장, 현금의 흐름, 운전자금의 관리, 배당 결정, 재무분석 등의 이슈에 대하여 어떻게 하면 효율적이고 효과적으로 관리하고 통제할 것인가에 대한 의사결정이라고 할 수 있다. 이러한 재무관리는 다음과 같은 목표를 가지고 있다(최은수 외, 2017).

첫째, 기관 가치의 극대화이다. 기관 가치란 현재의 기관이 미래에 벌어들일 수 있는 현금이나 가능성을 의미하는 것으로서 수익성과 위험(risk) 관리가 필수적이다.

둘째, 안전성의 확보이다. 재무적 안정성을 의미하는 것으로서 총자본 가운데 자기자본의 비율을 말하는 것으로서 그 비율이 높을수록 안전성이 높다.

셋째, 유동성의 확보이다. 유동성이란 기관의 지급능력을 의미하는 것으로서 높을수록 안정적이다.

(2) 재정자원의 중요성

평생교육기관의 성격이 공익성을 강조하든 아니면 수익성을 우선시하든 재무관리는 필요하다. 평생교육의 중요성은 누구나 강조하면서 평생교육에 투자되는 공적자금은 아직도 미미하다. 또한, 수익성을 우선시하는 평생교육기관은 학습자 중심의 기관운영을 표방하면서도 자금조달을 수강료에만 의존하기 때문에 수강료가 너무 과다하여 많은 학습수요자의 접근을 어렵게 하고 있다. 또한, 후원금이나 기부금 또는 지원금에 의존하는 공익성이 강한 평생교육기관은 자금이 부족하거나 자금을 투명하게 집행하지 못하여 학습자의 교육적 수요를 충족시키지 못하거나 부실한 교육 프로그램을 운영하는 사례도 많다. 이러한 측면에서 평생교육기관의 재무관리의 중요성을 살펴보면 다음과 같다(김용현 외, 2018).

첫째, 자금조달과 운영 측면에서 투명성을 확보하기 위해 재무관리가 중요하다. 평생교육기관도 하나의 교육기관이기 때문에 공익성이 더 강조되어야 한다. 그러한 측면에서 지원금이나 후원금 등은 물론이고 학습자의 수강료 등의 조달한 자금을 투명하게 운용하는 것이 매우 중요하며, 자금을 투명하게 운용하기 위해서는 재무관리를 철저히 해야 한다.

둘째, 평생교육기관 경영의 효율화를 통한 경쟁력을 확보하기 위해서 중요하다. 평생교육의 중요성이 강조됨으로써 평생교육에 대한 공적 투자가 확대되고 있고, 다른 한편으로는 학습자들이 부담하는 수강료 부담도 점차 커지고 있다. 이처럼 평생교육기관의 책무성을 강조한다는 것은 평생교육에 투자한 만큼의 학습효과가 있어야 한다는 것이다. 결국 평생교육기관의 자금이 학습자의 교육에 많이 투자되어야 하고 투자된 것만큼의 학습 성과를 내야 한다는 의미에서 재무관리의 중요성이 강조되지 않을 수 없다.

셋째, 평생교육 시장의 불확실성 측면에서 재무관리의 중요성이 강조된다. 경기가 침체하고 가정 경제가 어려워지면 정부나 민간부문 그리고 가정 모두 먼저 긴축하는 부분이 교육부문, 특히 평생교육이나 훈련 등과 같은 부문이다. 따라서 이러한 평생교육 시장의 불확실성을 극복하기 위해서는 평생교육기관이 평소에 재무관리를 철저히 해야 한다.

넷째, 평생교육기관의 경영기획 기능의 활성화를 위해 중요하다. 평생교육기관을 경영한다는 것은 결국 평생교육기관의 문제를 진단하고 환경변화 등을 분석하여 향후 평생교육기관의 비전을 모색하고 또는 경영의 새로운 방향을 설정하는 기획기능을 강조하는 것이다. 따라서 평생교육기관을 경영한다는 것은 기획기능을 강조하는 것이고 기획에는 반드시 재무분석이 포함되어야 한다.

(3) 재정 확보

적절하게 쓰는 것도 중요하지만 다양한 방법으로 재정을 확보하는 것도 중요하다. 재정의 확보는 기관의 성격, 평생교육프로그램의 내용에 따라 다르다. 재정 확보 방법으로는 다음과 같이 제시할 수 있다(한국산업인력공단, 2016b).

첫째, 일반적으로 학습자에게 학습비에 의한다는 수익자 부담을 원칙을 기본으로 한다.

둘째, 교육기관의 비전에 맞는 평생교육프로그램 운영 시 기관 자체의 일반 재정에서 충당하기도 한다.

셋째, 개인이나 기업체로부터 기부금을 획득할 수도 있다. 경제발전에 따라 기업의 사회적 책임은 1990년대 기업에서 질 좋은 제품과 일자리 제공이라는 임무 외에 사회 구성원으로서 사회적 책임을 기대하게 되었다. 기업의 사회적 책임이 이슈화되면서 기업의 사회공헌활동과 봉사활동이 활발해지고 있으며, 지역사회에 대한 책임까지 전략적 사회공헌활동으로 변화하고 있다. 이처럼 기업이 전략적으로 사회적 공헌을 추구하고 있으므로 이러한 전략을 활용하여 평생교육 사업을 시행할 수 있는 것이다. 이와 관련된 평생교육프로그램을 개발하여 교육서비스를 지원하면서 지원금을 받을 수도 있다. 또한 프로그램은 다양한 학습자를 대상으로 진행되기 때문에 프로그램 홍보 과정에서 기업의 이미지를 함께 알릴 수 있다. 따라서 다양한 평생교육프로그램 개발이 기업 후원 형태로 이루어지고 있으며, 상호 협력관계로 발전해 나아갈 수 있다.

넷째, 기업뿐만 아니라 비영리재단 재정지원사업을 활용하는 것도 중요하다. 비영리재단은 영리가 목적이 아닌 사회적 공헌을 위한 재단을 말한다. 학술, 종교 등의 영리 목적이 아닌 사업을 목적으로 설립된 재단에서 지원하는 사업을 통해 자금을 조달할 수 있다. 비영리재단법인의 설립자는 재산을 법인에 출연하여 법인의 설립등기가 되면 그때부터 법인의 재산이 된다. 비영리재단법인은 다양한 목적으로 설립되는데 정관에 따른 기부사업을 할 수 있다. 사회에는 다양한 종류의 비영리재단이 있는데 이 같은 재단은 사회적 사업을 위하여 재원을 지원하고 있다. 지역사회에 소재하는 다양한 비영리재단법인을 조사하여 평생교육 발전을 위한 자금원으로 활용할 수 있다.

다섯째, 국가나 지방자치단체 등의 공공기관에 사업제안서를 제출하여 평생교육프로그램운영 예산을 국가로부터 지원받을 수도 있다. 여러 정부 부처에서는 다양한 목적 아래에 여러 정부 보조금 지원사업이 시행하고 있다. 정부 보조금 지원사업이란 정부가 평생교육프로그램 등에 대해 보조금을 지원하는 사업이다. 보통 정부 공모사업 형태로 진행되는데 주무 부처인 교육부뿐만 아니라 행정안전부, 고용노동부, 문화체육관광부 등의 기관별 특성에 따라 다양한 사업이 시행되고 있어 어떤 사업이 발주되고 있는지와 소속 교육기관의 가치관과 이상에 부합하는지에 대한 조사를 통해 자금 조달 리스트를 확보하는 것이 필요하다. 지원사업이 교육기관에서 운영하는 것이 타당하다고 판단될 경우, 공모신청서를 작성하여 사업제안, 입찰 등의 과정을 통해 자금을 조달할 수 있도록 해야 한다. 평생교육프로그램 운영기금을 모금하여 자금을 조달하는 방법도 있다. 교육기관들은 기관의 운영을 위해 외부로부터 기금을 지원받아야 하는 경우가 있다. 직접적으로 지원을 요구하거나 지원에 대한 대가를 제공할 수 있으며 기금개발 등의 방법을 통해 기금 지원을 모을 수 있다. 이와 같은 기업이나 국가의 지원사업은 일반적으로 입찰을 통해 사업자가 선정되는 과제이기 때문에 확보에 어려움이 있을 수도 있다. 따라서 안정적인 교육기관의 운영을 위해 운영기금을 개발하는 것은 기관의 중요한 경영과제로 인식하고 체계적인 관리를 하여야 한다. 교육기관은 조달된 자금의 모든 재정상의 거래를 정확하게 기록하여 투명한 경영을 해야 하는 책임을 지닌다.

3) 예산관리

(1) 예산 수립

평생교육기관의 예산이란 평생교육프로그램이 운영되는 기간에 교육목표를 달성하는 데 수반되는 수입과 지출에 관한 예상 계획이다. 예산이 투자 자금의 조달, 유동성 관리, 평생교육기관의 사체 경영활동이 완결구조의 성격을 가지는 데 비해, 재무관리는 투자의사결정과 자금조달의사결정을 통해 평생교육기관의 자금 흐름을 관리하는 것이다(김창엽, 2012). 평생교육기관의 예산은 조직이나 평생교육프로그램 운영에 관한 계획의 로드맵을 수립하는 데 활용된다. 예산은 교육목표 실행을 위한 지침이면서 교육기관의 재무 건전성을 판단하는 기준이 된다(김창엽, 2012). 효율적인 경영을 위하여 단위 개별 프로그램별로 재무구조를 파악할 필요가 있다. 프로그램별로 재정적인 효율성을 비교하고 이에 적절한 조정과 관리 조치가 필요하다. 평생교육기관의 단위 프로그램이 예산은 지출의 예산과 결산, 수입의 예산과 결산으로 구성된다. 지출에 해당하는 항목으로는 교수진 인건비, 시설비, 교수활동지원비, 홍보지, 간접경비 등이 있다. 수입으로는 기부금, 후원금, 수강료, 총수입, 전체이윤과 손실로 구성되어 있다. 평생교육기관의 수입에 해당하는 비용은 학습자들의 수강료와 외부지원금으로 구성되며, 외부지원금은 기부, 후원금으로 구성된다. 기부는 자선사업이나 공공사업을 돕기 위하여 돈이나 물건을 대가 없이 지원하는 것을 말한다.

평생교육기관의 지출에 해당하는 비용은 직접경비, 간접경비, 고정비용, 가변비용으로 구성된다. 여기서 직접경비는 개별 프로그램에 대한 직접원가를 파악할 수 없는 경비를 의미한다. 강사료 출장비, 교재 및 교구 구입비, 제작비, 광고비, 기관 외부 소유의 시설 사용료가 여기에 해당한다. 간접경비는 여러 프로그램에 공통으로 사용하여 개별 프로그램에 대해 직접적으로 원가를 파악할 수 없는 경비를 의미한다. 실무자 인건비, 교육시설과 설비 사용료, 유지비, 전기요금, 수도요금, 전화요금 등이 여기에 해당한다. 간접경비는 일상적으로 일종의 오버헤드(overhead)라고 한다(오혁진, 2021). 즉 프로그램 운영을 위해 지원하여 쓰이는 비용이라고 할 수 있다.

(2) 예산 수립의 원리

예산은 장래 활동에 대한 재정 계획이므로 미래를 변화시키는 과정이다. 프로그램 예산 수립은 기업경영과 유사한 원리가 적용된다. 따라서 예산 수립은 원가 및 비용을 고려하여 경영적 마인드로 접근하는 것이 좋다. 프로그램은 예산에 따라 달리 운영되기 때문에 고려해야 할 사항이 있다. 예산 수립 시 유의할 사항을 정리하면 다음과 같다(이해주 외, 2015).

첫째, 프로그램 예산을 관리할 재정 담당자를 선정하고 프로그램 개발가와 원활한 소통과 이해가 이루어지도록 한다. 프로그램의 재정은 그것을 승인하는 사람이 프로그램에 대해 어느 정도의 신념을 가지고 있는가에 따라 달라지기 때문이다.

둘째, 프로그램 운영을 위해 확보할 수 있는 재원의 출처를 확인하고 전체 예산 배분에 대한 동의를 얻어야 한다. 프로그램 재정은 프로그램 비용이 어느 정도 소요될 것인지 그 한계를 미리 정해 두어야 한다. 그렇지 않으면 담당자의 편의에 따라 재정이 소요될 우려가 있어 처음의 프로그램 의도를 달성하기 어렵게 된다.

셋째, 다른 프로그램에서 간접적으로 비용을 충당하는 방법을 고려한다. 프로그램이 실시되기 위해 필요한 모든 경비를 리스트로 작성한 후, 다른 프로그램과 공동으로 사용되는 비용이 있는가를 확인하는 작업이다.

넷째, 재정의 충당금과 보조금을 고려한다. 프로그램의 재정은 어느 정도의 금액이 어디서 확보될 것인가를 고려해야 한다. 재정은 주로 참여자들의 수업료 납부와 조직의 보조금으로 충당되는데, 프로그램이 조직의 보조금을 받아야 하는 경우 조직의 요구에 대응하는 프로그램이 되어야 하고, 참여자들의 수업료로 충당된다면 프로그램은 자율적으로 운영될 수 있다.

다섯째, 회계처리 방법이다. 프로그램의 재정은 회계처리 방법을 고려하여 수립된다. 회계처리를 조식에서 직접 한다면 재정이 일찍 수립되어 시간을 충분히 허용하게 되지만, 프로그램 담당자가 재정을 자율적으로 수립한다면 프로그램 실행은 유연성을 가진다.

여섯째, 수강료를 결정할 때는 참여자가 부담을 느끼지 않을 수준으로 책정한다. 프로그램이 수업료로 충당되는 경우 납부금의 액수가 많아진다. 이 경우 개인이 납부할 수 있는 한계 액수가 설정되어야 하며, 외부의 유사기관이나 유사 프로그램의 수업료도 고려해야 한다. 수업료가 너무 많으면 참여자의 수가 적어질 것이므로 적정한 액수를 산정하는 것이 중요하다.

일곱째, 재정 충당금과 보조금을 파악하고 후원금 등 수업료 이외의 수입원을 개발해야 한다. 프로그램은 수업료, 보조금 외에 후원금으로 운영된다. 일반적으로 프로그램은 수업료만으로 충당하기는 어렵다. 그러므로 보조금이 지원되지 않는다면 프로그램 담당자는 후원금을 확보하는 방안을 고려해야 한다. 후원금은 출처가 정해져 있지 않으므로 프로그램 담당자는 지역사회와 관련 조직에 관한 정보를 입수하여 프로그램의 후원을 요청하는 방법으로, 예상외의 많은 재정을 확보할 수 있다.

(3) 예산 수립의 절차

예산 편성을 위해서는 먼저, 평생교육기관의 예산 편성 지침을 확인한 후 개발하고자 하는 프로그램의 구체적 목표를 검토하는 작업이 필요하다. 목표설정을 할 때는 가능하면 과거 프로그램의 운영 실적을 고려하여 목표 달성의 정도를 측정할 수 있도록 제시하는 것이 좋다. 또한 재정의 원천을 파악하고 재정의 동원 가능성을 검토하여 수입을 확인하는 작업을 거치게 된다. 다음은 프로그램의 운영이 원활히 진행되는 데 필요한 요소들의 우선순위를 정한 후에 우선순위를 반영하여 수입과 지출 예산안을 잠정적으로 확정한다. 그리고 확인한 수입을 토대로 예산안을 수정 · 보완하여 확정한 후 승인을 얻어 재정을 배분하고 관리한다. 평생교육기관에서 프로그램 개발을 위한 예산 편성이 이루어지는 과정은 다음과 같이 요약할 수 있다(신용주, 2022).

첫째, 조직의 기본 목표에 따른 예산 편성 지침을 확인한다.

둘째, 프로그램의 구체적 목표를 설정한다.

셋째, 조직의 과거 및 현재의 프로그램 운영 전반에 관한 정보와 자료를 분석한다.

넷째, 조직 내 · 외의 재정 원천과 접촉하여 동원할 수 있는 재정 수입을 확인한다.

다섯째, 확인한 수입을 근거로 우선순위에 따른 잠정적 예산안을 개발한다.

여섯째, 예산안을 수정·보완하여 확정한 후 승인을 얻는다.

일곱째, 재정을 배분하고 운영·관리한다.

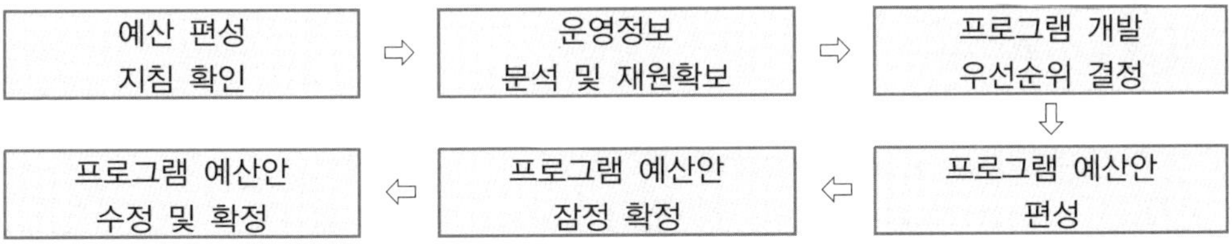

| 그림 11-1 | 프로그램 예산 편성 절차

출처: 신용주(2022). 평생교육프로그램 개발론. 서울: 학지사.

(4) 예산 집행

예산은 다음과 같은 기본적인 원칙에 따라 집행된다. 우선 사전의결의 원칙에 의해 예산이 집행되기 전 교육기관마다 결제 또는 의결과정을 거쳐 예산계획을 면밀히 점검한다. 예산 운용 내용은 공개될 수 있으며, 출처 및 용도를 정확히 명시해야 한다. 소요예산과 사용예산을 증빙서류와 함께 빠짐없이 보관하고 기록하여야 하며, 예산 항목별로 구분하여 예산을 쉽게 이해할 수 있도록 하여야 한다. 예산 사용 후 결산과정을 거치는데 소요예산과 사용예산 그리고 잔여 예산이 명확하게 일치하도록 집행한다. 또한 예산은 항목별 사용할 수 있는 한도가 있어야 한다. 한도가 없으면 예산의 낭비를 초래할 수 있다. 반면 물가 현실을 반영하지 못하여 한도가 너무 낮게 책정된다면 교육의 질이 낮아지고 운영관리자의 불만을 초래할 수 있기 때문에 주의하여야 한다. 예산 항목에 대해 사용할 수 있는 명확한 기준과 최대 사용 한도를 정리한 자체 매뉴얼을 구비하는 것도 좋은 방법이다. 교육기관의 특성에 따라 예산집행 매뉴얼이 다를 수 있으나 일반적으로 예산집행에 대한 10대 원칙은 다음과 같다(권진하 외, 2022). 결국, 예산을 집행하는 데 있어서 투명성, 효율성, 준법성, 효과성, 합목적성,

책임성 등에 근거해야 한다.

| 표 11-4 | 예산집행 10대 원칙

구분	예산집행 원칙
1	교육기관 정책에 반하여 부당한 영향을 미치는 재정지출은 하지 않는다.
2	재정관리 요령 등이 수록된 기관 내규를 제정한다.
3	목적 외의 용도로 전용하여 사용하지 않는다.
4	회계연도에 따라 집행한다.
5	자금을 투명하게 관리하여야 한다.
6	소요예산과 사용예산 그리고 잔여 예산에 대해 명확하게 기록에 남긴다.
7	관련 법령 및 규정 및 지침 등을 준용한다.
8	특정한 집단이나 단체에 특혜를 주는 예산집행을 하지 않는다.
9	예산집행 절차를 준수한다.
10	비용 대비 효과성을 고려하여 예산을 집행한다.

(5) 예산서

예산서란 수입과 지출을 일목요연 파악할 수 있도록 정리한 서류나 파일의 양식을 의미한다. 모든 기관은 경영관리를 위해 예산서에 수입과 지출 내용을 작성한다. 예산 항목과 규모에 따라 개별 단위 예산서와 통합 단위 예산서로 구분될 수 있다.

예산서로는 기관의 재정 건전성을 판단할 수 없으므로 통합 단위 예산서를 작성·관리하는 것이 필요하다. 개별 단위 프로그램뿐만 아니라 사업예산 전체에 대한 수입과 지출을 정리하여 재정자원의 안정적인 관리와 개선 방안을 도출해 낼 수 있다. 또한 예산결산 계획에 따라 수입과 지출을 정리할 수 있도록 기간을 설정하는 것도 필요하다. 예산서는 재정관리뿐만 아니라, 유사한 평생교육프로그램 개발 시 필요한 소요예산을 산정하고, 필요한 경비 내용을 예측하는 데 활용할 수 있다. 이를 통해 더욱 개선된 평생교육프로그램을 개발할 수 있다.

| 표 11-5 | **개별 단위 프로그램 예산 작성 양식**

프로그램명					
지출	예산	결산	수입	예산	결산
교수진 인건비			기부금		
외부 강사료					
직원 인건비					
시설비			후원금		
강의실 임대료					
시청각기재 사용료					
장비 사용료					
숙박비			= 총 지원금		
교수활동 지원비					
교재 인쇄비					
자료수집/제작비					
행사비					
출장비					
현장 견학비					
수업보조물 제작 · 구입비					
식대 및 간식비					
홍보					
광고					
홍보물			총 수입		
우편물					
총 직접경비					
간접경비					
행정비					
각종 공과금			전체이윤(손실)		
시설 유지비					
직무 연수비					
총 경비					

출처: 한국산업인력공단(2016b). 평생교육 자원조사. 울산: 한국산업인력공단.

| 표 11-6 | **소요경비 예산산출 내용 예시**

사업명	지출항목	금액(천원)	산출
자서전쓰기 프로그램	강사비	1,850	• 웰다잉교육 강사비: 70,000원×90분×5회기=350,000원 • 자서전쓰기 강사비: 50,000원×2시간×15회기=1,500,000원
	홍보비	140	• 현수막(개강식, 수료식): 50,000원×2식=100,000원 • 배너: 40,000원×1식=40,000원
	재료비	180	• 웰다잉교육(교재 및 제본비): 12,000원×8명=96,000원 • 자서전쓰기교육(필기도구 등): 10,500원×8명=84,000원
	견학비	580	• 추억나들이 중식비: 15,000원×10명×1회=150,000원 • 추억나들이 보험료: 5,000원×10명×1회=50,000원 • 추억나들이 다과비: 5,000원×10명×1회=50,000원 • 인솔 강사비: 40,000원×7시간=280,000 • 현수막: 50,000원×1식=50,000원
	운영비	2,700	• 출판비: 2,000,000원×1회=2,000,000원 • 개강식 및 수료식 행사비: 100,000원×2회=200,000원 • 프로그램 기획 및 개발비: 500,000원×1식=500,000원
계		5,450	

(6) 평가

프로그램 개발에 있어서 예산 관리는 예산안에 따라 분배된 재정이 효율적으로 집행되도록 관리하는 데 중점을 둔다. 재정 관리에 대한 평가는 프로그램의 실행이 효과적으로 이루어졌는가를 재정적 차원에서 판단하는 것으로 다음의 사항들을 고려하여 진행된다(신용주, 2022).

첫째, 효율성의 원칙이다. 프로그램을 실시하는 데 있어서 비용과 노력을 최소화하려는 노력이 있었는가를 파악한다.

둘째, 효과성의 원칙이다. 프로그램의 목표 달성이 얼마나 효과적으로 이루어졌는지를 파악한다.

셋째, 보고의 원칙이다. 재정 활동이 반드시 보고되어야 하며 보고의 원칙에 대한 규정이 있어야 재정 관련 행위를 감시하고 통제할 수 있다. 특히 예산의 남용이나 항목 변경 등은 반드시 보고되어야 한다.

넷째, 환류의 원칙이다. 프로그램의 전반적인 재정 관리에 대한 규칙, 기준, 소통 및 계약 등에 대한 기록 및 장단점에 대한 피드백을 확보하여 추후 프로그램 개선에 활용되도록 한다.

03 정보자원

1) 정보자원의 이해와 종류

(1) 정보자원의 이해

평생교육 정보자원이란 프로그램을 경영하는 데 있어서 필요한 자원이 되는 모든 정보를 의미하며, 평생교육 정보자원의 물적자원, 인적자원, 재정자원과는 다른 성격을 갖고 있다. 기관이 이미 확보하고 있거나 기관과 유관한 정보자원으로 평생교육기관에서 보유하고 있는 정보자원은 다양한 평생교육 자원이 정보의 형태로 가공된 것이라면 모두 정보자원이라고 할 수 있다. 평생교육기관의 교육과 관련된 기관이므로 정보와 지식이 중요한데 그런 의미에서 볼 때 평생교육기관 정보자원은 평생교육기관 운영에 있어서 매우 중요한 자원이라고 할 수 있다. 평생교육기관의 정보자원은 교육의 기획과 운영에 참고할 수 있는 자원도 있고, 교육 콘텐츠에 해당하는 자원으로 교육자원으로 중요한 자원도 있다. 평생교육 기관의 주요 과제가 프로그램을 운영하는 것이라고 볼 때 평생교육프로그램의 내용은 정보자원이라고 할 수 있다. 그러므로 정보자원은 하드웨어와 소프트웨어 외에 휴먼웨어에 해당하는 내용자원인 것이다

평생교육기관의 정보자원은 오늘날 정보화 사회에 있어서 중요성이 증가하

고 있으며, 지식경영의 차원에서도 평생교육기관의 정보자원은 적극적으로 활용해야 할 것이다. 정보자원은 기관의 기획과 운영의 측면에서도 중요한 자원이며, 교육프로그램의 내용에 해당하는 자원이며, 학생들에게는 학습의 접근성을 좌우하는 자원이다.

(2) 정보자원의 종류

평생교육기관 경영에 관련되는 정보자원은 매우 많은 종류가 있다. 평생교육기관의 경영과 관련되고 활용할 수 있는 자원은 모두 평생교육기관의 정보자원이라고 할 수 있다. 즉, 일반적 평생교육기관 정보자원은 평생교육기관의 프로그램에 관한 정보, 평생교육프로그램의 콘텐츠 내용, 평생교육에 종사하는 강사에 대한 정보, 평생교육기관의 자원봉사자에 대한 정보, 평생교육기관의 직원에 관한 정보, 평생교육기관의 교육 기자재에 관한 정보, 평생교육기관의 교재와 교구에 관한 정보 등이다. 위와 같은 정보자원은 평생교육기관의 운영과 관련된 정보자원이다. 한편으로 평생교육프로그램의 기획과 개발에 활용할 수 있는 정보자원은 지역사회의 전통, 풍습, 전래놀이, 종교성지, 지역특산물, 지역의 설화, 지명의 유래, 축제문화, 향토음식, 지역의 마을 만들기 문화 등이 있다. 이런 정보자원은 기관의 프로그램과 사업을 기획하고 개발하는 데 있어서 유용하게 활용할 수 있는 정보자원이다. 더불어 지역의 평생교육 기관 간 네트워크 관계와 기관의 교육이념을 담은 대표적인 교육프로그램의 정보도 중요한 평생교육 정보자원에 해당한다.

| 표 11-7 | 평생교육기관의 정보자원

구분	조사항목
유형 · 무형 문화재	역사적 위인, 유적 및 유물, 전통풍습, 전래놀이, 사찰, 종교 성지, 기념품, 전통구조물 등
지역 콘텐츠	지역축제, 각종 마을만들기 성과, 특산물, 향토음식, 주말농장, 공동행사 등
민간단체	NGO(Non Governmental Organization), NPO(Non Profit Organization), 마을조직(~회, ~계) 등
무형 지역자원	지명유래, 지역역사, 지역의 이미지, 어메니티, 지역(마을) 이야기, 마을설화 등

출처: 이해주, 윤여각, 이규선(2016). 평생교육실습. 서울: 한국방송통신대학교출판문화원.

2) 정보자원의 조사

정보자원 조사를 위하여 조사 목적을 명확히 설정하는 것이 필요하다. 정보자원에 대한 조사는 무엇을 위해 하는지, 다양한 정보자원의 종류 중 조사하는 정보자원은 구체적으로 무엇을 조사할 것인지, 해당 정보자원을 조사할 경우 어떻게 조사할 것인지, 조사의 방법은 어떤 방법을 활용할 것인지, 개략적 조사 수행 일정계획은 어떠한지, 조사원을 누구를 투입할 것인지, 조사는 언제까지 완성할 것인지, 조사의 결과는 어떻게 기록할 것인지에 대한 구체적 계획수립이 필요하다.

정보자원의 조사에 있어서는 얻고자 하는 정보를 알고 있는 인사들에게 인적 네트워크를 활용하여 정보를 입수하는 것이 필요하다. 우리 기관과 협력기관이나 타 평생교육기관, 시설에 근무하는 이에게 인적자원에 관한 정보를 요청하여 조사하는 경우에는 조사의 목적을 분명히 밝히도록 하고, 본인이 조사하고자 하는 인적자원의 명확히 하여 조사하도록 한다. 인적자원에 관한 정보의 경우에는 최근 개인정보보호가 강화되고 있으므로 개인정보 보호에 대한 약속을 분명히 하는 것이 조사에 대한 협조를 용이하게 끌어낼 방법이다.

조사가 끝나고 보유한 정보자원은 종류별로 기록할 정보자원목록 양식을 작성한다. 정보자원은 인적정보에 관한 것, 물적정보에 관한 것, 재정정보에 관한 것, 프로그램 관련 정보, 교육 기자재와 교재·교구와 관한 것 등 다양한 정보가 있으므로 이 같은 각 정보의 종류별로 체계적으로 정보를 종합 정리할 수 있는 정보자원 종류별 목록을 작성하도록 한다. 이와 같은 정보는 정보자원이 어떤 것들이 있는지를 확인할 수 있도록 정리한 것을 말한다. 즉, 정보자원이 강사에 관한 것인지, 학습자에 관한 것인지, 지역 내 소재하는 평생교육기관에 관한 것인지, 지역사회 내의 교육 기자재에 관한 것인지를 정리한 것이다.

평생교육기관이 보유하고 있는 정보자원 목록을 작성한 이후에 상급자에게 결과를 보고하는 것이 필요하다. 상급자에게 구체적으로 어떤 조사를 하였으며 평생교육정보를 어떻게 작성하였고 관리는 어떻게 하고 있는가를 보고한다.

Chapter 12

평생교육프로그램 마케팅과 홍보

01 관계와 마케팅

02 마케팅관리

03 평생교육기관의 마케팅

04 평생교육시장의 이해

05 평생교육프로그램의 홍보

01 관계와 마케팅

관계(關係)라는 단어는 국어사전에 의하면 다양한 의미가 있다. 그중 보편적인 의미는 '둘 이상의 사람, 사물, 현상 따위가 서로 관련이 있거나 어떤 방면이나 영역에 관련을 맺는다'라는 의미를 나타낸다(국립국어원 표준국어대사전, 2024). 이처럼 다양한 의미의 관계는 이미 우리 사회에서 흔하게 많이 사용하고 있다. 평생교육기관에서 잠정적 학습자에게 관계는 '나와 너'의 관계로 우리(we)라는 관계(relationship) 속에 끌어들인다. 우리는 평생교육기관과 학습자를 한 가족이라고 묶어 감정을 자극하는 것이다. 학습자들 세내로 일고 '우리'라는 관계 속으로 끌어들이고 좋은 관계를 지속하기 위해서는 더 많은 정보를 알고 있어야 하며, 더 나아가 학습자가 무엇을 원하는지 먼저 알아야 한다. 이러한 면에서 학습자의 관계를 관리할 필요가 있다. 학습자의 일반적인 정보를 획득하는 것이 아니라, 내면에 깊숙한 곳까지 이해하는 것이 학습자를 위한 진정한 '우리'라는 관계로 만들어가는 과정이라고 할 수 있다. 학습자와 강력한 관계는 학습자 만족에 대한 평생교육기관을 보호하는 데 도움을 줄 수 있다. 만족의 증가, 애호도의 증대, 부정적인 구전 커뮤니케이션의 감소 등의 편익을 제공한다. 관계를 지속할 것을 기대하는 학습자는 장기적 관점에서 공정성의 균형을 고려한다. 이러한 이유에서 학습자와 '우리'라는 감정적 관계를 맺기란 쉬운 일은 아니지만 그만한 가치는 충분하다. '우리'라는 감정적 관계를 맺게 된다면 더 큰 신용과 신뢰가 높이 쌓여 가게 되고 좀 더 단단하고 든든한 학습자가 확보되는 것이다. 이러한 관계형성은 표적 세분시장을 선정하고 특정 집단 학습자의 요구를 경쟁사보다 더 잘 충족할 수 있는 곳에 서비스를 포지셔닝하고 이를 달성할 수 있도록 구체적인 마케팅 믹서를 개발하는 과정을 거친다. 즉 학습자의 프로그램관리, 프로그램 수강료, 프로그램 장소, 프로그램 광고 등을 말한다.

학습자는 프로그램의 독특한 특성을 고려한 프로그램의 의사결정을 내려야 한다. 그러나 학습자는 프로그램에 대한 직접 경험하기 전이라 이를 확인하기 어렵다. 그러므로 평생교육기관은 프로그램을 보다 유형화하는 데 있어 매우 유용한 차별적 수단이다. 이러한 유형화는 경쟁우위를 확보하는 데 중요한 역할을 한다. 학습자는 흔히 서비스 질과 널리 알려진 프로그램을 제공하는 평생교육기관을 함께 연상하는 경향이 있다. 어떤 평생교육기관은 프로그램을 가능한 한 표준화하려고 노력한다. 그러나 프로그램의 표준화가 차별화된 서비스를 원하는 학습자의 요구를 충족시키지 못할 수 있다. 학습자들이 수강하여 얻는 것은 프로그램을 제공하는 편익이므로 평생교육기관은 자사의 프로그램을 수강함으로 얻게 되는 구체적 편익을 학습자들에게 강조하게 된다. 그러므로 평생교육기관은 프로그램을 차별화시키는 데 무척 중요하다.

또한, 프로그램의 참여에 있어서 수강료는 매우 중요한 구실을 한다. 학습자들은 프로그램 수강 시 교육서비스의 질이 가격에 비례한다고 생각하는 경향이 있기 때문에 프로그램 선택 시 보다 더 가격에 의존하는 경향이 있다. 학습자들이 느끼는 이러한 가격과 프로그램 질의 관계 및 가격 차별화의 가능성 외에 수강료를 정할 때 고려해야 할 요소는 교육서비스의 원가, 타 경쟁사의 가격, 학습자 수요 등이 있다.

프로그램 개발에 있어서 중요한 다른 요소는 장소이다. 평생교육기관의 위치이고 이것은 많은 교육프로그램의 접근 가능성이 큰 영향을 미치기 때문이다.

프로그램을 촉진이라는 방법으로는 광고, 홍보, 인적자원을 통해 촉진수단들을 이용한다. 평생교육기관은 자사의 좋은 프로그램을 알리고 수강하도록 하기 위해 다양한 촉진수단을 활용해야 한다. 유형 제품 마케팅의 핵심 성공요인의 하나는 광고를 통해 추상적인 브랜드 이미지를 창출하는 것이다. 그러나 눈으로 보이거나 손으로 만져 볼 수 없는 프로그램의 경우에는 추상적인 이미지를 창출하려는 촉진노력은 적절하지 않다. 그러므로 평생교육기관은 광고활동을 통해 구체적 이미지와 증거를 제시함으로써 프로그램을 보다 유형적으로 보이도록 만들어야 한다. 가령, 평생교육기관이 광고를 통해 학습하고자 하는 학습자에게 제공되는 실제적인 혜택을 제시하는 것은 유형화 노력의 하나이다. 의사나 변호사 같은 직업들이 지역사회활동에 대한 자원봉사를 통해 자신들의 프로그램을 일반 대중들에게 알리는 것도 간접적인 광고활동의 하나이다. 잠재적 학습자들은 자원봉사를 통해 명망을 얻는 평생교육기관의 학습자가 될 것이다. 한편, 학습자의 신속한 반응과 수강을 유도하기 위해 판매촉진을 실시하는 데, 수강료 할인, 수강료 분납, 쿠폰 등이 판매촉진의 대표적인 예이다. 현재 학습자들에 대한 보상을 통해 다른 프로그램의 수강 신청 증가와 기관이 충성도의 형성을 목적으로 한다. 이는 학습자들에게 눈에 보이는 형태를 만들어 보여 주거나 구체적인 편익을 강조하게 된다. 프로그램 진행 시 흔히 다른 사람들의 추천이 매우 중요한 구실이 되므로 구전효과가 증폭되는 방향으로 커뮤니케이션 전략을 세우는 것이 좋다.

Theory of Lifelong Education Program Development

02 마케팅관리

1) 마케팅 개념

학습자의 요구가 다양해지고 평생교육 기관의 경쟁이 심화하면서 학습자 중심체제로 바뀌고 있다. 평생교육기관은 학습자가 단순히 프로그램을 참여하는 참가자로 인식하는 관점에서 벗어나 학습자 만족, 학습자 감동을 지향하게 되었으며, 학습자를 위해 프로그램이나 교육서비스를 제공하고자 한다. 따라서 학습자의 이해를 대변하지 못하는 평생교육기관은 존재 근거를 상실하게 되므로 학습자의 접점을 이루는 마케팅의 기능이 더욱 중요해졌으며 학습자 지향적인 태도를 가져야 한다.

먼저 마케팅의 개념에 앞서 시장(Market)의 의미를 살펴보아야 한다. 시장이란 경제학적인 의미에서 특정 제품과 서비스의 수요와 공급을 통해 가치의 교환이 이루어지는 추상적인 공간을 말한다. 일반적으로 시장이 형성되기 위해서는 다음의 조건을 갖추어야 한다(오혁진, 2021; 최은수 외, 2017).

첫째, 거래를 위한 둘 이상의 당사자가 존재한다. 이는 곧 수요자와 공급자를 말한다.

둘째, 거래 당사자 간의 상호 가치 있는 것을 소유하고 있어야 한다. 만일 상대방이 가치 있다고 인식하는 교육적 자원을 소유하고 있지 않으면 교환은 성립되지 않는다.

셋째, 거래 당사자들이 의사소통과 함께 전달(delvers)할 수 있어야 한다. 교환이 이루어지려면 양자는 먼저 상호 의사전달이 가능해야 한다. 즉 무엇을 줄 수 있고, 언제, 어디서 그리고 어떻게 교환되는가를 기술할 수 있어야 한다. 이와 함께 서로에게 가치 있는 것을 전달할 수단을 발견해야 한다.

넷째, 거래 당사자들은 상대방이 요청하는 것을 수용하거나 거부할 자유가 있어야 한다. 교환은 서로의 자발적 행동을 전제로 한다. 이를 통해 거래는 서로에게 이익을 증대시킨다. 서로가 교환을 자유롭게 함으로써 거래 시작 전과 비교해서 더욱 가치 있는 것을 더욱 많이 획득한다.

평생교육도 일반적으로 위의 네 가지 조건을 충족시키며 평생교육프로그램을 해야 하는 학습자와 이를 제공하는 교육기관과의 만남을 통해 이루어진다. 평생교육기관의 프로그램에 대해 금전적 비용을 지출하든지 아니면 무료이든지 간에 학습자들은 시간과 노력이라는 비용을 지출해야 하며, 평생교육기관에 대한 관심과 호응이라는 가치를 제공할 수 있다. 그러므로 평생교육기관이 학습자들에게 제공받는 가치는 존재하고 있다. 이러한 가치는 평생교육기관의 존립을 위한 기본 근거이다. 따라서 경제학적인 관점에서는 본다면 평생교육의 경우도 일종의 시장으로서의 기본성격이 형성되어 있다고 볼 수 있다(오혁진, 2021).

마케팅(marketing)이란 사람들이 원하는 것이 무엇인가를 알기 위해서 연구하고, 사람들이 원하는 제품과 서비스를 창조하며, 그것에 대해서 효과적인 가격을 책정하고, 사람들이 그것을 구매하기 쉽게 하는 일이다. 이러한 의미에서 마케팅은 판매(sales), 광고(advertising), 그리고 유통(distribution)보다 넓은 의미를 내포한다(최은수 외, 2017). 마케팅이란 말 그대로 시장에 내다 팔아 이익을 극대화하기 위한 행동 또는 사고 체계, 방법을 말한다. 결국, 마케팅은 학습자들, 조직구성원들, 그리고 더 나아가 지역사회에 가치 있는 것을 만들고, 알리고, 전달하고, 교환하기 위한 활동과 일련의 제도 및 과정이다.

마케팅이라는 용어는 20세기 초반에 미국에서 등장한 것으로 1960년대 전반까지 기업의 목적을 달성하는 하나의 기능으로, 생산자가 상품 또는 서비스를 소비자에게 유통하는 데 관련된 모든 체제적 경영활동으로 주로 경영학에서 사용되는 개념이다(황선영, 2015). 마케팅은 'Market'과 'ing'의 합성어로 시장에서 판매자와 구매자 사이에 교환이 일어나는 공간이며 진행형은 멈추지 않고 지속하는 의미를 담고 있다. 즉 마케팅은 판매자와 구매자 사이에 교환이 지속해서 이루어지게 하는 모든 활동을 의미한다. 그러나 1960년대 후반에 미국 마케팅협회(AMA: American Marketing Association)에서 "마케팅이란 생산자로부터 소비자나 사용자에게로 제품이나 서비스의 흐름을 다루는 영리활동의 수행이다"라고 정의를 내리면서 마케팅의 개념이 변화하기 시작했다.

코틀러(Kotler, 1982)는 "마케팅은 조직의 목표를 달성하기 위하여 표적시장(target markets)에서 자발적인 가치의 교환(voluntary exchanges of values)이 이루어지도록 만들어진 프로그램 분석, 계획, 집행, 조정이며, 마케팅은 크게 조직이 제공할 수 있는 물품을 표적시장의 욕구에 따라 결정하며, 사람들에게 알리고 동기를 부여하며 서비스를 제공하기 위해 효과적인 가격 설정과 홍보 그리고 유통경로를 사용하는 것에 달려 있다"라고 정의하고 있다. 즉 마케팅을 개인과 집단이 제품과 가치를 타인들과 함께 창조하고 교환함으로써 그들의 욕구와 요구를 획득하도록 하는 사회적 및 관리적 과정이라고 하였다(김운걸 외, 2013).

1985년 미국 마케팅협회(AMA)에서 내린 마케팅의 정의는 개별 소비자와 조직 소비자의 목적을 만족시키기 위한 교환을 창조하기 위해 아이디어와 상품, 서비스의 개념, 가격, 촉진, 그리고 유통 등을 계획하고 집행하는 일련의 과정이라 한다(차진경, 2014).

미국 마케팅협회의 정의에서 나타나는 주요한 마케팅 개념 정의의 구성요소는 다음과 같이 다섯 가지로 정리될 수 있다(안병환 외, 2018).

첫째, 마케팅은 요구(want)나 필요(needs)를 만족시킨다. 마케팅은 개별 소비자나 기업·조직 소비자의 당면해 있는 문제해결 능력, 즉 요구나 필요 충족 등을 가지고 있어야 한다. 따라서 마케팅은 기업과 소비자뿐만 아니라, 기업과 기업 단위의 학습자(기업소비자)의 관계에서 파생되는 제반 마케팅 문제를 다룬다.

둘째, 마케팅은 가치의 교환활동(An Exchange of Value)이다. 오늘날 마케팅의 가장 중심적인 핵심을 이루는 부분은 기업과 고객 간의 가치의 교환활동이다. 예를 들면, 기업은 고객에게 필요로 하는 제품이나 서비스를 제공하고 그 대가로 고객은 일정 금액을 지불한다. 고객과 기업이 서로 가치교환을 통해 장기적으로 건설적인 관계를 유지·발전시켜야 한다는 것이 현대 경영학, 좁게는 마케팅적 사고의 핵심을 이룬다. 평생교육기관은 고객의 요구에 맞는 프로그램들을 개발하여 개강함으로 평생교육기관과 가치교환을 만들어 냄으로써 평생교육기관 수입의 일정 부분을 담당하는 것이다.

셋째, 마케팅은 대상은 포괄적(Anything can be marketed)이다. 마케팅은 고객의 욕구를 만족시키기 위한 가치교환의 활동이라 했다. 그러면 가치란 무엇을 통해 실제로 고객에게 전달되고 소비되는가? 일반적으로 마케팅의 대상은 유·무형의 소비재와 서비스(음료수, 화장품, 정보서비스 등), 유·무형의 산업재(석유 중간제품, 기업 상대의 컨설팅 등), 유·무형의 공공재(조달청에 구입하는 물품들, 정부에 제공되는 정보서비스 등), 아이디어(창업, 제품, 광고, 아이디어 등), 사람(손흥민, BTS 그룹 등 스타 마케팅 전략), 시간(실시간 주가 정보서비스, 24시간 편의점 등), 장소(문화의 도시 OO, 교육의 도시 OO, 관광의 도시 OO) 등으로 매우 다양하다.

넷째, 마케팅은 수단(Marketing Tools)이다. 마케팅은 기업의 목적을 달성하기 위해 행하는 기업활동이다. 예를 들어, 기업의 매출 증대를 단기적 목적으로 정한 경우 마케팅의 역량은 매출 증대에 공헌하기 위한 방향으로 모아져야 할 것이다. 마케팅 관리자가 이러한 목적을 달성하기 위해 사용 가능한 의사결정변수를 마케팅 믹스(Marketing Mix)라 하고, 이에는 제품(Product), 가격(Pricing), 판매촉진(Promotion), 유통(Place) 등이 있다. 맥카시(McCarthy)는 마케팅 믹스의 각 앞글자를 따와서 4P라고 이름 붙였다.

다섯째, 마케팅은 과정(Process)이다. '마케팅은 계획하고 집행하는 과정이다'라는 것은 마케팅 활동이 일회성에 목적을 둔 것이 아니라, 지속적인 노력을 요구하는 것을 강조하는 의미이다. 이러한 맥락에서 현대 마케팅에서 중요시하는 개념이 관계 마케팅(Relationship Marketing)이며 기본적인 핵심은 고객과의 가치교환을 통해 장기적인 우호 관계 증대가 기업 성장의 지름길이 된다는 사고방식이다.

마케팅의 개념적 의미는 무엇을 강조하는가에 따라 시대와 함께 변화되어 왔다. 마케팅 개념이 처음 도입되었을 때는 생산지향적 관점을 가지다가 점점 판매지향적 관점으로 변화하였고, 이는 다시 고객지향적 관점, 시장지향적 관점으로 변화하고 있다(오세조 외, 2006).

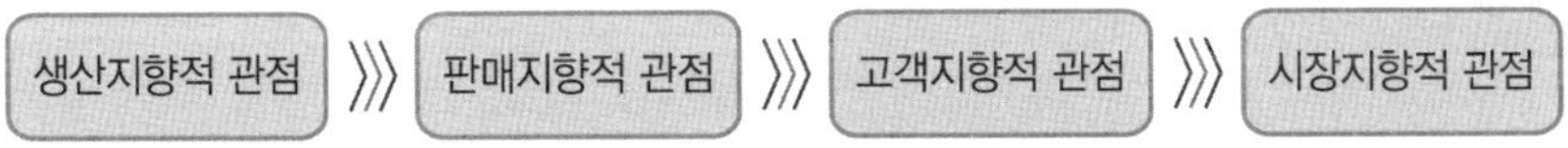

| 그림 12-1 | **마케팅 개념의 변천**

초기의 마케팅 철학은 제품 및 서비스의 생산과 유통에 초점을 두는 생산지향적 관점이었다. 질 좋은 제품을 생산만 하면 수요가 창출될 것을 가정한 마케팅 개념이다. 그러나 아무리 좋은 제품이 생산되더라도 때에 따라서 잘 판매되지 않음을 경험하자, 제품생산도 중요하지만, 판매가 더 중요하다는 생각에서

판매기술의 개선에 초점을 두는 판매지향적 개념이 강조되었다. 1990년대 들어 판매도 중요하지만, 고객의 욕구에 초점을 맞추지 않으면 기업이 살아남을 수 없다는 생각에서 생산, 재무, 판매 등 기업의 모든 활동을 소비자인 고객의 욕구에 맞추자 마케팅 역시 고객지향적 관점으로 전환하게 되었다. 그러나 고객의 현재 욕구에 지나치게 초점을 두는 것은 새로운 수요를 창출하는 데 한계가 있다는 비판을 받게 돼 있으며, 이에 따라 최근에는 시장지향적 관점이 강조되고 있다. 시장지향적 마케팅이란 최종고객인 소비자들에게 최대한의 가치를 제공하기 위해 제품의 가치생산이나 가치생산 촉진과 관련된 기업 내외의 관련 고객들의 상호작용을 지속적으로 관리하는 것을 의미한다(오세조 외, 2006). 최근에 '고객을 위한 가치 창출'을 기업의 비전이나 생산, 유통, 판매 등의 모든 과정에서 강조함은 시장지향적 마케팅과 같은 맥락이다.

| 표 12-1 | **마케팅 개념의 유형과 특성**

개념유형	고객 특성과 마케팅의 과제
생산지향적	• 학습자는 프로그램 이용 가능성과 저가격에만 관심 둔다. • 학습자는 경쟁프로그램의 가격을 알고 있다. • 비가격요인은 거의 중시하지 않는다. • 프로그램 개발과 학습자 유치 과정을 개선하여 능률을 높임으로써 교육비 수준을 낮추는 것이 고객 확보 주요 수단이다.
제품(프로그램) 지향적	• 학습자는 최고의 프로그램을 선택하고자 한다. • 경쟁프로그램의 품질이나 특성을 잘 알고 있다. • 프로그램의 질 개선이 학습자 유지의 주요 수단이다.
판매지향적	• 학습자는 특정 프로그램의 등록에 대해 주저하는 경향이 있다. • 여러 가지 자극으로 더욱 많은 등록을 유도할 수 있다. • 학습자 유지, 확보를 위해 강력한 유치 조직이 형성되어 있어야 한다.
고객지향적	• 학습자는 각각 다른 요구를 하게 되므로 세분시장으로 구분할 수 있다. • 자신의 욕구를 가장 잘 충족시킬 수 있는 프로그램을 구매한다. • 목표시장을 선정하고 욕구 충족도가 높은 효과적인 프로그램을 개발하고 마케팅 계획을 세워야 고객의 유지나 확보가 가능하다.

개념유형	고객 특성과 마케팅의 과제
시장지향적	• 고객의 현재 욕구에 지나치게 초점을 두는 것은 새로운 수요를 창출하는 데 한계가 있다. • 소비자들에게 최대한의 가치를 제공하기 위해 제품의 가치생산이나 가치생산 촉진과 관련된 기업 내외의 관련 고객들의 상호작용을 지속적으로 관리하는 것을 의미한다.
사회지향적	• 학습자는 건강, 환경문제에 민감하며, 교육기관의 윤리적 측면 등을 고려하여 등록하게 된다. • 교육기관은 좋은 환경을 제공하고 인간지향적인 사고와 함께 사회적 책임을 지는 방향으로 마케팅 활동을 전개할 수 있어야 한다.

출처: 권두승 외(2016). 평생교육경영론(2판). 파주: 교육과학사.

이처럼 마케팅의 개념이 조직의 이익을 위한 제품 판매에서 벗어나 조직의 본질적인 비전과 목적을 실현하는 수단으로 의미가 변화되면서 기업 외의 비영리조직이나 단체에서도 마케팅을 중요한 영역으로 다루고 있다(황선영, 2015). 따라서 마케팅은 '기업을 포함하여 모든 조직이나 기관에서 비전이나 목표를 달성하기 위해 시장 및 고객과 소통하면서 고객의 가치를 최대한 창출할 수 있는 상품 및 서비스를 제공하는 모든 활동'이라 정의할 수 있다(황선영, 2015). 이러한 관점에서 김신일(2009)은 마케팅 개념을 기업, 비영리조직 및 정부기관이 각 고객의 욕망을 파악하고, 그에 합치된 상품이나 서비스, 아이디어 또는 그 전체를 기획·개발하고 이에 관한 사실을 전달하며, 각 주체자가 최소비용으로써 최대의 고객만족, 최대의 가치를 창출할 수 있도록 해당 상품 및 서비스를 제공하는 행위 및 처리과정을 포함하는 것이라고 정의하기도 한다(김신일 외, 2009). 그렇다면 공급자중심, 교육자중심에서 수요자중심, 학습자중심으로 교육의 중심을 이동시켜야 함을 강조하고 있는 평생교육이나 평생교육기관에서도 마케팅은 중요한 영역으로 다루어져야 할 것이다(김용현 외, 2018).

마케팅에 대한 두 가지의 오해가 있다. 첫 번째는 제품을 팔기 위해 소비자를 현혹하는 교묘한 과정이다. 하지만 마케팅은 가치 없는 물건을 비싸게 파는 것이 아니라 오히려 소비자에게 어떻게 하면 그에 걸맞은 가치를 제안하고 전달할 수 있는지를 배우는 학문이다. 두 번째는 최종 목표가 시장에서 경쟁자를 이기는 데 있다는 생각이다. 그러나 마케팅의 목표는 '경쟁에서 승리하는 것'이 아니라 '고객의 마음을 사로잡는 것'이 되어야 한다. 오히려 경쟁에서 승리하는 것이 목표가 될 경우 고객의 마음을 사로잡는 데 부정적인 영향을 미칠 수 있으므로 주의해야 한다. 세계적인 경영학 분야의 권위자인 오마에 겐이치(大前研一)의 전략은 경쟁에서 승리하는 데 초점을 두기보다 새로운 고객 가치를 창출하는 데 초점을 두어야 한다고 하였다. 사실 좋은 전략은 가능한 경쟁을 피하는 것을 목표로 해야 한다(한국전산원, 2006; 김지헌, 2016). 이처럼 마케팅은 경쟁자가 제공하지 못하는 새로운 가치를 발견하고 이를 고객들에게 효과적으로 제안하고 전달하기 위한 방안을 모색한 과정으로써 수직적인 차별화보다는 수평적 차별화에 노력해야 할 것이다(문영미, 2011).

오늘날의 마케팅 개념은 지속적인 가치교환을 유발할 수 있는 관계를 기준으로 평가한다. 과거에는 판매가 마케팅의 핵심이었지만, 오늘날에는 고객과의 장기적인 관계 구축이 더 중요시되고 있다. 100년 이상을 운영하는 브랜드 있는 기업들은 다음과 같은 전략이 있다. 소비자가 공감할 수 있는 가치를 기반으로 기업의 정체성을 구축한 후 원칙 있는 일관된 행동을 통해 소비자에게 전달하는 것이다. '가치-만족-관계'의 선순환 구조는 기업이 제공하는 가치의 중요성을 소비자가 공감하고 기업으로부터 이를 지속해서 제공받고 있다고 느낄 때 시작될 수 있으며, 그 결과가 브랜드 자산 증가로 나타나게 된다. 브랜드 전략의 중심에는 소비자가 '공감할 수 있는 가치'가 있어야 한다. 이는 가치의 교환 과정에서 고객 만족을 이끌어내고 긍정적인 관계를 구축해 준다. 긍정적 관계는 또 다른 가치교환의 무대로 소비자를 이끌고 더 큰 만족을 통해 더 확고한 관계를 구축하여 브랜드 자산 가치를 증가시킬 수 있다(김지헌, 2016).

2) 필요성

마케팅에서 중요하게 다루는 이론과 전략이 사람과 사람 사이의 관계에 관한 것이며 그 적용 분야는 참으로 넓고 다양하기 때문에 마케팅은 우리 사회에 없어서는 안 될 중요한 분야이다. 즉 상대방의 마음을 훔쳐 긍정적 관계를 맺고자 하는 사람이라면 누구에게나 필요한 분야이다. 사람은 누구나 제품이나 서비스에 선택과 구매의 주체가 되며 소비를 통해 자신을 표현하기 때문에 마케팅은 소비자로서 자신의 행동을 이해하는 데 도움을 줄 수 있는 분야이다.

사회의 다양한 영역인 비영리기관의 마케팅, 문화예술기관의 마케팅, 심지어 학교마케팅, 대학마케팅 등의 개념을 듣게 되면 그야말로 마케팅의 개념이 기업을 뛰어넘어 교육기관에 이르기까지 모든 기관과 조직에서 중요하게 다루어짐을 알 수 있다. 남정걸(2008)은 평생교육기관이 마케팅 개념을 적극적으로 도입할 때 얻을 수 있는 마케팅의 효과를 다음과 같이 제시하였다(남정걸, 2008).

첫째, 평생교육기관에 대한 진정한 이미지 형성이다. 평생교육기관에 대한 좋은 이미지(예 교 · 강사의 질, 효과적인 프로그램, 건전한 운영)의 형성 결과는 국가적 차원에서 관련 부처, 지방자치단체로부터 예산지원과 지역사회와 공공기관의 신임과 여러 자원의 지원을 더 얻게 될 것이다. 정치가나 행정가, 지역사회의 인심은 일반적인 대중의 이미지에 좌우되기 쉽기 때문이다. 그러므로 평생교육기관의 효과적인 마케팅은 미시적인 지역사회 차원에서만이 아니라 거시적으로는 국가적 차원에서 이루어져야 한다.

둘째, 대상별 특화된 프로그램의 개발과 보급이다. 효과적인 마케팅은 관심인사나 관련 인사, 공사립의 관련 기관의 호의적이고 동조적인 참여를 유도할 뿐 아니라 평생교육의 질을 제공함으로써 학습자의 학습성과를 증진하게 된다. 교육에서 마케팅의 주요과제는 학습자의 성과를 제고하기 위하여 제한된 시간과 에너지를 어디에 투입할 것인가를 분간하는 것이다. 평생교육기관은 이처럼 대상별 특화된 마케팅을 전략적으로 치밀하게 전개하지 않으면 안 된다. 마치

기업이 특정한 소비자 집단의 욕구와 요구 및 수요를 규명하고 이를 충족시키기 위한 고객 위주의 제품을 생산하여 공급하는 방법을 찾는 것과 마찬가지이다. 이에 갈수록 치열해지는 경쟁 속에서 운영해야 하는 평생교육기관의 입장에서는 대상별 특화된 마케팅을 통해 프로그램의 차별화는 물론 잠재적 학습자에게 전략적으로 접근하는 방법을 강구해야 한다.

셋째, 자유시장에서의 경쟁력 강화이다. 평생교육기관에서의 마케팅은 한편으로는 생존의 문제이기도 하며, 다른 한편으로는 경쟁력 강화의 길이기도 한 것이다. 평생교육기관이 살아남고 이윤을 추구하려면 학습자를 찾아 나서고 그들의 수요에 맞는 프로그램을 실행해야 한다. 소비자인 학습자의 수요가 프로그램 개발자의 의사결정에 결정적인 영향을 준다. 학습자가 바라는 바를 스스로 충족시키지 못하기 때문에 프로그램 개발자에게 질 좋고 강의료가 적절한 재화나 서비스를 요구하게 된다.

공교육에 비해 평생교육은 학습자의 선택권이 거의 개방되어 있는 가운데 자유경쟁의 시장원리가 지배하는 분야이다. 개인의 권리와 자유, 능력을 중시하여 공교육의 획일적이고 독점적인 지배를 거부하고 교육의 질적 향상과 수월성을 추구하는 교육에서는 학습자의 교육 선택의 기회를 보장하기 위한 자유시장의 원리를 도입하여 치열한 경쟁을 전개하고 있는 것이 세계적 추세이다. 종래 교육기관이 제공하는 프로그램은 고객인 학습자에게 이로울 것이나, 학습자가 스스로 찾아오리라는 안이한 사고는 바람직하지 않다. 예측하기 어려운 불확실성의 치열한 경쟁에서 평생교육이 도태되지 않고 유지, 발전하려면 표적시장의 요구에 적절히 대응할 수 있는 마케팅 믹스를 개발하여, 선택의 기회를 확보하는 데 관심의 초점을 두어야 계속 유지, 발전할 것이다.

03 평생교육기관의 마케팅

1) 특징

(1) 미시적 마케팅

충족되지 않은 고객의 욕구를 발견해 내고 그러한 욕구를 충족시켜 줄 수 있는 제품을 생산하고 중간상을 거쳐 고객에게 흐르도록 함으로써 조직의 목표를 효과적으로 달성하려는 활동이라 할 수 있다. 즉 마케팅을 학습자의 욕구를 충족시키기 위한 평생교육기관의 활동으로 정의하고 평가하는 관점을 미시적 마케팅이라고 한다. 이는 시장조사, 프로그램 개발, 판매촉진, 유통경로 설계 그리고 서비스 활동을 포함한다.

평생교육기관은 공적인 의무를 함께 가지고 있으며, 또한 학습자들에게 교육이라는 상품을 제공하기 때문에 학습자 요구 충족에 많은 관심을 기울여야 할 것이다. 따라서 지역주민들을 상대로 하는 꾸준한 요구조사와 함께 현재 시민들의 관심사는 무엇이며, 운영하는 교육기관에서 개설, 운영할 수 있는 프로그램에 대한 개발과 함께 시민들에게 프로그램을 어떻게 소개하며, 많은 시민을 프로그램에 참여시킬 수 있는지 끊임없는 요구조사가 이루어져야 할 것이다.

(2) 거시적 마케팅

거시적 마케팅이란 가치를 교환하려는 전체 구성원들의 욕구를 효과적으로 해결하기 위하여 한 사회 내에서 필연적으로 발전한 사회적 과정이다. 영리기관으로서 평생교육기관의 마케팅은 일반기업과 다를 것이 없으므로, 여기에는 비영리기관으로서 평생교육기관의 마케팅 특징을 살펴보고자 한다(김신일 외, 2009).

첫째, 평생교육기관은 물적 상품보다는 서비스 성격의 상품을 제공한다는 점이다. 평생교육기관의 고객인 학습자들로부터 양질의 교육서비스를 제공받고 있다는 평을 받기 위해서는 광고나 홍보를 통해 무형의 교육 서비스를 유형화하는 과정이 필요하다.

둘째, 평생교육기관은 여러 가지 목표를 동시에 추구하고 있다. 이윤, 학습자 성장, 지역공동체, 시민의식 등 여러 가지 목표를 동시에 추구한다.

셋째, 비영리 조직으로서 평생교육기관은 마케팅 대상도 다양하다. 공공기관, 민간기관, 학습자 등 마케팅 대상도 다양하다.

이처럼 평생교육기관에서 거시적 마케팅이라는 관점은 평생교육기관이 지역사회에 어떤 목적으로 영향을 미칠 것인지를 고려한 운영을 말하며, 지역사회 발전을 위한 장기적인 목표설정을 통하여 일회성 평생교육프로그램이 아닌 지속적인 프로그램의 개발·운영의 장기적인 마케팅 전략의 수립을 의미하는 것이다(안병환 외, 2018).

2) 프로그램 마케팅 모형

평생교육프로그램을 잠재적 학습자에게 가장 효과적으로 어떻게 제공할 수 있느냐 하는 방법에 대해 연구하고 분석하고 판단하는 포괄적인 개념을 의미한다.

시멀리(Simerly, 1989)가 제시한 프로그램 마케팅의 모형에는 전통 모형, 교환 모형, 적응 모형 등이 있다(김진화, 2008).

(1) 전통 모형(traditional model)

학습자의 필요와 요구보다는 평생교육기관의 요구와 필요에 우선적인 관심이 있다. 평생교육기관은 교육 프로그램을 독자적으로 창출하며, 학습자들이 이것을 수용하도록 설득하기 위해서 마케팅을 사용한다. 즉 평생교육기관에서 개발된 프로그램을 학습자들이 수용할 수 있도록 프로그램에 대한 학습자들의 생각, 태도, 가치관들을 변화시키는 관점이 강조된다.

이 모형에서는 마케팅의 의미가 학습자를 설득하는 것에 집중되며, 평생교육기관이 학습자보다 강조됨으로 내부 지향적인 성격을 띠고 있다. 따라서 마케팅 활동을 계획할 때 고려해야 할 요인들이 거의 없다는 장점이 있는 반면에 외적 변화를 무시하고, 학습자에 대한 무관심이 발생한다는 단점을 가지고 있다.

(2) 교환 모형(exchange model)

평생교육기관 및 단체들이 앞으로 개발할 프로그램의 가치를 학습자 요구와 필요의 교환을 통해 획득하는 것을 강조한다. 이러한 접근모형은 평생교육기관이 잠재적 학습자나 지역주민들과 함께 공생적인 관계임을 강조한다. 따라서 의사결정을 이끌어 내기 위해서는 평생교육기관과 학습자들 사이에 끊임없는 협상과 정보교환을 중요시한다. 학습자들과 지역주민들은 그들이 가치 있게 여기는 것(예를 들면, 시간, 돈, 명예 등)을 자신들에게 이익을 가져다주는 것으로 생각하는 것과 교환하기를 원한다. 예를 들면, 교육프로그램, 생산물, 용역 등이다.

이 접근은 평생교육기관과 학습자의 균형적인 관점을 강조하며, 그 장점은 요구분석과 협상을 통해 평생교육기관의 지속적인 변화를 촉진한다. 그러나 계속된 협상과 장시간의 요구분석 등으로 평생교육기관의 변화가 점진적이라는 단점을 가지고 있다.

(3) 적응 모형(adaptive model)

학습자의 요구와 흥미에 응답을 강조함으로써 외부지향적이다. 또한, 교환 모형보다는 학습자의 요구와 필요에 대한 응답을 아주 강조하기 때문에 실제로 평생교육기관의 목적이나 필요, 기순, 가치들을 무시하는 경향이 있다. 이 모형은 기본적으로 학습자가 원하거나 필요한 것이라면 그것이 평생교육기관의 임무에 일치하지 않아도 제공한다는 태도를 취하고 있기 때문에 평생교육기관의 전통적인 경향을 도외시할 수 있다는 단점을 가지고 있다. 반면에 학습자의 만족을 강조하기 때문에 변화 촉진에 매우 적극적이라는 장점을 가지고 있기도 하다. 이러한 적응모형은 신자유주의 교육이 점차 확산하면서 많은 평생교육기관에서 적용되고 있다.

| 표 12-2 | **프로그램 마케팅 모형 비교**

구분	전통모형	교환모형	적응모형
강조점	• 조직체 지향	• 공생적 관계(조직과 학습고객)	• 학습고객 지향
환경과의 관계	• 거의 반응이 무딤	• 의사결정을 위한 지속적인 협상, 교환, 정보 공유	• 매우 반응적임
관점	• 학습고객이 조직체의 프로그램 및 서비스를 수용해야 하므로 학습고객의 사상, 태도, 그리고 신념을 변화시키는 관점에서 마케팅을 이해함	• 학습고객들이 시간, 돈, 낡은 사고 유형 등을 자신들에게 혜택을 주는 교육 프로그램 및 서비스와 교환한다는 관점	• 평생교육기관이 학습고객의 요구와 필요에 상응하는 교육 프로그램 및 서비스를 변화시키는 관점
참여	• 내부 지향	• 내부 · 외부 균형	• 외부 지향
장점	• 덜 복잡하고 단순함 • 고려할 요소가 거의 필요 없음 • 쉽게 판촉할 수 있음	• 평생교육기관이 변화에 적응할 수 있도록 요구분석과 협상을 강조함	• 학습고객에 의해 평생교육기관의 재생과 적응이 잘 이루어짐 • 능동적으로 변화에 적응함
단점	• 평생교육기관의 변화지향성이 거의 없음 • 기관의 실패 및 학습고객의 불만을 가져올 수 있음	• 전통적인 평생교육기관이 지속적인 협상과 교환과정에 어려움을 겪을 수 있음	• 전통적 평생교육기관 내의 보수적인 집단과 갈등이 초래될 수 있음

출처: 김진화(2008). 평생교육프로그램개발론. 파주: 교육과학사.

3) 마케팅 절차

마케팅은 평생교육프로그램을 많은 사람에게 알려 잠재 학습자들이 교육의 기회를 알게 하여 참여할 수 있도록 유도하는 데 그 목적이 있다. 마케팅의 절차는 ① 문제인지 및 문제정의, ② 목표설정, ③ 시장 분할, ④ 마케팅 전략 수립, ⑤ 프로그램 마케팅 수행, ⑥ 마케팅 평가 및 조절 등의 순으로 전개된다. 마케팅 절차에 대하여 살펴보면 다음과 같다(김진화, 2008).

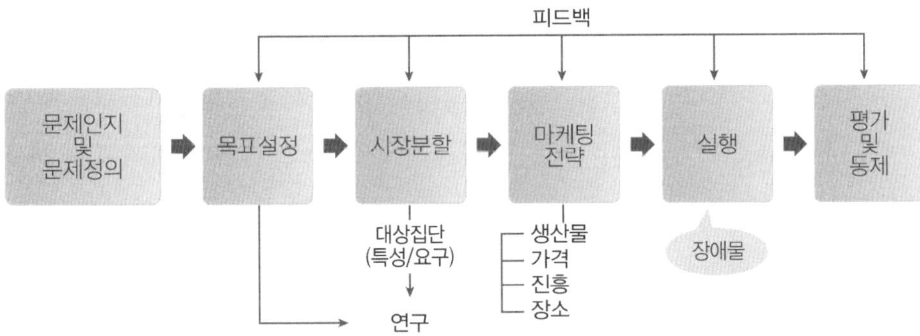

| 그림 12-2 | **프로그램 마케팅 단계**

출처: 김진화(2008). 평생교육프로그램개발론. 파주: 교육과학사.

첫째, 문제인지 및 정의는 프로그램 마케팅의 출발점이다. 실제로 밝혀지는 문제들은 너무 광범위한 경우가 대다수이다. 이러한 문제들은 통제 불가능할 수도 있다. 따라서 인지된 많은 문제 중에서 통제할 수 있는 차원으로 문제들을 새롭게 규정할 필요가 있다. 또한, 중요한 문제에 대한 징후뿐만 아니라 설명된 중요한 문제를 명확히 규정하는 것도 매우 중요하다.

둘째, 확인된 문제를 목표로 전환하는 것이다. 목표는 향후 취해져야 할 다양한 조치를 명확하게 규정해 주는 기능이 있다. 목표를 적절하게 설정하는 것은 프로그램 마케팅 수행 후에 평가하는 데 도움이 된다. 이처럼 목표는 의도에 적합하도록 특별화돼야 하며, 구체적으로 확인할 수 있도록 현실성이 있어야 한다. 즉 시장분할이 각 부분을 좀 더 구체화하여 기술하여야 한다. 목표를 설정하는 데 있어서 특별히 중요한 것은 어떤 변화의 형태가 드러나도록 하는가를 결정하는 것과 문제의 질을 고려해야 한다는 것이다.

셋째, 시장 분할(market segments)은 학습자의 특성이나 요구를 준거로 집단분할하는 과정이다. 이러한 분할의 묶음은 그룹의 특성에 맞게 고안된 프로그램의 표적이 될 것이다. 특성 시장분할에 도달하기 위해서 많은 전략을 가지고 접근하는데 각각의 분할마다 서로 다른 접근방법과 전략들을 가지고 접근한다. 목표를 설정하는 것과 밀접하게 관련되는 과정은 누가 프로그램의 학습자가 될 것인가를 결정하는 문제이다. 즉 학습자 데이터(Learner Data)를 통해 프로파일을 생성·수정할 수 있으며 프로파일의 각 속성들을 다양한 기준에 의해 자유롭게 정의하여 사용한다. 특정 그룹 툴을 이용하여 다양한 조건에 맞는 샘플 비즈니스 파트너를 추출한다. 다시 말해서, 잠재적 대상의 전부 변화시키기를 시도하거나, 프로그램으로 그들 모두를 모으는 것은 실제로 불가능한 일이다. 따라서 잠재적 학습자들의 특성과 요구에 의해 시장을 분할해야만 한다. 시장분할은 ① 학습 지향(learning orientation)에 의해서 구별될 수 있고, ② 프로그램 제공 선호도(program offering preferences)에 의해 구별될 수 있고, ③ 인구통계학적 특성(demographic characteristics)에 의해 구별될 수 있다.

넷째, 일단 프로그램 목표들이 설정되고 적합한 시장 분할이 됐을 때 프로그램 계획자는 사용할 프로그램 마케팅 전략을 개발해야 한다. 마케팅 전략은 학습자에게 전달될 프로그램의 세부내용에 대한 결정까지를 포함한다. 프로그램에 포함할 내용이 무엇인가? 어떻게 그리고 어디에 이것이 전달돼야 하는가? 어떻게 잠재적 학습자에게 이것에 대해 알도록 할 것인가? 그리고 어떻게 참석하라고 동기 부여할 것인가? 또 비용은 얼마나 할 것인가? 이러한 질문들은 소위 마케팅의 4Ps, 즉 마케팅 믹스를 의미한다. 그것은 생산물(product), 장소(place), 판촉(promotion), 가격(price)을 말한다.

| 표 12-3 | 4P 마케팅 믹스 설계 항목

마케팅 믹스	세부 항목
생산물(product)	• 종류(variety), 품질 수준, 디자인, 사양(features), 상표, 포장, 서비스 등
가격(price)	• 판매가(list price), 지불 기간, 지불 방법, 신용 조건, 요금제 등
장소(place)	• 유통 경로, 유통 범위, 상권 분석(Location), 재고, 물류, 유통 매장설계 등
판촉(promotion)	• 광고(Ads), 홍보(PR), 개별 판매(personal selling), 판촉(sale promotion)

출처: 김지헌(2016). 가치를 사는 소비자 공감을 파는 마케터. 고양: 갈매나무.

최근에는 평생교육프로그램에 학습자의 참여를 유도하고 촉진하기 위해 전통적으로 강조되어 온 생산물, 가격, 장소, 판촉이라는 4P 이외에 3P를 포함해 프로그램 마케팅 적용하고 있다. 여기에서 3P란 평생교육기관의 정책(policy), 다른 기관과의 파트너십(partner ship), 그리고 외부의 영향력을 의미하는 정치성(politics)을 의미한다.

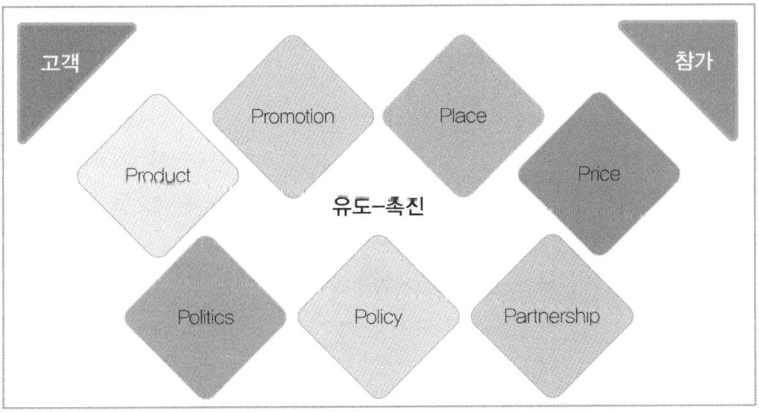

| 그림 12-3 | **프로그램 마케팅 7P 구성요소**

출처: 김진화(2008). 평생교육프로그램개발론. 파주: 교육과학사.

다른 경영학에서는 인적자원(people), 프로세스(process), 물리적 환경(physal evidence) 등을 포함하여 7P로서 마케팅 믹스에 대해 설명하기도 한다. 이렇게 생존하기 위해 다양한 마케팅 전략을 세우지만, 학습자의 수준은 점점 더 높아가면서 마케팅 믹스 4P의 진화단계도 변화하고 있다. 즉 전통적 '브릭엔모타(brick-and-mortar)' 방식에서 인터넷 기반 '클릭엔모뎀(click-and-modem)'의 형태를 거쳐서 감성서비스 기반 '서비스엔이모션(service-and-emotion)' 기관으로 진화하고 있다.

| 표 12-4 | **마케팅 믹스의 4P의 진화단계**

구분	전통적 기업 (brick-and-mortar)	온라인 기업 (click-and-modem)	서비스 기업 (service-and-emotion)
제품 (product)	• 유형 제품 • 물리적 제품	• 물리적 제품 • 디지털 제품 위주 • MP3 등	• 서비스 제품 • 감성 제품 • 콘텐츠 중시
가격 (price)	• 저가격 • 중가격 • 고가격	• 저~고가격 • 무가격 • 인터넷 전화 등	• 점심값보다 비싼 커피 • 월급보다 많은 입장료 • 브랜드 이미지 팔기
장소 (place)	• 시장 • 백화점 • 길고 복잡함	• 단순하고 간결 • 다수의 중간상 생성 • 오픈마켓 등	• 서비스의 일관성 유지 • 프랜차이즈 기업화 • 스타 양성과 팔기
촉진 (promotion)	• 광고 • 인적판매 위주	• 체험 마케팅 • 커뮤니티 & 블로그 • 토론문화	• 감성 공간 만들기 • 우량 파트너와 제휴 • 좋은 관계 만들기

출처: 김승욱 외(2016). 고객관계관리. 서울: 무역경영사.

평생교육기관에서 제공하는 교육 프로그램에 잠재적 학습자의 참여가 이루어지기 위해서는 그들을 유인할 수 있는 교환요소가 있어야만 한다. 잠재적 학습자는 자신들의 시간과 돈, 노력, 가치 등을 내놓게 되고 평생교육기관은 이에 상응하는 질 좋은 교육 프로그램 및 서비스를 제공해야 할 것이다.

다섯째, 프로그램 마케팅의 수행이다. 문제를 파악하고 목표로 전환된 후 학습자의 특성과 요구에 따라 시장이 분할되면 다양한 프로그램 마케팅 기법들이 마련된다. 이렇게 마련된 기법들은 구체적으로 수행과정을 거쳐야만 한다. 이 실행단계에 있어서 고려되어야 할 요소는 매우 많다. 경제적 지원 단체나 잠재적 학습자의 저항 등이 있으며 학습자의 시간, 관심, 그리고 다른 자원들을 위한 다른 조직과 경쟁적 관계에 놓인다는 사실도 인식해야 한다.

여섯째, 마케팅 평가 및 조절은 프로그램 마케팅의 최종단계이다. 성공 여부를 진단하기 위해서 목표에 비추어 프로그램의 결과를 사정하는 단계이다. 만약 목표에 견주어 볼 때, 결과가 새로운 변형을 위한 정보로 가치 있을 수 있고,

목표를 성취하는 데 충분치 않다면 이유를 밝혀 새롭게 마케팅 믹스에 대한 재평가가 이루어져야 할 것이다.

04 평생교육시장의 이해

1) 의미와 성격

평생교육 시장은 일반시장과는 다른 특성이 있다. 일반시장에서는 구매력에 금전적 요소가 매우 큰 영향을 미치지만, 평생교육에서는 금전적 요소보다 학습자 시간, 교통편, 학습자의 주변 여건 등이 더 중요한 요소로 작동하기도 한다. 그러므로 평생교육 시장에서 수요는 일반시장에서의 수요와는 달리 학습자의 관심과 참여 가능성이 중요한 변수이다.

한편, 특정 프로그램에 대한 학습자의 수요가 실제로 교육 참여로 이어지는 정도에 따라 평생교육 시장은 다차원적인 성격을 지니고 있는데 이를 살펴보면 다음과 같다(오혁진, 2021; Kotler & Fox, 1995).

첫째, 잠재시장은 웹마스터 전문교육 프로그램에 관심이 있는 모든 학습자는 잠재시장에 해당한다.

둘째, 이용 가능 시장은 소득과 물리적·시간적으로 프로그램에 참여할 수 있는 접근 가능성을 가지고 있는 집단 규모이다.

셋째, 유자격 이용 가능 시장은 제공기관에서 제시하는 자격 요건을 갖추고 있는 시장이다.

넷째, 노력 대상 시장은 실제로 참여를 유도하기 위한 노력이 시도된 집단을 의미한다.

다섯째, 최종 시장은 실제로 프로그램에 참여한 학습자 집단을 의미한다.

평생교육 시장은 학습자의 실제적인 참여여건과 평생교육기관이 제시하는 조건에 따라 다층적인 구조를 갖는다. 그러나 평생교육 시장의 규모를 결정하는 가장 중요한 요인은 학습자들의 참여 동기와 참여 장애요인이다. 그러므로 평생교육기관에서는 학습자의 참여 동기와 참여 장애요인을 고려한 마케팅 전략을 강구해야 한다(서보준 외, 2018).

2) 평생교육시장 세분화의 중요성

시장을 세분화하려면 기관의 모든 마케팅 노력을 집중시켜 가장 효과적으로 시장을 공략할 수 있도록 의미 있는 집단으로 구분해야 한다. 시장에는 세분하지 않는 비세분화 시장도 있고 세분화된 시장의 수가 학습자의 수와 같은 완전 세분화 시장도 있다. 하지만 대부분 성별, 연령, 학습자 성향 등의 변수에 의해 몇 가지 시장으로 세분화되는 것이 보통이다. 즉 학습자들이 프로그램을 어떤 목적을 가지고 어떤 용도로 어떻게 사용하는지에 기준을 정해 시장을 나누어야 기관의 목적에 맞게 효과적인 마케팅 전략을 세울 수 있다.

평생교육시장을 세분화하는 이유는 학습자들의 눈높이의 요구사항에 맞는 교육을 제공할 수 있는 기초 자료를 수집하여 그에 대응하는 마케팅 전략을 수립하기 위함이다. 평생교육시장의 세분화가 중요한 이유를 구체적으로 살펴보면 다음과 같다(최은수 외, 2017).

첫째, 새로운 시장에 진입하는 것을 더욱 쉽게 만들어 준다.

둘째, 목표시장을 정확하게 파악할 수 있어 불필요한 비용의 지출을 줄일 수 있다.

셋째, 평생교육기관의 인적 · 물적자원을 효율적 · 효과적으로 대응할 수 있다.

넷째, 급격하게 변화하는 시장 상황에 효율적 · 효과적으로 대응할 수 있다.

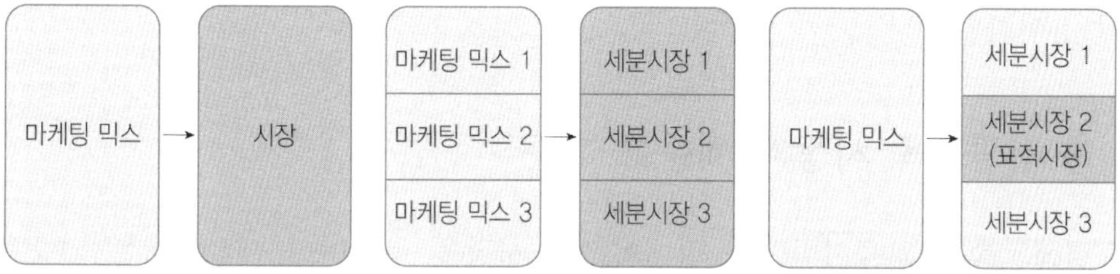

| 그림 12-4 | **표적시장 선정에 따른 마케팅 전략**

출처: 홍은실 외(2020). 문화예술교육 프로그램 개발의 이론과 실제. 서울: 동문사.

3) 평생교육시장의 선정

평생교육기관에서 프로그램에 참여할 잠재적 학습자를 세분화한 후에는 얼마나 많은 세분시장을 관리하고 어떤 세분시장에 더욱 초점을 맞출 것인가를 결정해야 하는데 이를 표적시장의 선정이라고 본다. 평생교육기관에서 제공하는 프로그램의 잠재적 학습대상자는 평생교육의 대상이 의미하듯 모든 연령층이다. 하지만 치열한 경쟁의 상황에서 모두를 위한 특성 없는 프로그램은 성공하기 어려울 수밖에 없다.

4) 평생교육시장의 세분화 절차

평생교육시장의 세분화의 절차를 간단히 살펴보면 다음과 같다(최은수 외, 2017).

첫째, 잠재학습자 분석은 잠재학습자에 대한 조사를 실시하여 시장에 관한 충분한 이해와 잠재학습자에 대한 명확한 이해가 있어야 한다.

둘째, 세분화 방법 및 기준 선택은 잠재학습자를 조사한 자료를 바탕으로 시장 세분화의 목적을 정하고, 이에 알맞은 시장 세분화 방법과 세분화 시장의 기준을 선정해야 한다.

셋째, 세분화 시장의 특성 파악은 잠재학습자들의 특성은 인구통계적 변수(지역, 학력, 결혼 여부, 직업 유무 등)에 따라 구분하여 정리하면 학습자 집단에 대한 파악이 용이하다.

5) 평생교육 시장의 세분화 기준

평생교육은 교육서비스의 판매이므로 시장을 분석하여 세분화하는 기준은 다소 차이가 있을 수 있다. 평생교육시장을 세분화하기 위해 사용할 수 있는 유일한 방법이란 없다. 하지만 평생교육시장 세분화는 평생교육기관의 효율적인 경영을 위해 매우 필요한 전략이다. 세분화의 기준을 살펴보면 다음과 같다(권인탁 외, 2017; 최은수 외, 2017).

첫째, 지리적 자료는 평생교육시장을 세분화하기 위한 가장 기본적인 자료이다.

둘째, 인구통계학적 자료는 시장 세분화에서 지리적 자료와 함께 가장 많이 적용되는 기준이다.

셋째, 심리적 자료는 잠재적 학습자의 가치 기준이나 성격, 태도, 신념, 동기, 욕구, 기대, 관심 등에 관한 자료를 기준으로 세분화하는 방법이다.

넷째, 행동적 자료는 교육 프로그램에 수강하는 학습자의 행동을 기준으로 세분화하는 방법이다.

05 평생교육프로그램의 홍보

1) 의의 및 목적

(1) 홍보의 의의

홍보의 사전적 의미는 기업·단체 또는 관공서 등의 조직체가 커뮤니케이션 활동을 통하여 스스로의 생각이나 계획·활동·업적 등을 널리 알리는 활동이다(네이버 지식백과사전, 2024). 프랑스 PR협회는 "한 집단이 그 집단의 구성원 상호 간, 또는 다른 많은 집단의 여러 가지 여론 사이에 바람직한 관계를 수립하며, 이를 유지할 목적으로 전개하는 활동을 말한다"라고 의의를 내렸다. 또한, 미국 PR협회는 "사회의 동향을 분석하고 그 동향이 무엇을 초래할 것인가 예측하여 조직 지도자의 상담역이 되며, 조직과 사회에 이익이 되는 사업을 추진하는 기술이고 사회과학이다"고 하였다(한국경영연구소, 2010; 김용현 외, 2018).

평생교육기관 홍보의 의의에 비추어 조금 더 논의해 보면 평생교육기관에서 질 좋은 평생교육프로그램들을 일반에게 널리 알려서 잠재된 학습자에게 학습 의욕을 일으킬 수 있도록 동기부여해 주는 데 그 의의가 있음을 알 수 있다. 무엇보다도 고정관념을 효과적으로 구축하기 위해서는 학습자와 평생교육기관의 첫 만남에서 학습자의 기억 속에 좋은 첫인상을 남기기 위한 진지한 고민과 노력이 필요하다. 심리학자들의 연구결과에 따르면 첫인상은 불과 0.1초 만에 결정되며 이후 행동을 해석하고 평가하는 데 매우 중요한 영향을 미친다고 한다. 학습자가 평생교육기관과의 첫 만남에서 얻게 되는 경험들은 이후에 얻게 되는 경험의 몇 배가 넘는 큰 힘을 발휘할 가능성이 있다. 평생교육기관에 대한 좋은 첫인상을 남기기 위해서는 때론 처음부터 모든 것을 완벽하게 할 수 있다는 자만심을 버릴 필요가 있다. 자만이 때로는 나쁜 인상을 남기기도 하기 때문이다(김지헌, 2016).

(2) 홍보의 목적

일반적인 내용의 홍보목적은 일반 사회로부터의 이해, 장기적인 영업성적의 향상, 지역사회로부터의 이해, 일반적 노사관계의 원활화 촉진, 금융기관으로부터의 이해, 단기적인 영업성적의 향상, 시민단체로부터의 이해, 특정 문제에 대한 정부 측을 이해하는 데 홍보목적이 있다(현대경영연구소, 2010). 평생교육기관 홍보에 있어서 그 목적은 평생교육기관의 이념에 대한 이해와 침투에 있으며, 이것은 평생교육기관의 갖가지 활동에 대해 좋은 이미지를 갖게 하려는 종합적인 커뮤니케이션이라 할 수 있다. 남정걸(2008)은 평생교육기관 홍보의 목적을 다음과 제시하였다.

첫째, 잠재적 학습자의 유인 및 확보에 있다.

둘째, 재정적인 어려움에 도움을 줄 수 있는 재정 후원자의 확보에 있다.

셋째, 평생교육기관을 위해 봉사할 수 있는 인력의 확보에 있다.

넷째, 평생교육기관의 홍보 그 자체가 평생교육적 효과를 얻기 위함에 있다.

다섯째, 대내적으로 기관 구성원들의 지지와 이해, 공감대와 협동심을 제고하고 참여자들의 기관에 대한 일체감을 불식시키는 데 있다.

여섯째, 평생교육기관에 대한 일반의 오해를 불러일으키는 데 있다.

이와 같은 것을 종합해 보면, 평생교육기관 홍보의 목적은 대내적으로는 구성원들의 협동된 마음을 갖게 하는 데 있고, 대외적으로는 잠재된 학습자의 학습동기를 유발시켜 수강생을 확보하고, 재정적 후원자 또는 후원기관을 확보하는 데 있다.

평생교육기관에서의 홍보는 어려운 재정환경에서 효율적으로 기관을 알릴 수 있는 수단이다. 따라서 적은 비용으로 잠재 학습자들에게 좋은 교육프로그램을 알리고, 기관의 교육적 이념과 위상을 널리 알릴 방법이 홍보이다. 즉 거의 비용을 들이지 않고 평생교육기관을 알릴 방법이기 때문에 홍보전략을 제대로 수립하는 것은 매우 중요한 일이다(최은수 외, 2017).

2) 홍보의 과정

홍보는 프로그램 촉진을 위해 별도의 소요 비용이 없이 잠재적 학습자에게 전달하는 것이다. 홍보의 과정을 살펴보면 다음과 같다(김진화, 2008).

첫째, 1단계에서는 잠재적 학습자에 대해 파악한다.

둘째, 2단계에서는 잠재적 학습자의 기관 및 프로그램에 대한 이미지 및 태도를 평가한다.

셋째, 3단계에서는 핵심 학습고객에게 기대하는 이미지 및 태도를 수립한다. 잠재적 학습자 가운데 수강을 주도할 수 있는 핵심 학습자에게 평생교육기관이 기대하는 바를 정립하도록 한다.

넷째, 4단계에서는 효과적 홍보 전략을 개발한다.

다섯째, 5단계에서는 계획의 실행 및 결과에 대한 평가를 실시한다.

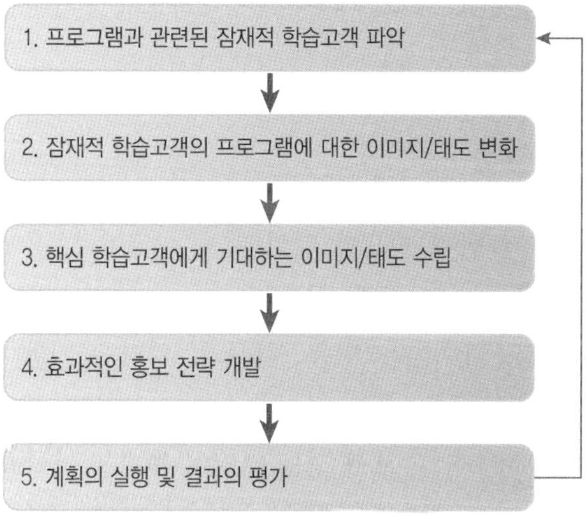

| 그림 12-5 | **프로그램 홍보의 과정**

출처: 김진화(2008). 평생교육프로그램개발론. 파주: 교육과학사.

3) 홍보의 원칙

평생교육기관의 홍보에서는 대중들에게 기관에 대한 이미지와 교육 프로그램을 진실한 모습으로 전달되어야 한다. 따라서 홍보 제작에 있어서 몇 가지 원칙이 있다.

① 진실성의 원칙: 홍보 있는 그대로 정확한 내용을 전달해야 한다.

② 상호작용의 원칙: 홍보는 제공자의 일방적인 정보의 제공에만 그치는 것이 아니라 대중과 공급 주체인 평생교육기관 사이에서 일어나는 상호작용에 근거하여야 한다. 즉 평생교육기관이 추구하는 교육적 이념에 공감하고 자신들의 교육요구에 부합하는 프로그램을 접하였을 때 학습 동기를 일으키게 되는 것이다.

③ 공공이익 합치의 원칙: 홍보는 계몽적 성격을 바탕으로 대중을 의식하고 개인의 이익과 공공의 이익을 실현할 수 있는 모습을 담아야 한다.

④ 인간적 접촉의 원칙: 홍보는 대중을 상대하므로 인간적인 관계가 중요하다.

4) 홍보매체 선정

홍보내용의 제작과 함께 중요한 것이 매체 선정이다. 홍보매체의 종류는 구두 방식을 비롯하여 강의 안내지, 신문(일간지, 지방신문 등), 안내 책자, 전단(Flyers), 포스터, DM, 라디오, TV, 지역방송, 현수막, 인터넷 카페, 블로그, SNS(Social Network Service) 등 다양하다. 특히, SNS는 인터넷을 통해 생각이나 정보를 주고받을 수 있게 해 주는 서비스로서 정보 전달이 빠르고 파급효과가 대단히 크다. SNS의 종류는 페이스북, 트윗, 카카오톡, 구글, 유튜브, 인스타그램 등이 있다. 각 매체마다 장단점을 가지고 있기 때문에 효과적인 홍보매체 선정에 신경을 써야 할 부분은 다음과 같다.

첫째, 홍보매체의 특성을 감안하여 주 매체를 선정하고 그 매체의 단점을 보완할 수 있는 보조 매체를 다각적으로 활용한다.

둘째, 무료 홍보 수단(지역 신문 등)의 보조 홍보매체로 최대한 활용한다.

셋째, 홍보내용이 간단한 것은 '눈보다는 귀', 복잡한 내용은 '귀보다는 눈'을 활용하는 홍보매체를 선택한다.

넷째, 프로그램의 내용을 고려하여 학습자의 수준과 특성을 고려하여 시각 및 청각매체를 적절히 활용한다.

다섯째, 광범위하게 홍보할 수 있는 매체를 선택한다.

여섯째, 내용을 정확하게 전달할 수 있는 매체를 선택한다.

일곱째, 빠르게 정보 전달이 가능한 동시성이 있는 매체를 선택한다.

여덟째, 학습요구를 촉발할 수 있을 정도로 내용 전달이 가능한 매체를 선택한다.

아홉째, 적은 경비로 최대의 효과를 얻을 수 있는 매체를 선택한다.

5) 홍보사례

프로그램 홍보는 매우 현실적인 과제이다. 그러므로 홍보전략을 수립하기 위해 실질적인 도움을 줄 수 있도록 몇 가지 사례를 살펴보고자 한다.

(1) 시선 잡는 홍보

시선을 사로잡는 홍보내용이 부각되어야 한다. 프로그램 홍보를 위하여 자료를 제작하여야 하는데, 그 홍보내용에는 기관소개와 함께 교육 프로그램 관련하여 교육과정, 교육내용, 교육방법, 교육기간 및 일시, 교육장소, 교육비 등이 포함된다. 홍보내용을 구성할 때의 지침은 ① 정확하고 명확한 내용 전달, ② 최소한의 내용만을 전달, ③ 쉬운 표현 사용, ④ 친숙한 내용구성이다.

(2) 시선 몰입 홍보카피

시선이 몰입되는 홍보카피와 문구를 작성하는데 나음과 같은 사항을 고려해야 한다.

첫째, 홍보카피를 작성하기 전에 목표 시장을 정확하게 이해해야 한다. 예를 들면, 평생교육사가 활용할 우편 주소록(mailing list)이 어떤 것인지, 홍보 대상자들의 직업과 그들의 생활 스타일은 어떠한지, 평균 교육 수준과 가계 수입은 어느 정도인지, 그들이 소속된 사회단체나 전문가 집단은 무엇인지 등을 이해하는 것이다.

둘째, 잠재적 학습자들의 요구를 알고 나서, 요구를 충족할 수 있도록 돕는 목표로 작성하는 것이다. 목표 집단의 요구파악을 위해 학습자와 이야기하거나 설문조사를 실시한 적이 있는지, 프로그램 내용은 이들 요구를 충족시키는지, 목표 집단의 요구를 적어도 15개 이상 목록으로 만들고 홍보카피에 포함했는지 등이다.

셋째, 평생학습의 참여를 통해 얻을 수 있는 혜택과 수혜를 제시하고 강조한다. 참여를 통해 획득하는 혜택을 적어도 10개 정도를 홍보 문구에 포함하고, 구체적인 수혜 및 이득의 내용을 따로 강조하면서 이러한 혜택들이 참여자에게 가치 있는 것으로 인식되도록 정확히 제시한다.

넷째, 홍보자료를 보는 순간 3~4초 이내에 시선을 포착할 수 있도록 홍보카피는 앞뒷면 모두에서 대담하고 실천지향적으로 써야 한다. 제목에 있어서 실천성, 긴급성, 중요성, 그리고 우수성이 강조되었는지, 프로그램 제목이 잠재적 학습자에게 감(feel)이 오는지, 그리고 잠재적 학습자에게 동기부여가 되게 자극하는 내용이어야 한다.

다섯째, 독자가 즉각 참여하도록 하여야 한다. 홍보카피는 완성된 내용을 전달하고 논리적 순서에 의해 제시되었는지, 홍보카피는 등록을 활동적으로 권고하는지, 그리고 등록이 용이하도록 안내되어야 한다.

여섯째, 독자의 참여를 독려하는 단어들과 강력한 메시지를 사용하라. 평생교육사는 홍보카피에 활동적이고 강력한 단어를 최소한 50개를 사용했는지, 홍보의 페이지마다 강력하고 행동지향적 머리글이 있는지, 제목은 학습결과를 강조하는 내용이어야 한다.

일곱째, 메시지를 통해 당신이 원하는 행동을 취하도록 자신이 만든 홍보카피를 배열하라. 적어도 한 명의 동료 또는 학습참여자로부터 홍보카피를 검증받고 피드백을 받는 것도 좋은 방법이다.

여덟째, 점검하고 또 체크하라. 홍보카피의 효과성에 대한 평가를 어떻게 계획하고 있는지, 우편 주소록(mailing list)의 효과성을 추적하기 위한 시스템을 고안하였는지, 홍보카피를 신선한 관점으로 수정하기 위하여 몰입한 적이 있는지, 홍보카피가 당신이 최선의 노력을 다한 결과물인지를 스스로 자문하는 시간이 필요하다.

Chapter 13

평생교육프로그램 실행과 평가

01 평생교육프로그램 실행
02 평생교육프로그램 평가
03 프로그램 평가모형

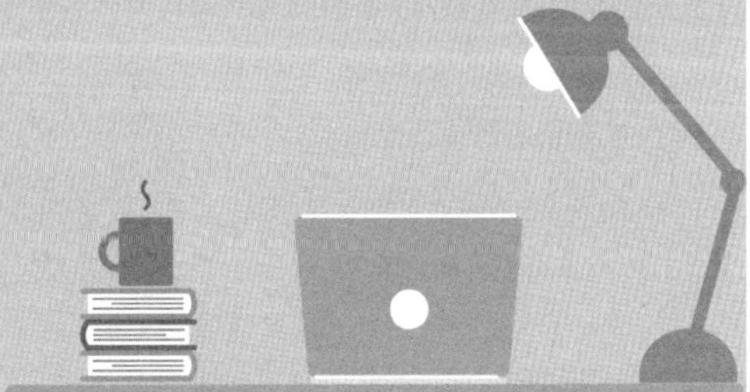

01 평생교육프로그램 실행

1) 프로그램의 실행단계

평생교육프로그램 실행이란 기계론적 교육관 입장에서 기계의 작동과 같은 사전에 준비된 교육과정의 조작적 행위를 말한다. 실행은 교수자, 운영자(관리자), 학습자 등의 상호 협동적 실천행위(cooperative arts)가 전제되어야 가능하다. 즉 평생교육프로그램 실행은 간단한 조작행위의 자동적 작동이 아닌 프로그램과 관련된 많은 사람의 통합적 상호작용의 노력으로 전개되는 것을 의미한다. 실행과정은 구체적인 활동단계로 조직된 프로그램 학습안과 실행형태가 결정된 후 실천에 옮기는 단계이다. 프로그램의 계획이나 조직이 실행단계를 거치지 않는다면 한낱 설계나 문서에 불과할 것이다. 프로그램 실행단계를 통해 프로그램 기획이 실천되는 것이므로 평생교육사들의 역량이 구체적으로 발휘되는 단계이기도 하다. 프로그램 실행단계에서 다음과 같은 점을 유의하면서 실행하는 것이 좋다(남정걸 외, 1995).

첫째, 소집단활동, 자기 소개시간 등을 통해 먼저 지도자와 학습자 간에 그리고 학습자 상호 간에 친밀한 분위기 조성을 위한 라포(rapport)를 형성한다.

둘째, 활동 프로그램은 무엇보다도 과정 자체에 중점을 두어야 한다. 프로그램 전개과정 그 자체가 보람되게 진행되도록 하며, 즉각적 성과나 효과를 올리는 데 급급해서는 안 된다.

셋째, 지도자와 참여자의 의견을 존중하고 그들이 제안하는 여러 건의사항을 수용적 태도로 받아들이며, 참여자에게 문제의식을 일으켜 그들이 스스로 문제를 해결하도록 도와준다.

넷째, 프로그램 내용과 방법의 혼용프로그램은 어떤 지식내용의 전달보다는 태도와 기능의 변화에 목적을 두는 경우가 많기 때문에 어떤 것은 교육방법 자체가 프로그램의 내용이 될 수 있다.

한편, 권두승(2000)은 평생교육프로그램 개발자가 프로그램 편성 후와 운영상 유의해야 할 사항을 다음과 같이 정리하였다.

첫째, 프로그램 편성 후, 특히 실행안의 구상 시에 결정한 활동 대상자의 수준과 활동목표가 상정했던 바와 상당한 차이가 있다는 것이 명백한 경우, 목표를 변경하거나 내용·방법을 대체하는 등의 배려를 하는 것이 필요하다.

둘째, 프로그램은 예상외의 조건에 따라서 부득이하게 변경하지 않으면 안 되는 경우가 종종 생기게 마련이다. 이때에는 사전에 작성된 프로그램에 집착하지 말고 상황의 변화에 따라 유연하게 대처할 수 있는 자세가 중요하다. 그러기 위해서는 기상조건, 참가상황, 강사의 사정 등 예측할 수 없는 사태를 예상하고 만약의 경우를 대비하여 준비(영화, 필름, VTR 등을 예비적으로 확보해 두는 일 등)해 두는 것이 필요하다.

셋째, 프로그램의 실행안을 변경하지 않으면 안 될 상황판단을 하는 체계, 예컨대 언제 어떠한 상황에 누가 어떠한 근거로 어떻게 변경하는가를 판단하는 체제를 확립해 두는 것이 필요하다.

넷째, 운영상의 유의점으로서는 프로그램의 운영을 위한 조직들이 공통의 목표 달성을 위하여 상호 역할을 분담하고 연락·협력을 효과적으로 할 수 있도록 해야 한다. 또한 사전 준비를 철저히 하고 최종적으로 점검하여 실행에 차질이 없도록 해야 한다.

다섯째, 프로그램을 실행하기 전에 점검해야 할 목록을 마련해 두고 이를 철저히 지키도록 하는 것이 필요하다. 프로그램 실행에 필요한 매체와 보조물들이 프로그램 운영 부서가 아닌 다른 관리 담당 부서가 관장하고 있으면, 종종 프로그램 진행에 차질이 있을 정도로 준비상에서 하자가 발생하는 경우가 있다. 이 같은 경우를 대비하여 프로그램 운영 담당자는 반드시 실시 전에 장소를 확인해 볼 필요가 있다.

여섯째, 프로그램은 실시기관의 모든 사람이 협력해서 하는 것이지 어느 한 사람의 노력만으로 운영되는 것이 아님을 염두에 두어야 한다. 물론 프로그램을 직접 담당한 자는 관계자 전원과 하나의 목표를 달성하기 위하여 협력해 나가야 하며, 해당 기관의 모든 사람이 프로그램의 목표, 내용, 대상 등에 대해서 숙지하고 있어야 한다.

프로그램 운영자는 프로그램의 효과와 효율적인 실행을 위해서는 학습에 적합한 환경을 조성하고 프로그램 진행에 관한 사항을 확인하면서 실행해야 한다. 실제로 운영하는 단계이므로 운영자가 운영을 잘못하면 그 교육은 실패하는 경우가 많다. 실제 교육과정을 운영하는 방법에 초점을 맞추어 살펴볼 내용은 다음과 같다.

| 표 13-1 | **프로그램 실행계획 체크리스트**

항목	점검 내용	확인
목적분석	교육목적:	
환경분석	① 강의장소 섭외 확인 ② 강의장소 관련 담당자 확인 ③ 강의장소 약도 및 주소(이동시간) ④ 강의장 외부환경: 주차장 및 위락시설 ⑤ 강의장 내부환경: 강의장 배치형태 마이크, 빔프로젝터, 인터넷 등	
참가자 분석	① 전체 참여인원 ② 남녀 구성비 ③ 소속형태(필요시 활동영역, 학력, 경력, 연령 등) ④ 분임조 형태	
강사확인	① 강사 사전 섭외(강사 약력, 전문성 여부, 강의 의뢰 및 승낙서 등) ② 강의 방법(수업운영방법, 매체활용여부 등) ③ 강의 교재(강의원고 접수 및 검토 확인)	
교육내용	① 교육일정표(강의장 내 · 외부 게시, 교재내 등) ② 교재 ③ 교육보조자료 ④ 교육평가자료(설문지 등) ⑤ 교육결과준비(사진, 동영상 촬영 등)	
예산확인	① 강의장 사용료, 식비, 다과비, 숙박비 등 ② 강사료, 과정코디네이터 인건비 등 ③ 문구류 사무용품비 ④ 차량임차료 ⑤ 교재비 ⑥ 기타 보험료, 플래카드, 간담회비 등	
기타	① 문구류: 필기구, 전지, 유성펜, 포스트잇, A4용지, 스카치테이프 등 ② 교육매체: 빔프로젝터, 노트북 등 ③ 진행 관련: 명찰, 명패, 교육일정표, 교재, 출석부 등 ④ 간식: 커피, 음료수, 간식, 의약품 등	

출처: 이복희 외(2020). 평생교육프로그램개발론. 파주: 양성원.

2) 프로그램 실행을 위한 점검 및 확인

프로그램이 본격적으로 실행되기 위해서는 사전에 준비해야 할 사항뿐만 아니라 프로그램 당일, 프로그램 종료 후 점검 및 확인하는 사항이 있다. 프로그램 실행 전 확인해야 할 체크리스트는 다음과 같다.

| 표 13-2 | **프로그램 실행 전 체크리스트**

항목	점검 내용	기한
기획 및 계획	① SWOT 분석 및 학습자 요구분석 ② 기획안 작성 ③ 사업 계획수립 및 계획서 작성 ④ 강사 섭외 ⑤ 강의장소 답사 및 선정 ⑥ 협조공문 발송	D-90 D-60 D-60 D-60 D-60 D-60
홍보	① 홍보물(포스터 및 전단) 제작 및 배포 ② 언론 홍보 ③ 현수막 제작 및 게시	D-30 D-20 D-14
참여자 모집/관리	① 신청자 접수 ② 참여자 상담 및 안내 ③ 참여자 확정 및 통보 ④ 참여자 출석가능 여부 확인 및 개강안내 ⑤ 참여자 개강 안내	D-30 D-30 D-10 D-2 D-1
강사관리	① 강사섭외 및 강의 의뢰서 발송 ② 과정 및 대상자 특성 정보제공 ③ 강의 원고 요청 및 요구사항 확인 ④ 강의 방법 및 매체사용 여부, 책상배치 확인 ⑤ 강사 확인/연락 ⑥ 주차안내 및 오시는 길 안내	D-30 D-30 D-20 D-20 D-3/1 D-day
인쇄물 제작	① 교재 및 기타 인쇄자료 제작 ② 명찰 제작	D-7 D-1
개강식 및 의전	① 내빈 참석여부 확인 ② 개강식 준비	D-7 D-1

항목	점검 내용	기한
강의장 시설점검	① 교육기자재 점검 ② 문구류 및 의약품 구비 ③ 교육장 테이블 세팅 ④ 수업준비물 세팅 ⑤ 교육매체(빔프로젝터, 노트북 등) 점검 및 확인 ⑥ 기타: 보험료, 플래카드, 다과비, 간담회비 등	D-3 D-3 D-1 D-1 D-1 D-3

출처: 이복희 외(2020). 평생교육프로그램개발론. 파주: 양성원.

| 표 13-3 | 프로그램 실행 당일 체크리스트

항목	점검 내용	기한
교육장 및 환경관리	① 교육장비 점검 ② 교육장 내 일정표 부착 여부 ③ 학습준비물 상태 점검 ④ 강사대기실 세팅 상태 점검 ⑤ 교육장 냉·난방 상태 점검	D-day D-day D-day D-day D-day
개강식	① 내빈 소개 및 인사말 ② 계획된 의식 진행	D-day D-day
오리엔테이션	① 과정 개설의 목적 및 목표 설명 ② 교육일정 소개 ③ 질의 응답	D-day D-day D-day
시간관리	① 휴식시간 체크 ② 시작/종료시간 체크	D-day D-day
강사관리	① 강사 접대 ② 강사 소개 ③ 강사 모니터링 ④ 강사확인서 서명 확인 ⑤ 강사 배웅	D-day D-day D-day D-day D-day
참여자관리	① 출결체크 및 결석자 확인 ② 학습상담 및 불만사항 체크 ③ 간식 및 다과 제공 ④ 학습동아리 안내 및 구성 ⑤ 학습자 모니터링(컨디션 체크, 필요사항 등)	D-day D-day D-day D-day D-day
기타	① 특이사항 체크 ② 평가	D-day D-day

출처: 이복희 외(2020). 평생교육프로그램개발론. 파주: 양성원.

| 표 13-4 | **프로그램 종료 및 이후 체크리스트**

항목	점검 내용	기한
수료식	① 수료자 확정 및 수료증 제작 ② 수료식 참석 내빈 확인 ③ 수료식 진행	D-1 D-1 D-day
교육과정	① 교육과정 요약 ② 향후 프로그램 안내 ③ 교육과정 만족도 설문지 작성 ④ 학습동아리 조직구성 및 활동 독료	D-day D-day D-day D-day
교육장 정리	① 시설 정리 ② 스태프 격려	D-day D-day
평가	① 설문지 분석(문제점 및 개선사항) ② 자체 평가회의	D+3 D+3
결과보고	① 정산 및 결과보고서 작성 ② 정산서 및 결과보고서 제출	D+10 D+15

출처: 이복희 외(2020). 평생교육프로그램개발론. 파주: 양성원.

3) 프로그램 운영자와 관리자의 역할

프로그램 운영은 개발된 프로그램을 실제 학습대상자들에게 적용할 뿐만 아니라 지속적으로 유지하고 관리하는 활동이다. 그러므로 개발된 프로그램은 진행하는 과정 중에 많은 노력이 요구된다. 실제로 프로그램을 운영하면서 수행해야 할 역할은 매우 다양하다.

분(Boone, 1985)은 평생교육사가 프로그램을 실행하고 운영·관리하는 과정에서 반드시 이해하고 실천해야 할 역할을 다음과 같이 제시했다(김진화, 2008; Boone, 1985).

첫째, 프로그램 운영담당자는 설계된 프로그램을 실행하는 데 필요한 환경을 조성하고 마련하면서 다양한 기법과 전략을 활용해야 한다. 프로그램의 참여자들이 활동에 적극적으로 참여하도록 촉진하는 것에서부터 프로그램 운영과 관련한 모든 면에 활용할 수 있는 물적 자원을 적극 확보하고, 이를 활용할 수 있는 전략가이어야 한다.

둘째, 프로그램 실행이 더욱 효과적으로 이루어질 수 있도록 인적·물적 자원을 연계하고 동력화하며 이를 발전적으로 이용할 수 있어야 한다. 프로그램 실행에 필요한 자원에 대해 적절한 역할 분담과 그 역할을 활성화하기 위한 네트워커(networker)이어야 한다.

셋째, 계획된 프로그램의 실행과정은 더 나은 실행을 위해 필요하다면 적절히 조정할 수 있어야 한다. 일단 프로그램이 실행되면 그 활동의 진행과정을 주의 깊게 관찰·탐색하고, 보다 나은 실행을 위해 수정·보완하는 등의 유연성을 가진 조정자가 되어야 한다.

넷째, 프로그램 실행과정에서 운영담당자는 참여자들에게 계속적인 강화요인을 제공해야 한다. 개별 클라이언트나 그 집단이 교육의 목적을 달성하기 위해서는 학습자들의 활동에 대하여 보상을 포함한 피드백을 적극적으로 제공해야 한다.

다섯째, 프로그램 실행활동에 학습자들의 경험을 적응시키고 재조정함에 있어서 학습자의 반응을 기꺼이 수용할 수 있어야 한다. 평생교육활동이 효과적으로 일어날 수 있도록 하기 위해서는 학습자의 변화상태를 감지하고 이해할 수 있는 감수성과 이해력이 있어야 한다.

4) 프로그램 운영자와 관리자의 직무

평생교육프로그램 운영은 프로그램 관리, 경영, 행정, 감독, 실행 등 다차원적인 의미를 포함하고 있기 때문에 단편적인 의미 규정보다 전개과정, 목표실현, 자원투입, 실천행위 등과 같은 다차원적 관점으로 정확한 의미 규정이 필요하다. 전개과정 관점은 프로그램 준비단계부터 실시, 정리 및 사후관리까지 프로그램을 실행하기 위한 제반과정을 의미하며, 목표실현 관점은 학습자가 개발된 프로그램의 참여로 성장하고 변화할 수 있는 촉매제 역할로 평생교육기관의 비전 실현을 위한 직접적 행동화 과정이다. 자원투입 관점은 프로그램이 원활하게 실행되도록 하기 위해 물적·인적자원을 투입하고 교수자와 학습자의 확보 및 관리뿐만 아니라 유관 관련 매체와 예산 등의 관리까지 교육환경의 제반 요소를 조성하는 것을 의미한다. 그리고 실천행위 관점은 프로그램 운영을 위해 관련된 행위 주체자 사이의 상호작용을 촉진하는 호혜적이고 합동적인 실천행위이다(권진하 외, 2022).

이처럼 위의 내용을 기반으로 평생교육프로그램 운영이라는 직무의 개념을 살펴보면 평생교육 실천 현장에서 통합적이고 상호 유기적 실천행위로 볼 수 있다. 평생교육기관의 프로그램 운영 직무 수행체제를 객관적인 직무에 근거하여 현장 적합성과 이론적 타당성을 모두 제시한 수행과업은 다음과 같다(권진하 외, 2022).

(1) 프로그램 기획의 책무

프로그램 기획이란 프로그램 담당자가 프로그램에 대한 혁신적인 아이디어 창출을 바탕으로 또는 프로그램공모사업을 위한 기획 제안서 개발로부터 출발한다. 즉, 교육프로그램에 대한 전문가 자문, 타당성 검토, 관련 조직의 네트워크를 활용한 프로그램 개설에 대한 예비 타당성 조사를 객관적으로 검토하는 과업을 수행하는 것을 지칭한다. 이러한 수행과업은 기관장의 지시 및 프로그램 아이디어 창출, 프로그램 타당성 검토, 프로그램기획 공모, 프로그램 구상 및 기대효과 확인, 다른 기관의 네트워크 및 외부 자문 등이 포함된다.

(2) 프로그램 세부 운영계획의 책무

프로그램 운영계획의 책무는 평생교육프로그램의 운영과 관련하여 전반적인 사항들을 사전에 검토하고 종합적으로 결정하는 과업을 수행하는 것을 말한다. 이러한 수행과업은 교육목적과 운영방향을 구체화하고 잠재적 학습대상자를 파악하고 협의 및 편성하며, 학습내용, 운영일정 결정, 교육장소 확보 예산 및 소요경비 편성, 세부추진계획안 작성, 교육운영계획안의 품의 작성 및 보고, 조직 내부 협조 요청 등이 포함된다.

(3) 강사 섭외 및 선정의 책무

강사 및 선정의 책무는 교육내용에 대해 강의 진행에 적합한 강사를 선정하고 인적사항 확보 등의 과업을 수행하는 것을 말한다. 이러한 수행과업은 강사 추천 및 의뢰, 강사 섭외 및 선정, 협의, 초빙강사 명단 정리 및 공유, 공문발송 등이 포함된다.

(4) 강의원고 요청 및 교재개발의 책무

강의원고 요청 및 교재개발의 책무는 프로그램과 관련된 지식과 정보 확보 및 재구성하여 프로그램의 핵심적 요소를 교재로 편찬하는 과업을 수행하는 것을 말한다. 이러한 수행과업은 강의원고 집필 요청, 강의 원고 편집, 교수설계, 교재개발, 행정 품의서 작성 및 주문, 검수 등이 포함된다.

(5) 학습자 모집 및 등록안내의 책무

학습자 모임 및 등록안내의 책무는 프로그램에 참여할 잠재적 학습고객의 관심을 유발할 수 있는 홍보와 학습 대상자 선발 및 프로그램 참여를 위해 준비해야 할 사항 안내와 같은 과업의 수행을 말한다. 이러한 수행과업은 학습자 모집계획, 홍보, 학습자 상담, 모집, 학습자 확정 및 통보, 명부 공지, 교육비 납부 안내, 대기자 선발 등 준비한 프로그램의 개강 준비 및 안내 등이 포함된다.

(6) 프로그램 개강 준비의 책무

프로그램 개강 준비의 책무는 프로그램이 본격적으로 시작하기 전에 운영이 원만하게 이루어지게 하기 위하여 학습자, 교수자, 교육운영자 측면에서 필요 사항을 점검하는 제반의 과업을 수행하는 것을 말한다. 이러한 수행과업은 교육일정표 작성, 오리엔테이션 자료작성 및 준비, 등록자 확인 및 점검표 준비,

교재 및 자료집 점검, 개강식 시나리오 준비, 교육기자재 및 장비 점검, 교육환경 및 시설점검과 준비, 출석부 제작, 명부 작성 및 명찰 제작, 학습자 급식 의뢰, 상비약품 확보, 간식과 음료 준비, 강사 확인 및 역할 분담, 강사 출강 일정 통보 및 준비사항 확인, 강사 대기실 점검, 학습자의 학습이력 및 특성 조사표 준비, 평가자료 및 설문지 준비, 기타 교육운영 사전점검 등이 포함된다.

(7) 프로그램 운영의 책무

프로그램 운영의 책무는 강사와 학습자 입장에서 다양한 지원을 통해 프로그램 진행 과정에 참여함으로써 강의와 학습에 대한 모니터링과 평가 등의 과업을 수행하는 것을 말한다. 이러한 수행과업은 개강식 진행, 사회, 교육과정 안내 및 학사관리 오리엔테이션, 학습자 간 소개 및 정보교환, 학습자 자치회 구성 및 활동, 교육기자재 및 장비 작동 지원, 교육재료 및 소모품 지원, 시설의 교육적 최적화, 강사 영접 및 소개, 강사출강 안내 및 준비물 확인, 강의 및 교수전개, 교육프로그램 모니터링 및 기록, 현장학습 운영 및 지도, 교재 및 교육자료 배부, 식사 및 숙식 안내 강사 음료 및 학습자 간식 제공, 출결 확인, 차량 안내 및 관리, 학습자 면담 및 상담, 강사와 학습자 간의 환류 촉진, 강의 종료 후 강사 응대 및 모니터링, 일일 강의 만족도 및 평가 설문조사, 위탁 교육운영 및 진행, e-HRD 프로그램 운영, 위탁 교육운영 및 진행 등이 포함된다.

(8) 프로그램 평가 및 수료의 책무

프로그램 평가 및 수료의 책무는 학습을 바탕으로 학습자 성장변화를 객관적으로 확인·진단하고 프로그램 전개내용 등에 대한 만족도를 분석하는 제반의 과정을 수행하는 것을 말한다. 이러한 수행과업은 프로그램 수료식 준비, 종합평가회 진행, 종합강의만족도 조사 및 분석, 수료식 진행, 교육결과 보고서 작성 및 결재, 수료자 추후 활동 오리엔테이션, 수료자 학습동아리 형성 및 지원, 현장적용 지도 및 성과 확인 등이 포함된다.

(9) 프로그램 지원행정의 책무

프로그램 지원행정의 책무는 프로그램의 효과적인 운영과 관리를 위해 법무에서부터 교육 기간에 혹은 종료 후 학습자의 편의를 위한 각종 지원과 서비스를 처리하는 제반의 업무 수행을 말한다. 이러한 수행과업은 강사료 지급 서류 준비, 수료증 제작 및 발표, 강사료 지급품의 작성, 교육 수료 및 이수 확인증 발급, 수료자 DB입력 및 이력관리, 급식인원 집계 및 통보, 기타 행정업무 사항 처리 등이 포함된다.

| 표 13-5 | **평생교육기관 프로그램 교육운영 책무와 수행과업**

운영책무	수행과업	
프로그램 기획	① 기관장의 요청 및 지시 ② 프로그램 아이디어 창출 ③ 교육기획 공모	④ 프로그램 타당성 검토 ⑤ 프로그램 구상 및 기대효과 확인 ⑥ 외부 자문 및 타 기관과의 네트워킹
세부 프로그램 운영계획	① 교육목적 및 운영 방향의 구체화 ② 잠재적 교육 대상자 파악 ③ 교육내용 협의 및 편성 ④ 운영 일정 결정, 교육장소 확보	⑤ 소요경비 및 예산 편성 ⑥ 세부 추진 교육계획안 작성 ⑦ 교육운영 계획안 품의서 작성 및 보고 ⑧ 조직 내 관계자 협조 요청
강사섭외 및 선정	① 강사 추천 의뢰 및 협의 ② 강사 섭외 및 선정	③ 초빙강사 명단 정리 및 공유 ④ 강사초빙 공문발송 및 강의승낙서 확보
강의원고요청 및 교재개발	① 강의원고 집필 요청 ② 강의원고 수집 및 편집	③ 교수설계 및 교재개발 ④ 교재개발 품의서 작성 및 검수
학습자 모집 및 등록안내	① 학습자 모집계획 및 홍보 ② 학습자 상담 및 모집 ③ 학습자 선발 확정 및 명부 작성	④ 학습자 확정 명부 공지 및 통보 ⑤ 교육등록비 납부 안내 및 대기자 선발 ⑥ 교육프로그램 개강 및 준비 안내
프로그램 개강 준비	① 오리엔테이션 자료작성 및 준비 ② 교육일정표 작성 ③ 등록자 확인 및 점검표 준비 ④ 개강식 시나리오 준비 ⑤ 교재 및 자료집 섭섭 ⑥ 교육기자재 및 장비의 점검 ⑦ 교육환경 및 시설의 점검과 준비 분담 ⑧ 등록확인 명부 작성 및 명찰 제작 ⑨ 출석부 제작 ⑩ 학습자 급식 의뢰 및 협의	⑪ 간식과 음료 준비 및 점검 ⑫ 상비의약품 확보 및 준비 ⑬ 강사료 및 교육운영 경비 검토 ⑭ 개강식 참여인사 의뢰 및 일정 확인 ⑮ 교육운영지원 인원확인 및 역할 ⑯ 강사대기실 점검 ⑰ 강사출강 일정통보 및 준비사항 확인 ⑱ 교육생의 학습이력 및 특성조사표 준비 ⑲ 평가 설문지 및 평가자료 준비 ⑳ 기타 교육운영 사전 점검

운영책무	수행과업	
프로그램 운영	① 개강식(입교식) 진행 및 사회 ② 교육과정 안내 및 학사 오리엔테이션 ③ 학습자 간 소개 및 정보교환 ④ 학습자 자치회 구성 및 활동 ⑤ 자치회 리더와의 파트너십 ⑥ 교육재료 및 소모품 지원 ⑦ 교육기자재 및 장비의 작동 지원 ⑧ 교육환경 및 시설의 교육적 최적화 ⑨ 강사출강안내 및 준비물 확인 ⑩ 강사 및 강사소개 ⑪ 강의 및 교수전개 ⑫ 현장학습 운영 및 지도	⑬ 교육프로그램 모니터링 및 기록 ⑭ 교재 및 교육자료 배부 ⑮ 강사의 음료 및 학습자 간식 제공 ⑯ 식사 및 숙식 안내 ⑰ 차량 안내 및 관리 ⑱ 출석, 결석 확인 ⑲ 학습자 면담과 상담 ⑳ 강의 종료 후 강사 응대 및 모니터링 ㉑ 강사와 학습자 간의 피드백 촉진 ㉒ 일일 강의만족도 및 평가 설문조사 ㉓ e-HRD 프로그램 운영 ㉔ 위탁 교육운영 및 진행
프로그램 평가 및 수료	① 교육프로그램 종합평가회 진행 ② 교육프로그램 수료식 준비 ③ 교육프로그램 수료식 진행 ④ 종합강의만족도 조사 및 분석	⑤ 교육 결과보고서 작성 및 결제 ⑥ 수료자 학습동아리 형성 및 지원 ⑦ 수료자 추수활동 오리엔테이션 ⑧ 현장적용 지도 및 성과 확인
프로그램 지원행정	① 강사료 지급 서류 준비 ② 강사료 지급 품의서 작성 ③ 수료증 제작 및 발급 ④ 교육수료 및 이수 확인증 발급	⑤ 급식 인원 집계 및 통보 ⑥ 수료자 DB 입력 및 이력관리 ⑦ 교육프로그램 성과의 대내외 홍보 ⑧ 기타 행정업무 사항 처리

02 평생교육프로그램 평가

1) 평가의 개념

윌드론과 무어(Waldron & Moore)는 평가를 경험의 가치를 결정하는 하나의 과정으로 보았다. 그러므로 평생교육프로그램 평가(evaluation)란 교육활동에 대하여 가치(value)를 부여하며 판단하는 것이다(Waldron et al., 1991).

평생교육프로그램은 다양한 목적과 목표를 위하여 기획되고 운영된다. 개인 및 조직적 차원의 지식, 기술, 태도의 지속적 변화에서부터 사회적 차원의 사회 체제 변화에 이르기까지 다양하다. 프로그램의 설계부터 시작하여 목표 설정, 실행, 교육 결과에 이르는 과정은 물론, 평가 절차 및 결과까지 포함하는 모든 과정을 검증하는 일련의 의사결정 과정이다. 어떤 프로그램을 계속할 것인지, 수정 또는 종료할 것인지를 판단하기 위한 작업이다. 그렇기 때문에 평가는 가장 높은 지적 능력이 요구되는 일이며, 특히 평생교육의 평가는 지속적인 검증과 가치 부여 작업이 요구되는 복합적인 영역이다.

평가에는 교육프로그램 평가와 교육기관평가의 두 가지 영역이 있다. 교육프로그램 평가란 프로그램의 목표가 성취되었는지, 그리고 그 설계와 실행이 효과적으로 잘 이루어졌는지를 파악하기 위한 과정이다(Caffarella, 1994). 이러한 의미의 평가는 계획된 교육프로그램을 실행한 다음, 신뢰할 만한 자료를 토대로 평가 기준을 설정하여, 프로그램의 기획과 실천이 얼마나 효과적으로 진행되었으며, 또 목표를 얼마나 달성했는지에 대한 모든 과정을 검증하여 그 가치를 판단하는 것이다(Boyle, 1981). 교육기관평가는 평생교육기관이 평생교육을 실현하기 위해 어느 정도의 역량을 갖추고 있는가를 파악하는 것이다. 예를 들면, 강의시설, 교사·강사의 질, 그리고 운영여건 등을 진단한다.

2) 평가의 목적

평가의 목적은 어떤 프로그램의 목표가 성취되었는지, 또 어느 정도 성취되었는지를 측정하는 것으로 프로그램 현장에서는 반드시 이루어져야 한다. 또한 교육이 끝나고 학습자가 보여 준 변화를 판단하기 위한 것이므로 학습자나 교수자 모두에게 필수 불가결한 활동이다.

평생교육프로그램의 평가는 주로 학습자의 성장과 프로그램의 개선에 그 목적을 둔다. 평가는 학습자에 대한 진단과 이해를 돕고, 교육 수행 관련 요인의 개선을 지원하며 교육 프로그램 관련 의사결정을 위한 가치 있는 자료를 제공한다. 특히 기획에서부터 실행에 이르는 프로그램 개발의 전 과정에 대한 피드백을 제공함으로써 어떤 프로그램에 대한 최선의 결정을 내리도록 하는 데 평가의 목적이 있다. 프로그램 평가의 목적은 다음과 같다.

첫째, 평생교육 평가는 시행하고 있는 평생교육이 원래의 계획대로 잘 진행되고 있는지를 확인하기 위함이다. 실시하고 있는 평생교육에 대해 학습 전, 학습 중, 학습 후 등 세 단계에 걸쳐 처음에 계획된 목표에 얼마나 도달하였는가를 파악하는 것이다.

둘째, 지도를 위한 근거자료를 제공한다. 다시 말하면 학습활동의 평가를 통해 프로그램의 내용, 방법 등을 다음 학습을 개선하여 계획할 수 있으며, 학습자 측면에서 보면 자신의 발전 정도를 가늠해 볼 수 있으므로 학습동기를 부추기는 계기가 될 수 있다.

셋째, 평생교육프로그램이나 활동이 관련 지역사회나 국가 발전에 얼마나 공헌하고 있는지를 밝혀 앞으로의 지역사회 개발정책이나 국가정책 결정 시 판단자료로 사용된다.

평생교육의 현실적인 성과는 계획의 수행에 따라 결정된다. 따라서 평생교육의 수행에 대한 평가과정은 평생교육의 계획과 수행을 비교하는 과정이라고도 할 수 있다. 평가과정은 계획(plan), 수행(action), 평가(reflection)의 최종단계를 의미하고 있지만 이러한 세 가지 과정은 반복적으로 계속되는 것이기 때문에 평가과정은 최종단계를 의미함과 동시에 다른 평생교육의 최초단계를 의미하기도 한다. 이러한 순환적 과정을 갖는 프로그램 평가는 다음과 같은 점에서 그 의의를 찾아볼 수 있다(권두승, 최운실, 2016).

첫째, 평생교육 평가는 학습자들의 학습동기를 촉진해 줄 수 있다. 즉, 학습결과와 과정에 대한 정기적·비정기적 평가는 학습자들이 자신의 상태를 진단할 수 있게 하여 학습의욕을 촉진한다.

둘째, 평생교육 평가는 학습자에 대한 이해, 진단, 치료의 역할을 한다. 즉,

학습자의 성취 정도를 정확히 파악하여 그것에 대처하게 해 준다.

셋째, 교육을 수행하는 데 영향을 미치는 여러 요인의 개선에 도움을 준다. 평가자료는 교수자, 교수법, 수업방법 등을 평가하고 개선하는 유효한 증거를 제공한다.

넷째, 평생교육 평가는 의사결정에 필요한 자료를 제공한다. 즉 평가를 통하여 프로그램의 개혁, 수정, 폐기를 결정할 수 있다.

평가가 중요하다고 하여 지나치게 평가를 강조하다 보면 마치 평가하기 위해 프로그램이 존재하는 것 같은 착각을 할 수도 있다. 그러나 분명한 것은 평가를 통해 학습자의 문제를 진단하고 개선하며, 나아가 올바른 프로그램을 만들어 학습자에게 도움을 주기 위함이 주목적이다.

3) 평가의 종류와 준거

프로그램 평가는 크게 프로그램의 개발과정 혹은 프로그램 실시 도중 프로그램의 개선을 위해 시행되는 형성평가(formative evaluation)와 프로그램 실시 후 프로그램의 효과성 및 효율성을 측정하고자 시행되는 총괄평가(summative evaluation)로 나눌 수 있다. 따라서 평생교육프로그램 평가의 목적도 형성평가와 총괄평가에 따라 구분해 볼 수 있으며, 다음과 같이 기술될 수 있다(전주성 외, 2016).

(1) 형성평가의 목적

형성평가는 결과보다는 과정에 초점을 둔 평가로서 학습목표의 달성 정도나 프로그램의 문제점을 파악하기 위하여 프로그램의 진행 중에 실시하는 평가이다. 교수자와 학습자에게 피드백을 주고, 프로그램의 내용과 교수 방법 등의 개선을 목적으로 하는 지속적인 대안 탐색 과정으로서 프로그램의 개선을 주목적으로 평생교육프로그램에서 많이 활용된다(신용주, 2021). 형성평가는 어떤 활동을 개선하거나 그 강점을 유지하고 약점을 보완하기 위한 증거를 수집하고 이를 평가하는 과정으로 평생교육프로그램 개발의 기획단계에서부터 시작된다 (Waldron et al., 1991). 형성평가의 주요 목적은 다음과 같다.

① 개발하려는 평생교육프로그램이 요구분석으로 도출된 문제를 해결해 줄 수 있는 최선의 솔루션인지를 확인한다.
② 프로그램 개발에 관여하는 이해관계자 및 이들의 역할과 권한, 이해를 파악한다.
③ 프로그램 개발의 방향, 개발일정, 관리 계획 등의 타당성을 검증한다.
④ 프로그램 이해관계자의 프로그램에 대한 요구가 제대로 분석되었는지를 검증한다.
⑤ 교육요구의 우선순위가 바르게 설정되었는지를 검증한다.
⑥ 프로그램이 실행되는 환경(물리적 · 심리적) 및 맥락을 분석한다.
⑦ 프로그램의 목표가 바르게 설정되었는지를 검증한다.
⑧ 프로그램에 대한 마케팅 계획 및 실행이 효과적 · 효율적인지를 검증한다.
⑨ 프로그램이 실행되는 동안 프로그램 활동들에 대한 개발, 전달방법, 관리, 평가과정 등을 수정한다.
⑩ 프로그램 평가를 위한 평가 준거, 수단 등을 갖추고 있는지 그리고 이들이 적절한지를 판단한다.
⑪ 수집한 데이터가 적합하고, 신뢰할 만하며, 유효한지를 검증한다.
⑫ 메타평가를 위한 체계와 수단을 갖추고 있는지 그리고 이들이 적절한지를 판단한다.
⑬ 프로그램의 실행과정과 결과에 영향을 미치는 정치적, 경제적, 사회적, 조직적 맥락을 분석한다.
⑭ 프로그램 시행 전 혹은 시행 중 취소 여부를 결정한다.

(2) 총괄평가의 목적

총괄평가는 프로그램 실시 후 프로그램의 효과성 및 효율성을 측정하고자 시행된다. 즉 프로그램의 최종 종결 단계에서 프로그램의 효과에 대한 총체적인 판단을 하는 것이다. 즉, 학습자가 배우기를 원하는 것을 배웠는지, 교수자가 가르치고자 했던 것은 가르쳤는지를 파악하기 위하여 실시하는 평가이다. 따라서 학습자요구 충족 여부, 문제해결 여부, 투입 비용에 대비한 산출 결과의 가치 등을 측정하는 '산출 평가'이다(신용주, 2021). 총괄평가의 주요 목적은 다음과 같다.

① 프로그램이 효과성 및 효율성 측면에서 성공적이었는지를 검증한다.
② 프로그램이 계획된 대로 수행되었는지를 검증한다.
③ 프로그램에 영향을 끼친 의도되지 않은 정치적, 경제적, 사회적, 조직적 맥락을 분석한다.
④ 현 프로그램을 수정 · 보완한다.
⑤ 프로그램의 지속 여부를 결정한다.
⑥ 프로그램의 실패 원인을 분석한다.
⑦ 향후 개발될 필요가 있는 평생교육프로그램에 대한 요구 및 아이디어를 제공한다.
⑧ 평생교육프로그램 이외의 다른 솔루션을 제안한다.

| 표 13-6 | 형성평가와 총괄평가 비교

구분	형성평가	총괄평가
실시 시점	프로그램 실행 중 실시	프로그램 최종 단계에서 실시
의미	프로그램의 개선 및 변화 추구에 중점	프로그램 결과에 중점
목적	교수-학습활동 개선	프로그램의 향후 지속 여부 의사결정
평가자	교수자나 프로그램 조직자	객관적이고 공정한 제3자

출처: 신용주(2021). 평생교육 방법론. 서울: 학지사.

(3) 프로그램 평가의 준거

프로그램 평가를 성공적으로 실시하기 위해서는 우선 평가를 위한 준거의 개발이 이루어져야 한다. 이러한 프로그램 평가를 위한 준거에는 효과성, 효율성, 적정성, 형평성, 대응성, 적절성 등이 있다.

| 표 13-7 | **프로그램 평가의 준거**

평가준거	평가문항	평가영역
효과성 (effectiveness)	가치 있는 프로그램 결과가 성취되었는가?	프로그램 효과 평가
효율성 (efficiency)	프로그램을 위해 어느 정도 노력과 비용이 투입되었는가?	프로그램 비용 대 수익률 평가
적정성 (adequacy)	프로그램이 문제해결에 도움이 되었는가?	문제해결능력 평가
형평성 (equity)	비용과 효율이 집단 간에 공평히 배분되었는가?	프로그램 참여 기회 및 자원 배분 근거 평가
대응성 (responsiveness)	평생교육기관의 목표 및 참여자의 요구 충족 등이 프로그램을 통해 만족할 수준으로 달성했는가?	평생교육기관 및 참여자 요구에 대한 목표 달성 평가
적절성 (appropriateness)	도출된 프로그램의 결과가 실제로 가치가 있는가?	모든 준거에 검증

출처: 김진화 외(2012). 평생교육프로그램운영과 자료개발. 고양: 서현사. 재구성.

03 프로그램 평가모형

프로그램평가 모형은 기본전제와 각기 다른 특성을 바탕으로 평가모형에 대한 세부적 이해가 필요하다. 또한 프로그램의 효율적이고 효과적인 평가를 위해 프로그램이 갖고 있는 목적에 타당한 평가모형을 적절하게 활용해야만 한다. 프로그램 평가에서 자주 사용해 온 평가모형에는 타일러(Tyler)의 목표중심 평가모형, 스터플빔(Stufflebeam)의 의사결정 평가모형, 커크패트릭(Kirkpatrick)의 4수준 평가모형, 카파렐라(Caffarella)의 평가수준모형, 스테이크(Stake) 가치판단중심 평가모형이 있다.

1) 타일러의 목표중심 평가모형

타일러(Tyler)의 교육과정 평가모형은 전통적 교육과정 개발 및 평가의 대표적 모형으로 목표중심 평가모형을 제시하였다. 그는 평가의 준거를 네 가지 질문을 통해 대답하고 있다. '달성해야 할 교육목표가 무엇인가', '목표를 달성하기 위하여 어떤 학습경험을 제공해야 하는가', '학습경험을 효과적으로 조직하는 방법은 무엇인가', '목표가 달성되었는가를 어떻게 알 수 있는가'이다. 이러한 네 가지 질문의 접근으로 교육목표 설정, 학습경험의 선정, 학습경험의 조직, 평가라고 불리는 타일러의 원리가 교육과정의 평가모형을 정립시킨 것이다. 다음 [그림]은 교육목표의 설정부터 평가까지 그리고 다시 평가의 결과가 교육목표 설정으로 이어지는 순환과정을 개념화한 것이다.

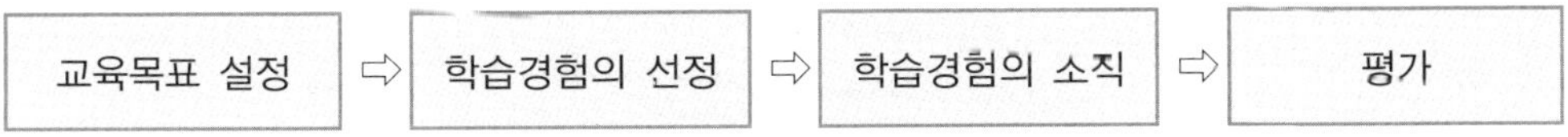

| 그림 13-1 | **목표중심 평가모형 과정**

교육목표란 교육과정의 순환과정에서 먼저 결정되어야 한다. 그 후의 절차를 밟아 나가는 기준이 되어야 하므로 타일러의 교육 평가모형에서는 교육목표를 가장 중요한 요소로 보았다. 학습경험의 선정에서는 학습자와 그를 둘러싼 외부의 학습환경 간의 상호작용으로서 교사의 입장이나 교육과정 개발자의 입장이 아닌 학습자 중심으로 학습경험을 선정해야 한다. 학습경험이 학습자를 둘러싼 외부 학습환경과 어떻게 상호작용이 일어나는지에 따라 교육결과가 달라질 수 있다. 타일러는 학습자의 입장에서 교육목표 달성에 유용한 학습경험 선정 원칙을 ① 지식과 이해를 함양하기 위한 학습경험, ② 사고 능력을 개발하는 데 필요한 학습경험, ③ 정보 습득에 도움이 되는 학습경험, ④ 사회성 함양에 도움이 되는 학습경험, ⑤ 흥미를 계발하는 데 필요한 학습경험, ⑥ 감상력을 함양하기 위한 학습경험, ⑦ 기능 습득을 위한 학습경험 일곱 가지로 압축

하였다.

학습경험의 평가(evaluation) 단계는 교육과정의 개발에 있어 매우 중요한 절차로, 교육목표가 교육과정이나 학습지도를 통해 어느 정도 실행되고 있는지를 확인하는 과정이다. 학습자의 학업 성취도를 측정하고 평가하는 학업성취도평가와 학업성취도평가를 통해 교육과정과 프로그램의 장단점을 파악하는 교육과정의 평가 두 가지 차원으로 이해할 수 있으며, 평가 자체가 학습경험의 변화를 알아보는 것이므로 한 번 이상 이루어져야 한다. 학습을 시작하기 전과 학습을 끝낸 후 평가가 이루어짐으로써 변화 정도를 알 수 있다. 때로는 수업 중에 그리고 목표 달성의 지속 여부를 확인하기 위하여 추후연구(follow-up study)도 필요하다. 평가 결과는 교육목표를 수정할 수 있도록 환류 과정(Feedback)이 이루어져야 하며, 평가기법은 지필 검사 이상의 매우 다양한 방법과 영역을 포함하여 이루어져야 한다.

2) 스터플빔의 의사결정 평가모형

스터플빔(Stufflebeam)의 의사결정 평가모형은 CIPP(Context-Input-Process-Product) 모형이라고도 한다. CIPP 모형은 상황평가(Context evaluation), 투입평가(Input evaluation), 과정평가(Process evaluation), 산출평가(Product evaluation)로 구성되어 있다(Stufflebeam, 1971). 1960년대 미국의 초·중등교육법의 실행과정에서 교육지원사업을 평가하기 위해 개발된 평가모형으로 교육자나 교육행정가들이 교육적인 결정을 할 때 정확하게 판단할 수 있도록 돕는 정보제공형 의사결정 모형이다. 프로그램을 계획하고 실행하는 연속적 활동으로 순환적으로 진행되어 산출평가 후 다시 상황평가의 대상으로 재투입되는 시스템을 의미한다.

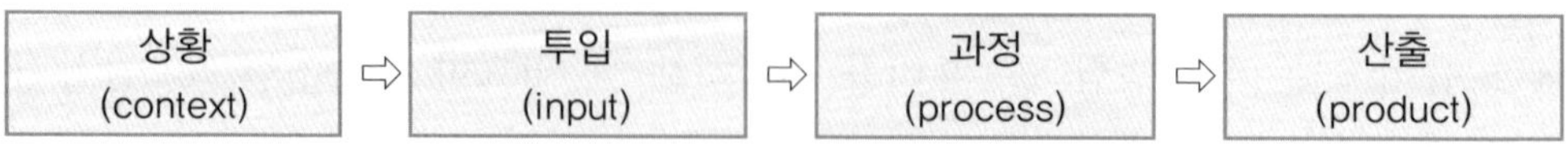

| 그림 13-2 | 목표중심 평가모형 과정

CIPP 평가모형에서 가장 중심에 위치한 원은 핵심가치로 평가의 기초가 된다. 가치를 둘러싸고 있는 원은 프로그램과 관련된 네 가지 평가 초점인 목적, 계획, 실행, 결과로 나누어져 있으며, 각 초점에 따라 적절한 평가 유형이 가장 외부 원에 제시되어 있다.

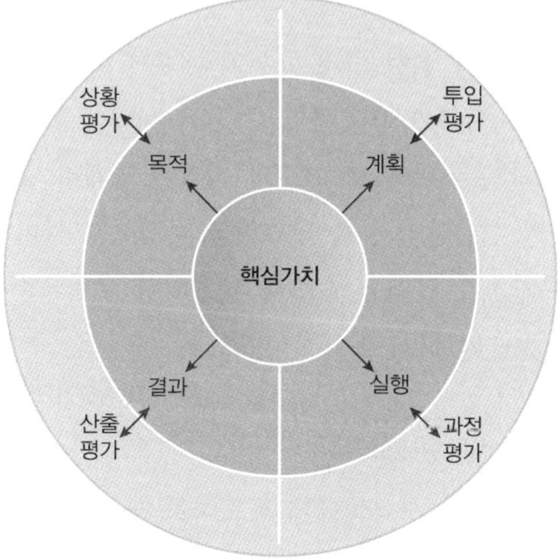

| 그림 13-3 | CIPP 평가모형의 핵심요소

출처: Stufflebeam, D, L. (2004). The 21st century CIPP mode, In M, C, Alkin (Ed.), Evaluation root: Tracing theorists' views and influences. Thousand Oaks, Calif.: Sage Publications.

의사결정에 필요한 정보 제공을 위한 네 가지 형식의 평가 틀을 살펴보면 다음과 같다.

(1) 상황평가(Context evaluation)

배경평가라고도 하며 프로그램의 목표 결정을 위해 정당한 근거를 제공하기 위한 목적으로 이루어지는 가장 기본적인 평가유형이다. 바람직한 환경의 기술, 잠재된 요구와 기회, 그 장애를 진단함으로써 상황에 대하여 평가한다. 상황평가는 목표를 결정하고, 요구를 파악하며, 참여 전략을 구체화하기 위한 이론적 근거와 관련된 환경적 상황을 파악하는 데 기여한다. 이때 학습자의 요구분석, 문제점 및 장애요인 등에 대한 평가 준거 설정은 조사, 면담, 문헌분석, 체계분석 등의 방법이 활용된다.

(2) 투입평가(Input evaluation)

프로그램의 목표 달성을 위한 자원 활용과 관련된 의사결정에 필요한 정보를 제공한다. 프로그램의 목표가 무엇이고, 그것이 어떻게 결정되는가에 대한 문제가 포함된다. 평가내용에는 담당 기관의 적절한 잠재력, 프로젝트 목표 달성 전략, 선정된 전략의 실천방안 등을 확인하고 사정하는 일이 포함된다. 문헌분석 등의 방법이 투입평가 단계에서 주로 활용되며 투입요소에 대한 구체적인 분석을 하고 전략을 수립하는 데 도움이 된다.

(3) 과정평가(Process evaluation)

실행에 책임을 지고 있는 사람들에게 피드백을 제공하기 위한 평가로서 프로그램 설계와 절차를 개선하고 실천하는 데 중점을 두고 실시된다. 그리하여 프로젝트 실천단계에서 어떤 과정과 범주가 필요하며, 실천계획을 어떻게 실행할 것인가를 구체화한다. 즉, 실천과정과 절차방안 상의 결점을 파악하고, 이미 결정된 프로그램에 필요한 정보를 제공하며, 절차적 사안과 활동을 기록하고 판단한다. 평가의 방법은 개선절차를 파악하기 위해 주로 면담이나 관찰을 진행한다. 또한 프로그램 운영자들과 지속적인 상호작용은 실천과정의 효과적 통제를 위한 프로그램 설계 및 절차 개선이다. 과정평가는 수립된 계획과 실행의 결과물을 비교한 뒤 발생 가능한 문제점들을 기술하고 그 문제점에 대한 처리결과를 평가하는 것으로 상황평가와 투입평가 해석에 매우 중요한 역할을 한다.

(4) 산출평가(Product evaluation)

산출평가는 프로그램의 종료 단계에서 목표 달성의 여부를 측정하고 해석한다. 그리고 이를 기초로 프로그램을 지속시킬 것인가, 종료시킬 것인가, 아니면 수정할 것인가의 문제를 결정한다. 목표와 연계된 준거를 조작적으로 정의하고 측정하며, 측정결과를 사전에 결정된 기준이나 준거와 비교하여 산출결과를 상황, 투입, 과정 정보와 관련지어 해석하는 방법론을 활용한다. 예를 들면 프로그램이 참여자의 욕구를 충족시켰는가, 학습자들이 가지고 있던 문제는 해결되었는가, 이전의 프로그램보다 더 좋았는가, 아니면 왜 그런가 등의 질문을 통해 프로그램의 결과를 평가하는 것이다.

| 표 13-8 | CIPP 평가모형의 단계별 평가내용 및 평가질문 예시

단계	의사결정	평가내용	평가질문 예시
상황단계	계획	목표와 이를 위한 우선순위를 정의하고 요구, 문제, 기회를 평가함	프로그램은 어떤 목표를 가지고 수행하고 있는가?
투입단계	구조화	프로그램을 설계하고 자원을 배분하기 위한 수단으로써 필요에 부합하는 대안적인 방안을 평가함	프로그램에 투입되는 자원은 적절한가?
과정단계	실행	계획에 대비하여 활동들을 이끌 수 있는 실행 수준을 평가함	프로그램이 의도대로 실행되고 있는가?
산출단계	순환	의도되거나 의도하지 않은 결과물이 무엇인지 그리고 효과적인지를 평가함	프로그램 산출 결과물은 무엇인가?

출처: 김혜숙(2014). 교육프로그램평가의 이론과 실제. 파주: 교육과학사.

3) 커크패트릭의 4수준 평가모형

커크패트릭(Kirkpatrick)의 4수준 평가모형으로 간결하고 실용적인 특성 때문에 널리 활용하고 있으며. 1수준 반응평가, 2수준 학습평가, 3수준 행동평가, 4수준 결과평가 등의 네 가지 차원으로 이루어져 있다(Kirkpatrick, 1959). 커크패트릭은 어떤 수준도 우회하여 건너뛸 수 없음을 지적하면서 1수준부터 평가를 시작하여 시간과 기회가 닿는 한 다음 수준으로 나아갈 것을 수상한다(Kirkpatrick et al., 2006).

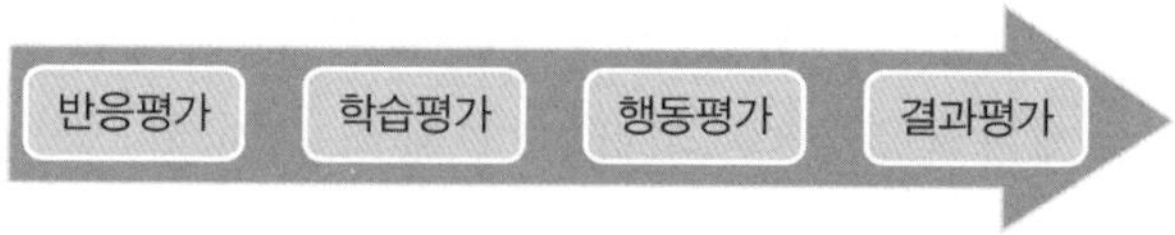

| 그림 13-4 | 커크패트릭의 4수준 평가모형

출처: Kirkpatrick, D. L., & Kirkpatrick, J. D. (2006). *Evaluating training programs: The four-levels*(3rd ed.). San Francisco: BK.

(1) 반응평가(reaction evaluation)

반응평가는 학습자만족도 평가로도 불리며 교육 프로그램 참여자들이 자신이 참여한 프로그램의 교육내용, 강사, 강사가 이용한 방법, 교육기자재 및 시설 환경, 교육일정 및 시간, 교육지원서비스 등에 얼마나 만족했는지 묻는 반응평가이다.

(2) 학습평가(learning evaluation)

학습자가 실제로 획득한 것이 무엇(태도의 변화, 지식의 증가, 기술의 향상)인가를 평가하는 것이다. 즉 프로그램의 목표 달성 여부를 평가하는 것이다. 참여자를 대상으로 지필검사, 문답시험 및 직무 시뮬레이션 등의 방법으로 평가하며, 평가 시기는 프로그램의 전·후, 진행 중 또는 일정 시간이 지난 후에도 가능하다.

(3) 행동평가(behavioral evaluation)

행동평가는 프로그램에 참여한 결과 얻어지는 학습자들의 행동변화를 평가하는 것이다. 프로그램을 통해서 학습한 지식과 기술이 현직에 돌아와서 그들의 실제 직무에 얼마나 기여했는지를 평가하는 것으로 전이평가(Transter Evaluation)라고도 한다. 교육 실시 후 어느 정도의 시간이 지난 뒤에 평가를 실시하는데, 대체로 3개월 정도의 시간이 지난 후에 평가하는 것이 일반적이다.

행동평가는 학습한 내용을 직무현장에서 적용하는 정도를 평가한다는 점에서 학습자 자신이 평가하는 것보다는 주변의 상사, 동료, 부하 직원, 학습자 등이 전방위적으로 평가한 결과를 수집하는 것이 보다 타당한 자료로 인정된다. 평가방법은 학습자 자신의 자기보고서와 주변인들을 대상으로 실시하는 다면평가 설문지를 주로 활용하고 있다.

행동평가는 반응평가나 학습평가보다 더 어렵다. 왜냐하면, 프로그램 참여자들이 행동변화를 보일 기회를 얻을 때까지 행동변화를 나타낼 수 없다는 것이다. 그리고 행동변화가 발생할 시기를 예측할 수 없다는 것과 학습결과를 실제에 활용하려 할 때 여러 여건으로 인해 학습자가 다른 판단을 내릴 수 있다는 점 때문이다. 이에 관찰이나 통계적 비교 등을 통해 평가한다.

(4) 결과평가(result evaluation)

결과평가는 프로그램 운영결과로 발생하는 효과에 대하여 평가하는 단계다. 프로그램 참여결과가 조직의 개선에 얼마나 긍정적 영향을 미쳤는가를 파악하는 것이다. 프로그램 실시결과가 기관의 발전과 개선에 미지는 영향을 중시하고 기관 유지와 기관의 산출 면에 관련된 변화에 초점을 둔다. 특히, 비용절약, 근무결과 개선, 수월성 향상의 정도 등을 파악함으로써 기관의 발전에 기여한 정도를 판단한다. 결과평가는 교육 프로그램을 실시하는 이유에 대해 명백한 결과를 보여 줄 수 있어야 한다는 것을 의미한다. 그러나 문제는 확증적 증거가 거의 불가능하므로 지지적 증거에 만족해야 한다는 점이다. 왜냐하면 교육 프로그램 이외의 요인이 결과에 미치는 영향력을 완벽하게 배제할 수 없기 때문이다.

커크패트릭 4단계 평가모형은 교육프로그램에 대한 학습자의 만족이 학습자의 태도 및 지식의 변화를 가져오며 이렇게 학습된 내용이 학습자의 행동을 변화시켜 궁극적으로 조직의 성과 향상을 가져온다고 가정하고 있다. 또한 평가모형은 교육의 효과를 개인 수준에서 집단 수준까지 확장하여 단계적으로 평가하므로, 현장에 바로 적용될 수 있는 실용적인 결과를 도출하기 위한 교육프로그램을 평가하는 데 알맞은 모형이라 할 수 있다(권진아 외, 2022).

| 표 13-9 | **커크패트릭 평가모형**

평가차원	측정내용	측정방법
반응 (만족도)	참여자들의 프로그램에 대한 반응을 측정	반응 평가지
학습 (성취도)	무엇을 배웠는지를 측정	지필 테스트, 기술 실습, 직무 시뮬레이션 등
행동 (적용도)	직무수행과 관련된 행동 변화를 측정	프로그램 전·후 비교, 관찰, 통계적 비교, 장기적 추적 등
결과 (기여도)	프로그램 참여가 조직에 긍정적인 영향을 미쳤는가를 측정	비용절약, 학습결과 개선, 수월성 향상 등

출처: 신용주(2006). 평생교육의 이론과 방법. 서울: 형설출판사.

4) 카파렐라의 평가 수준 모형

카파렐라(Caffarella, 1994)의 평가 수준 모형 역시 현장에서 보편적으로 많이 사용되는 평가 유형으로 평가방법과 자료수집 방법의 예를 구체적으로 제시하였다. 이 모형에서는 프로그램 종료 후의 참여자들의 반응에 초점을 둔다. 참여자들은 프로그램의 수업 내용, 교수 기법, 시설이나 프로그램의 장단점 등에 관한 자신의 견해를 제시함으로써 프로그램에 대한 피드백을 제공한다. 카파렐라가 제시한 평가수준 모형의 진행 과정은 다음과 같다(신용주, 2004).

① 목표 점검: 프로그램 진술 목표의 충족 여부 결정
② 체제 평가: 프로그램 결과와 관련 자원 활용의 효율성, 교육 기능의 구조, 기획 및 실행 과정의 효과성에 대한 피드백 제공
③ 사례연구법: 참여자·교수자·후원자의 관점에서 프로그램의 장점 기술
④ 준 법적평가: 자문가의 의견 청취를 통한 프로그램의 질 평가
⑤ 전문가 평가: 미리 결정된 범주 및 전문가로 구성된 패널에 의한 평가, 대규모 교육 프로그램의 지원·과정·평가에 초점
⑥ 평가 수준 점검 : 참여자 반응·학습·행동 변화·결과에 대한 수준 측정

5) 스테이크의 가치판단중심 평가모형

가치판단중심 평가모형은 1967년 스테이크(Stake)에 의하여 제안되었다(배호순 2008). 스테이크에 의하면 평가를 구성하는 가장 중요한 요소는 기술과 판단이다. 특정 프로그램에 대한 적합한 평가를 위해서는 프로그램에 대하여 충분하게 기술하고 판단할 필요가 있다는 것이다. 그에 의하면 평가는 평가의뢰인을 중심으로 이루어져서 의뢰인의 요구에 답하는 데 중점을 두어야 하고, 평가대상인 프로그램에 관련된 선행조건, 진행과정, 산출결과를 기술해야 하며, 의도한 결과뿐만 아니라 부수적인 효과나 우발적인 결과에도 관심을 가져야 한다. 또한 평가자는 최종적인 결론을 독자적으로 내리지 않고 평가대상 프로그램 관련자들의 판단을 수집·분석·반영하는 데 비중을 두며, 간혹 실험법이나 표준화 검사의 사용이 부적절할 수도 있으므로 주관적이고 기술을 묘사한 다양한 자료를 활용할 필요가 있다고 주장한다. 그는 특히, 형식적(공식적)인 평가가 평가자들의 훈련 및 경험 부족이나 행동적 자료의 한계, 학교의 외형적인 면에만 치우친 애매모호한 점검 목록, 학생의 분류목적만을 강조하는 표준화 검사 등으로 신뢰할 수 없다고 주장한다. 따라서 형식적인 평가의 부실함을 보완하기 위해서는 교사가 비형식적 평가에 관심을 두어야 한다고 주장한다. 일상생활을 통하여 수시로 교사가 인과관계를 관찰하고 직관적이며 주관적인 판단을 통하여 도달하는 비형식적 평가의 중요성을 강조한다.

스테이크(Stake)의 가치판단중심 평가모형은 평가를 거시적인 관점에서 종합적으로 접근하고 있으며, 기술적 자료와 판단자료를 구분하고 그 관계를 중시하는 한편 평가에서 판단의 역할을 부각했다는 점에서 긍정적 평가를 받고 있다. 그러나 지나치게 이상적인 측면이 있어서 평가 실행 시 적합한 자료수집방법을 개발하기 어렵고 충분하게 기술하고 판단하기 위해서는 지나치게 복잡한 과정과 막대한 비용이 소요된다는 단점을 지니고 있다.

Reference

참고문헌

강성춘(2020). 인사이드 아웃: 사람이 만드는 기업의 미래. 파주: 21세기북스.

강위영, 나운환, 박경순, 류정진, 정명현, 김동주, 정승원, 강윤주(2009). 직업재활개론. 서울: 나눔의집.

곽병선(2001). 지역사회기반 평생교육프로그램 개발의 실제(TM2001-05). 한국교육개발원.

곽진현(2012). 초등학생 직업인식 교육프로그램 효과 분석. 단국대학교 대학원 박사학위논문.

권두승, 최운실(2016). 평생교육경영론(2판). 파주: 교육과학사.

권두승(2000). 성인학습 지도방법의 이론과 실제. 서울: 교육과학사.

권인탁, 임영희(2017). 평생교육경영론(2판). 서울: 학지사.

권진하, 고근영, 김한준, 서보람, 이석진(2022). 뉴노멀, 초연결, 플랫폼시대의 평생교육프로그램 개발. 서울: 동문사.

기영화(2001). 평생교육프로그램개발. 서울: 학지사.

기영화(2002). 평생교육프로그램개발 매뉴얼. 서울: 학지사.

기영화(2011). 평생교육방법론. 서울: 학지사.

김동일(2023). 평생교육의 이해와 평생학습방법론. 서울: 동문사.

김두영(2013). 장애인 평생교육프로그램 분류체계 연구. 단국대학교 대학원 박사학위논문.

김선희, 박성민, 권정언(2010). 기업교육 프로그램 개발의 실제. 고양: 서현사.

김성곤(2002). 체육 수업의 목표 설정 방법에 관한 대안적 접근. 한국스포츠교육학회지, 9(1), 25-43.

김수일(1995). 평생교육방법론. 서울: 박영사.

김승욱, 강기두(2016). 정보기술과 마케팅의 융합을 위한 고객관계관리(CRM). 서울: 무역경영사.

김신일, 김재웅, 정민승(2007). 평생교육경영학. 서울: 한국방송대학교 출판부.

김용현, 김종표, 문종철, 이복희(2010). 평생교육프로그램개발론. 파주: 양서원

김용현, 성낙돈, 윤여각, 이상오, 정기수, 강무섭, 송병국, 양병찬, 김진한, 김노마, 이정희, 심의보, 하광호, 정찬남(2018). 평생교육경영론(2판). 파주: 양서원.

김운걸, 이성교(2013). 고객만족을 위한 공간디자인 마케팅 현황분석 연구: 상업 공간을 중심으로. 한국공간디자인학회 한국공간디자인학회논문집, 8(2), 59-69.

김익균, 김흥식(2003). 사회복지행정론. 서울: 교문사.

김지헌(2016). 가치를 사는 소비자 공감을 파는 마케터: 남다른 가치를 찾아내는 마케팅 두뇌 만들기 프로젝트. 고양: 갈매나무.

김진화, 고영화, 권재현, 정민주(2010). 한국 평생교육프로그램 분류체제 개발 연구. 평생교육학연구, 16(3), 211-236.

김진화, 김소현, 전은선(2012). 평생교육프로그램운영과 자료개발: 평생교육기관을 위한 매뉴얼. 고양: 서현사.

김진화, 김한별, 고영화, 김소현, 성수현, 박새봄(2008). 평생교육사 직무모델 개발 및 타당화 연구. 평생교육학연구, 14(1), 1-31.

김진화, 이종만(2000). 사회교육 프로그램개발 이론의 발전과 새로운 조망. 농업교육과 인적자원개발, 32(2), 99-117.

김진화(2006). 평생교육방법 및 실천론. 고양: 서현사.

김진화(2008). 평생교육프로그램개발론. 파주: 교육과학사.

김창엽(2012). 평생교육경영: 평생교육기관의 경영과 전략. 서울: 청목.

김창엽(2014). 평생교육실무론. 서울: 동문사.

김한별, 박소연, 유기웅(2010). 평생학습을 위한 프로그램 개발 및 평가. 파주: 양서원.

김혜숙(2014). 교육프로그램평가의 이론과 실제. 파주: 교육과학사.

나승일(2015). 대학에서의 효과적인 교수법 가이드. 서울: 서울대학교출판문화원.

나운환, 박경순, 이창희, 강윤주, 신현욱(2019). 직무개발과 배치. 파주: 정민사.

남정걸, 권이종(1995). 사회교육 및 청소년 프로그램 편람. 서울: 교육과학사.

남정걸(2008). 평생교육경영학(개정판). 파주: 교육과학사.

마상욱(2021). 청소년 프로그램 개발 및 평가. 고양: 공동체.

마혜영(2014). 피부미용 실기 워크북에 관한 학습자 요구분석. 호남대학교 교육대학원 석사학위논문.

문영미(2011). 디퍼런트: 넘버원을 넘어 온리원으로. 파주: 살림출판사.

배호순(2008). 교육프로그램 평가론. 서울: 원미사.

서미숙(2003). 암환자의 교육정보요구에 관한 문화기술적연구: 항암화학요법암환자를 중심으로. 아주대학교 교육대학원 석사학위논문.

서보준, 서명환, 김우호, 이진열, 박희숙(2018). 평생교육경영론. 고양: 공동체.

서정화, 구뢴서, 임창희(2019). 대학인적자원관리: 이론과 실제(대학행정총서2). 서울: 학지사.

소경희(1996). 현대교육과정이론에 나타난 지식관의 문제. 이화여자대학교 대학원 박사학위논문.

송영희(2002). 여성 인력개발과 직업교육훈련에 관한 연구. 아주대학교 교육대학원 석사학위논문.

신동엽, 최강식, 양동훈, 한준, 박우성, 노용진, 박지순(2018). 4차 산업혁명, 일과 경영을 바꾸다. 서울: 삼성경제연구소.
신용주, 김혜수(2016). 노인복지론. 고양: 공동체.
신용주(2006). 평생교육의 이론과 방법. 서울: 형설출판사.
신용주(2021). 평생교육 방법론. 서울: 학지사.
신용주(2022). 평생교육프로그램 개발론. 서울: 학지사.
신원식, 신근화(2016). 사회복지 프로그램 개발과 평가: 제안서 작성의 실제. 고양: 공동체.
신유근(2011). 경영학원론: 시스템적 접근(제3판). 서울: 다산.
안병환, 가영희, 임성우, 조현구(2018). 평생교육경영론. 서울: 동문사.
오계택, 유규창, 이혜정(2021). 언택트 시대 한국형 인사관리의 새로운 패러다임. 세종: 한국노동연구원.
오만록(2021). 교육과정론(제6판). 서울: 동문사.
오세조, 김동훈, 박충환(2006). 고객중심과 시너지 극대화를 위한 마케팅. 서울: 박영사.
오혁진(2021). 평생교육경영론: 공익적 평생교육기관을 위한 경영의 실제(2판). 서울: 학지사.
위형철(2004). 교수기법의 효과적 활용을 통한 기업교육성과 제고 방안. 부산대학교 경영대학원 석사학위논문.
유진이, 윤혜순(2020). 청소년 프로그램 개발과 평가. 파주: 양서원.
윤옥한(2017). 평생교육프로그램개발론. 파주: 양서원.
이건창(2006). 현대경영의 이해(3판). 서울: 무역경영사.
이경아(2007). 지역평생교육정보센터 운영 매뉴얼(RM2007-114). 한국교육개발원.
이복희, 김종표, 유인숙(2021). 문화재교육 강사를 위한 교수법 가이드. 대전: 문화재청 문화재활용국 문화유산협력팀.
이복희, 유인숙(2020). 평생교육프로그램개발론. 파주: 양서원.
이봉주, 김기덕(2008). 사회복지 프로그램 기획의 이해와 적용. 서울: 신정.
이성호(1992). 교육과정과 평가. 서울: 양서원.
이성호(2010). 교육과정론. 파주: 양서원.
이승일, 박유진, 김우정, 이종욱, Ratje, B., 한창훈, 우지은, 조미경, 허은아, 이지윤(2011). 프리젠테이션 코칭 북. 서울: 길벗.
이윤조, 김정은, 이경화, 김진화(2016). 경기도 평생교육프로그램 6대 영역 분석 연구. 수원: 경기도평생교육진흥원.
이재현, 정민재, 이재훈, SKY lab(2016). 강파워포인트: 작업의 7원칙. 서울: 영진닷컴.
이성희(2008). SWOT/AHP 분석기법을 이용한 부산항만공사의 발전방안 수립에 관한 연구. 한국해양대학교 대학원 석사학위논문.
이진규(2009). 전략적·윤리적 인사관리. 서울: 박영사.

이하은(2018). 청소년방과후아카데미 중등 실무자의 프로그램 기획 경험 연구. 동아대학교 대학원 석사학위논문.

이해주, 윤여각, 이규선(2016). 평생교육실습. 서울: 한국방송통신대학교출판문화원.

이해주, 최운실, 권두승(2015). 평생교육프로그램개발. 서울: 한국방송통신대학교출판문화원.

이향란(2015). 평생교육경영론. 고양: 공동체.

이현규(2009). 정신지체인을 위한 평생교육프로그램 개발에 관한 연구. 공주대학교 특수교육대학원 석사학위논문.

이현아(2012). 마을 살리기를 위한 기독교평생교육의 역할: K시 YMCA 등대생협의 사례를 중심으로. 한신대학교 대학원 석사학위논문.

임창희(2010). 신 인적자원관리. 서울: 명경사.

임형택, 권재환, 권충훈, 김경열, 김두열, 김인숙, 박찬원, 박희석, 신준영, 오상봉, 오선아, 오정란, 유승우, 윤은종, 전희정, 정경희(2013). 평생교육방법론. 고양: 공동체.

장서영, 정연순(2009). 프로그램 운영자의 역할과 경험 이해: 노동부 취업지원 프로그램을 중심으로. Andragogy Today, 12(3), 73-101.

전인기, 이종호, 왕연중, 강충인(2017). 친절한 과학사전: 기술발명 편. 서울: 북카라반: 문화유람.

전주성, 임경미, 김미자(2016). 교육복지 프로그램 개발의 이론과 실제. 고양: 공동체.

정무성(2005). 사회복지프로그램 개발론. 파주: 학현사.

정주영(2012). 평생교육교수자의 교수역량 강화를 위한 핵심역량개발 연구. 수산해양교육연구, 24(2), 210-223.

조기숙(2020). 교회학교 유치부 교사양성 교육과정 개발 연구. 고신대학교 대학원 박사학위논문.

조동성(2010). 21세기를 위한 경영학(2판). 서울: 서울경제경영.

조용하(1992). 신평생교육방법론 강의. 서울: 교육과학사.

조정기(1991). 산업교육과정 편성과 교수안작성 연구. 신라대학교 논문집, 32(1), 83-102.

주정우(2018). 중국시장에서 샤오미의 성공적인 마케팅 전략에 관한 연구. 우석대학교 대학원 석사학위논문.

중앙교육연수원(2018). 4차 산업혁명 대비 진로교육 선도교원 역량강화과정. 대구: 중앙교육연수원.

지식경제공무원교육원(2008). 현업업무전문가(SME)과정. 천안: 지식경제공무원교육원.

차갑부(2002). 사회교육방법의 탐구: 성인교육방법의 새로운 지평. 서울: 양서원.

차성호(2000). 인적자원관리 테마여행: 21세기 인사·HRD·조직관리의 55가지 에세이식 해법. 서울: 새로운 제안.

차진경(2014). SNS 특성이 주얼리 제품 및 온라인 쇼핑몰에 대한 태도형성에 미치는 영향에 관한 연구. 경기대학교 서비스경영전문대학원 석사학위논문.

천정웅, 김경준, 김세광, 김윤나(2015). **청소년 프로그램 개발과 평가**. 서울: 신정.

최돈민, 이희수, 윤여각(1999). **평생교육요구분석**. 서울: 한국교육개발원.

최운실, 송성숙, 박수정(2017). **평생교육방법론**. 파주: 양서원.

최은수, 배석영(2017). **평생교육경영론**(개정판). 파주: 양서원.

최혜은(2022). 주민의 지역사회애착과 마을공동체 참여지속의 관계. 광주대학교 대학원 박사학위논문.

한국산업인력공단(2016a). **평생교육프로그램설계**. 울산: 한국산업인력공단.

한국산업인력공단(2016b). **평생교육 자원조사**. 울산: 한국산업인력공단.

한국산업인력공단(2016c). **평생교육 인적자원관리**. 울산: 한국산업인력공단.

한국산업인력공단(2023). 2023년 NCS 개발개선 매뉴얼. 울산: 한국산업인력공단.

한국전산원(2006). 2006년 기관별 국내외 전망: McKinsey quarterly "2006년 주목해야 할 10대 트렌드를 중심"으로. 서울: 한국전산원.

한상훈, 박명신(2015). 6진 분류에 따른 평생교육프로그램의 AHP 분석. *Journal of the Korea Academia-Industrial cooperation Society, 16*(2), 995-1005.

한정선, 김영수, 주영주, 강명희, 조일현, 이정민(2014). **21세기 교사를 위한 교육방법 및 교육공학**(제2판). 파주: 교육과학사.

홍은실, 김태윤, 안원현(2020). **문화예술교육 프로그램 개발의 이론과 실제**. 서울: 동문사.

황선영(2015). 학습자의 참여지속과 확대에 영향을 미치는 평생교육기관의 마케팅 전략요인 분석. 공주대학교 교육대학원 석사학위논문.

安本幸次郎, 辻功. (1980). 社会教育の方法. 東京: 第一法規. 이용환 역(1983). **사회교육의 방법**. 서울: 빅벨.

Apps, J. W. (1979). *Problems in continuing education*. New York : McGraw-Hill.

Bagnall, R. G. (1990). On the normative aspects of adult education taxonomies. *Adult Education Quarterly, 40*(4), 229-236.

Bielawski, L., & Metcalf, D. (2003). *Blended elearning*. MA: HRD Press.

Bloom, B. S., Engelhart, M. D., Furst, E. J., & Krathwohl, D. R. (1956). *Taxonomy of educational objectives: the classification of educational goals. handbook 1*, Cognitive domain. New York: McKay.

Bobbit, F. (1918). *The curriculum*. Boston: Houghton Mifflin.

Boone, E. J. (1985). *Developing programs in adult education*. North Carolina State University, Englewood Cliffs, N.J.: Prentice-Hall. 권두승, 김미숙 역(1997). **사회교육프로그램 개발론**. 서울: 교육과학사.

Boone, E. J., Safrit, R. Dale., & Jones, J. (2002). *Developing programs in adult education:*

a conceptual programming model (2nd ed). Long Grove, IL: Waveland Press.
Borich, G. D. (2000). *Effective teaching methods*. NJ: Merrill.
Boyle, P. G. (1981). *Planning better programs*. New York: McGraw-Hill.
Brookfield, S. (1986). *Understanding and facilitating adult learning: a comprehensive analysis of principles and effective practices*. San Francisco: Jossey-Bass.
Buskey, J. H. (1966). *The Development and Testing of Typology of University Residental Adult Education Program*. Chicago University.
Caffarella, R. S. (1994). *Planning instruction for adult learners*. San Francisco: Jossey-Bass.
Caffarella, R. S. (2002). *Planning programs for adult learners: a practical guide for educators, trainers, and staff developers* (2nd ed). San Francisco: Jossey-Bass.
Cevero, R. M. & Wilson, A. L. (1994). *Planning responsibly for adult education*. San Francisco: Jossey-Bass Publishers.
Cranton, P. (1992). *Working with adult learners*. Toronto: Wall & Emerson.
Cranton, P. (2000). *Planning instruction for adult learners*. Toronto: Wall & Thompson.
Curzon, L. B. (2004) *Teaching in further education: an outline of principles and practice* (6th ed). NY: Continuum Publishing.
Dick, W., & Carey, L. (1996). *The systematic design of instruction* (4th ed). New York: HarperCollins College Publishers.
Dick, W., Carey, L. & Carey, J. O. (2022). *The systematic design of instruction* (9th ed.). Hoboken, NJ: Pearson.
Dror, Y. (1967). The planning process: A facet desing. In F. Lyden & E. Miller (Eds.). *Planning-programming budgeting*. Chicago: Markham Publishing Co.
Gilbert N. & H. Specht. (1977). Process versus task in social planning. *Social Work, 22*(3), 178-183.
Grabowski, S. M. (1976). *Training teachers of adult models and innovative programs*. Syracuse, NY: Syracuse University.
Harvey, M. (1993). *Get the Job You Want, Keep the Job You Love in Today's Frenzied Job Market*. Harper Business.
Houle, C. (1996). *The Design of Education* (2nd ed.). San Francisco: Jossey-Bass Publishers.
Kirkpatrick, D. L. (1959). Techniques for evaluating training programs. *Journal of American Society of Training Development, 13*(3), 21-26.

Kirkpatrick, D. L., & Kirkpatrick, J. D. (2006). *Evaluating training programs: The fourlevels* (3rd ed.). San Francisco: BK.

Knowles, M. S. (1970). *The modern practice of adult education: Andragogy versus pedagogy*. New York: Association Press.

Knowles, M. S. (1989). *The making of an adult educator: a autobiographical journey*. San Francisco: Jossey-Bass.

Knox, A, B. (Ed.). (1979). *Assessing the impact of continuing education*. San Francisco, CA: Jossey-Bass.

Knox, A. B. (1986). *Helping adults learn*. San Francisco: Jossey-Bass.

Kotler, P.(1982). *Marketing for non-profit organizations*(2nd ed.). Englewood Cliffs, NJ: Prentice-Hall.

Kotler, P., & Fox, K. F. A. (1995). *Strategic Marketing for Educational Institutions*. Mew Jersey: Prentice Hall.

Kowalski, T. J. (1988). *The Organization and Planning of Adult Education*. State University of New York Press.

Langenbach, M. (1988). *Curriculum models in adult education*. New York: State University of New York Press.

Lauffer, A. (1997). *Grants, etc*. Thousand Oaks, CA: Sage.

Long, H. B. (1983). *Adult learning: Research and practice*. New York: Cambridge.

Mager, R. F. (1997). Preparing instructional objectives: a critical tool in the development of effective instruction. Atlanta: Center for Effective Performance.

McClendon, B. W., & Catanese, A. J. (1996). *Planner on planning: leading planners offer real-life lessons on what works, what doesn't, & why*. San Francisco: Jossey-Bass.

Mendenhall, G. (1973). Research, evaluation and diagnosis Some basic distinctions. *Viewpoints, 49*(5), 5.

Midgley, J., & Piachaud, D, (1984). *The Fields and Methods of Social Planning*. New York: St. Martin's Press.

Niemi, J. A., & Nagle, J. M. (1977). Learners, agencies, and program development in adult and continuing education. In P. D. Langerman & D. H. Smith (Eds.). *Managing adult and continuing education program and staffs*. Washington DC: National Association of Public Continuing and Adult Education.

Pennington, F. C. (1980). *Assessing educational needs of adult*. CA: Jossey-Bass.

Queeney, D. S. (1995). *Assessing needs in continuing educations*. San Francisco:

Jossey-Bass Publishers.

Rachal, J. R. (1988). Taxonomies and typologies of adult education. *Lifelong Learning: An Omnibus of Practice and Research, 12*(2), 20-23.

Rogers, A. (2002). *Teaching adults* (3rd ed.). Buckingham: Open University Press.

Rothwell, W. J. & Cookson, P. S. (1997). *Beyond instruction: Comprehensive program planning for business and education*. San Francisco, CA: Jossey-Bass,

Schroeder, W. L. (1980). Typology of adult learning systems. In J. M. Peters & Associates (Eds.). *Building and effective adult education enterprise*. San Francisco, CA: Jossey-Bass.

Simerly, R. G., & Associates. (1989). *Handbook of marketing for continuing education*. San Francisco, CA: Jossey-Bass.

Skidmore, R. A. (1995). *Social Work Administration: dynamic management and human relationships*. Boston: Allyn and Bacon.

Smaldino, S. E., Russell, J. D., Heinich, R., & Molenda, M. (2005). *Instructional technology and media for learning*(8th ed.). New Jersey: Pearson.

Sork, T. J., & Caffarella, R. S. (1989). Planning programs for adults. In S. B. Merriam & P. M. Cunningham (Eds.). *Handbook of adult and continuing education*. San Francisco, CA: Jossey-Bass.

Sork, T. S. (2000). Planning educational programs. In A, I, Wilson & E, R, Hayes (Eds.). *Handbook of adult and continuing education.* San Francisco, CA: Jossey-Bass.

Stufflebeam, D, L. (2004). The 21st century CIPP mode, In M, C, Alkin (Ed.), *Evaluation root: Tracing theorists' views and influences*. Thousand Oaks, Calif.: Sage Publications.

Stufflebeam, D. L. (1971). The relevance of the CIPP evaluation model for educational accountability. *Journal of Research and Development in Education, 5*, 19-25.

Tyler, R. W. (1949). *Basic Principles of Curriculum and Instruction*. Chicago: University of Chicago Press.

Verner, C. (1964). Definition of terms. In G. Jensen, A. A. Liveright, & W. C. Hallenbeck (Eds.). *Adult education: Outlines of an emerging field of university study*. Washington, D. C.: Adult Education Association of the U. S. A.

Waldron, M. W., & Moore, G. (1991). *Helping adult learn: Course planning for adults.* Toronto: Thompson Educational Publishing.

Weston, C., & Cranton, P. A. (1986). Selecting instructional strategies. *The Journal of Higher Education, 57*(3), 259-288.

York, R. O. (1983). *Human service planning: Concepts, tools and methods*. Chapel Hill, NC: University of North Carolina Press.

Young, K. M. (1977). Educational planning. In H. J. Burbach & L. E. Decker (ed.). *Planning and assessment in community education*. Michigan: Pendall Publishing Company.

국가평생교육진흥원. (2024). https://www.nile.or.kr

국립국어원 표준국어대사전(2024). 계획. https://stdict.korean.go.kr

네이버 지식백과사전(2024). 홍보. https://terms.naver.com

다음백과(2024). 커리큘럼. https://100.daum.net/encyclopedia/view/54XX45200055

A U T H O R

저자소개

김 동 일

교육학 박사

광신대학교 초빙교수

주식회사 토브컴퍼니 전임강사

전) 광신대학교 교학처 교학과장, 부설 평생교육원(평생교육사) 팀장 역임
광주광역시평생교육사협회 사무국장 역임
티엔글로벌(평생교육사) 강사, 광주인재개발원(평생교육사) 교수 역임
초당대학교 강사 역임

〈저서〉

평생교육실습 이론과 실제(2020), 중독상담과 재활(2020), 학교폭력 예방 및 학생의 이해(2020), 청소년교육론(2020), 노인돌봄과 노인상담(2020), 생애주기별 부모교육(2020), 평생교육론(2021), 문화예술교육론(2021), 세계시민교육론(2021), 평생교육경영론(2021), 통합예술심리치료 이론과 실제(2022), 질적연구방법(2022), 청소년지도사 길라잡이(2022), 직업진로설계(2023), 평생학습방법론(2023), 발달장애와 직업진로상담(2023) 외 다수

신 선 애

가야대학교 사회복지 석사

영남대학교 사회학박사 수료

현) 부산과학기술대학교 전임교수
영산대학교 외래교수
복지법인) 삼원 이사

전) 김해대학교 전임교수
대신대학교 외래교수

김 예 경

가야대학교 사회복지 석사

영남대학교 사회학박사 수료

현) 부산과학기술대학교 전임교수
영산대학교 외래교수
재단법인) 창원복지재단 이사

전) 김해대학교 외래교수
대신대학교 외래교수

평생교육프로그램 개발론

초판 1쇄 인쇄 / 2024년 3월 7일
초판 1쇄 발행 / 2024년 3월 11일

•

공저자 / 김동일 · 신선애 · 김예경
발행인 / 이 중 수
발행처 / **동 문 사**

•

서울특별시 서대문구 홍제원 1길 12
(홍제동 137-8)
Tel: 02)736-3718(대), 736-3710, 3720
Fax: 02)736-3719
등록번호: 1974.04.27. 제9-17호
가격: 20,000원

•

ISBN: 979-11-6328-567-0 (93370)
E-mail: dong736@naver.com
www.dongmunsa.com

Theory of Lifelong Education Program Development

Theory of Lifelong Education Program Development